Crear Páginas Web Para Dummies, 6a Edición

Referencia Rápida — Ejemplo de una Página Web en HTML

```
<HTML>
<!-- Text between <angle brackets> is an HTML tag and is not displayed
directly. Most tags, such as the <HTML> and </HTML> tags that surround the
entire contents of a page, come in pairs; some tags like <HR>, for a
horizontal rule, stand alone. Comments such as the text you're reading are
not displayed. The information between the <HEAD> and </HEAD> tags is not
displayed. The information between the <BODY> and </BODY> tags is displayed.
->
<HEAD>
<TITLE>Enter a title, which is displayed at the top of the window</T
</HEAD>
<!-- The information between the BODY and /BODY tags is d
<BODY>
<H1>Enter the main heading, usually the same as
Enter some text, such as an introduction of your.
<B>bold</B> about stating your key points. Put th
<UL>
<LI>The first item in your list
<LI>The second item; <I>italicize</I> key words
</UL>
Improve your image by including an image. <P>
<IMG SRC="http://www.mygifs.com/rose.gif">
Then add a link to your favorite <A HREF="http://www.myfave.com/">Web site
</A>.
Break up your page with a horizontal rule or two. <P>
<HR>
And finally, link to another local page in your own <A HREF="page2">Web
site</A>.
<!--And add a copyright notice.-->
&#169; Hungry Minds, 2002
</BODY>
</HTML>
```

Anote aquí sus recursos favoritos para publicar en la Web

_____

_____

_____

Crear Páginas Web Para Dummies,® 6a Edición

Referencia Rápida

Etiquetas de HTML

Esta sección incluye la lista de las etiquetas de HTML más usadas, para que le sirvan de referencia. Para ver las etiquetas utilizadas, refiérase a la página Web de ejemplo en el otro lado de la Hoja de referencia.

Refiérase a las tablas de la sección del Apéndice C que se refiere a las etiquetas de HTML 2.0 y 3.2" para ver una lista más grande de las etiquetas utilizadas, con ejemplos.

Formato

Encabezado: `<H1>Top heading</H1>`, `<H2> Next-level heading</H2>`, ... `<H6>Lowest heading</H6>`

Negrita: `<B>text</B>`

Itálica: `<I>text</I>`

Párrafo: `<P>`

Lista de Viñetas: `<UL> <LI> text <LI> text </UL>`

Lista Numerada: `<NL> <LI> text <LI> text </NL>`

Vínculos

Vínculos a páginas Web externas:

`<A HREF="http://www.dummies.com">The For Dummies Web page</A>`

Los vínculos dentro de un sitio Web, en el mismo directorio:

`<A HREF="myres.htm">my resume</A>`

Vínculos dentro de una página:

`<A HREF="#nextline">Jump</A> to the next line.`

`Here is the next <A NAME="nextline"> line</A>.`

Gráficos y multimedia

`<IMG SRC="myphoto.jpg" ALT="My photo!">` See the embedded photo to the left.

`Right-click <A HREF="myphoto.jpg">here </A>` to download the photo.

`<EMBED SRC="mymovie.mov">` See the movie playing to the left.

Tablas

```
<TABLE BORDER="1">
<TR><TD>First Row, First Cell</td><td>
<First Row, Second Cell</td></tr>
<TR><TD>Second Row, First Cell</td><td>
Second Row, Second Cell</td></tr>
</TABLE>
```

Códigos de Caracteres Especiales para Creadores de Páginas Web

Para poner caracteres especiales en sus páginas Web, introduzca la secuencia de escape o la entidad de referencia que se muestra en la siguiente tabla. Pruebe sus caracteres especiales en varios exploradores de la Web que sean muy usados, para estar seguro de que se desplegarán consistentemente.

Cáracter Sequence	Secuencia de Escape	Referencia de Identidad
"	&#34;	&quot;
'	&#39;	&apos;
$	&#36;	&dollar;
¢	&#162;	&cent;
%	&#37;	&percnt;
®	&#174;	&reg;
&	&#38;	&amp;
©	&#169;	&copy
<	&#60;	&lt;
>	&#62;	&gt;
@	&#64;	&commat;
à	&#224;	&agrave;
é	&#233;	&eacute;
ê	&#234;	&ecirc;

Para más información y una lista completa de los caracteres usados por los diversos lenguajes, visite esta página Web:

`www.bbsinc.com/symbol.html`

El logotipo de Wiley Publishing, el logotipo de ST Editorial Inc., Para Dummies, el logotipo del personaje Dummies, el logotipo Para Dummies de la Serie de Libros más Vendida y todos los elementos comerciales son marcas o marcas registradas de Wiley Publishing Inc., y/o ST Editorial Inc. Todas las otras marcas registradas son propiedad de sus respectivos dueños.

TM

¡Soluciones Prácticas para Todos!

¿Le intimidan y confunden las computadoras? ¿Encuentra usted que los manuales tradicionales se encuentran cargados de detalles técnicos que nunca va a usar? ¿Le piden ayuda sus familiares y amigos para solucionar problemas en su PC? Entonces la serie de libros de computación...Para Dummies® es para usted.

Los libros ...Para Dummies han sido escritos para aquellas personas que se sienten frustradas con las computadoras, que saben que pueden usarlas pero que el hardware, software y en general todo el vocabulario particular de la computación los hace sentir inútiles. Estos libros usan un método alegre, un estilo sencillo y hasta caricaturas, divertidos iconos para disipar los temores y fortalecer la confianza del usuario principiante. Alegres pero no ligeros, estos libros son la perfecta guía de supervivencia para cualquiera que esté forzado a usar una computadora.

Millones de usuarios satisfechos lo confirman. Ellos han hecho de ...*Para Dummies* la serie líder de libros en computación para nivel introductorio y han escrito para solicitar más. Si usted está buscando la manera más fácil y divertida de aprender sobre computación, busque los libros ...*Para Dummies* para que le den una mano.

ST EDITORIAL

Crear
Páginas Web
PARA
DUMMIES®
6A EDICIÓN

Crear Páginas Web

PARA

DUMMIES®

6A EDICIÓN

por Bud Smith y Arthur Bebak

Crear Páginas Web Para Dummies, 6a Edición

Publicado por
ST Editorial, Inc.
Edificio Swiss Tower, 1er Piso, Calle 53 Este,
Urbanización Obarrio, Panamá, República de Panamá
Apdo. Postal: 0832-0233 WTC
www.steditorial.com
Correo Electrónico: info@steditorial.com
Tel: (507) 264-4984 • Fax: (507) 264-0685

Para información general de nuestros productos y servicios o para obtener soporte técnico contacte nuestro Departamento de Servicio al Cliente en los Estados Unidos al teléfono 800-762-2974, fuera de los Estados Unidos al teléfono 317-572-3993, o al fax 317-572-4002

For general information on our products and services or to obtain technical support, please contact our Customer Care Department within the U.S. at 800-762-2974, outside the U.S. at 317-572-3993, or fax 317-572-4002

Library of Congress Control Number: 2003104811

ISBN: 0-7645-4098-X

Publicado por ST Editorial, Inc.

Impreso en Costa Rica por Trejos Hermanos Sucesores S.A.

Sobre los Autores

Bud Smith: Es un autor de libros de computación con más de diez años de experiencia en publicación. Crear Páginas Web para Dummies, 6a Edición, es uno de la docena de libros que ha escrito; entre los títulos de IDG Books Worldwide se incluyen AutoCAD para Dummies y el próximo libro Mercadeo en Internet para Dummies. Además de escribir libros, Bud ha sido editor de revistas de computación y gerente de mercadeo.

Bud se inició en la computación en 1983, cuando dejó una prometedora carrera como soldador para una empresa de entrada de datos. Luego se fue a Silicon Valley para unirse a una empresa nueva, y posteriormente trabajó en Intel, IBM, Apple, y AOL. Su trabajo e intereses lo llevaron a adquirir un título de la Universidad de San Francisco en Gerencia de Sistemas de Información.

Arthur Bebak: Obtuvo un título en Ingeniería de Sistemas en la Universidad de Illinois, a la cual asistió con una beca. Ha diseñado computadoras, gerenciado grandes proyectos de ingeniería y estudiado administración de empresas. Arthur es fundador de Netsurfer Communications, Inc., una exitosa empresa de publicación de electrónica. Ha escrito varios títulos, lo que lo ha llevado a su puesto "sorprendente" (aunque solo para él) de coautor de este libro.

En Netsurfer, Arthur supervisa a un gran número de personas que crean sitios Web para muchos clientes. También escriben, editan y publican varias revistas de electrónica basada en la Web, popularmente conocidas como "e-zines."

Reconocimientos de los Autores

Los autores desean agradecer a Steve Hayes, editor de adquisiciones y al personal que ayudó en la producción de este libro: Colleen Esterline, editora de proyecto; Mike Lerch, editor técnico, así como a las muchas personas responsables por el diseño de las páginas, revisión, indexado y arte gráfico.

La Web fue creada más por amor que por dinero, y esa tradición fue continuada por las muchas personas que generosamente obsequiaron su tiempo y soporte. Especial agradecimiento a los autores de la Web que estuvieron de acuerdo en dejarnos utilizar sus sitios para las figuras de este libro.

ST Editorial, Inc

Edición al Español

Presidente y Editor en Jefe:
Joaquín Trejos C.

Directora Editorial:
Karina S. Moya

Diseño:
Milagro Trejos C.
Everlyn Castro
Alexánder Ulloa

Traducción:
Sergio Arroyo M.
Ana Ligia Echeverría

Corrección de Estilo:
Alexandra Ríos A.

Asistencia Editorial:
Adriana Mainieri
Laura Trejos C.

Traducido con el apoyo de la
herramienta Word Magic Software

Impreso por: Trejos Hermanos Sucesores, S.A.

Edición al Inglés

Adquisiciones, Editorial y Desarrollo de Medios

Editor del Proyecto:
Colleen Williams Esterline

(Ediciones anteriores: Kathy Cox, Jeanne S. Criswell)

Editor de Adquisiciones: Steven H. Hayes

Editor Técnico: Michael Lerch

Gerente Editorial: Constance Carlisle

Editor de Permisos: Carmen Krikorian

Editor de Permisos: Laura Moss

Especialista en Desarrollo de Medios:
Marisa Pearman

Gerente de Desarrollo de Medios:
Laura Carpenter VanWinkle

Supervisor de Desarrollo de Medios:
Richard Graves

Asistente Editorial: Amanda Foxworth

Producción

Coordinador del Proyecto: Regina Snyder

Diseño y Gráficos: Jackie Nicholas, Jacque Schneider, Mary J. Virgin, Erin Zeltner

Correctores: John Greenough, Andy Hollandbeck, Susan Moritz, Charles Spencer, TECHBOOKS Production Services

Índice: TECHBOOKS Production Services

Un Vistazo a los Contenidos

Un Vistazo a las Caricaturas

Por Rich Tennant

página 235

página 169

"BUENO, TODAVÍA NO ESTÁ DEL TODO LISTO. HE COLOCADO EL SONIDO BURBUJEANTE DE LOS INSTRUMENTOS Y HE ANIMADO LA JERINGA DE NOVOCAÍNA, PERO TODAVÍA TENGO QUE AGREGARLE EL SONIDO DEL TALADRO QUE GIRA A ALTA VELOCIDAD".

página 95

"TAL VEZ LE AYUDE A NUESTRO SITIO WEB SI MOSTRAMOS NUESTROS PRODUCTOS EN ACCIÓN".

página 293

"ANTES DE LA INTERNET, APENAS PODÍAMOS HACER PEQUEÑOS NEGOCIOS LOCALMENTE. EN CAMBIO, AHORA CON NUESTRO SITIO WEB, ESTAMOS HACIENDO PEQUEÑOS NEGOCIOS EN TODO EL MUNDO".

página 7

"SÍ, CREO QUE OLVIDÉ MENCIONAR ESTO PERO AHORA TENEMOS UNA FUNCIÓN DE ADMINISTRACIÓN DE LA WEB QUE NOS ALERTA CUANDO HAY UN VÍNCULO ROTO EN EL SITIO WEB DEL ACUARIO".

página 281

Correo Electrónico: richtennant@the5thwave.com
World Wide Web: www.the5thwave.com

Tabla de Contenidos

Parte V: Los Diez Mejores *281*

Capítulo 16: Diez ACIERTOS al Publicar en la Web 283

Capítulo 17: Diez ERRORES por Evitar al Publicar en la Web 287

Parte VI: Apéndices *293*

Apéndice A: Palabras Web Dignas de Saberse 295

Apéndice B: Proveedores de Servicio de la Internet 303

Introducción

● ●

*P*uede ser difícil de recordar, o puede parecer que fue ayer, pero apenas hace unos cuantos años, la computadora personal fue introducida al mercado. Ha tenido un ascenso maravilloso, con unos cuantos tropezones ocasionales, pero nunca una caída real. Parece ser el evento social y tecnológico más importante del nuevo milenio. Desde Wozniak y Jobs's Apple II hasta Windows 98 de Bill Gates, parece como que nada fuera más grande, cambiante o importante que las PCs.

Pero las personas hablan. De hecho hablar es una de las cosas más importantes que hacen, y al principio, la computadora personal no permitía interactuar con otros. Sin embargo, primero con los modems, luego con las redes, y finalmente a través de su combinación y culminación en la Internet, las computadoras personales se convirtieron en las herramientas que abrieron un nuevo milenio de comunicación. La parte más visible, gráfica y de crecimiento más rápido de la Internet es la World Wide Web. Ahora la comunicación, no la computación, hace la historia. Las computadoras son todavía importantes, pero son más un medio que un fin; el resultado final está haciendo que las personas interactúen.

Si el canal más emocionante de la comunicación es la Web, los medios de comunicación son la página Web. Las personas ordinarias demuestran una energía e imaginación impresionantes al crear y publicar diversas páginas de inicio. Y aunque estas personas tienen el deseo de crear páginas Web, tienen también una necesidad para instalar un taller en la Web. Así que la carrera hacia la página Web está activa, a menudo, con las mismas personas que se expresan personalmente en una página y comercialmente en otra.

Así que también desea estar aquí. "Pero, quizás" se preguntará, "¿no es difícil, caro y complicado?" Ya no. Conforme la Web ha crecido, han aparecido formas más fáciles de entrar en ella, las cuales discutimos a lo largo de este libro.

Sobre este Libro

Es de más o menos 365 páginas.

Ya en serio, ¿qué podrá encontrar aquí?: Formas fáciles de publicar en la Web para cualquier tipo de usuario de la Internet que podamos imaginar. Formas de hacer que su primera página Web sea rica y con texto, gráficos y multimedia cuidadosamente dispuestos. Además de la información que necesita para ir más allá de la creación de su primera página Web y crear sitios Web de muchas páginas ya sea de tipo personal o de negocios.

Suposiciones Tontas

Gran parte de la buena información está en este libro, pero nadie va a leerla toda, excepto nuestro editor, que ha sufrido por largo tiempo. Esa es la razón por la que cubrimos temas de la página Web desde el nivel principiante hasta el intermedio, incluyendo la forma de publicarla por medio de servicios basados en la Web y los servicios en línea más importantes, cómo utilizar media docena de herramientas diferentes y algunas cosas específicas de Mac o Windows. ¡Nadie necesita saber todo eso! Pero cualquiera que desee tener una página Web debe saber algo de eso.

Pero, ¿qué necesita? Asumimos, para propósitos de este libro, que probablemente ha utilizado antes la Web y que desea crear una página. Luego, asumiremos que no es autor de la Web o es bastante nuevo en el proceso. Para utilizar la información en este libro, necesita acceso a una computadora personal que ejecute Mac OS o Windows, y necesita acceso a la Web -ya sea a través del servicio en línea o un proveedor directo de servicios de la Internet (ISP). Debe estar corriendo un explorador de la Web como Microsoft Internet Explorer, Netscape Navigator, o uno suministrado por un servicio en línea. Si tiene un sistema UNIX y una conexión en Internet, mucho de este libro le funcionará, pero no tendrá acceso a ningún servicio en línea o a las herramientas de creación de la página que describimos, excepto aquellos disponibles directamente en la red.

Si no tiene acceso a la Web desde su computadora personal, refiérase al Apéndice B para una lista de proveedores que le pueden ayudar a obtenerlo. (Si no está buscando la forma más barata de empezar, refiérase al Capítulo 15 para información sobre la WebTV). Ya debe haber gastado algún tiempo surfeando en la Web, o estar dispuesto a hacerlo conforme recolecta información y ejemplos para su página Web. En otras palabras, si está conectado, o dispuesto a hacerlo, está en el proceso. Con eso, la puerta a este libro está abierta, ya sea que desee crear su primera página o agregar nuevas opciones a una que ya tiene.

 Las figuras en este libro le muestran pantallas actualizadas de Macintosh y Windows. Escribimos las instrucciones y los pasos en este libro para trabajar de igual forma con Macintosh o Windows.

Salte de un lado a otro del libro y vaya directo a la información que necesita. Luego, puede regresar y leer algo que le interesa, busque a través de las secciones de herramientas, intente utilizar una de ellas y luego busque algo en la página de inicio de *Crear Páginas Web para Dummies* (creada por uno de los autores) en la siguiente dirección:

```
www.netsurf.com/cwpfd
```

Convenciones Usadas en este Libro

Cuando nuestra editora nos dijo que este libro iba a tener *convenciones*, nos pusimos nuestros tontos sombreros de la campaña política de los partidos republicano y demócrata, pero parece que ella solo quería decir que fuéramos consistentes. Las convenciones en este libro son maneras estándar de comunicar tipos específicos de información, como instrucciones y pasos. (Un ejemplo de una convención es el uso de cursiva para palabras recién introducidas, como la palabra "convenciones", en la primera oración de este párrafo).

A continuación, presentamos las convenciones de este libro

✔ Las cosas que a usted, el lector, se le pide digitar vienen en **negrita**.

✔ Los términos nuevos vienen en *cursiva*.

✔ La información usada en forma específica está formateada en una tipografía específica. En este libro, uno de los tipos más comunes de información mostrada de esta forma son las etiquetas HTML; o sea, información de formato utilizada para crear páginas Web (refiérase al Apéndice A para una definición más completa). Un ejemplo de una etiqueta es ⟨TITLE⟩.

También tenemos un tipo especial para los URLs (Uniform Resource Locators), que son las direcciones utilizadas para especificar la ubicación de las páginas Web. Por ejemplo, el URL para el libro de IDG Dummies Press es el siguiente:

```
www.dummies.com
```

✔ La Web tiene un ritmo rápido y evolutivo. Algunos de los URLs enumerados en este libro pueden haber cambiado, haberse vuelto inaccesibles o no ser soportados por su proveedor de servicio local de la Internet.

✔ Aparecen versiones representativas de exploradores entre las figuras.

✔ Las selecciones del menú se ven así: File⇨Save. Este ejemplo en particular significa que escogió el menú de File y luego la opción Save.

✔ Las partes breves de información aparecen en listas con viñetas, como la lista que está leyendo en estos momentos.

✔ Las listas numeradas son utilizadas para instrucciones que deben ser seguidas en una secuencia particular. Este libro tiene muchos pasos secuenciales que le indican las diferentes formas de realizar las tareas que tiene un autor famoso.

Para que los pasos sean breves y fáciles de seguir, utilizamos una forma específica para decirle qué hacer. A continuación, presentamos un ejemplo de una serie de pasos:

1. **Inicie su explorador de la Web.**
2. **Vaya al sitio Web:**

   ```
   www.tryfreestuff.com
   ```

   Nota: Este no es un sitio real, tan solo es un ejemplo.
3. **Haga clic en el vínculo que coincide con el tipo de computadora que tiene: Macintosh, PC o UNIX.**

A Divertirse: Cómo Está Organizado este Libro

Escribimos este libro siguiendo un plan cuidadosamente trazado, preciso y no cambiante, con un resultado predecible: el libro que tiene en sus manos ahora.

Espere un minuto. ¿No es cierto que la Web está cambiando cada día, que los sitios Web aparecen y desaparecen como los payasos en las cajitas sorpresa y que las compañías de la Web van a abrir sus puertas a las ofertas de acciones públicas? Así que, ¿qué ocurre con un plan?

Bien, de acuerdo, cambiamos unas cosas a lo largo del camino. Quizás demasiado. Pero sí teníamos un plan detrás del libro, aunque hubiera terminado en una llamada en conferencia a las 5:00 de la mañana. Las siguientes secciones explican las partes que componen este libro.

Parte 1: Crear una Página Web Hoy

Probablemente, usted desea empezar bien en el mundo de la publicación de páginas Web. De este modo, empezamos el libro con algunas ideas sobre qué hacer en su sitio Web, luego le decimos algunas cosas básicas de HTML, el lenguaje fundamental de las páginas Web, e instrucciones específicas sobre cómo levantar su primera página Web sencilla. Puede comenzar con Yahoo! Geocities, un servicio gratuito accesible a todo el mundo, o las funciones incorporadas de AOL o de CompuServe, si usa uno de esos ISP.

Parte II: Construir Páginas

Los servicios gratuitos y fáciles de usar de la Parte I son muy buenos para sus primeros días publicando en la Web. Pero, pronto, deseará usar algunas herramientas "de verdad" para administrar y editar sus páginas Web. Además, querrá hacer que su página Web se enriquezca con texto y vínculos formateados. Incluso, es posible que desee agregar etiquetas META para hacer que sea más fácil usar un motor de búsqueda para encontrar su página. Le diremos cómo hacer todo esto y más en esta parte.

Parte III: Páginas Mejores Más Fuertes y Rápidas

Se han escrito libros muy gruesos sobre gráficos para la Web. Genial, pero definitivamente, es más información de lo que la gente necesita. En esta parte, le mostraremos no solo cómo crear gráficos amistosos con la Web, sino también cómo ubicar gráficos en su página Web. Luego, le diremos cómo publicar su página Web personalizada donde todos la puedan ver.

Parte IV: A Ponerse Interactivo

La mayoría de las páginas Web solo están allí. Pero las más divertidas interactúan con el usuario. Le mostramos cómo agregar animación, multimedia y más interactividad a su página Web. Le mostraremos cómo enriquecer su página Web "simple", que para estas alturas podría ser muy grande, en un sitio Web de muchas páginas. ¡A divertirse!

Parte V: Los Diez Mejores

Una lista de diez cosas es una magnífica manera de hacer que la información compleja sea divertida y fácil de recordar. Nuestras listas de los diez mejores le muestra los Sí y los No de la publicación en la Web.

Parte VI: Apéndices

Los apéndices de los libros, usualmente, son como los apéndices de los seres humanos: cositas extrañas que son sacadas de los pacientes si actúan de alguna forma. Pero para este libro, incluimos mucha información que de verdad le puede ayudar. En el Apéndice A, incluimos un glosario completo que define los términos de la Web y de la publicación en la Web que puedan ser confusos para usted. En otros apéndices, verá información sobre proveedores de servicio de Internet y recursos para desarrolladores.

Iconos Usados en este Libro

Señala información que necesita tener en mente conforme trabaja.

Le advierte de los efectos que toman mucho tiempo en aparecer.

Indica cosas que quizás desee saber, pero que no necesariamente debe saber. Puede saltárselas y leer el texto, o saltarse el texto y leerlas, o ambos.

Apunta a información específica que puede no calzar en un paso o descripción, pero que ayuda a crear mejores páginas Web.

Indica cosas (además de las que tardan en descargarse) que pueden causar problemas.

Parte I
Crear una Página Web Hoy

La 5a Ola   Por Rich Tennant

"ANTES DE LA INTERNET, APENAS PODÍAMOS HACER
PEQUEÑOS NEGOCIOS LOCALMENTE. EN CAMBIO,
AHORA CON NUESTRO SITIO WEB, ESTAMOS HACIENDO
PEQUEÑOS NEGOCIOS EN TODO EL MUNDO".

En esta parte . . .

Salte justo al HTML y a la publicación de páginas Web simples. Use servicios basados en la Web o su ISP para hacer que su página esté en línea cuanto antes. Su recompensa: ¡decirles a sus amigos y colegas mañana mismo su dirección Web!

Capítulo 1

Elementos Básicos de la Publicación de Páginas Web

En este capítulo

▶ Iniciarse en la publicación de la Web

▶ Ensamblar una página Web de la forma fácil y de la forma todavía más fácil

▶ Examinar tipos de sitios Web

▶ Guías para crear páginas Web

La Web es una forma increíblemente fácil de publicar su mensaje –cualquier mensaje– para que pueda ser leído por cualquier persona en el mundo que esté interesado en él. Al crear una página Web, puede permanecer en contacto con sus amigos y parientes, puede entretener a otras personas, buscar un trabajo o cambiar el trabajo que ya tiene. Puede comenzar un negocio, aumentar su negocio propio o, simplemente, divertirse expresándose.

Más de medio millón de personas ha comprado este libro desde su primera edición, hace varios años y, hasta donde podemos decir, ellas han usado todas las técnicas que describimos en el libro, y más, han logrado que sus páginas estén publicadas. Al leer este libro, usted está adentrándose en un camino que ya muchas, muchas personas han seguido para entrar con éxito en la Web.

Elementos Básicos de la Web

Es posible que haya empezado a usar la Internet y la Web sin realmente tener la oportunidad de saber cómo es que funcionan. Si sabe cómo funcionan, su página Web será mucho mejor. Esta es una descripción breve y numerada. Para más información, puede buscar en la Web. El sitio del consorcio de la World Wide Web en w3.org es un magnífico lugar para empezar.

Entender cómo funciona la Web

La Web se llama formalmente *World Wide Web*, y es un montón de archivos de texto y de gráficos que conforman *páginas Web*. La base de la Web es la Internet. La Web depende de la Internet para unir sus numerosos archivos y permitirles a las personas acercarse a la Web. El correo electrónico es una función separada que también depende de la Internet.

La Web está definida por dos especificaciones: el Protocolo de Transferencia de Hipertexto (HTTP) y el Lenguaje de Marca de Hipertexto (HTML). La idea que subyace a la Web es la del *hipertexto*– el texto que puede contener vínculos a otras piezas de texto almacenadas en la Internet. La Web obtuvo su nombre por la forma en que todos los vínculos conectan fragmentos de texto como si se tratara de una gigantesca telaraña.

Las páginas Web usan un programa llamado *explorador de la Web*. Un explorador de la Web usa HTTP para tomar información de un servidor de la Web. La página Web en su lugar, usa HTTP para recuperar otros archivos, como imágenes de gráficos o anuncios, que son parte de la página Web. Después de que intente abrir una página Web, su explorador de Internet recupera los archivos que forman la página Web desde uno o más servidores de la Web y ensambla esos archivos en una página de su máquina.

Los exploradores de la Web más populares son Microsoft Internet Explorer, que se puede usar separadamente o como una parte incorporada de America Online; Netscape Navigator (parte de Netscape Communicator, un conjunto de programas de software relacionados); y Opera, un explorador de la Web menos conocido y de una compañía mucho más pequeña, pero que rápidamente está adquiriendo mucha popularidad.

Conectarse a la Web

Este libro habla mucho sobre la Web, pero no dice cómo conectarse a ella. Incluso si ya está allí, quizás a través de una conexión en el trabajo, es posible que desee hacerlo desde su casa ¿Cómo lo logra?

El servicio en línea más popular es America Online (AOL). AOL tiene muchas características de publicación en la Web, una gran cobertura a nivel mundial y muchas otras características estupendas. También son muy populares MSN (el acceso a Internet de Microsoft), Earthlink y CompuServe (que es propiedad de AOL), cada uno de los cuales tiene sus propias ventajas. Ya que AOL tiene características de publicación en la Web y la mayoría de los clientes, describimos en detalle en el Capítulo 2 cómo publicar su primera página Web usando las características de publicación de AOL. Si tiene otro proveedor del servicio de Internet, use la información acerca de cómo publicar rápidamente su primera página Web usando los servicios basados en la Web, descrita en el Capítulo 3.

En este punto, entra el HTML. Cada página Web incluye un archivo de texto escrito en un formato llamado HTML (Lenguaje de Marca de Hipertexto) y usualmente uno o más archivos de gráficos. El HTML define la apariencia de una página Web y su funcionabilidad. En realidad, el HTML, precisamente, no especifica la apariencia de una página Web: los diferentes exploradores de Internet despliegan los comandos de HTML de forma diferente. También, los usuarios pueden especificar cómo desean que las cosas se vean. De este modo, lo que un usuario ve en una página Web puede ser muy diferente de lo que ve otro usuario (el Capítulo 4 explica en detalle el HTML).

Es sorprendentemente fácil poner una página Web en la Internet. De hecho, si tiene prisa, podría ir directamente al Capítulo 2 (AOL o CompuServe) o al Capítulo 3 (en el resto de los casos) y seguir las instrucciones acerca de cómo crear su primera página Web en unas cuantas horas.

Al usar los URL

La *Internet* es una red gigante de computadoras que se conectan con otras redes de computadoras alrededor del mundo. En su base, la Internet es solo un meca-

Términos de la Web por conocer

Queremos aclarar cómo definimos y usamos algunos términos de la Web:

- **La página Web:** Un documento de texto que es publicado en un servidor de la Web tiene etiquetas de HTML, casi siempre incluye vínculos de hipertexto y, usualmente, incluye gráficos. Cuando hace clic en los botones Forward y Back de su explorador de Internet, se mueve cronológicamente a través de las páginas Web que ya ha visitado.

- **Sitio Web:** Una colección de páginas Web que comparte un tema y un propósito común y al que los usuarios generalmente acceden a través de una página principal. Algunos sitios Web tienen solo una página principal; otros tienen muchas páginas.

- **Página principal:** La página Web a la que las personas generalmente acceden primero en un sitio Web. Usted deja que las personas conozcan el URL (la dirección) de su página principal e intenta que otros creadores de páginas Web provean vínculos hacia ella. Su página principal es la página de inicio de su sitio Web y contiene vínculos a cualquier otra página que ponga en su sitio.

- **Etiquetas HTML:** Breves comandos de formato o vinculación ubicados dentro de corchetes en el texto de un archivo HTML. Por ejemplo, la etiqueta <bold> le dice al explorador de la Web que despliegue el texto en negrita luego del comando; la etiqueta </bold> le dice al explorador que ya no despliegue la negrita. Refiérase al Capítulo 4 para más sobre HTML.

nismo gigante para mover archivos de una computadora a otra. ¡Encuentre archivos usando un tipo de dirección llamada *URL (Localizador Uniforme de Recursos* –que suena como si hubiera sido creado por las Fuerzas Armadas para llevar el control sobre sus ropas!).

La dirección que usted digita para visitar una página Web es un URL. Por ejemplo, `www.netsurf.com` es el URL del sitio Netsurfer Communications Web, de Arthur. Un URL consta de tres partes (refiérase a la Figura 1-1):

- ✔ **Protocolo**: El *protocolo* es el nombre del lenguaje de comunicaciones que usa el URL: HTTP (usado en la Web), FTP, Gopher y demás.

- ✔ **Nombre de Dominio:** El *nombre de dominio* es el nombre lógico del servidor en donde está el archivo.

- ✔ **Nombre de ruta:** Los *nombres de ruta* le dicen al servidor cómo encontrar el archivo al que desea tener acceso.

Figura 1-1:
URLs divididos en sus componentes.

Protocol
http://

Domain name
www.server.com/

Pathname
folder/filename.ext

El Estilo para Dummies de Publicar en la Web

Leer este libro lo va a convertir en un editor de la Web – cualquiera que coloque aunque sea una sola página Web, es un editor de la World Wide Web. ¡Felicitaciones anticipadas!

Publicar una página Web implica algunos pasos que son iguales, sin importar cuáles herramientas o técnicas utilice. Los pasos pueden tener nombres diferentes o pueden ser entremezclados unos con otros, pero son básicamente los mismos. Estos son:

1. **Cree un archivo de texto HTML que sea la base de su página Web (refiérase al Capítulo 5).**

2. **Cree u obtenga las imágenes que usará para mejorar la apariencia de su página (refiérase al Capítulo 9).**

3. **Vincule los gráficos de su archivo de texto para que aparezcan donde los desee (refiérase al Capítulo 10).**

4. Observe la vista preliminar de su página Web en su propia máquina (refiérase al Capítulo 5).

5. Busque espacio en el servidor de la Web (refiérase al Capítulo 12).

6. Transfiera el archivo de texto de HTML y los archivos de gráficos en el servidor de la Web (también en el Capítulo 12).

7. Revise que su nueva página Web funcione de la forma en que desea que funcione (de nuevo, refiérase al Capítulo 12).

Estos pasos, usualmente, son simples si está creando una página Web básica. Sin embargo, a veces se vuelven más complicados, especialmente si crea un sitio Web de varias páginas. Este libro le explica pasos fáciles para crear una página Web y lo inicia en la labor de expandir su página Web en un sitio Web de muchas páginas.

Una vez que cree una página Web que tenga un formato complejo o que mezcle texto y gráficos, querrá probarlo en todos los exploradores de Internet populares. Refiérase al Apéndice B para obtener direcciones Web de donde puede descargar Microsoft Internet Explorer, el cliente de America Online, Netscape Navigator, Opera u otras herramientas.

Para un ejemplo de una página Web atractiva, visite la página Web For Dummies, mostrada en la Figura 1-2. Esta tiene un diseño atractivo, información interesante y vínculos a mucha más información en el sitio For Dummies y en otros sitios. El sitio Web For Dummies está muy bien hecho, pero usted puede lograr resultados similares con una cantidad razonable de trabajo duro y planificación. En este libro nos concentraremos en ayudarle a crear una página Web sencilla y a combinar varias páginas Web en un grupo de páginas estrechamente conectadas llamadas *sitios Web*.

Nota: La página principal de Hungry Minds aparece desplegada en Microsoft Internet Explorer, el explorador de la Web más popular. Por consistencia, usamos Internet Explorer para la mayoría de las imágenes de páginas Web que aparecen en este libro.

Hacer simples las cosas simples

Si todo lo que desea hacer es crear una simple página Web del tipo "yo existo", ya sea para usted mismo o para su negocio, no es necesario que pase por la jerga técnica, ni tampoco tendría que estudiar HTML, ni aprender una herramienta, ni encontrar espacio en el servidor, ni ninguna otra cosa. Los Capítulos 2 y 3 le enseñan dos formas de crear su primera página Web rápida y fácilmente, usando plantillas existentes o HTML simple. El Capítulo 2 es para esos que quieren usar las herramientas de publicación de páginas Web incorporadas a AOL; el Capítulo 3 es para quienes no usan AOL.

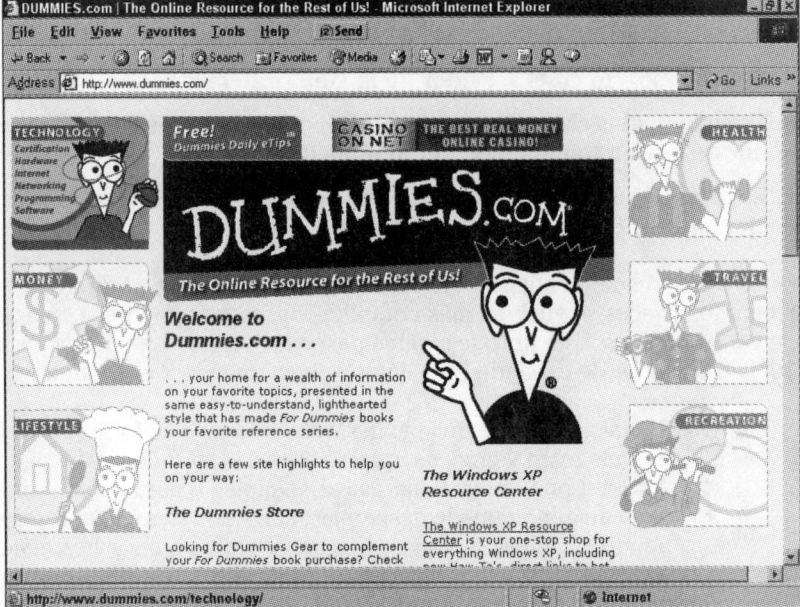

Figura 1-2:
La página
principal de
For Dum-
mies mues-
tra habilidad
de publica-
ción en la
Web.

Ver HTML

Cuando Tim Berners-Lee inventó el HTML en CERN (las instalaciones de investigación de la física de partículas europea), hace unos cuantos años, probablemente nunca imaginó que a tantas personas les interesaría verlo. Hoy día, la mayoría de los exploradores incluyen un comando que les permite ver la fuente real de HTML, la cual hace que las páginas se vean y funcionen en la forma en que lo hacen.

Por ejemplo, en Internet Explorer, escoja View↷Source para visualizar el archivo HTML subyacente. Usted ve todas las etiquetas de HTML que permiten a la página Web verse y funcionar de la forma en que lo hace.

Una vez que abre el archivo de HTML, puede publicar el texto y las etiquetas de HTML, guardarlo y abrirlo en el explorador para ver cómo lucen los cambios de HTML.

Para ver lo fácil que es publicar en la Web, solo pase al Capítulo 2 ó al 3 y comience. Usted será un editor de la Web con solo una hora o dos de esfuerzo.

Hacer que las cosas difíciles sean posibles

Los servicios gratuitos y los servicios en línea que describimos en este libro difieren en qué tanto le permiten hacer de forma gratuita. Si su sitio se hace demasiado grande, si tiene demasiado tráfico, o bien, si quiere usar su sitio con fines comerciales, en algún punto estos servicios le pedirán que empiece a pagar por el sitio.

El resto de la Parte I describe lo que necesita saber para construir una página Web inicial y sencilla en la Web. Las Partes II y III le dicen cómo mejorar su página Web, colocando gráficos, añadiendo vínculos y haciendo atractivo su diseño. La Parte IV le dice cómo añadir animación e interacción y expandir su página Web hasta convertirla en un sitio Web.

Tipos de Sitios Web

La Web ofrece ejemplos de casi todas las estrategias de comunicaciones conocidas por la humanidad, exitosas o no. Pero no todas las páginas Web que se encuentre en línea se pueden aplicar a su situación. En primer lugar, los recursos de diferentes editores de la Web pueden disentir drásticamente, desde un individuo que crea un sitio para publicar fotos familiares, hasta una empresa de gran envergadura que cree un sitio de comercio en línea. En segundo lugar, existen varios tipos de sitios Web y no todas las lecciones de cómo crear un sitio Web se aplican a todos.

La mayoría de páginas Web pertenece a los sitios Web personales, temáticos, comerciales y de entretenimiento. En los siguientes capítulos, describimos algunas de las consideraciones específicas que se aplican a cada tipo de página Web y no para las otras. Decida por adelantado qué tipo de página Web desea crear y busque páginas similares en la red.

Sitios personales

Los sitios Web personales pueden tener muchos cometidos. A menudo, su fin es solo compartir algo suyo con los compañeros del trabajo, con amigos o familiares. Las páginas Web personales son una gran forma de que las personas puedan conocer a otras con intereses similares y para que las personas de una cultura conozcan otras culturas. También puede usar un sitio Web personal para compartir fotos familiares y acontecimientos –como una postal de día festivo que siempre está actualizada. La Figura 1-3 muestra parte del sitio personal de Jeff Lowe que, en las imágenes, pilotea un dirigible a control remoto. Usted puede encontrar el sitio en

`www.jefflowe.com/site/pictures/index.php.`

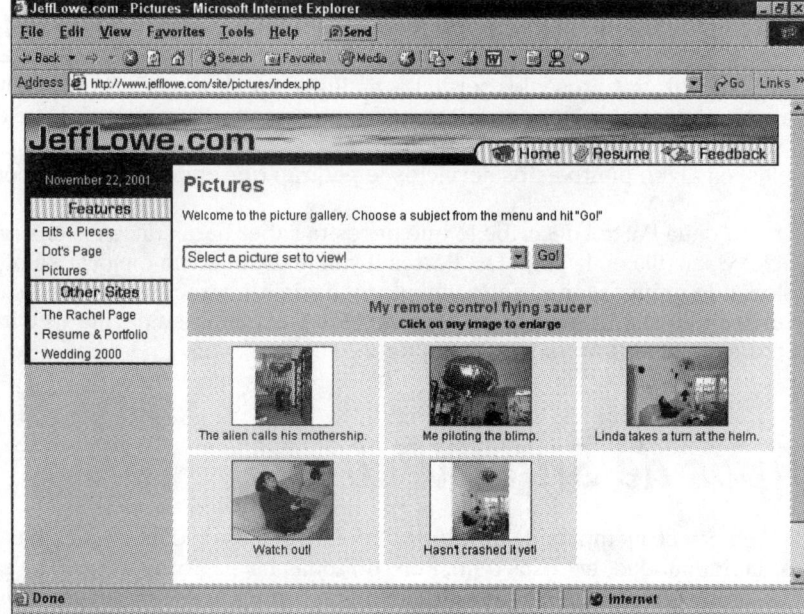

Figura 1-3:
Jeff Lowe
pilotea el
dirigible (e
inluye su
currículum,
además).

¿Los sitios Web personales todavía son relevantes?

La mayor parte de la actividad de la que se escucha en la Web en estos días guarda relación con sitios grandes, comerciales, sitios políticos, etcétera. Los sitios Web personales han perdido un poco de público a medida que los sitios mejor financiados de organizaciones grandes tienen toda la atención. No hay cuidado; los sitios Web personales todavía son divertidos y fáciles de crear. ¿Y dijimos que son divertidos?

Parte de lo que está haciendo que el interés por las páginas Web personales se mantenga, es que más y más personas en todo el mundo tienen acceso a la Web. Las oportunidades de que un alto porcentaje de sus amigos, familiares y colegas puedan visitar y apreciar su sitio son mejores que nunca. Así que no se sienta abrumado por el crecimiento tremendo del negocio de la Web. El lado personal y divertido crece, también; solo que recibe menos atención de los medios que del lado comercial.

Crear un sitio Web personal es muy divertido y da una buena práctica para poder hacer algún otro trabajo. Pero los sitios Web personales a menudo se dejan tal como han sido creados, luego de que la emoción creativa se acaba. ¡Sea diferente, mantenga su sitio Web actualizado!

Conforme los sitios Web personales evolucionan, sus creadores tienden a añadir más información acerca de un solo interés crucial, en cuyo caso las páginas pueden convertirse en sitios Web temáticos (descritos posteriormente). En otros casos, el creador del sitio Web añade más información sobre metas y logros profesionales, en cuyo caso la página Web se convierte en una especie de sitio Web comercial.

Siguiendo algunas reglas simples, podrá hacer que su sitio Web personal sea más divertido y menos trabajoso:

✔ **¿Qué está primero?** No, no. ¿Qué está de segundo?... La parte superior de su página Web – la parte que aparece primero cuando abre la página en la pantalla–debería hacer que el tema principal del sitio quede claro. Si el tema principal es "usted", la primera cosa que la gente vea debería ser su nombre, su foto y vínculos hacia las cosas "suyas" que hay en su sitio. Si el punto de su sitio es de interés temático, de negocios, o de autopromoción laboral, debe dejarlo claro, también.

✔ **Mantenga las cosas simples**. Empiece con metas modestas y consiga hacer algo en la Web; luego cree una lista de cosas "Por hacer" a través de las cuales podría extender su sitio. Considere crear sitios comerciales y temáticos que reflejen sus intereses y sus deseos –cada página con su propio punto de acceso– en vez de crear un sitio Web muy grande.

✔ **Utilice muchos vínculos.** Una de las mejores formas de compartir sus intereses es compartir información de los sitios Web que le gustan, además de libros y otros recursos. Usted puede poner esta lista en su página Web o ponerla en una página Web separada que sea parte de su sitio Web personal. Si desarrolla una lista actualizada y que incluya de vínculos a un área específica, creará un recurso muy valioso para los otros.

✔ Considere su privacidad. Una página Web es como un cartel, con la diferencia de que un millón de personas o más lo podrá ver, no solo unos cuantos cientos. No ponga en una página Web nada que no pondría en un cartel. Además, piense dos veces antes de poner información sobre sus hijos u otros miembros familiares; quizás usted desee poner en compromiso su propia privacidad, pero no debe tomar esa decisión por otras personas.

Sitios temáticos

Una *página principal temática* es un recurso sobre un tema específico. Un tema puede ser un interés o un grupo voluntario al cual pertenece el autor, en cuyo caso la página puede crecer a través del tiempo y convertirse en algo muy parecido a un sitio Web comercial (crear un sitio Web para un grupo es una contribución tremenda que se puede hacer, pero puede ser muy trabajoso, ¡percátese de en dónde se está metiendo!). También su página Web temática puede estar dedicada a cualquier interés, causa, motivo, obsesión o locura que tenga. En este sentido, la Web es como la prensa rosa descontrolada, la cual les permite a todos decir lo que sea –algunas veces ofrece cosas de gran valor, pero la mayoría del tiempo, no.

El área de interés temática mejor respaldada de la Web es el área de la publicación misma. Un sitio temático es Useless Pages (Páginas inútiles) que aparece en la Figura 1-4, el cual empezó como un pequeño proyecto de uno de los talentosos empleados de Primus Consulting, Inc (¡la parte divertida es adivinar cuál de las "páginas inútiles" fue diseñada mal intencionalmente solo para entrar en la lista de Useless Pages!). Visite el sitio en `www.go2net.com/useless`.

Tener una segunda carrera manteniendo y extendiendo un sitio Web temático es fácil, pero la paga a menudo es igual a cero. Estas son algunas cosas que se deberían considerar al crear un sitio Web temático:

✔ **¿Qué está de primero?** Al igual que con una página Web personal, el título de una página temática y la primera pantalla que los usuarios ven, necesitan dejar claro inequívocamente el tema que la página tiene. Y, en la medida de lo posible, debe describir cuáles recursos acerca del tema ofrece el sitio.

✔ **Mantenerse enfocado**. Un sitio Web temático pierde su valor si traspasa un solo tema. ¿Cuántas de las personas que comparten su amor por la cocina tailandesa también comparten su gran interés por los rotíferos? (que son muy pequeños para usarlos en una receta, tailandesa o de cualquier nacionalidad). Si usted no tiene intereses que desee compartir en la Web, considere crear páginas Web separadas.

✔ **Cree un plan de descendencia**. Si su sitio Web crece más allá de su capacidad para mantenerlo y ampliarlo correctamente, entonces encuentre a alguien que le eche una mano o que tome el control del sitio. ¡La primera persona a la que debería pedirle que tome el control es a aquella que se queja más de que usted no expanda el sitio lo suficientemente rápido! Decida cuál papel podría desempeñar usted y, luego, solicite ayuda para hacer el resto.

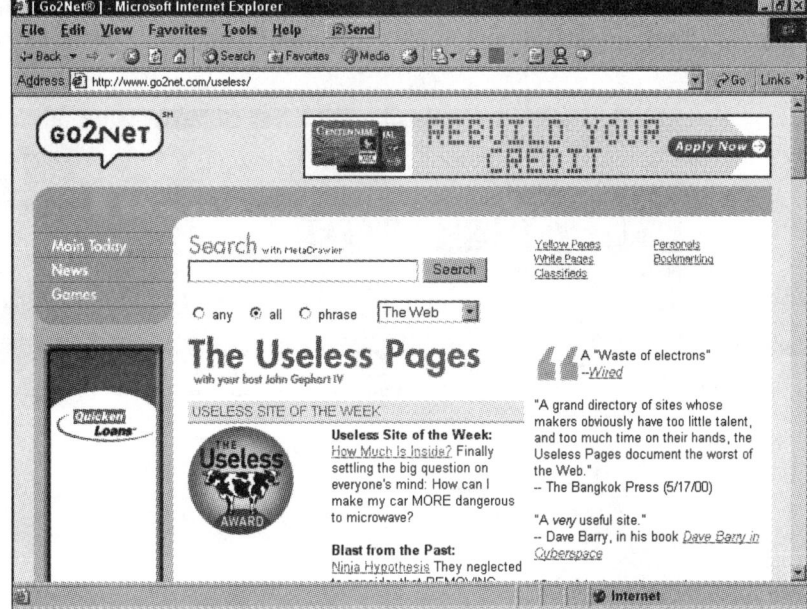

Figura 1-4:
Un enfoque
único de la
edición de
páginas
Web.

Sitios comerciales

Los sitios Web comerciales constituyen el peso fuerte de la Web, son respaldados por una cantidad tremenda de tiempo, energía y dinero. Los sitios Web comerciales cubren una gran variedad de estilos porque sus cometidos y sus recursos varían mucho. Este libro provee bastante información para que usted cree una "Presencia en la Web" competente con varias páginas de información de contacto y de compañía. Pero aun estos tipos de sitios varían mucho y usted necesitará estar seguro de que la página de su compañía funcione adecuadamente.

La Figura 1-5 muestra la página principal del sitio Web Netsurfer, creado por Arthur Bebak, uno de los autores (¡ahora usted le puede decir "Autor" Bebak!). Surfee por el sitio Netsurfer para que vea cómo luce un sitio creado por uno de nosotros: `Www.netsurf.com/nsd. www.netsurf.com/nsd.`

La primera pregunta que se debe hacer sobre un sitio Web comercial es "¿Quién puede acceder a él?" Algunos sitios son pensados para la World Wide Web y todo lo que hay en ella; otros están en el World Wide Web, pero están protegidos con una contraseña o con algún otro método, para restringir el acceso; otros incluso están en redes privadas y son inaccesible a personas ajenas. Estas redes inaccesibles indican que están "detrás de una 'firewall' o una barrera de protección. Cualquier página Web que no sea accesible a todo el mundo se considera que está en una *intranet*

(si el acceso está limitado a una compañía) o a una *extranet* (si el acceso está limitado a un grupo de compañías que son socias de negocios).

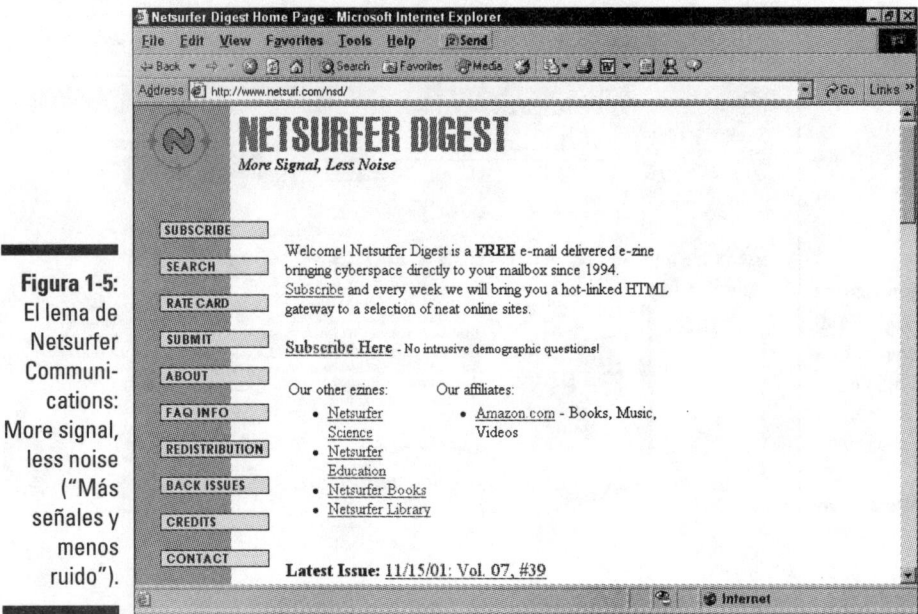

Figura 1-5:
El lema de Netsurfer Communications: More signal, less noise ("Más señales y menos ruido").

A pesar de la amplia variedad de sitios Web de negocios, si se siguen solo unas cuantas reglas se puede crear una página que cumpla con sus metas:

✔ **¿Qué está primero?** Una página Web debería dejar claro el nombre y el propósito de su negocio inmediatamente. Además, el sitio debería proveer información sobre cómo contactar a su negocio o cuáles productos y servicios ofrece su negocio.

✔ **Tener la apariencia correcta.** Si usted le dice a alguien que no le gusta su sitio Web, es como si le dijera que no le gusta su peinado –es probable que lo tomen como algo personal. Pero un sitio Web feo, al igual que un peinado feo, puede crear una mala impresión permanente. Asegúrese de que la imagen de su sitio Web no desmerezca los estándares profesionales impuestos por otros elementos de su negocio.

✔ **Obtener permisos.** A menos de que usted posea el negocio, debería tener los permisos necesarios antes de poner la página de una compañía en la Web. También necesita asegurarse completamente de tener los permisos necesarios para las imágenes o los documentos que utilice en el sitio Web antes de publicarlos.

✔ **¿Adentro o afuera de una barrera de protección?** Decidir quién tendrá acceso es un poco complicado. Por ejemplo, una pequeña cantidad de información confidencial puede hacer que un sitio sea más valioso, pero la presencia de información confidencial también le impedirá abrir el sitio a un público más amplio, incluyendo a la gente que se pueda beneficiar de ella. Implementar controles de acceso también puede ser difícil. Investigue la forma en que una contraseña protege un sitio o pregúntele al administrador de su red si puede tener acceso físico al control. Por ejemplo, es posible que sea capaz de prevenir el acceso basado en la red desde donde se conecta el usuario.

✔ **Buscar expertos.** Es probable que negocios similares a los suyos –o incluso, compañeros de trabajo, si está en una compañía muy grande– tengan sitios Web parecidos al suyo. Hable con los creadores de esos sitios, para obtener ayuda e inspiración.

✔ **Monitorear el uso.** Invertir tiempo, energía y dinero en un negocio de la Web requiere de un intercambio entre el sitio y las otras cosas a las que podrían destinarse los recursos. Una de las preguntas cruciales que es posible que se deba hacer para justificar el mantenimiento o la expansión de un sitio Web es qué tan to uso tendrá el sitio. Investigue formas de medir el uso de su sitio. Una buena manera de iniciar es un contador básico, como el contador gratuito que se puede conseguir en el siguiente URL:

```
www.bcentral.com/services/fc/.
```

✔ **Buscar recursos adicionales.** Este libro se concentra en la creación individual de páginas Web y sitios Web simples. Para un sitio de negocios más grande, necesita información adicional que le ayude con el planeamiento, el hospedaje y el mantenimiento del sitio. Considere comprar *HTML 4 Para Dummies*, 2a Edición, de Ed Tittel y Natanya Pitts, para más información sobre HTML, y Mercadeo de *Internet Para Dummies*, de Frank Catalano y Bud Smith (ambos libros de Hungry Minds, Inc.), para más información sobre el planeamiento y la creación de un sitio Web con intención mercadológica.

Tener un sitio Web que, de un modo muy obvio, sea "hecho a mano", en vez de uno creado profesionalmente, puede ser embarazoso para un negocio. No obstante, muchos sitios están yendo "de vuelta al futuro" con una apariencia más sencilla, limpia y ligera de gráficos. Entonces qué hacer: ¿hacer que sus gráficos se vean elegantes o sencillos? La forma de echarle un vistazo rápido a la realidad es ver los sitios Web de la competencia y asegurarse de que su sitio Web, para empezar, luzca tan bien como el de ellos. Y recuerde que a menudo la cosa más embarazosa es no tener sitio del todo.

Sitios de entretenimiento

El entretenimiento es una de las razones más importantes por las cuales la gente usa la Web, y el número de sitios de entretenimiento está aumentando. Páginas humorísticas y servicios tales como los calabozos multiusuarios (MUD) y los servicios de juegos compartidos ahora se están expandiendo por la Web.

Las altas expectativas que la gente tiene de los sitios de entretenimiento pueden hacer que estos sitios sean algunos de los más difíciles de crear. Estas son algunas sugerencias para crear sitios de entretenimiento:

- **No empiece aquí.** No intente iniciarse en la publicación de sitios Web creando uno de entretenimiento. Es una tarea muy exigente. Trate con otro tipo de sitio primero y, luego, hágase camino hasta llegar al de entretenimiento.

- **Manténgalo fresco.** ¿Qué tan divertido es un chiste la segunda vez que lo escucha? Es necesario que actualice rápidamente el contenido de su sitio o, de lo contrario, permitirles a los participantes que brinden contenido a través de interacción –ninguna de las dos opciones es fácil.

- **Aproveche la tecnología.** La interactividad es también clave para el entretenimiento, lo cual significa ir más allá del HTML y de los gráficos estáticos. Necesita usar al menos alguna tecnología de la Web avanzada para crear un sitio Web fresco e interesante.

- **Deje que la tecnología le ayude.** La tecnología puede darle ideas que pueden ser muy divertidas. Intente usar Java para crear rutinas al estilo de Los Tres Chiflados, o use ActiveX para crear un ambiente de realidad virtual que incluya algo parecido a una casa de los espejos (describimos tanto Java como ActiveX en el Capítulo 14).

¿Su página está limpia?

Para la mayoría de editores de páginas Web, la mejor política en relación con poner en sus páginas cosas que sean potencialmente ofensivas, es mantener el sitio limpio. El uso de violencia y sexo gratuitos en sus páginas Web simplemente desalentará a muchas personas y hará que su sitio Web tenga poca aceptación.

Pero ¿qué pasa si el sexo o la violencia no son gratuitos, sino que son centrales para su punto? En ese caso, envíeles a los autores su URL, para que le podamos dar una hojeada nosotros mismos. No, en serio: asegúrese de crear una página principal que advierta a los lectores que es posible que encuentren ofensivo el contenido. Eso los dejará decidir, graciosamente, si verán o no el contenido de su sitio.

Sin embargo, ese enfoque puede no ser suficiente. Algunos dueños de servidores Web rechazarán su página si viola sus reglas; además, varios países tienen leyes que (directa o indirectamente) pueden especificar lo que puede y lo que no puede estar en una página Web. Asegúrese de conocer bien las reglas y las leyes que se le aplican antes de poner cualquier cosa dudosa en su página Web.

Guías para Crear Páginas Web

Una página o un sitio Web, básicamente, es una publicación interactiva. Pensar en unos cuantos principios simples, antes de empezar, le ayudará a hacer que su página Web sea mucho más interesante y útil para la gente que la visitará. También puede visitar más adelante esta sección, luego de crear su página inicial; utilice estas guías para revisar su página y hacerla todavía más interesante y útil.

Pregúntese: "¿Por qué hago esto?"

Pregúntese, desde el inicio, "¿Por qué hago esto?" (conforme trabaje más y más en su página, su respuesta a esta pregunta puede volverse un poco... ¡profana!) Por ejemplo, ¿por qué está creando la página, por qué no le dijo a alguien que la creara por usted? La respuesta le ayudará a determinar algunas cosas importantes sobre la página. La siguiente lista detalla las razones más comunes que lo harán involucrarse en la creación de páginas Web:

✔ **Para trabajar:** Más y más personas están siendo requeridas para crear páginas y sitios Web como parte de sus trabajos; por ejemplo, usan la Web para comunicarse con personas dentro de las compañías o fuera de ellas. Pero a menos que planee ser un Webmaster, necesita balancear el tiempo que emplea desarrollando sus páginas Web con el tiempo empleado en las otras funciones de su trabajo. Sea modesto en sus metas iniciales y mantenga registros de cada paso relacionado con la creación y la modificación de su página Web. Usted, o la persona que se encargue del trabajo por usted, puede referirse a los registros más adelante.

✔ **Por diversión:** Los sitios son algo bueno y son una buena parte de lo que hace que la Web valga la pena. Pero si crea su sitio por diversión, es posible que le dedique su tiempo solo cuando ya ha desempeñado otras funciones, como trabajar, ir a la escuela o dedicarles tiempo a sus amigos o familiares. Así que no sea ambicioso con sus planes iniciales o quizás pasará mucho tiempo antes de que termine su página.

✔ **Como una carrera:** Si desea ser un Webmaster de tiempo completo o casi completo o; en otro caso, hacer de la Internet o la Web una parte integral de su carrera, puede planear un sitio Web ambicioso que use herramientas avanzadas, control de uso y que, desde otros enfoques, se acerque a lo más avanzado de la Web. Para obtener experiencia, cree su página Web inicial usando las herramientas accesibles de banda ancha, las cuales describimos en este libro. Luego, lleve su página más cerca del límite usando las técnicas más avanzadas descritas en otros lugares, como con los programas de JavaScript, descritos en *JavaScript Para Dummies*, 3a Edición, de Emily A. Vander Veer (Hungry Minds, Inc.).

✔ **¿Quién sabe?** Como lo dijo una vez el famoso "manager" de béisbol, Yogi Berra: "Cuando se encuentre con una bifurcación en el camino, tómela". Es posible que no tenga una razón específica para publicar algo en la Web, pero eso no debería detenerlo. Perfectamente, puede descubrir una buena razón después de tener un poco más de experiencia. Empiece con cosas sencillas, luego puede conquistar el éxito temprano colocando su página Web y, luego, puede seguir adelante partiendo desde allí.

No emplee mucho tiempo en el diseño

Diseñar una página Web es totalmente diferente a diseñar cualquier otro tipo de publicación, ya que usted no tiene tanto control sobre la apariencia y la impresión de su página Web, al menos, no de la forma en que lo tiene con otros tipos de publicaciones. Las velocidades de módem y de conexión de redes, los exploradores, los tamaños de pantalla y las configuraciones de fuentes y de otras cosas que poseen los exploradores, varían tanto que los usuarios pueden tener experiencias realmente diferentes al visitar sus páginas Web.

Con las últimas versiones de HTML, es posible controlar más aspectos de la apariencia de su página Web. Sitios avanzados, como amazon.com, usan muchos aspectos diferentes de HTML, además de otros lenguajes de programación, como JavaScript, para crear diseños densos y ricos, más parecidos a los de una revista que a los de una página Web típica. Sin embargo, muchos aspectos de las versiones más recientes de HTML no son estándar aún entre las diferentes versiones de los exploradores de la Web. En este libro, nos hemos apegado al HTML 4.0 que funciona casi igual en todos los exploradores.

Mantenga su diseño simple y no gaste mucho tiempo en él, al menos para empezar. Luego, mejórelo, conforme encuentre más información acerca de publicación en la Web, de modo general, y más sobre cómo la gente usa su página Web, de modo específico.

Ponga primero lo bueno

Imagine la Web como una colección de revistas gigante y a la persona que explora a través de ella como alguien que está escudriñando las portadas de todas esas revistas. Las personas que ven su página Web deciden si se quedan en su sitio o si buscan otro sitio, basándose especialmente en lo que ven en la primera parte de la página.

Si su propósito es proveer información o vínculos, entonces ponga esa información de primero o, en un caso extremo, a la distancia de un clic. Por ejemplo, para crear un sitio que brinde información acerca de una compañía, haga que obtener la información de contacto –el nombre de su compañía, la dirección, el número de teléfono y su número del fax– sea fácil de encontrar. Para crear un sitio personal que sea atractivo para los patronos potenciales, deje claro su campo laboral de primero en su página Web y haga que su currículo sea fácil de acceder.

Temas grandes para sitios grandes

Este libro enfoca la atención en las necesidades de las personas que crean una sola página Web o un sitio Web pequeño, y que lo hacen por su propia cuenta. Los sitios más grandes o los sitios que necesitan ser creados o modificados con frecuencia, necesitan personas que trabajen en ellos.

Si desea crear un sitio más grande sobre la marcha, piense desde ahora cuáles recursos pueden estar disponibles para ponerlos en el sitio. ¿Cuántas personas de su compañía u otra organización trabajan en publicidad, en relaciones públicas y en mercadotecnia? ¿Cuántas personas dudan de si esos trabajos son trabajos auténticos? (¡es solo una broma: el autor principal, que es del área de mercadeo, escribió eso!).

Usted, razonablemente, puede esperar que su compañía dirija de nuevo algún fragmento de su publicidad, mercadeo y recursos para darle apoyo a una presencia en la Web. ¿Y qué hay de las ventas? A medida que las transacciones comerciales basadas en la Web despegan, una parte de las gestiones de ventas de una compañía se empiezan a basar en la Web y necesitan de un adecuado compromiso para recuperar las inversiones.

O bien, su compañía ya puede sufrir del fracaso Web. Los síntomas clásicos del fracaso Web incluyen una fuerte inversión temprañera para crear un sitio bello, meses de fracaso en la actualización o el mantenimiento del sitio, seguidos por dedos que apuntan por doquier en busca del culpable que desaprovechó todo ese dinero. Usualmente, el problema es que nadie fijó metas para el sitio, de modo que nadie construyó el sitio con objetivos específicos. Las compañías a menudo designan pocos recursos financieros y humanos para el mantenimiento y la actualización de un sitio. Si esto ha ocurrido en su compañía, ya conocerá los problemas que se generan, así que asegúrese de establecer metas claras para sus esfuerzos en la Web.

El elemento más importante al adoptar alguna tecnología nueva para un negocio es un proyecto piloto exitoso. Como alguien que crea un sitio Web pequeño, usted desarrollará habilidades importantes y conocimientos sobre la convergencia tanto de las necesidades de su negocio como de oportunidades en la Web. Fije metas específicas, esfuércese en cumplirlas y registre sus problemas y sus éxitos. Al hacer eso, usted se posicionará bien y podrá justificar inversiones de recursos conforme la Web aumente en importancia para su compañía.

Si su propósito es llevar personas a su sitio para entretenerlas, educarlas o exponerlas a mensajes comerciales–o hacer todas esas cosas a la vez– entonces la primera parte de la página debería crear una impresión fuerte e invitar al usuario a que siga visitando su sitio. La Figura 1-6 muestra la página Web Kaua'i Exotix , la cual, ciertamente, captura la atención y está localizada en el siguiente URL: www-.besttropicals.com.

`www.besttropicals.com.`

Pero, al igual que la página Web Kaua'i Exotix, su página inicial también debe ayudarle a la gente a encontrar información rápidamente; es más probable que regresen si no los hace gastar su tiempo durante su primer visita rápida.

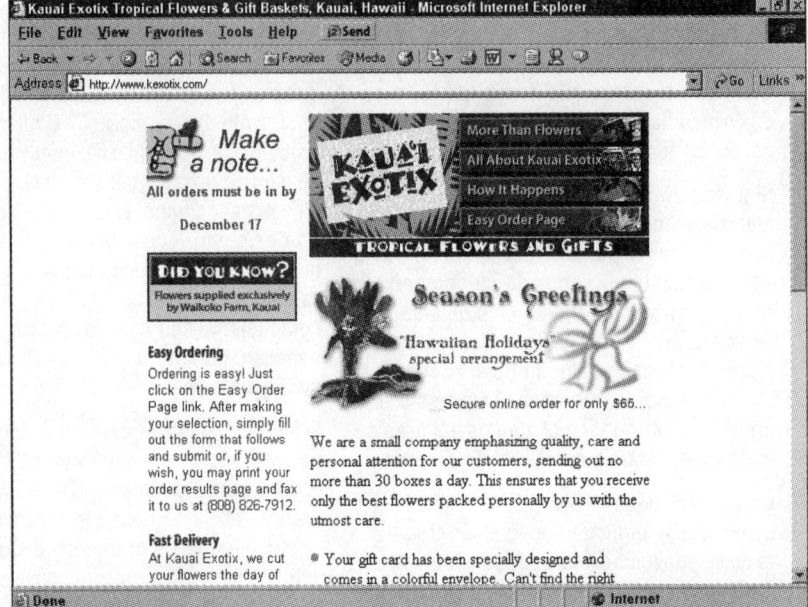

Figura 1-6:
Capullos
para sus
capullos.

Piense dos veces sobre el tiempo de descarga

Poner muchos gráficos en sus páginas es algo que puede ser crucial porque crear buenos gráficos y colocarlos apropiadamente en su página Web puede significar mucho tiempo y esfuerzo. Los gráficos también pueden tardar mucho tiempo en ser descargados por quienes visitan su sitio. Por esto, planee utilizar imágenes pequeñas que se descarguen rápido en un inicio. Piense dos veces antes de crear mapas de imágenes grandes en los que se pueda hacer clic o gráficos de inicio muy atractivos, como los que se suelen encontrar en las grandes compañías, como por ejemplo General Motors o Apple. Si usa un gráfico de inicio, trate de que no supere los 20K, aproximadamente (refiérase al Capítulo 9 para más detalles).

Puede encontrar una gran cantidad de información en la prensa informática, incluso en los periódicos y revistas de índole general, sobre los esfuerzos actuales de posibilitar el acceso más veloz a los usuarios ordinarios. Pero para todos los debates relacionados con los modems de cable, Línea Digital de Suscriptor (DSL) y otras técnicas adelantadas, la verdad es que la mayoría de usuarios en casa todavía usan modems de 56 Kbps o incluso más lentos (los usuarios comerciales, generalmente, usan conexiones más rápidas). Así que ignore las habladurías, porque la verdad es que la velocidad a la que la persona promedio accede a la Web está aumentando muy lentamente. Por ahora, sea conservador en cuanto a la cantidad de información que pone en cada página, y pruebe los tiempos de descarga de sus páginas a través de una conexión basada en módem antes de publicarlas.

Conozca a su público

Según investigadores de la Web, la mayoría de usuarios habla inglés, ya sea como idioma materno o como segundo idioma. Consecuentemente, la mayoría del contenido Web, las herramientas de creación Web y los exploradores de Internet usan el inglés. Aun diez años después del nacimiento de la Web –que ocurrió en Suiza– Norte América es todavía el "centro de gravedad" para el acceso a la Web. Esto, gradualmente, se alterará conforme otros países se unan a la penetración que ha logrado la Web en los Estados Unidos.

¿Por qué hay personas en línea? Los escrutinios señalan que las razones más importantes por las que las personas usan la Web es para recoger información, para entretenimiento, educación, trabajo, "pasatiempos " y para hacer compras. ¿Para cuál de esos propósitos pretende que su sitio sirva? ¿Cómo atraerá a las personas que están en línea? ¿Cómo les ayudará a encontrar el sitio? Las respuestas a estas preguntas le ayudarán a mejorar el atractivo y la utilidad de su sitio.

Finalmente, ¿cuáles exploradores utilizan sus usuarios? Las encuestas indican que más del 80 por ciento de los usuarios navegan la Web con Microsoft Internet Explorer, la mayoría de los otros usan Netscape Navigator. Estos dos exploradores y los otros dan respaldo a gráficos y tablas, y casi todos los usuarios usan sus exploradores con los gráficos activados (lo que no quiere decir que valoren el tiempo que tardan en descargarse los gráficos y las imágenes complicadas, ¡a menos que esas imágenes sean realmente buenas!).

Para más detalles acerca de quiénes se conectan en línea, qué hacen mientras tanto y lo que significa si está creando un sitio Web comercial, refiérase a *Internet Marketing Para Dummies*, de Frank Catalano y Bud Smith (Hungry Minds, Inc.).

Usar trozos de texto

Como lo mencionamos anteriormente en este capítulo, cuando se prepara un sitio Web, menos equivale a más. Decir algo con menos texto hace que los usuarios lo lean y lo recuerden con más facilidad. Un fragmento de texto es un trozo corto de información que tiene un solo tema y lo expone claramente.

Aunque se pueden emplear fragmentos de texto en exceso, estos son de suma importancia en el diseño de una página Web. Los fragmentos le ayudan a transferir tanta información como sea posible en el tiempo limitado que los usuarios emplean viendo cada página Web. Además, le ayudan a balancear los elementos básicos de diseño: el texto, los vínculos y los gráficos.

 Si desea poner documentos grandes en la Web, considere volverlos a escribir como una serie de fragmentos de texto. Si rescribirlo todo es demasiado trabajo y no es algo práctico, al menos cree texto corto, conveniente para la navegación y para los párrafos introductorios de los documentos extensos. En un documento largo, añada encabezados para romper la monotonía del texto y proporcione punteros en su sitio Web para que los usuarios se dirijan a áreas de su documento. Sin tal guía, los usuarios bien pueden frustrarse sin encontrar la información que andan buscando.

Visite los sitios que le gustan

Visite sitios que le gusten y sitios cuyos propósitos sean similares a los suyos. ¿Qué es lo bueno que tienen? ¿Qué es lo malo? Imite los elementos buenos –pero sin copiarlos, pues eso sería una violación ética y de las leyes de derechos de copia– y evite los elementos que no son buenos. Conforme el desarrollo de su sitio progrese, continúe comparándolo con sitios que haya identificado previamente y aumente el alcance de sus búsquedas para obtener ideas adicionales, tanto sobre las cosas que se deben hacer, como de las que no.

Existen muy pocas ideas originales en la Web y es probable que su sitio inicial contenga solo una o dos nuevas ideas, en el mejor de los casos. El resto de su sitio puede hacer eco de las cosas que los lectores ya han visto y a usted le irá mejor si su sitio evoca otros sitios buenos, y no malos (pero tenga cuidado ¡si empieza a gritar "Mal sitio! ¡Mal sitio !" frente a la pantalla de su computadora y la golpea con un periódico enrollado, es posible que no tenga una conexión de Internet por algún tiempo).

Prever las mejoras

Conforme planee e implemente su página Web inicial, sin duda creará una lista de cosas "por hacer", la cual no podrá acomodar en el sitio original, pero que es posible que desee agregar más adelante cuando el tiempo lo permita (la creación de esta lista para uso posterior es una magnífica forma de no intentar crear un súper sitio desde la nada, o quedarse atorado en el proceso de creación sin lograr definir jamás el punto de la publicación de su primera página Web). Esta lista es el inicio de un plan para efectuar mejoras en su página.

Algunas de las cosas que se ponen en un sitio Web necesitan estar actualizadas. Por ejemplo, si su página Web de negocios muestra los resultados trimestrales de su compañía, prepárese para actualizarla rápidamente cuando salgan los resultados del siguiente trimestre. Si enumera a los empleados de una compañía, actualícela tan pronto como se dé algún cambio (a menos que usted sea una de las personas que sea cambiada... ¡en ese caso es problema de su sucesor!).

La información desactualizada en un sitio Web es una de las mejores maneras de dejar una mala impresión de su compañía u organización y de alejar a los visitantes.

Usted no solo querrá actualizar el sitio Web, sino que deseará evitar el uso de señales como "En construcción" u otras cosas similares, con el fin de disculparse por cosas que no están allí todavía. Todo en la Web está en construcción, que de hecho es casi la mitad de la diversión de usar la Web y de crear páginas. Solo se tiene una oportunidad para ofrecer una primera impresión y una señal de "En construcción" no le ayudará mucho.

Decida cómo definir el éxito

Antes de diseñar y crear su página Web, defina lo que cree que hará que la página sea exitosa. Como un esfuerzo inicial, poner algo en la Web que transporte de modo claro información básica, probablemente, sea suficiente. En el trabajo siguiente, sea más específico. ¿Intenta llegar a un cierto número o tipo de personas? ¿Será suficiente medir las *vistas de las páginas* –el número de veces que las personas ven una página de su sitio–, o necesita otra medida de respuesta, como hacer que la gente envíe un correo electrónico o llame a un número 800? ¿Desea crear un sitio con la última tecnología de gráficos y animación y, de ser así, piensa invertir el tiempo y el dinero necesarios para que eso ocurra? Hable con personas que trabajen en publicidad y mercadeo en el mundo real, y también con personas que trabajen en la Web, y obtenga un panorama de las metas que ellos se imponen y de cómo ellos miden su éxito al intentar alcanzar sus metas.

Capítulo 2

Publicar en la Web con AOL y otros ISP

Aunque la fácil de usar, abrir, pero ingobernable World Wide Web puede parecer como si fuera a desplazar a los servicios tradicionales, cerrados y monitoreados en línea, como America Online, CompuServe y The Microsoft Network (MSN), las circunstancias no están realmente trabajando así. Los servicios en línea están adaptándose rápidamente. Se han convertido en rutas para la Web y, en algunos casos, ofrecen servicios de publicación fáciles de utilizar, que incluyen hosting para su página Web en forma gratuita.

Si usted utiliza AOL o CompuServe, ese servicio es probablemente el mejor lugar para empezar a experimentar con la publicación en la Web. Ya que conoce la interfaz, puede encontrar foros en línea y mesas de discusión para publicar en la WWW y aprovechar las fáciles opciones de publicación en ella que estos servicios más grandes se han agenciado para suministrar.

Si no es usuario de America Online o CompuServe, la forma más rápida y barata de obtener su primera página en la red es utilizando GeoCities: el servicio basado en la Web, el cual describimos en el Capítulo 3. Pero si lo es, es posible que ya haya publicado algo en la Web. America Online, en particular, tiene opciones fuertes para publicar en la Web inmediatamente, incluyendo soporte para Windows y Macintosh, 2MB o más espacio en un servidor gratuito y (al momento de la redacción) ninguna restricción sobre utilizar páginas de la Web gratuitas para el negocio.

Nota: Al igual que la Web, los servicios en línea siempre están evolucionando. La información en este capítulo es precisa al momento de la publicación de este libro, pero necesita buscar en línea información más actualizada. Busque actualizaciones para este libro en el sitio www.dummies.com.

El Mejor Proveedor del Servicio de Internet

Usted ciertamente tiene libertad de elección en lo que se refiere a la mejor forma de estar en línea. Antes se tenía que escoger entre un servicio en línea como AOL o CompuServe, los cuales ofrecían acceso limitado a la Internet, o un proveedor del servicio de Internet, que tenía muy pocas de las características del servicio en línea y una comunidad muy limitada. Ahora puede obtener las características de los servicios en línea de los ISP de una gran variedad de proveedores, todos llamados ISP. Y su elección realmente es gratis, al menos por un tiempo, pues la mayoría de ISP ofrece uso gratuito de sus servicios durante un período de prueba. Usted puede probar dos o tres servicios diferentes antes de tomar una decisión a largo plazo. ¡Solo recuerde renunciar a cualquier servicio que haya contratado, o los veinte dólares, aproximadamente, que deba pagar por mes seguirán siendo deducidos de su tarjeta de crédito por siempre!

También tiene la opción de usar un proveedor tradicional, como Earthlink. Earthlink tiene cada vez más contenido y servicios incorporados, como America Online o CompuServe, pero realmente está enfocado al contenido y las herramientas de Internet y la Web que son accesibles. Otros ISP cambian en la cantidad de contenido incorporado y servicios que ofrecen.

En muchas áreas, también puede tener la habilidad de utilizar un servicio de ISP gratuito, como Netzero. Un servicio de ISP gratuito le brindará una conexión rápida y gratuita a la Internet y algunos adornos adicionales. Pero, ¿quién los necesita? Si utiliza la Internet y la Web para información, charlas, etc., y un servicio de ISP gratuito está disponible en su área, debería considerarlo seriamente.

Con cualquier ISP, puede utilizar GeoCities (descrito en el Capítulo 3) u otros servicios de publicación de páginas Web gratuitos para crear su primera página. Con AOL o CompuServe, también adquiere la opción de utilizar servicios de publicación en la Web, como se describe en este capítulo.

America Online es el servicio en línea más grande y tradicional. Como es más grande que cualquier otro - más de 30 millones de usuarios, aproximadamente cinco veces más que el siguiente competidor y con más personas que charlan en línea- tiene más áreas con el contenido existente y más personas para soportarlo. El servicio de America Online también se incluye con muchas computadoras Gateway; Gateway tuvo que darle a AOL parte de la compañía para obtener este trato.

America Online es la dueña de CompuServe, la cual ha sido posicionada como un servicio de "valor" — un poco menos de contenido, un poco menos de servicio, por un poco menos de dinero. Es posible obtener un servicio básico utilizando Compu-Serve 2000, la última versión de CompuServe, por $9.95 al mes. También puede comprar un paquete que incluye el servicio de CompuServe 2000 por unos cuantos dólares al mes con un gran descuento en la computadora - incluso una gratuita. Pero si desea el servicio en línea más utilizado, America Online, le costará extra.

MSN Internet Access es la oferta de Microsoft, que está ubicada como una alternativa más económica que AOL. Por $21.95 al mes se obtiene acceso a Internet y uso de servicios de Microsoft, tales como Hotmail y Microsoft Network (MSN). Este no parece ser un gran trato, porque mucho de lo que se obtiene al formar parte de MSN Internet Access es gratuito para cualquier usuario de la Web. MSN Internet Access es popular, ya que tiene millones de usuarios y la proporción crece ampliamente.

En cuanto a preocupaciones más generales, las tres interfaces tienen una GUI (*graphical user interface*) moderna, relativamente atractiva; CompuServe 2000, la última versión, incorpora muchas opciones de America Online. La experiencia de utilizar America Online también está muy estropeada con anuncios que se despliegan y a los que debe hacerles clic para poder deshacerse de ellos; estos arreglos de anuncios le cuestan millones a America Online, Inc., pero son tan molestos como los de la TV (puede eliminarlos si se toma el tiempo de cambiar un par de configuraciones). La Figura 2-1 muestra la interfaz mejorada, pero ojo con esos anuncios; la Figura 2-2 muestra la interfaz mejorada de CompuServe 2000; la Figura 2-3 muestra la interfaz arreglada de MSN, la cual consiste simplemente en una página Web disponible para cualquier usuario de la Internet.

Los ejemplos muestran las versiones para Windows. Las ofertas de Macintosh en los Big Three tienden a dejar atrás las versiones para Windows y MSN Internet. El acceso no funciona con Macintosh o incluso con Windows 3.1. Muchos propietarios de Macintosh escogen America Online, el cual tuvo un comienzo rápido con los usuarios de Macintosh (el software de America Online basado en trabajo que Apple hizo para su propio servicio en línea extinto).

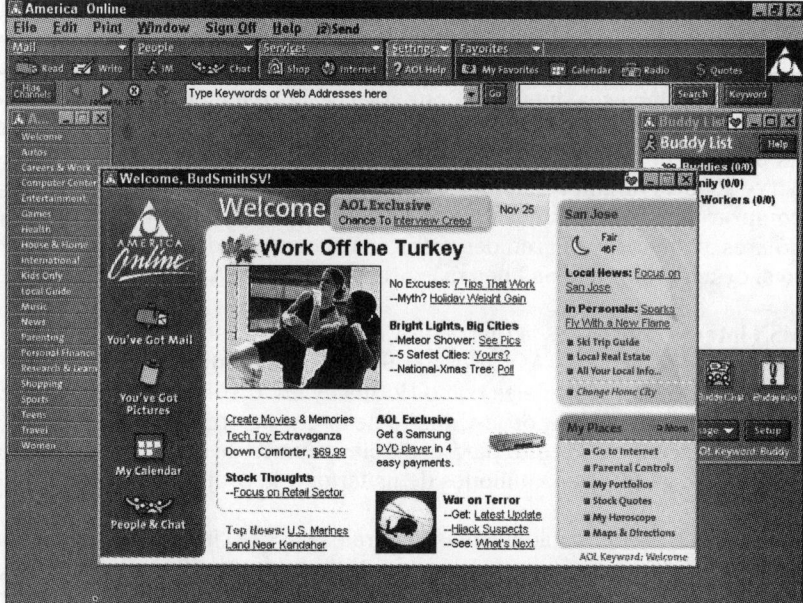

Figura 2-1:
America
Online es
fácil de
usar.

Figura 2-2:
CompuServe
obtiene más
GUI con el
tiempo.

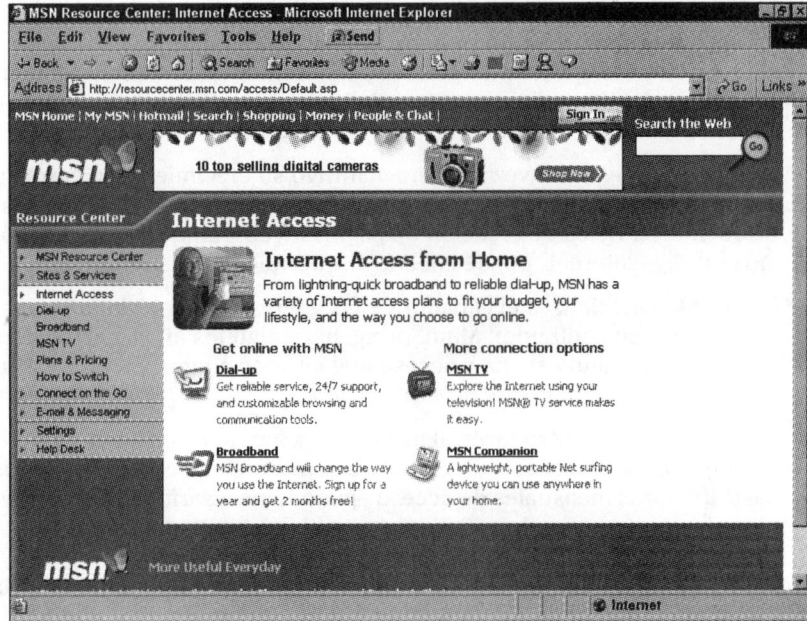

Figura 2-3:
MSN
Internet
Access, el
ISP de
Microsoft.

Pero si todavía no ha escogido un servicio en línea o ha estado considerando cambiarlo, aquí están los puntos buenos y malos de cada servicio:

✔ **America Online:** Hasta ahora, el mercado vota en su mayoría por America Online, ya que lo considera el servicio más grande y rápido, con más de 30 millones de usuarios. Recientemente, este ha lanzado la versión 7.0, que le agrega contenido enfocado regionalmente y otras funciones a su mezcla familiar de acceso a Internet, charlas, correo electrónico y edición en la Web. También tiene la mayoría de los usuarios de Macintosh y el contenido relacionado con Mac de los servicios más importantes. Puede encontrar información actual sobre estos servicios y bajar software de cliente en `www.aol.com`.

✔ **CompuServe:** Para negocios, CompuServe puede ser todavía una buena opción. Tiene un vasto arreglo de servicios y millones de usuarios orientados al negocio, que se ayudan entre ellos con preguntas específicas y generales acerca de la industria, así como grandes ofertas en otras áreas. Sin embargo, ese soporte se está moviendo más y más hacia la Web abierta. Al ser CompuServe considerado como un servicio valioso, el precio puede ser su mayor atracción. Puede encontrar información actual sobre los servicios y bajar software de cliente en `www.compuserve.com`.

✔ **The Microsoft Network/MSN Internet Access:** Microsoft básicamente se rindió ante el mercado de servicio en línea y relanzó The Microsoft Network como MSN Internet Access. MSN Internet Access solo funciona en Windows 95 o en versiones posteriores del sistema operativo de Windows. Utiliza el explorador Internet

Explorer –con el nombre cambiado a MSN Explorer, ofrece botones extra y víncu-los al contenido – y el sitio Web msn.com como su interfaz de usuario. Esto limita los servicios extra a cuentas gratuitas de Hotmail (¡que también son gratuitas para cualquiera!) y a unas cuantas ofertas especiales. Visite `www.msn.com` para más detalles.

- ✔ **Prodigy:** Prodigy, una vez líder, no mantuvo su crecimiento mientras atravesó un cambio de propiedad y de enfoque. Se relanzó como Prodigy Internet y ha in-troducido servicios de creación de páginas Web. Aunque en este libro no cubri-mos Prodigy Internet, puede encontrar que vale la pena revisarlo.

- ✔ **Earthlink:** Earthlink es el ganador de las guerras entre los ISPs "puros", al haber comprado a su contendor, MindSpring, hace algunos años. Earthlink ofrece acce-so telefónico, banda ancha y acceso inalámbrico a Internet. Además, usted pue-de seleccionar su software de exploración.

- ✔ **Netzero:** Netzero entró tarde al juego de los servicios en línea, teniendo como su mayor atractivo el acceso gratuito a la Internet. La compañía ahora obsequia hasta 10 horas mensuales de acceso –justo lo necesario para recibir y subir co-rreo electrónico– y cobra $9.95 al mes por uso ilimitado.

Entonces ¿cuál es el mejor servicio en línea para los editores de la Web? AOL es el más caro, el que tiene más usuarios y el que tiene la mayor cantidad de carac-terísticas de edición en la Web. Si ya usa uno de los servicios, probablemente de-berá quedarse con él mientras se dedica a la publicación en la Web. Empezar a usar un servicio nuevo es un gran fastidio, y tanto CompuServe como AOL ofre-cen un apoyo aceptable a la publicación en la Web. Usted siempre tiene la opción de usar GeoCities o algún otro sitio de publicación basado en la Web (Refiérase al Capítulo 3) sin importar cuál sea su ISP.

Los sitios Web de America Online, CompuServe y MSN están entre los más popula-res de la World Wide Web. Incluso puede usar estos sitios para revisar su correo electrónico de AOL, CompuServe o MSN usando un explorador de la Web. Incluso puede encontrar muchos servicios nacionales más pequeños y decenas de servi-cios alrededor del mundo, aunque el número está disminuyendo gradualmente, de-bido a ventas, surgimiento de otros servicios y bancarrotas. Cada servicio en línea tiene sus pros y sus contras, sus entusiastas y su habilidad específica. Incluso pue-de descubrir un ISP local si deja alguno de los servicios más grandes.

Algunos servicios ofrecen soporte para un lenguaje específico. Si usted desea trabajar con un idioma que no sea el inglés, pregúnteles a los usuarios que tengan experiencia usando su lenguaje preferido acerca de los servicios disponibles.

Servicios en línea tradicionales: pros y contras

Los ISP que empezaron como servicios en línea tradicionales, antes de que se creara la Web –AOL, CompuServe y Prodigy –ofrecen acceso a la Web, pero lo que ofrecen varía dramáticamente. En general, si todo lo que desea es acceso a la Web, quizás estará mejor con un Proveedor de Servicio de Internet (ISP): una compañía que brinda acceso directo a la Internet, y que quizás será más barata y le arrojará menos anuncios. Esta le brindará un mejor apoyo para la exploración u ofrecerá un acceso más rentable que el que proporcionan los servicios en línea más importantes.

Las buenas noticias para un nuevo editor de la Web referentes a estos servicios es que puede encontrar mucho apoyo para la publicación en la Web. Dadas las dificultades que puede encontrar al tratar de usar la Web y al intentar publicar en ella, ¿quién no querría tener unos cuantos millones de amigos en línea para que le ayuden? Todos los servicios en línea ofrecen apoyo para usar la Web y para publicar en ella. Los foros en línea pueden decirle qué hacer, indicarle algunos sitios buenos y más. El apoyo técnico en línea le ayuda a ir más allá de los problemas de la Web y de los problemas propios del servicio en línea.

No obstante, los servicios en línea también experimentan algunos problemas de acceso a la Web. El explorador predefinido, generalmente, es una versión vieja de Microsoft Internet Explorer. Si desea usar Netscape Navigator, o la versión más reciente de Internet Explorer, quizás sea capaz de hacerlo, pero solo si ejecuta un paso extra de la instalación –luego pasará un tiempo complicado preguntándose cómo usar su nuevo explorador y le responderán sus colegas usuarios del servicio en línea, que tenderán a ser usuarios de la versión predefinida de Internet Explorer.

Usar uno de los servicios en línea puede ser un poco parecido a usar rodines. ¿Se acuerda de lo libre que se sintió cuando sus papás al fin le quitaron los rodines a su bicicleta? Tener la interfaz del servicio en línea alejada de su explorador de la Web, tener que luchar contra los anuncios automáticos, tener acceso a los grupos de noticias en línea y cambiar entre los aspectos de su servicio y de su explorador, puede irritarlo al comparar ese sistema con el aire puro de la Internet no regulada.

Revisar grupos de noticias

Para retroalimentación de los usuarios en los servicios en línea, quizás desee revisar los grupos de noticias de Usenet, a los cuales puede tener acceso desde la escuela o el trabajo. Los grupos de noticias son grupos de discusión, hospedados en la Internet, que les permiten a las personas discutir acerca intereses comunes. Los exploradores de la Web, a menudo, poseen la capacidad de leer grupos de noticias de Usenet, y los servicios en línea ofrecen acceso a Usenet junto con el acceso a la Web. Intente con los siguientes grupos de noticias:

- ✔ `alt.online-service.america-online`

- ✔ `alt.online-service.com-puserve`

- ✔ `alt.online-service.microsoft`

El Mejor Apoyo para la Publicación en la Web

Los servicios en línea son un buen lugar para empezar sus esfuerzos iniciales de publicación en la Web: precios bajos, buenas herramientas, mucho soporte, parecido a correr colina abajo con viento en el rostro. Ahora que America Online, CompuServe y Microsoft Network están más y más integrados con la Web, hay más posibilidades de éxito. America Online y CompuServe ofrecen lo siguiente:

- ✔ **Ningún cargo extra por la creación de la página Web**. America Online y CompuServe ofrecen soporte gratuito para la creación de la página Web; usted paga únicamente los cargos de acceso normal por crear, ver su página y otras páginas Web.

- ✔ **Herramientas fáciles de autoría en la Web**: America Online y CompuServe ofrecen herramientas fáciles de usar que le ayudan a crear rápidamente una página Web inicial. AOL tiene varios niveles de herramientas para páginas Web y dan apoyo a funciones adicionales; CompuServe ofrece solo algunas de las funciones de AOL.

- ✔ **Espacio gratuito en el servidor de la Web**. Uno de los problemas más grandes al crear una página Web es obtener espacio en un servidor de la WWW. America Online y CompuServe ofrecen espacio gratuito para páginas de inicio personales; America Online también ofrece espacio gratuito para páginas de negocios.

- ✔ **Ningún problema de transferencia de archivos**: Poner sus archivos en un servidor de la Web a menudo es tormentoso; las herramientas de creación de la página de los servicios en línea fáciles de usar pueden agilizar la obtención de su información en línea.

- ✔ **Actualizarse con herramientas de HTML**: Los servicios en línea le permiten utilizarlas herramientas separadas de HTML para crear su propia página Web personalizada y luego transferir sus archivos a su servidor para el hospedaje gratuito.

Los servicios en línea están desarrollando rápidamente su soporte de la Web en general y su soporte de la publicación en ella, así que revise las actualizaciones en los servicios antes de tomar una decisión sobre el servicio en línea que va a usar.

Cada servicio en línea tiene opciones específicas y restricciones en sus páginas Web. En este libro, las políticas y ofertas de los servicios en línea son las siguientes:

✔ **America Online:** Varios megabytes de espacio para publicar en la Web. Más buenas noticias: AOL tiene una herramienta muy fácil de usar llamada 1-2-3 Publish, y una herramienta más poderosa llamada Easy Designer, ambas integradas al servicio. America Online también ofrece instrucciones paso a paso para usar el HTML y anuncios gratuitos para sus páginas Web; también le permite usar su espacio de servidor gratuito para publicar páginas de negocios.

✔ **CompuServe:** CompuServe le da acceso gratuito a 1-2-3 Publish, la misma herramienta de publicación en la Web ofrecida por AOL. CompuServe ofrece plantillas gratis y la habilidad de subir sus propios archivos de HTML y gráficos en un espacio gratuito de 20 MB. Usted también puede agregar contadores y otras funciones geniales, además de que puede usar su página Web para su negocio (sin embargo, no existe la función de transacciones de negocios y el usuario no está autorizado a agregar una propia).

✔ **MSN:** Realmente, no hace nada especial para usted cuando se trata de publicación en la Web - y si mira alrededor de la Web, encontrará que muchas páginas de servicios gratuitos basados en la Web como GeoCities (refiérase al Capítulo 3) son creados por miembros de MSN. Básicamente, como usuario de MSN usted está solo.

Todos los servicios de publicación descritos en este libro le permiten incluir comandos de HTML en su texto. Para una descripción de los comandos más importantes de HTML, refiérase a la Referencia Rápida y al Apéndice C (es más: arranque la hoja de referencia rápida y péguela en una pared cercada, ¡de modo que siempre la pueda ver!)

Obtener su Página Web con AOL o CompuServe

America Online tiene una historia de éxito impresionante -y además de poseer sobradamente el liderazgo mundial como proveedor de servicios en la Internet, ofrece servicios sólidos de publicación en la WWW, respaldados por una fuerte comunidad en línea que puede ayudarle a publicar su primera página Web y luego mejorarla.

America Online tiene una historia de éxito tan sorprendente que compró a su mayor rival CompuServe (esto fue solo un par de años antes de que comprara algo todavía más grande: la compañía de comunicaciones Time Warner). La herramienta 1-2-3 Publish, que describimos en este capítulo, funciona tanto en AOL como en CompuServe.

Si no es usuario de America Online, GeoCities (descrito en el Capítulo 3) es una opción excelente. Cualquiera con acceso a la Web puede utilizar GeoCities, pero si es un usuario de America Online, tiene una opción entre los servicios incorporados de America Online y GeoCities. Sugerimos que empiece con AOL, si tiene la oportunidad.

¿Por qué? La respuesta no es realmente que las herramientas de AOL son mejores; sino bastante parecidas a las de GeoCities. La diferencia es la comunidad. La mayoría de los usuarios de AOL gastan más tiempo en foros en línea de AOL que en la Web abierta. Y en esos foros abiertos puede obtener rápidamente las respuestas a sus preguntas relacionadas con el uso de las herramientas de AOL y también puede obtener su página de inicio y luego mejorarla.

Si ya es usuario de America Online y todavía tiene la Versión 3.0 ó 4.0 del servicio, actualícese a la Versión 5.0 antes de proceder. Todo lo que le costará es un poquito de tiempo y tendrá acceso a las capacidades de publicación en la Web descritas en este capítulo.

Utilice este capítulo para empezar con las herramientas de America Online y así crear su primera página Web. Para llevar su página al siguiente nivel, use los foros en línea de AOL o la información más avanzada en los próximos capítulos de este libro.

Ver lo que Ofrece AOL

America Online tiene varias partes de su servicio de publicación en la Web:

- **1-2-3 Publish:** Le permite utilizar una plantilla para crear rápidamente su primera página Web. Elimina la mayoría de las barreras iniciales para obtener una página rápida y fácilmente. Sin embargo, no le permite crear su propio diseño personalizado o trabajar en HTML. 1-2-3 Publish también está disponible en CompuServe.

- **Easy Designer:** Es el paso que le sigue a 1-2-3 Publish. Le permite arrastrar y soltar texto e imágenes, además de utilizar el HTML para extender las capacidades de su página (Easy Designer reemplaza los servicios viejos de Personal Publisher y Personal Publisher 3 de las versiones anteriores del software de AOL).

- **Servicios Verio:** AOL tiene servicios integrados de hospedaje en la Web desde Verio, un proveedor de hospedaje importante, en su oferta. La buena noticia para usted es que obtiene algunos servicios gratuitos de Verio y otros con un descuento, al accederlos a través de AOL.

Le recomendamos utilizar 1-2-3 Publish para obtener la muy importante primera página Web y continuar editándola con Easy Designer. La próxima sección le indica la manera de crear su primera página Web con 1-2-3 Publish; esto debería tomar unos 30 minutos o menos. Puede seguir las instrucciones para 1-2-3 Publish también en CompuServe. Si ya conoce algo sobre la creación de una página Web y desea ir directo a un ambiente más retador, intente primero Easy Designer. (Cuando se escribí esto, no se podía accesar a Easy Designer desde CompuServe).

Planear antes de Empezar

Crear su primera página principal usando la herramienta 1-2-3 Publish de AOL solo requiere de unos cuantos minutos, ya que el usuario se evita muchos contratiempos que normalmente se tienen al editar algo en la Web. Pero al igual que con el proceso de GeoCities del Capítulo 3, puede facilitarse las cosas haciendo algunas tareas de antemano:

✔ **Visite las páginas Web de AOL Hometown**. Para ver las páginas Web de Hometown, haga clic en el botón Keyword, en la parte superior de la pantalla de AOL. Digite Hometown en la ventana Keyword que aparece y, luego, haga clic en Go. Verá la página principal de Hometown, que le permite buscar páginas Web por medio de alguna palabra clave, o visitar páginas Web de varias comunidades.

✔ **Descubra más sobre AOL Hometown buscando en páginas Web relacionadas con Hometown.** Puede aprender más sobre Hometown viendo las instrucciones para principiantes, haciendo clic en los vínculos Create, Edit y similares en la parte inferior de la página Web, o examinando todas las plantillas. Regrese a la página principal de Hometown para comenzar.

✔ **Busque los URL de sus sitios Web favoritos**. Muchas plantillas de AOL le permiten enumerar en listas a varios de sus sitios Web –pero para vincularse a ellos, se necesitan los URLs. Deslícese por la Web y busque los URL de algunos sitios de reflejen sus intereses o de sitios de amigos y familiares (¡mientras menos conocidos sean sus favoritos, mejor!)

✔ **Planee su página**. Use un programa procesador de palabras o unos pedazos de papel para planear su página Web inicial (use solamente el papel para dibujar–ni el origami ni los avioncitos de papel se trasladan con éxito hasta la Internet). Defina el texto que desea poner y los URLs que incluirá. Luego, estará listo para dedicarse a los aspectos "mecánicos" de publicar bien su página Web.

✔ **Escanee una imagen**. Muchas páginas Web personales se ven mucho mejor con una imagen –suya o de algo relacionado con el tema que le interesa. Escanee una imagen suya y use un programa editor de imágenes, como Photoshop, para guardarlo en un formato adecuado para la Web, como el formato GIF o JPEG (para más información sobre los gráficos de la Web, refiérase al Capítulo 9). Si carece del software apropiado, vaya a una tienda de copias, como Kinko's, para que alquile escáneres y equipo de computadoras personales con software apropiado.

También puede pedirle a la compañía donde revela sus fotos que ponga sus fotos en discos; varias cadenas ya ofrecen este servicio.

Para la conveniencia de los usuarios, intente reducir el tamaño del archivo de la imagen a 30K, o menos, antes de agregarla a su página Web (una imagen de 30K dura diez segundos en descargarse a través de un módem de 56K.)

Empezar con 1-2-3 Publish

Los principiantes editores de la Web pueden seleccionar 1-2-3 Publish, la herramienta fácil que le ayuda a colocar su página Web rápidamente, o Easy Designer, la herramienta más flexible que le permite hacer más cosas con su página Web. Easy Designer puede funcionar con páginas Web que hayan sido creadas inicialmente en 1-2-3 Publish.

Puede acceder a 1-2-3 Publish en CompuServe al digitar **ourworld** en la barra de direcciones Web, en la parte superior de la ventana de aplicación CompuServe, y luego pulsar Return. Luego, haga clic en el vínculo 1-2-3 Publish, en la esquina superior derecha. El texto del vínculo dice "3 Steps to Happiness"("3 pasos a la felicidad"). Esto lo lleva al paso 5 de la siguiente lista de pasos.

1-2-3 Publish ofrece lo mejor de los dos mundos: una herramienta fácil de utilizar y que no es limitante, ya que puede usar Easy Designer, programas agregados que AOL tenga disponibles o HTML para mejorar su página inicial. Siga estos pasos para crear su primera página Web con 1-2-3 Publish:

1. **Inicie America Online.**

   Aparecerá la pantalla Welcome.

2. **Haga clic en el canal Computer Center.** Aparece el canal AOL Computer Center, que consiste mayoritariamente de contenido de C ❘NET,. (C ❘NET es un importante sitio Web de contenido informático que es socio de AOL).

3. **Haga clic en Web Building. Busque bajo el encabezado que dice Internet en el área inferior izquierda de la pantalla.**

   Aparece el área AOL Computer Center Build Your Web Page, como se muestra en la Figura 2-4.

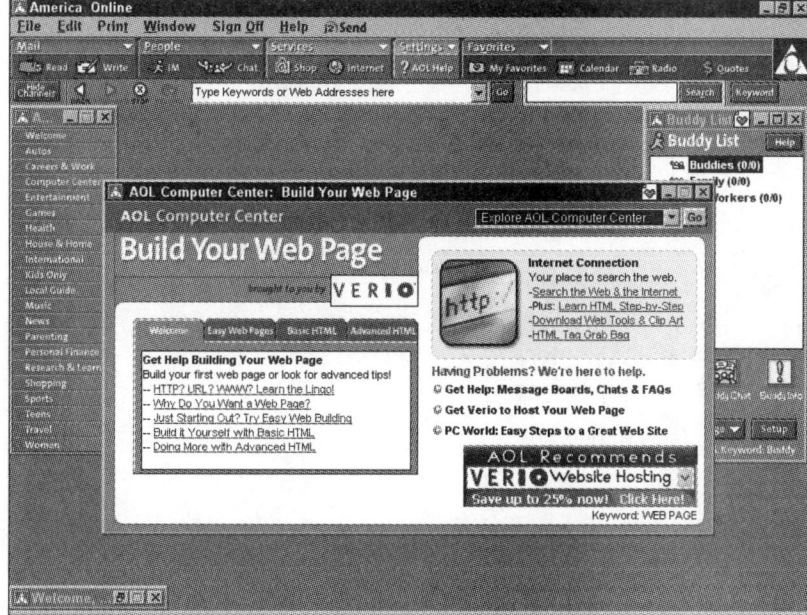

Figura 2-4:
AOL le brinda una caja de herramientas llena de formas para empezar.

4. **A partir de la pantalla Build Your Web Page, en AOL, haga clic en la pestaña Easy Web Pages.**

   La pestaña Easy Web Pages le permite empezar a usar 1-2-3 Publish o Easy Designer.

5. **Haga clic en Build Your 1-2-3 Publish Page.**

   La pantalla de inicio de 1-2-3 Publish aparece, como se muestra en la Figura 2-5.

6. **Desplácese hacia abajo y examine las diferentes plantillas para ver cuáles opciones están disponibles.**

   Puede usar una de las plantillas de alto nivel o una de las plantillas más específicas para su primera página Web. No obstante, para los propósitos de este ejercicio, nosotros evitaremos las otras plantillas y nos quedaremos con la plantilla de la "primera página principal".

7. **Haga clic en el vínculo Your First Home Page.**

   Aparecerá una página con una serie de pasos, como se muestra en la Figura 2-6. La siguiente sección describe cómo seguir estos pasos.

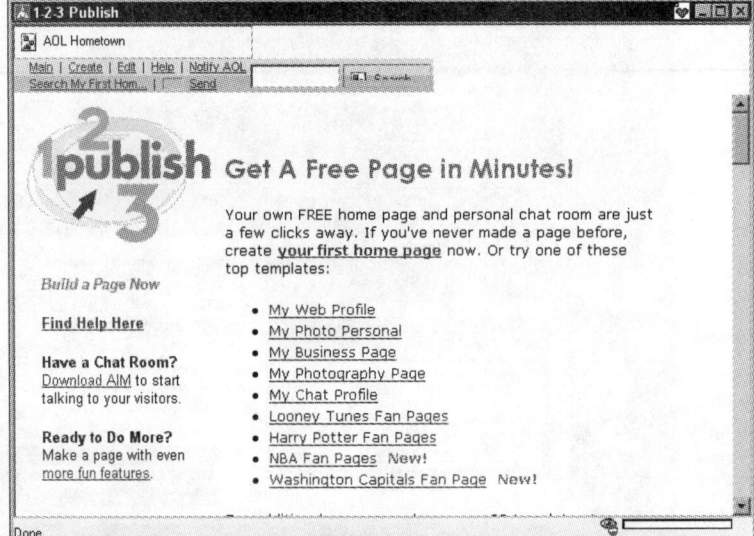

Figura 2-5:
1-2-3
Publish le
da muchas
opciones.

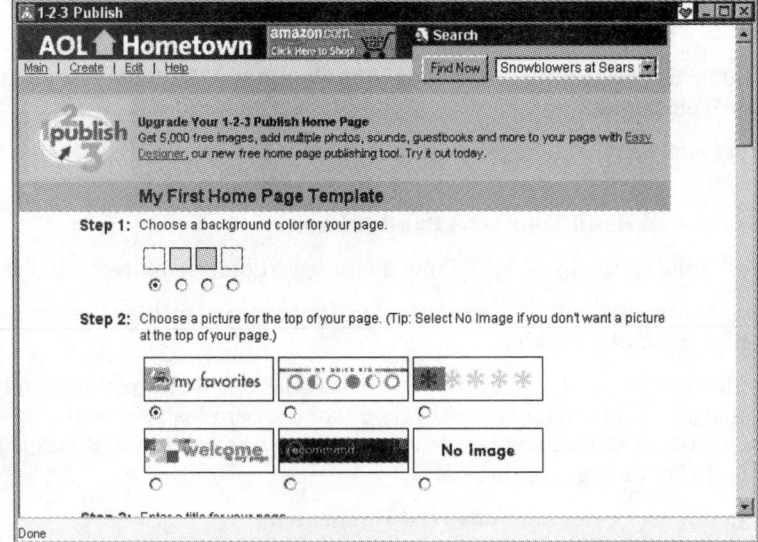

Figura 2-6:
Está a solo
unos pasos
de obtener
su página
Web.

Está a solo unos pasos de obtener su página Web

Use la plantilla llamada My First Home Page Template para crear su primera página principal (si usa una plantilla diferente, los pasos son básicamente los mismos, pero tendrá que adaptarse a ciertos cambios a lo largo del proceso). Puede revisar la Figura 2-8 para ver a cuál de estos se parece. Una vez que haya alcanzado la pantalla de su primera página principal, como se describe en la sección previa, siga estos pasos:

1. **Configure el aspecto general de la página.**

   El primer paso es seleccionar los colores de fondo para su página. Las selecciones son blanco, verde claro, rosa claro y amarillo claro. Un fondo blanco le da la mayor flexibilidad para seleccionar otros gráficos, agregar imágenes y demás.

2. **Seleccione una imagen para la parte superior de su página.**

   Las selecciones son My favorites (Mis favoritos), My quick bio (Mi rápida biografía), asteriscos azules (sin palabras), Welcome to my page (Bienvenidos a mi página), I recommend (Yo recomiento) y en blanco. Seleccione la imagen que mejor funcione para el contenido que desea poner en su página Web.

3. **Agregar un título y una imagen a su página.**

   Introduzca un título que describa su página. Incluya una palabra clave que la gente pueda buscar –si su página incluye información sobre su interés por los caballos, ponga "caballo" como título. O ponga su nombre en el título para que sus amigos puedan buscar fácilmente su sitio.

   También puede cargar una imagen para su sitio. Haga clic en el botón Browse para revisar todo su disco duro en busca de una imagen. Para aprender más sobre gráficos, refiérase al Capítulo 9.

4. **Seleccione un estilo de divisor.**

   Seleccione uno de los seis estilos de divisor. Esta es una elección muy importante, porque los divisores ubicados entre las secciones tienen un efecto sorprendentemente fuerte sobre el aspecto general de su página Web. El primer estilo, los puntos verdes, tiene un esquema de color que coincide con la primera imagen, My favorites (Mis favoritos), que aparece en la parte superior de su página. El segundo estilo, naranja con puntos azules, va en la segunda elección, My quick bio (Mi rápida biografía) o la cuarta elección Welcome to my page (Bienvenidos a mi página). La tercera elección, una barra de colores pastel; la cuarta elección, un diseño de hoja azul y blanco; y la quinta elección, un conjunto de figuras púrpura, realmente no van con ninguna de las imágenes de la parte superior. La selección final, sin divisor, va con cualquier cosa –pero no ayuda a seccionar su página.

5. **Introduzca una de las tres secciones de texto.**

   Esta es la carne de su página. Introduzca un título para hasta tres características que lo describan a usted, sus intereses, sus pasatiempos y demás. Introduzca un título y cuestiones básicas sobre usted, sus intereses, sus pasatiempos y otros elementos tales como su historia laboral. Tómese un poco de tiempo con esto; aquí es donde realmente su página Web estará de pie o se caerá si resulta ser interesante para otras personas.

 A diferencia de otros servicios similares de la Web, las etiquetas de HTML no funcionan dentro de 1-2-3 Publish. No puede usar las etiquetas de HTML para formatear la página Web.

6. Agregar vínculos a su página.

Introduzca el nombre y el URL de tres vínculos que desee poner en su página Web. Sus vínculos favoritos son como un obsequio para la comunidad Web, y les da a las personas que comparten sus intereses un acceso rápido a los recursos más valiosos que ha encontrado. Introduzca páginas Web que le gusten y quizás no sean muy conocidas por otras personas. Además, seleccione vínculos que se relacionen con el texto introducido arriba (puede agregarle otras cosas a esta lista más adelante, usando otras herramientas).

7. Decida si agrega funciones especiales a su página.

Escoja si le permite a AOL colocar anuncios en su página –es más probable que irrite a la gente antes que hacer mucho dinero– y también si les permite a los visitantes de su página Web localizarlo a través del programa de mensajería instantánea de AOL (AOL Instant Messenger). Si le gusta usar este programa, esta podría ser una adición divertida.

8. Haga clic sobre el botón Preview My Page.

¡Su página Web aparecerá! Tiene una casilla especial en la parte superior que le permite regresar y cambiar la página (haciendo clic sobre Modify) o guardarla en la Web (haciendo clic sobre Save). La Figura 5-5 muestra la muy sencilla página Web que uno de los autores creó como ejemplo.

9. Continúe modificando y teniendo una vista previa de su página hasta que esté lista, luego escoja Save.

¡Su página Web será publicada en la Web! Verá una página de Felicitaciones en la Figura 5-6 y luego la dirección en la WWW de su nueva página. Escríbala o guárdela en un lugar seguro. ¡Cuénteles a sus amigos!

¿Todo sobre los Benjamines?

AOL ofrece la oportunidad de hacer dinero si incluye una cinta publicitaria de AOL en su página. La idea es que, cuando alguien visita su página Web, verá esa cinta y la invitará a unirse a AOL. Si hace eso y se queda por 90 días o más, AOL le pagará "hasta" $15.

(Eso es casi un "Benjamin", o sea un billete de 20 dólares que tiene la foto de Benjamin Franklin). ¡No lo haga! No le agregue cosas que molestarán a sus familiares y a sus amigos que, probablemente, serán los visitantes a su primera página.

Figura 2-7:
Página Web
de Bud
Smith en 1-
2-3 Publish.

Asimismo, puede hacer otros cambios, como mover su página Web a un área diferente en las categorías de la página de inicio de AOL. Haga clic alrededor de la página de Felicitaciones e investigue las opciones diferentes.

Use el vínculo "Send this page to friends and family" ("Enviar esta página a amigos y familiares") para darse a conocer. Cuando haga clic en este vínculo, puede introducir direcciones de correo electrónico de varias personas, las cuales recibirán un vínculo a su página principal.

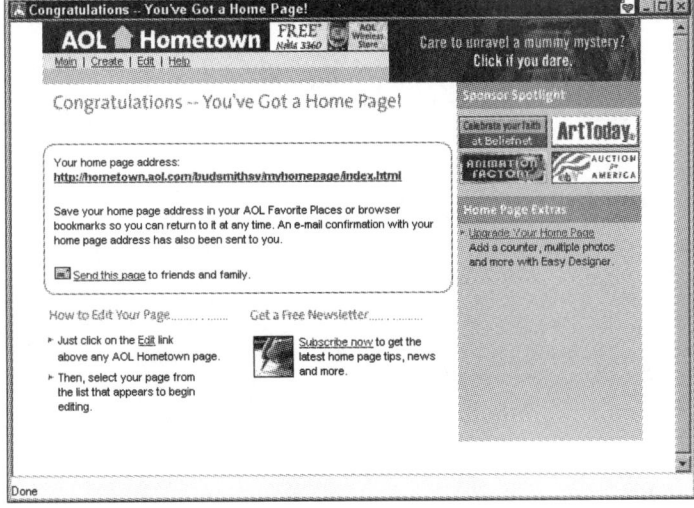

Figura 2-8:
AOL le da su
URL y le
ofrece
formas de
cambiar su
página.

10.Para modificar su página en el futuro, vaya a ella y haga clic sobre el vínculo 1-2-3 Publish en la parte inferior.

Regresará a 1-2-3 Publish y podrá modificar su página.

Para poder ver rápidamente su página Web, haga clic en el vínculo a su página principal, de modo que aparezca en un explorador de la Web. Luego, haga clic en el icono de los favoritos en la parte superior de la pantalla de AOL. Seleccione Add Top Window to Favorite Places, y siempre estará capacitado para regresar a su página Web.

Después de llevar su página lo más lejos posible con 1-2-3 Publish (que puede tomar algún tiempo, porque la herramienta es muy capaz) puede pasarse a Easy Designer. Easy Designer que le permite mucha mayor flexibilidad en el contenido y el diseño de su página Web, con la edición de arrastrar y liberar y la ubicación de texto y gráficos.

Solo use los pasos descritos al principio de este capítulo para seleccionar una herramienta, pero seleccione Easy Designer en vez de 1-2-3 Publish. Puede seleccionar la página Web que usted desarrolló con 1-2-3 Publish como su punto de partida para trabajar con Easy Designer.

Una vez que edite una página en Easy Designer, ya no la puede editar más en 1-2-3 Publish. Así que asegúrese de haber aprovechado lo más posible el uso de 1-2-3 Publish antes de editarla con Easy Designer.

Capítulo 3

Alrededor del Mundo con GeoCities

*T*ener su primera página en la Web parece algo inalcanzable. Así que le será difícil creer lo fácil que es empezar. Con los servicios basados en la Web de publicación gratuita que describimos en este y el próximo capítulo, puede tener su primera página en unas cuantas horas -sin costo alguno. No tiene que comprender nada del HTML, no tiene que lidiar con las complejidades típicas de la publicación y ¿mencionamos acaso que no tiene que pagar nada?

Si usted es miembro de America Online (AOL), puede usar las herramientas gratuitas de publicación en la Web de AOL para poder crear su página, como describimos en el Capítulo 2. AOL tiene la ventaja del soporte incorporado para la creación de páginas Web que ya es conocido por usted –incluyendo a sus conocidos que sean miembros del servicio en línea. Así que si usted es miembro de America Online, considere empezar la creación de su página Web usando el Capítulo 2.

Sin embargo, si no tiene una alternativa suficientemente buena, el sitio Yahoo!'s GeoCities es el sitio más popular para la publicación gratuita de páginas Web personales y ha ofrecido este servicio por más de cinco años. Desde sus inicios, ha organizado la creación de más de 5.000.000 -sí, cinco millones - de sitios de páginas Web personales, con miles de nuevos sitios agregados cada día. Y ahora que GeoCities ha sido adquirido por Yahoo, tiene los recursos para seguir creciendo por un buen rato.

El alto nivel de popularidad de GeoCities significa que su servicio es extremadamente popular entre los visitantes y editores. También significa que su modelo de auto publicación apoyado con publicidad es tan exitoso que probablemente estará entre nosotros por bastante tiempo. (Otros servicios presentados en ediciones anteriores han desaparecido desde entonces, un testamento para el rápido ritmo de cambio en la Web).

Siga las instrucciones en este capítulo para llegar a ser un editor en GeoCities. Puede convertirse en un editor de la Web en menos tiempo de lo que les toma a las personas empezar a pensar en la manera de publicar su primera página de inicio en la Web.

Empezar con una Página Web de GeoCities

Tener una página Web personal incluye muchas cosas. Por un lado, es divertido. Millones de personas han pasado malos momentos por compartir información sobre ellos mismos y sus intereses, con usuarios amigos de la Web. Muchas páginas Web que empiezan bastante sencillas y evolucionan a sitios grandes, enfocados hacia temas de cualquier tipo imaginable. Conforme el número de usuarios de la Web aumenta, más y más de sus colegas, familiares y amigos pueden ver su página, así como (por supuesto) decenas de millones de completos extraños.

Crear una página Web personal también es muy valioso para ayudarle a descubrir cómo publicar en la Web. Hasta que publique algo, tendrá la noción de cuán fácil o difícil es. El éxito inicial de su primera página Web personal se verá reflejado en todos sus esfuerzos futuros.

Ahora, quizás sienta que debería empezar con un sitio de negocios en la Web, talvez una página de inicio para una organización sin fines de lucro o algo parecido. Pero el enfoque de negocios tiene un par de problemas:

✔ Las "barreras de entrada" — si podemos utilizar un término de mercadeo -para un sitio que representa una organización, estas son mucho más altas porque usted está hablando sobre una tarea más compleja.

✔ Para un sitio más serio, la calidad de su trabajo tiene mucho más impacto por que representa una causa más grande que tan solo sus intereses personales. Así que su temor es mayor. Y está sobrellevando esta tarea importante sin fondo ni experiencia, lo cual hará que sea difícil hacer cualquier cosa meritoria.

✔ Finalmente, el espacio en la Web para sitios de negocios casi siempre cuesta dinero. De manera que tendrá que tomar una decisión de compras antes de que pueda siquiera empezar -de nuevo, otra barrera.

Por lo tanto, entre a la Web primero con una página personal. Descubra algo nuevo, diviértase y prepárese para hacer realidad esfuerzos ambiciosos. Y GeoCities es justo el lugar para hacerlo.

Darle un vistazo a Yahoo! GeoCities

Para ver lo que otras personas han hecho con sus sitios Web personales, visite GeoCities ahora mismo:

```
http://geocities.yahoo.com
```

La Figura 3-1 muestra la página de inicio de GeoCities. Yahoo! después de comprar GeoCities. No se alarme si ve algo diferente en la página de inicio; GeoCities, como cualquier otro sitio popular, a menudo actualiza su página de inicio. Aun si la página de inicio ha cambiado, las instrucciones en este capítulo probablemente seguirán siendo válidas).

Puede buscar en el sitio Web de este libro `www.dummies.com` si hay alguna actualización relacionada con los cambios de este sitio.

GeoCities organizó inicialmente las páginas Web que los usuarios habían creado, en vecindarios; con cada vecindario mantuvo el "hosting" de páginas de inicio de personas con un grupo específico de intereses compartidos. Sin embargo, Yahoo! ha dejado de apoyar la idea del vecindario; solamente personas que crearon páginas en GeoCities en los 90 pueden utilizarlo. Como usuario de GeoCities, obtendrá una dirección de la Web basada en el ID de usuario de Yahoo! que obtiene cuando visita ese sitio.

Figura 3-1:
GeoCities es el hogar de más de cinco millones de páginas Web personales.

¿GeoCities o un servicio en línea?

Si es un usuario de un servicio en línea como America Online, tiene la oportunidad de crear una página Web personal gratuita en GeoCities, en su servicio en línea, o en ambos. Recomendamos que los usuarios del servicio en línea pongan primero su página Web en su servicio en línea ¿Por qué?

La primera y la más importante de las razones es el soporte. Los servicios en línea son fuentes maravillosas de ayuda para todas las clases de preocupaciones en línea, siendo una de ellas colocar su primera página Web y ejecutarla. Puede fácilmente obtener mucha ayuda de sus miembros amigos y del personal de apoyo de su servicio en línea.

Lo segundo es la familiaridad. Usted ya está familiarizado con su servicio en línea. Es más capaz de tomar ventaja de estos servicios gratuitos que los servicios en cualquier otro tipo de configuración, incluso uno tan amistoso y abierto como GeoCities.

De tercero está la comunidad. Los servicios en línea intentan fomentar un sentido de comunidad. Si usted es una persona que valora este sentimiento, probablemente ya lo ha desarrollado dentro de su servicio en línea, y podrá de igual forma tomar ventajas de la comunidad por la que está pagando.

Así que, si es un usuario de AOL, vaya al próximo capítulo y siga las instrucciones para crear y ser huésped para una página Web gratuita. Si no, no necesita unirse a un servicio en línea solo para tener el servicio de hospedaje de la Web; GeoCities es rápido, fácil y divertido.

La dirección Web de su página tendrá el siguiente formato: `www.geocities.com/youruserid`. Esto es más sencillo que las direcciones de la Web que GeoCities acostumbraba darles a las personas, las cuales incluían el nombre del vecindario que el usuario escoge y un número de sitio específico. Si revisa las páginas Web existentes, verá que muchas de ellas todavía tienen las direcciones de los vecindarios.

Cuando visite GeoCities por primera vez, viaje por dicho vecindario y utilice la función de búsqueda en su página de inicio para encontrar las páginas Web de GeoCities que no están en los vecindarios. Vea lo que otras personas han hecho; vea algunas páginas que todavía están en sus pasos iniciales y, luego, vea lo que otros han hecho con sus páginas Web para acicalar el lugar después de haber llegado.

Desprenda la Referencia Rápida al inicio de este libro y péguela sobre la pared. Aunque no necesita conocer el HTML para utilizar los servicios que describimos en este capítulo, conocer un poco sobre él puede ayudarle a hacer su primera búsqueda mejor. En la Referencia Rápida, encontrará una lista de etiquetas que puede usar para pulir su página Web inicial.

Seguir las reglas de la ciudad

Puede utilizar la fácil herramienta de edición de GeoCities para crear una página de inicio sencilla rápida y fácilmente. Puede luego utilizar el HTML, FTP (refiérase al Capítulo 1) y otras herramientas para crear y transferir páginas más sofisticadas para construir casi cualquier clase de sitio Web que desee, hasta de 15 MB de tamaño. Pero debe mantener en mente las siguientes restricciones, enumeradas en los términos de servicio de Yahoo!:

✔ **No para su negocio:** No puede utilizar este servicio de página Web para una página de inicio de negocios, aunque puede mencionarlo en su página de inicio personal (algunas personas utilizan sus páginas Web personales gratuitas para mencionar sus negocios). Eso quiere decir que no puede vender productos o servicios, anunciar, hacer rifas o mostrar cortos de publicidad o patrocinio. Puede, sin embargo, utilizar los programas de sociedades que posee Yahoo! para permitirle pagarse libros, música y otros bienes vendidos en su sitio. Para detalles sobre lo que puede y no puede hacer, revise los términos del servicio en

docs.yahoo.com/info/terms/geoterms.html

Si desea un sitio Web de negocios, intente los servicios de sitios Web premium de Yahoo!. Puede acceder a ellos desde la página principal de GeoCities en

geocities.yahoo.com

✔ **No a los negocios dudosos:** Yahoo! impone restricciones sobre lo que puede publicar; la obscenidad, contenidos dañinos o abusivos, libidinosos e invasión de la privacidad están prohibidos, entre otras cosas. Revise los Términos del Servicio en el URL dado anteriormente para más detalles.

✔ **No más de 15MB:** Todos sus archivos de la Web deben ocupar menos de 15MB de espacio en disco, alrededor de 15,000 páginas de texto o cerca de 100 gráficos grandes de un cuarto de pantalla. Esta restricción no es problema para las páginas Web sencillas, porque una sola página está casi por debajo del límite. Si expande su página Web en un sitio de muchas páginas y el límite se vuelve un problema para usted, puede obtener más de 10MB de espacio en disco y otros beneficios con los programas premium de sitios Web de Yahoo!, que son mencionados en la página principal de GeoCities.

✔ **Sin garantías:** Yahoo! no garantiza que continuará suministrando el servicio de página Web gratuito en el futuro (la compañía tiene que incluir esta rectificación para protegerse de eventos no anticipados, pero todas las indicaciones son que de hecho planea continuar con este servicio por bastante tiempo). Si Yahoo! deja de ofrecer GeoCities o si tan solo encuentra otro sitio de hospedaje que le gusta más, siempre puede hacer compras allí en su lugar. Por ahora, el punto es tomar ventaja de una oportunidad muy valiosa.

Herramientas Web contra servicios Web

Una herramienta de publicación de la Web, como un editor de texto, es un programa que le ayuda a preparar el contenido en ella. Un servicio de publicación de la Web es una función de soporte que maneja parte del proceso de publicación en la Red, como el hospedaje a su(s) página(s) en un servidor. Los servicios de publicación que describimos en este capítulo también incluyen herramientas en línea para preparar su(s) página(s), pero el hospedaje gratuito que ofrecen es el más notable, así que nos referimos a ellos como servicios más que como herramientas.

Planear antes de Empezar

Colocar su página de inicio en GeoCities toma tan solo una o dos horas - no está mal para preparar una página Web, ¡con huésped y publicación! Aun así, hacer unas cuantas cosas antes de empezar facilita el proceso, lo hace más placentero y más productivo:

✔ **Visite las páginas Web de GeoCities**. GeoCities hace un buen trabajo al ayudar lo a obtener su primera página Web, pero ¿no querrá ver lo que otros han hecho antes de empezar? Utilice la función Search para encontrar páginas Web relacionadas con sus intereses.

✔ **Descubra más sobre GeoCities en general, al hacer clic y navegar por las pági nas relacionadas con GeoCities en el sitio Web Yahoo!** Puede descubrir muchas cosas sobre GeoCities haciendo clic y leyendo comunicados de prensa, los Términos del Servicio, etc. Una cosa que no puede entender es cómo Yahoo! puede darse el lujo de dar espacio gratuito a través de GeoCities. La respuesta es que las páginas Web gratuitas son una forma poderosa para sitios como Yahoo! de atraer y retener usuarios para sus otros servicios. Además, Yahoo! coloca publicidad en páginas Web configuradas en GeoCities; esto quiere decir que Yahoo! hace unos cuantos centavos cada vez que alguien (incluyéndolo a usted) ve su página de inicio.

✔ **Busque los URLs de sus sitios Web favoritos**. Muchas plantillas de GeoCities le permiten enumerar vínculos de sus sitios Web favoritos -pero para vincularse a ellos, necesita los URLs. Recuerde algunos de sus sitios Web favoritos –pueden estar entre los sitios marcadores en su explorador de la Web– y escriba los nombres y los URLs de los sitios para usarlos en la creación de su página Web (es mucho más fácil hacer esta investigación por anticipado que hacerlo en el mismo tiempo en que crea su página Web).

✔ **Busque los URLs de los sitios Web de sus amigos y familiares.** La plantilla Personal, que se usa más adelante en este ejemplo, le da campo para enumerar las descripciones y los URLs de hasta cuatro sitios Web de amigos y familiares. Obtenga los URLs antes de comenzar.

✔ **Planee su página Web inicial.** En un programa procesador de palabras o en papel, escriba el texto y los vínculos para su página Web inicial. De esta manera, ya estará listo para cuando tenga que incluirlo en su página.

✔ **Escanee una imagen.** Coloque una imagen o una fotografía en su disco duro, en formato GIF o JPEG, de modo que pueda incluirla fácilmente como parte de su página Web. La foto podría ser suya o que, de algún modo, esté relacionada con usted. Kinko's y otras tiendas de copias tienen hardware y software que se puede alquilar para este fin, en caso de que no los tenga en casa todo lo necesario. El Capítulo 9 le informa todo lo necesario sobre los gráficos de la Web.

Registrarse

Los pasos que necesita seguir para registrarse en una página Web de GeoCities pueden cambiar después de que terminemos este libro. Si es así, vaya a `www.dummies.com` para ver instrucciones actualizadas.

Si no vive en uno de los 50 estados de los Estados Unidos, haga clic sobre Non-US para obtener un formulario de registro. Tendrá una página un poco diferente de la de los residentes de ese país. Escribimos las siguientes instrucciones con el propósito de ajustarnos a cualquier formulario.

El primer paso al configurar su página Web de GeoCities es aplicar para un número de ID de Yahoo! Este ID de usuario le permite utilizar una variedad de servicios en Yahoo! y, si no es cuidadoso, podría recibir mensajes de correo electrónico que realmente no desea. Si aun no tiene una ID de Yahoo!, siga estos pasos para configurar su ID de usuario y empezar a usar GeoCities:

1. Abra su explorador de la Web.

El sitio de GeoCities Web funciona con cualquier explorador.

2. Vaya a `geocities.yahoo.com`.

Aparece la pantalla mostrada en la Figura 3-1 o algo muy parecido.

3. Si actualmente está inscrito como miembro de Yahoo!, su nombre de usuario aparecerá en la página Web que esté usando. Sáltese el resto de los pasos de esta sección.

Si es miembro de Yahoo!, pero no está registrado actualmente, regístrese al introducir su ID de Yahoo! y la contraseña bajo el encabezado Sign In to Yahoo! y, luego, haga clic en Sign In. Sáltese el resto de los pasos de esta sección.

Si aún no es miembro de Yahoo!, haga clic en el vínculo Get Started! en la esquina inferior izquierda de la ventana del explorador.

Si hace clic en el vínculo Get Started!, aparece la pantalla Sign up for your Yahoo ID!, como se muestra en la Figura 3-2.

4. Digite el ID y la contraseña de Yahoo! que usted desee.

Es poco probable que cualquier ID de Yahoo! que desee, como su primer nombre y apellido ("budsmith" para uno de los autores) o su equipo favorito ("sfgiants," por ejemplo), no esté disponible debido a que alguno de los millones de usuarios probablemente ya lo ha tomado. Para ahorrarse muchos reintentos, seleccione un nombre de usuario que tenga sentido pero que sea único, como su nombre seguido por las iniciales de su país o su estado. También, trate de hacerlo fácil de recordar –el URL de su página de inicio tendrá la forma www.geocities.com/, seguida por su identificación (ID) de Yahoo!

Para su contraseña, utilice tres o más caracteres.

5. Introduzca información en caso de que olvide su contraseña.

Utilice el menú para seleccionar una pregunta que Yahoo! le formulará si olvida su contraseña. Escriba su respuesta, su cumpleaños (con cuatro dígitos en el año, como 1978) y su dirección de correo electrónico actual. (Introduzca su cumpleaños real — "diga siempre la verdad, para que no tenga que intentar recordar lo que les dijo a las personas").

"Él trató, pero no pudo hacerlo" — a pesar de nuestros mejores esfuerzos, no pudimos lograr que GeoCities aceptara una dirección de correo electrónico de Yahoo! como la dirección de registro para una página Web GeoCities. Tendrá que utilizar una cuenta de correo electrónico, no una cuenta de Yahoo.com. Puede obtener una cuenta nueva gratuita, en www.hotmail.com (la fuente más popular de correo electrónico), o cualquier sitio en la Web.

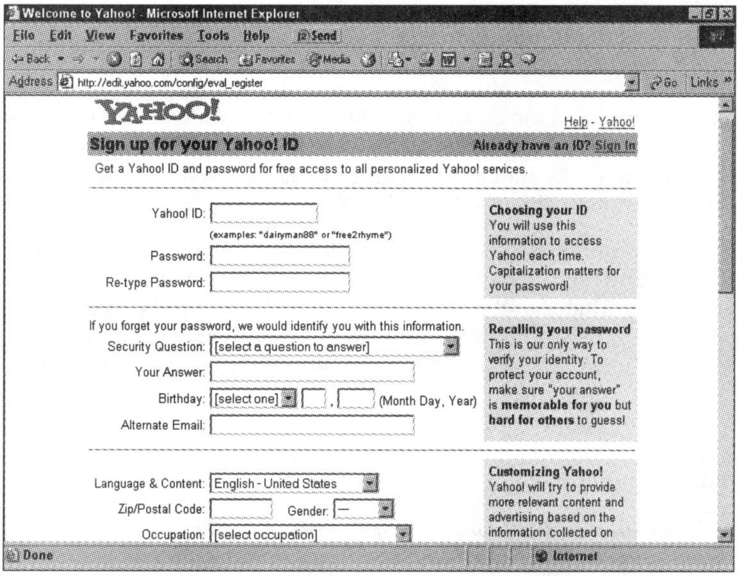

Figura 3-2:
Regístreme
en Yahoo!
GeoCities.

¿Privacidad con Yahoo!?

Yahoo! sigue ciertas políticas relacionadas con nuestra privacidad. Estas son algunas de sus ventajas:

✔ **No hay garantía optativa:** Algunos sitios Web prometen no colocarlo en una lista de correos electrónicos a menos que opte por eso - tome alguna acción afirmativa, como marcar una casilla de verificación, para ponerse en el camino de los "spammers". Yahoo! no hace esto. Por lo tanto, es fácil, cuando se registra en Yahoo! accidentalmente ponerse en una lista que luego será usada para enviarle publicidad.

✔ **Certificado TRUSTe:** Yahoo! le garantiza confianza. Esto quiere decir que ha entregado una declaración de confianza a TRUSTe, una organización de privacidad. En este momento, no es muy importante, pero al menos Yahoo!, a través de TRUSTe, se ha comprometido con una declaración por escrito que usted puede leer.

✔ **Uso de información:** Yahoo! utiliza la información que usted le brinda y la que esta recolecta de las opciones que toma al usarla, para personalizar su experiencia de deslizarse en la Web a sus intereses y enviarle correo electrónico personalizado.

✔ **Compartir con socios:** Yahoo! no transfiere realmente datos sobre usted sin su permiso. Sin embargo, los acuerdos de socios con Yahoo! pueden incluir acceso a usted a través del sitio.

✔ **Cambiar información:** Para cambiar la información de la cuenta, entre a Yahoo! con su ID de usuario y la contraseña, luego vaya a `edit.my.yahoo.com/config/eval_profile`. Allí, puede cambiar sus preferencias de la cuenta para dejar de recibir ofertas de correo electrónico o actualizar su información personal y preferencias.

6. Introduzca la información personal de su cuenta. Despeje la casilla de verificación "Contact me occasionally" si no desea anuncios de Yahoo! en su correo electrónico.

Seleccione la combinación de idioma - país (como Español – México). Introduzca su código postal, su género, su ocupación y la industria en la que se desempeña. Si desea que Yahoo! le envíe anuncios, desmarque la casilla de verificación que dice: "Contact me occasionally about special offers, promotions, and Yahoo! features."

 Asegúrese de quitar la marca de verificación de la casilla, a menos que desee recibir anuncios en su correo electrónico de Yahoo! y de sus socios. Muchos sitios Web han consentido en presentar cuadros tales como este que no tiene marcada la opción, así que solo la gente que se esfuerza en hacer clic en la casilla es registrada, pero Yahoo! deja que sea usted mismo el encargado de cancelar las selecciones. Refiérase a la barra lateral "¿Privacidad con Yahoo!?" para más información.

7. Si lo desea, indique sus áreas de interés.

Tiene la opción de hacer clic sobre sus áreas de interés colocando una marca de verificación en cada casilla relevante, tales como los menúes descendentes para personalizar Yahoo! y las casillas de verificación de intereses. Esto le ayuda a Yahoo! y a sus socios a focalizar el correo que envían (si no quitó las marcas de las casillas de verificación), agregar los anuncios que colocan en la Web y que usted visualiza, y personalizar sus esfuerzos de mercadeo hacia usted.

8. Digite la palabra mostrada en la pantalla.

Digite la palabra mostrada en la pantalla. Esto es para que Yahoo! se asegure de que una persona real está llenando el formulario de registro.

9. Si desea leer los términos del servicio de GeoCities (GeoCities Terms of Service), la política de privacidad de Yahoo! (Yahoo! Privacy Policy) o la información de privacidad de Yahoo! (Yahoo Privacy Information), haga clic derecho en el vínculo para abrirlos en una ventana separada. En caso de no querer leer esos textos, o después de haberlos leído, haga clic en el botón Submit This Form.

 Si hace clic en este vínculo con un clic normal, la página de los Términos de Servicio de GeoCities reemplaza el contenido actual de la ventana de su explorador. Si hace clic en el botón Back, en la ventana del explorador para volver a la pantalla de registro, ¡todo lo que había anotado en las casillas se habrá borrado! Si comete este error (que es muy fácil de cometer) repita los pasos del 4 al 8.

Una vez que haga clic en Submit This Form, será llevado a una nueva página Web, llamada Build Your Own Web Site. Lea todo sobre esto en la siguiente sección.

Puede llegar al sitio Web de GeoCities digitando el URL `www.geoci-ties.com` en la ventana de dirección de su explorador. La dirección es enviada automáticamente a `geocities.yahoo.com/home`. Los sitios Web a menudo le dan direcciones Web más simples al público, pero lo envía a otras direcciones Web internas para su propia conveniencia. Puede seguir usando la dirección `www.geocities.com` como un punto de inicio de fácil acceso.

Empezar a Construir su Sitio Web

Una vez que se registre, aparece la página Build Your Own Web Site, como se muestra en la Figura 3-3. Siga estas instrucciones para comenzar.

1. **En Free Web Site, seleccione Sign up now!.**

   La opción Free Web Site le dará una página de inicio gratuita con el URL `www.geocities.com/yourname`, donde *yourname* es la ID de usuario de Yahoo!. Quizás desee usar luego una de las opciones pagadas, pero lo más probable es que desee un sitio Web gratuito para usarlo y practicar en él.

   Una vez que haga clic en Sign Up Now, aparece la página Web Sign up for your Home Page page.

2. **Seleccione un tema para su página Web.**

   Seleccione cuidadosamente un tema para su página Web. Yahoo! desplegará anuncios relacionados con su página Web, así que seleccione cuidadosamente (la clase correcta de anuncios puede agregarle valor a su página).

3. **Introduzca el código de seguridad que aparece en la pantalla.**

   Como en el registro de Yahoo! User ID, esto le ayuda a Yahoo! a asegurase de que una persona real está registrándose.

4. **Haga clic en el botón Submit This Form.**

   Aparece una página de felicitaciones, como se muestra en la Figura 3-4.

5. **Escriba su Yahoo! ID y la contraseña de su nueva página Web.**

   Yahoo! le enviará un correo electrónico que le explica los pasos que debe seguir para empezar la creación de su página Web. En la siguiente sección, le diremos cómo seguir este proceso.

6. **Haga clic en el vínculo Build your page now!**

   Aparecerá la página principal del sitio Web Yahoo! GeoCities, pero esta vez aparecerá su nombre de usuario en la esquina superior izquierda y el URL de su página Web en la superior derecha. Siga los pasos de la siguiente sección para empezar a construir su página Web.

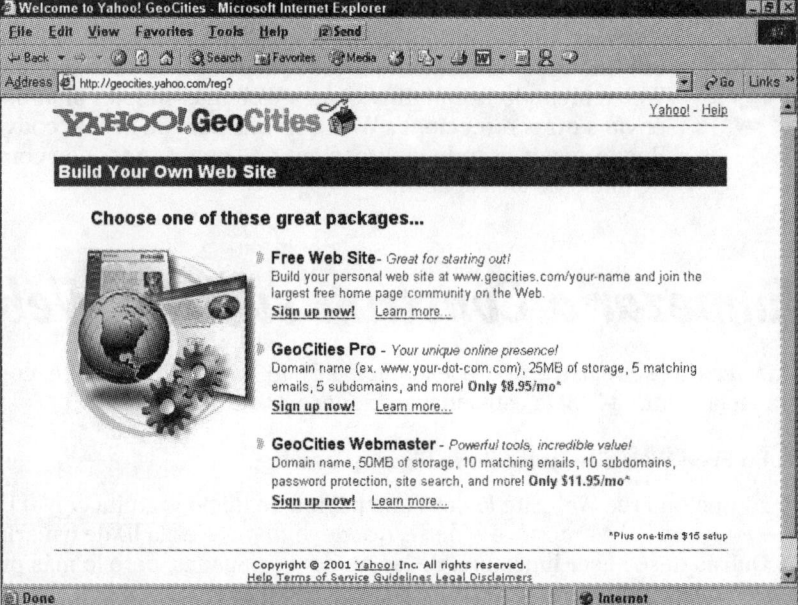

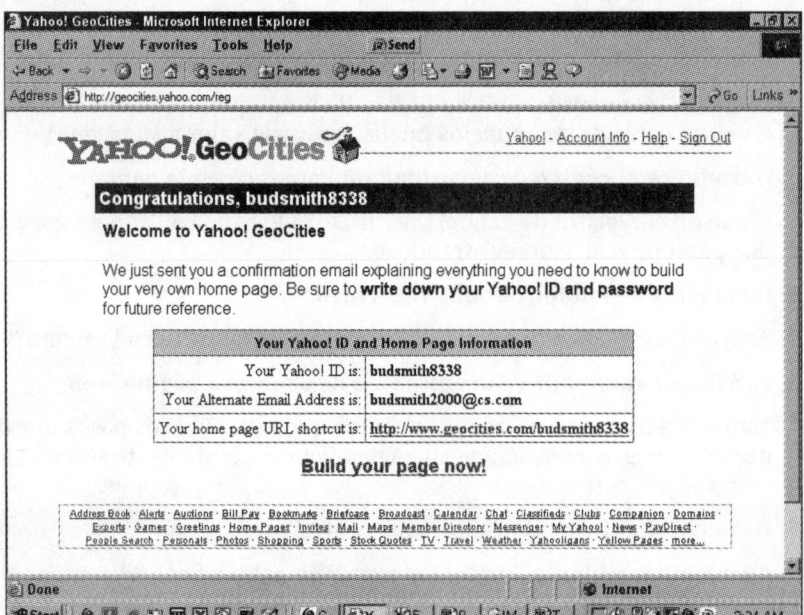

Salimos a Ver al Asistente

GeoCities ha introducido recientemente una nueva opción, Yahoo! Wizards, para crear una página Web inicial rápida y fácilmente. Los asistentes son una buena forma de hacer que su página arranque.

A diferencia de otras herramientas de páginas Web, no se pueden introducir etiquetas de HTML en el texto ubicado dentro de Yahoo! Wizards. No obstante, se puede editar la página Web después y agregarle etiquetas de HTML, como se describe en la Parte II.

Utilice el Yahoo! Wizard para crear rápidamente su página Web inicial:

1. **Desde la página inicial de GeoCities, en** `www.geocities.com`**, asegúrese de que está registrado (vea arriba), luego haga clic sobre Yahoo! PageWizards.**

   Si no ha hecho esto todavía, tendrá que convertirse en usuario de Yahoo! para proceder. Para lograrlo, refiérase a las instrucciones al principio de este capítulo.

   Si es un usuario registrado, aparece la página Yahoo! PagesWizards, parte de la cual se muestra en la Figura 3-5.

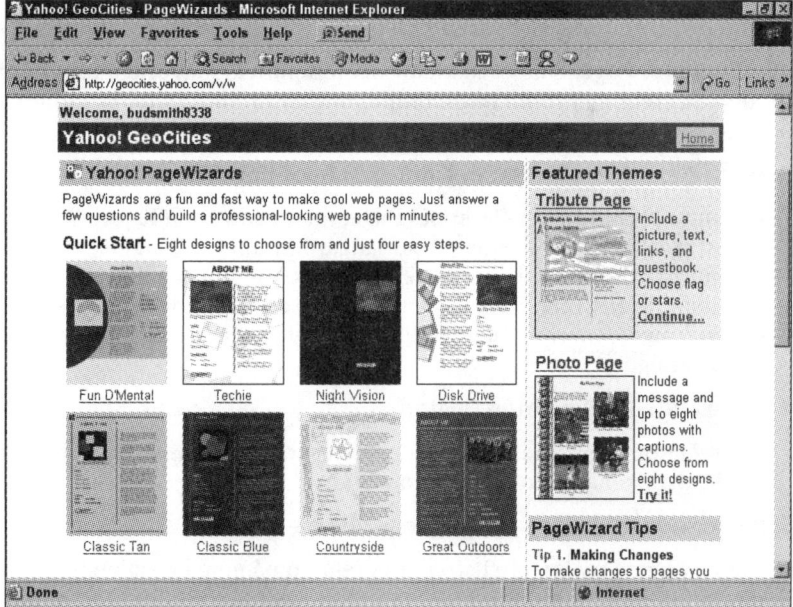

Figura 3-5: Salimos a ver a los Asistentes (de Páginas).

Reproducido con permiso de Yahoo! Inc. © 2000 por Yahoo! Inc. YAHOO! y el logotipo de YAHOO! son marcas registradas de Yahoo! Inc.

2. Haga clic sobre el vínculo Personal Page.

Tener el asistente adecuado le puede ahorrar mucho tiempo, así que vale la pena ver tanta información como sea posible antes de escoger algo. Para los propósitos de este capítulo, describiremos la forma de utilizar el Personal Page Wizard; si desea intentar un asistente diferente, por lo general, operan con los mismos pasos, pero necesitará identificar las diferencias.

Las opciones aquí son:

•**Photo Page**: Si tiene un montón de fotografías a mano (o puede obtener su propio procesador de fotografías para convertir su próximo rollo en formato digital) esta es una opción divertida con la cual empezar.

•**Quick Start:** Un grupo de plantillas de páginas, básicamente, con la misma información sobre usted, pero cada una con una apariencia distinta.

•**Sanrio Themes:** Gráficos caricaturescos registrados le dan vida a estos diseños de páginas sencillas. Estos son ideales para que los usen los niños.

•**Baby Announcement:** Maravilloso si acaba de tener un pequeñín; aunque no es muy usado. Si hace esto, asegúrese de incluir una fotografía. Refiérase al Capítulo 9 para detalles.

•**Birthday or Party Invitation:** Esta es muy divertida, pero los servicios de invitación en línea, como eVite (`www.evite.com`) también le ayudarán a colocar una página Web de evento, además de manejar los mensajes inevitables en todas direcciones. Este asistente o el enfoque tipo eVite son una buena opción.

•**Personal Page:** Esta es la mejor opción para la mayoría de las personas que decide crear su propia página rápidamente. Tiene cuatro opciones de color y sí, puede reemplazar la figurita por una fotografía.

3. Haga clic sobre el vínculo, Launch Yahoo! PageWizard.

La pantalla Build Your Personal Page, mostrada en la Figura 3-6, aparecerá. Muestra las diez áreas que personalizará: nombre, imagen (¡o puede mantener la figura!), dirección de correo electrónico, una breve descripción personal, una lista de entretenimientos e intereses, una lista de vínculos favoritos (hasta cuatro), una descripción y vínculos de la familia, y descripción y vínculos de los amigos.

4. Haga clic sobre el botón Begin.

Aparecerá una pantalla que le permite escoger una apariencia para su página: verde, azul, amarillo o rosa. Escoja una.

5. Seleccione un color y, luego, haga clic en Next.

Ahora ya está realmente listo para crear su página. La siguiente sección le dice cómo.

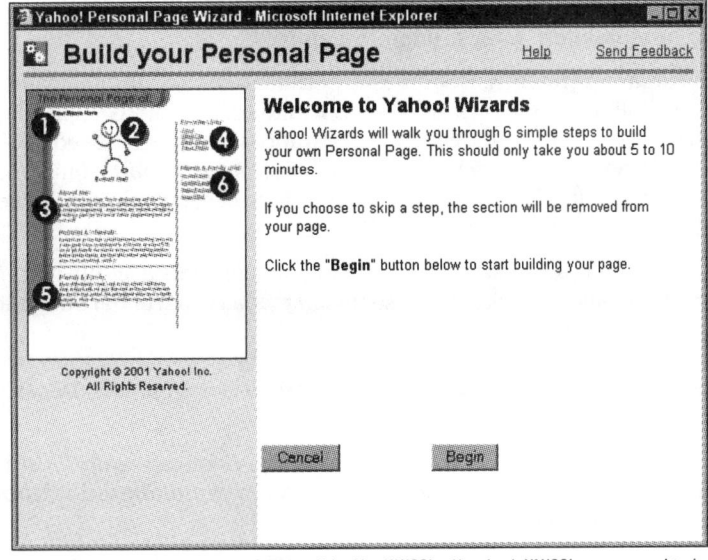

Figura 3-6:
Seis ítemes,
seis minutos
y una
página
inicial.

Los Seis Pasos del Éxito

Cuando inicie el asistente Yahoo! PageWizard, como se describe en la sección previa, ya está a solo seis pasos rápidos y fáciles de tener su página Web propia. Empecemos:

1. **Introduzca su nombre y la dirección de correo electrónico que desee que aparezca en su página Web y luego haga clic en Next.**

   Si no desea publicar en la Web la dirección de correo electrónico de su trabajo, o la dirección de correo que más utiliza (ya que esta podría ser copiada en listas de envío de correo spam), considere crear una cuenta de correo electrónico de Yahoo! que esté dedicada a la publicación. Vaya a .yahoo.com para registrarse; si crea una nueva dirección, recuerde revisarla.

   En determinado punto del proceso del asistente, puede visualizar una vista previa de su página mientras la construye. Solo haga clic en el botón Preview donde esté disponible. Puede cerrar la vista previa cuando termine con ella, ¡solo no cierre la ventana del explorador Personal Page Wizard!

Después de hacer clic en Next, aparece la página Web Pick Your Picture.

2. Seleccione una imagen –una imagen que usted cargue, una imagen predefinida o ninguna imagen. Luego, haga clic en Next.

Si desea cargar una imagen, GeoCities le permite seleccionar una imagen de su disco duro en cualquiera de los formatos de Windows: .jpg (JPEG), .gif (GIF), .tif (TIFF), .bmp (mapa de bits de Windows), o .png (Gráficos portátiles de red). Refiérase al Capítulo 9 para más información sobre estos formatos y sobre cómo obtener imágenes. (Una vez que haya cargado una o más imágenes, puede usarlas seleccionando del menú descendente "Pick from GeoCities").

 No publique en su página Web una imagen sobre la que no tenga los derechos. Es mejor evitarse una llamada de parte del abogado de alguien.

Después de hacer clic en el botón Next, aparece la página Web Describe Yourself.

3. Introduzca una descripción que aparezca bajo el encabezado "About Me" y una lista de sus pasatiempos que aparezca bajo el encabezado "Hobbies and Interests", y luego haga clic en Next.

 En su descripción, deje por fuera sus pasatiempos e intereses, estas partes se encuentran en la siguiente sección. Quizás desee incluir en dónde nació y en dónde vive, qué tipo de trabajo hace e información similar. No dé mucha información, alguna persona podría usurpar su identidad valiéndose tan solo de su nombre completo, su dirección y el nombre de soltera de su madre.

En el recuadro de texto Hobbies and Interests, sea breve, por ahora, pero trate de ser interesante; sus pasatiempos y sus intereses pueden ser señales de identidad, del mismo modo que lo son sus huellas digitales.

Después de hacer clic en Next, aparece la página Web Enter your favorite links.

4. Introduzca una descripción y el URL de hasta cuatro vínculos a sitios favoritos y, luego, haga clic en Next.

Introduzca varios vínculos favoritos. Y no se preocupe si tiene pocos vínculos; siempre puede cambiar los vínculos después, o agregar más vínculos usando otras herramientas.

Después de hacer clic en Next, aparece la página Web Describe your friends and family.

5. Haga la descripción de sus amigos y familiares, luego haga clic en Next.

Diga algo sobre sus parientes –tanto la familia de la que usted proviene como la de su pareja y sus hijos, en caso de que los tenga. Haga énfasis en las personas que tengan páginas Web a las que pueda vincular (o a alguien que se sienta especialmente maravillado de ver su nombre publicado en la Web, como los niños. De nuevo, sea cuidadoso y no dé mucha información que alguien pueda usar con malos propósitos.

Después de que haga clic en Next, aparece la página Web Enter your friends and family links.

6. **Digite vínculos a las páginas de sus amigos y familiares. Luego, haga clic en Next.**

Puede vincular a las páginas Web de sus amigos. Si no conoce ninguna, solo deje todas las casillas en blanco.

Después de hacer clic en Next, aparece la página Web Name your page Web.

7. **Introduzca un nombre de página para su página personal. Luego, haga clic en Next.**

El nombre que introduzca se vuelve parte de la dirección de su página Web. Por ejemplo, si usa el nombre predefinido: "pagebluepersonal", la dirección completa de la página Web será: www.geocities.com/*yourname*/personalpage blue.html. Nosotros le sugerimos cambiar el nombre por algo más corto, como "mybluepage."

Si desea que este sitio se convierta en su página de inicio, póngale el nombre index.htm (no es una mala idea, pues de hacer esto, el URL que se necesita digitar para acceder a su página es: www.geocities.com/yourname). Siempre puede mover su página de lugar dentro de su sitio. Cuando haga clic en Next, el asistente le dirá que ya hay una página que se llama así, y le preguntará si desea reemplazar la página, escoja sí.

Después de hacer clic en Next, aparece la página ¡Felicitaciones!

8. **Haga clic en el vínculo para ver su nueva página Web.**

Su nueva página Web aparecerá en una ventana, como se muestra en la Figura 3-7.

9. **Escriba o guarde su dirección Web, y luego regrese al asistente y haga clic en Done.**

Probablemente, querrá mejorar un poco su página Web luego de este inicio, pero ya logró un buen arranque. Refiérase al Capítulo 5 para más información sobre cómo expandir su página Web inicial. Pero por ahora, envíeles su nueva dirección Web a sus amigos y ¡tómese un buen descanso!

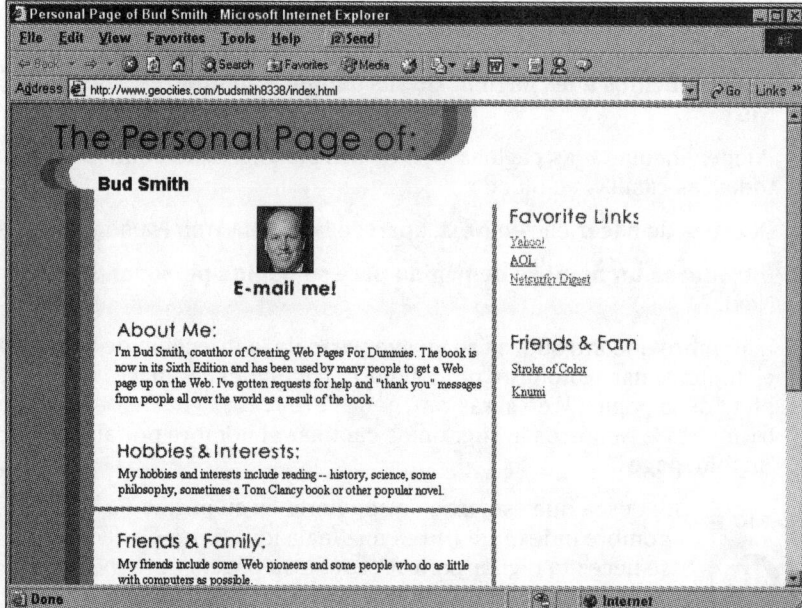

Figura 3-7:
Houston,
tenemos
una página
Web.

Capítulo 4

Introducción a HTML

Conocer los elementos básicos del HTML es bueno. El HTML es el código que conecta el contenido textual de su página Web con los gráficos, los vínculos y la imagen que ven los usuarios en un explorador. Si conoce los elementos básicos del HTML, entenderá por qué las páginas Web se ven y funcionan de la manera en que lo hacen, y usted entenderá cómo crear y mejorar su propia página Web.

Tratar de conocer mucho HTML no es una buena idea. Gastar horas y horas repasando todos los detalles probablemente retrasará su despegue como editor de la Web. Además, convertirse rápidamente en editor de la WWW puede ser una buena cosa. De manera que no permita que las cosas malas se atraviesen en su camino; utilice este capítulo para descubrir bastante sobre HTML con el fin de ayudarle a crear algunas páginas básicas y colocarlas en la Web.

A Prepararse: una Descripción Refrescante y Breve del HTML

El *HTML* (Lenguaje de Marca de Hipertexto) es una forma específica de agregar etiquetas descriptivas al texto normal, de modo que toda la información de formato, de vínculos de navegación adicional que se necesite en una página Web quede contenida en el mismo archivo que el texto. El HTML está diseñado para ser algo que los humanos puedan leer y que las máquinas puedan procesar, una especie de campo común para la comunicación entre los humanos y las máquinas.

¿Para qué complicarse con los elementos de HTML?

Más y más herramientas de creación en la Web intentan ocultar el HTML del usuario; puede utilizar una de estas herramientas para crear una página sin saber nada sobre el HTML. Pero a continuación encontramos varias razones para descubrir los elementos básicos:

✔ **Porque todo el mundo lo hace:** Mala razón ¡Próxima!

✔ **Para comprender la manera en que funciona la Web:** Esta comprensión es bastante valiosa si es usuario constante de la Web (o no tan constante), especialmente si planea publicar en ella. Algunas de las limitaciones de la Web, como "lo que ve no es lo que obtiene", son difíciles de entender si no sabe nada sobre HTML.

✔ **Para utilizar herramientas gratuitas de la Web.** Muchas de las herramientas gratuitas de la Web le permiten introducir etiquetas para alegrar su texto. Co-

nocer unas cuantas etiquetas lo puede llevar por un largo camino.

✔ **Para trabajar directamente en HTML.** Muchos profesionales de la Web se cansan de manejar etiquetas de HTML a mano y empiezan a utilizar una herramienta que las oculta. Todos maldicen el HTML, al menos algunas veces, pero la única forma de tener una buena opción es conocer algo sobre él.

✔ **Para cumplir un mejor trabajo usando una herramienta:** Cuando esté usando una herramienta que esconda los detalles escabrosos del HTML, de hecho es una ventaja conocer suficiente HTML como para lograr entender qué ocurre "tras bastidores". De hecho, las casi todas herramientas que ocultan el HTML tienen un modo que le permite ver y trabajar directamente en el HTML.

Suponga que le desea agregar negrita a una palabra de su texto, como aquí:

```
You can use HTML to specify that a word is bold.
```

Para agregarle formato a una oración que utilice HTML, solo tome una oración común y agréguele un par de etiquetas para especificar dónde inicia la negrita y dónde termina. Esta es la línea anterior, pero escrita en HTML:

```
You can use HTML to specify that a word is <b>bold</b>.
```

Cuando abra en un explorador de la Web la oración que tenga etiquetas de HTML, el explorador despliega todas las palabras, pero no las *etiquetas* –la información ubicada entre los corchetes. El explorador de la Web utiliza las etiquetas para hacer cosas extra en el texto, como agregarle formato. En este caso, el formato es simple: empieza a usar texto en negrita después de la letra "is" y lo deja de usar después de la palabra "bold."

Examinar el script de HTML

Observe con detenimiento el término que representan las siglas HTML: Hypertext Markup Language (Lenguaje e Marca de Hipertexto). Quizás ya sepa que el hipertexto es un texto que tiene vínculos. Un *vínculo* es solo una conexión a otro archivo. Hasta ahora, muy bien. Pero ¿qué es el *lenguaje de marca*?) Un lenguaje de marca es, sencillamente, una manera de expresar la información de un documento (por ejemplo: información sobre los vínculos del hipertexto y sobre formato) en el documento mismo. Los lenguajes de marca, a menudo, usan etiquetas que son nombres que se ubican dentro del texto y que brindan información de despliegue. De este modo, el Lenguaje Marca de Hipertexto es una forma específica de usar etiquetas para ofrecer información sobre un documento.

La mayoría de las etiquetas de HTML aparecen en pares: una inicia el cambio y la otra lo finaliza. En la siguiente oración de ejemplo, la primer etiqueta, <B>, significa que se debe desplegar el texto en **negrita**; la segunda </B>, que se debe detener el uso de la negrita.

Así es como la oración se ve cuando está "marcada" con etiquetas de HTML:

```
That's a <B>good</B> idea.
```

Así es como la oración se ve en la pantalla:

```
That's a good idea.
```

El explorador lee la oración original de texto simple (That's a <B>good</B> idea) y se dice a sí mismo: "Mostraré las palabras That's a, activaré la negrita, desplegaré la palabra **good**, y luego desactivaré las negritas y mostraré la palabra idea." La persona que creó la oración original pone las etiquetas de HTML, el explorador las interpreta y el usuario solo ve el efecto (en este caso, la palabra "good" se muestra en negrita).

Las etiquetas <B> y </B> son *etiquetas de formato* que describen la forma en que un explo-

rador despliega el texto. El otro tipo de etiquetas de HTML es la *etiqueta de vínculo*. Estas etiquetas especifican información externa que se debe llevar a un documento. Aquí hay algo de texto complicado de HTML, el cual muestra ejemplos de etiquetas de formato y vínculos:

```
To learn about <I>Pokemon</I>,
    the "pocket monsters" so
    popular with kids today, go
    to the official Web site
    for <A HREF="http://www.
    pokemon.com">Pokemon</A>.
```

El texto aparece así en la pantalla:

```
To learn about Pokemon, the
    "pocket monsters" so
    popular with kids today,
    go to the official Web site
    for Pokemon.
```

Las etiquetas de formato <I> y </I> especifican que la palabra *Pokemon* debe ser desplegada en cursiva. Las etiquetas de vínculos <A> y </A> especifican que la palabra Pokemon es mostrada como un ancla; es decir, como el punto inicial de un vínculo. En la mayoría de los exploradores, al igual que aquí, las anclas se subrayan. Pero ¿qué significa el texto extra — HREF="http://www.pokemon.com" — dentro de la etiqueta <A>. HREF es una expresión que significa *Hipertexto REFerencia*. Si usted hace clic en el ancla, su explorador busca el URL que sirve como referencia de hipertexto, que en este caso es la dirección del sitio Web de Pokemon, que aparece luego del signo de igual.

La idea de una máquina o un procedimiento que lee una instrucción, usa esta para tomar una decisión, saca esa decisión y, luego, lee más instrucciones, tiene siglos de existencia y ha sido muy estudiada. Tal máquina o programa –un explorador, por ejemplo– se llama *automatón finito*. ¡Trate de deslizar ese término la próxima vez que hable con alguien sobre la Web!

Ya existen etiquetas de HTML a lo largo del texto que los usuarios ven en su página Web. Un documento con etiquetas de HTML se llama *texto etiquetado con HTML*. Eso, simplemente, significa que se trata de un texto con etiquetas de HTML. Un archivo con texto etiquetado con HTML se suele llamar sencillamente un archivo de HTML y, usualmente, tiene extensiones `htm` o `html` al final de su nombre de archivo. Si usted observa un archivo de HTML en un programa editor de palabras, verá los corchetes y los comandos de HTML; si lo en un explorador de la Web, verá texto con vínculos, formato y demás elementos propios de la Web.

Un documento sin formato –como textos sin la letra cursiva y otros formatos agregados por un procesador de palabras– se llama documento de *texto simple*. Los documentos de HTML se consideran de texto simple porque los caracteres que se ven en la pantalla son los únicos que hay realmente en el documento. Los documentos de procesamiento de palabras que no son de texto simple poseen códigos adicionales de formato colocados a lo largo de ellos, para indicarles a las máquinas cómo deben desplegar e imprimir el texto.

Puede agregarle etiquetas de HTML al texto simple para crear sus propios documentos de la Web usando cualquier editor de texto o programa procesador de palabras. O bien, puede usar una herramienta de edición en la Web que oculte los detalles escabrosos de las etiquetas de HTML.

Este capítulo le da suficiente información para saber lo que está viendo en un documento con etiquetas de HTML y para poder hacerle cambios en caso de que necesite hacerlo. No lo vamos a abrumar con cientos de páginas llenas de etiquetas, consejos y trucos de HTML. Puede encontrar algunos de los detalles más técnicos e información básica en las barras laterales (léalas, le van a gustar). Después de publicar unas cuantas páginas Web, puede tomarse su tiempo para conocer más de HTML. En ese punto, quizás ya quiera comprarse un libro de HTML de unas buenas 400 páginas.

Si desea saber todo lo que está ocurriendo antes de subirse las mangas y empezar a trabajar duro, es posible que quiera echarle un vistazo a *HTML Para Dummies*, 4a Edición, una guía extensa para el HTML de Ed Tittel et al (Hungry Minds, Inc.).

Ver documentos de HTML

Usted puede ver el HTML cada vez que use la Web. Solo abra una página Web en su explorador y seleccione View⇨Source, en Internet Explorer, o un comando similar en otros exploradores. Aparece una nueva ventana, cuyo contenido es el código fuente de HTML que define la apariencia de la página Web. A manera de ejemplo, la Figura 4-1 muestra la página principal del sitio For Dummies y su código fuente de HTML.

Esta opción le indica pedir documentos atractivos desde la Web, guardarlos en su disco duro como archivos de HTML y, luego, usarlos como plantillas para su propio trabajo — una especie de enfoque de urraca para la construcción de una página Web.

Pedir prestado el material de otra persona está bien para el formato básico de HTML, pero para otros más sofisticados que son distintivos y encierran mucho trabajo, obtenga permiso antes de utilizarlos. Simplemente, contacte el Webmaster en el sitio que admira, describa la manera en que desea utilizar el formato y solicite permiso. Se sorprenderá de cuántas personas dicen sí -sin siquiera exigirle una promesa de su parte acerca de que les entregue a su primogénito.

El crecimiento ajetreado del HTML

El HTML es un lenguaje que sigue las reglas estipuladas en una especificación más compleja — SGML (Standard Generalized Markup Language). Ha evolucionado a la Versión 4.0, pero no todos los exploradores y herramientas soportan esa versión. Muchos usuarios nunca actualizan el explorador que obtienen con sus computadoras, así que las versiones anteriores se quedan dando vueltas por mucho tiempo. Además, algunos usuarios acceden a la Web a través de dispositivos como WebTV, que no soportan opciones más avanzadas, como marcos y el HTML Dinámico (DHTML). Para abarcar una audiencia más amplia posible, quédese con etiquetas más viejas, como la especificación HTML 3.2 o anteriores. Casi todas las capacidades descritas en este libro están apoyadas abiertamente, las versiones tempranas de HTML; avisaremos en el momento oportuno las pocas veces en que usemos las funciones avanzadas.

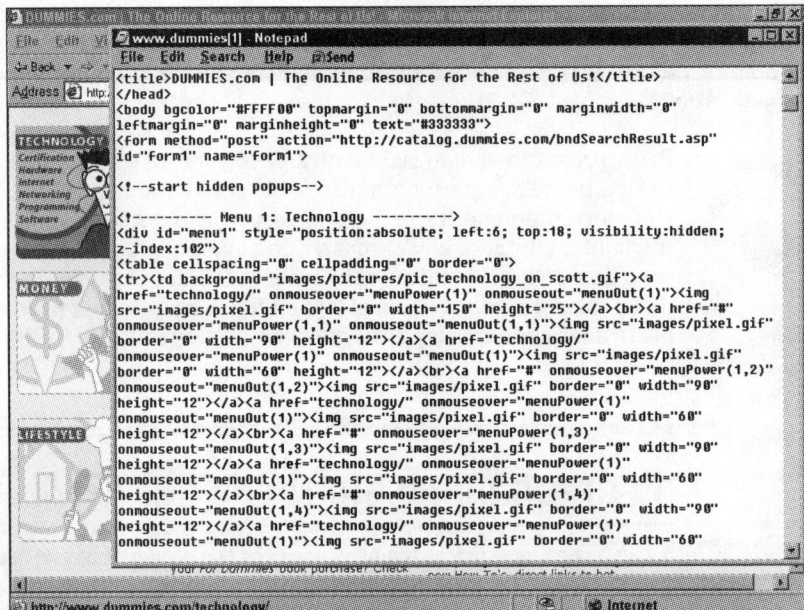

Figura 4-1:
El sitio For
Dummies
está hecho
con HTML e
imágenes.

Crear documentos de HTML

Puede crear documentos de HTML en un programa procesador de palabras, un editor de texto o utilizando una herramienta de HTML. Cada método tiene sus ventajas:

✔ **Programa procesador de palabras:** La mayoría de las versiones más nuevas de los paquetes procesadores de palabras incluyen la opción "Save as HTML". Puede abrir y editar un documento en el programa procesador de palabras y luego guardarlo como texto con etiqueta de HTML que conforma una página Web. Sin embargo, este proceso funciona mejor si solo formatea su documento de la misma manera en que HTML lo soporta directamente. Esto lo que aprenderá en este capítulo.

✔ **Editor de texto:** Este es un programa que edita texto regular, como el texto aburrido que la mayoría de las personas envía como mensaje -sin fuente, negrita o cursiva, ni estilos. Cuando guarda un archivo de un editor de texto, lo guarda como solo texto, sin códigos agregados para formato. Aunque la mayoría de los editores de texto no tiene las opciones avanzadas encontradas en programas procesadores de palabras, muchos expertos de HTML mueren por ellos. (Puede también crear un archivo en un programa procesador de palabras, luego guardarlo como archivo de texto, para lograr el mismo efecto).

✔ **Herramienta de HTML:** Una herramienta de estas oculta algunos de sus detalles. Pero debe pasar una curva de aprendizaje para cualquier herramienta de HTML y pocas ocultan completamente el HTML. Así que los elementos básicos que presentamos en este capítulo le ayudarán, aun si planea utilizar una herramienta. Al conocer los elementos básicos, puede hacer mejor uso de la herramienta y tener algunas alternativas si esta no hace todo lo que necesita (¿Y qué hace la herramienta?).

Después de que crea un archivo HTML, guárdelo con la extensión .HTM. Esta extensión le permite al explorador de la Web reconocer el archivo e interpretarlo correctamente. Si usa la extensión .HTML en su lugar, no todos los sistemas serán capaces de reconocerlo como un archivo de HTML.

Cada computadora la permite diferentes clases de archivos de nombres. Pero para que sus páginas Web funcionen en el rango más amplio de sistemas, deberá mantener los nombres cortos y dentro de los límites de 8 x 3 de DOS (FILENAME.EXT es un ejemplo de un nombre de archivo 8 x 3; hasta 8 caracteres antes del punto, y 3 caracteres después). Los archivos de HTML deben terminar en los caracteres .HTM. Además, ignore los espacios y caracteres especiales, como dos puntos o apóstrofes; de esta forma, sus nombres de archivos son válidos sin importar el tipo de computadora que termine siendo el servidor de la Web de sus páginas.

Uno de los problemas más frustrantes con los que los autores incipientes de HTML se topan, es el hecho de que los programas procesadores de palabras ahora tratan de funcionar como editores de HTML, lo cual dificulta trabajar directamente con etiquetas de HTML. Estos programas ocultan las etiquetas y le "permiten" trabajar sobre un documento formateado en el que no se pueden ver las etiquetas directamente, y esto es más fácil al principio, pero le da menos control. Si trabaja en Microsoft Word o Wordpad (que viene con Microsoft Windows) y siempre guarda el archivo en formato de texto, entonces puede tener acceso directo a las etiquetas de HTML. Sin embargo, es necesario ser persistente; Word o Wordpad le preguntarán repetidamente si desea guardar el archivo como un documento formateado. ¡Solo diga que no!

Vistas preliminares de documentos de HTML

Usted crea su archivo de HTML y necesita ver la forma en la que se verá en la Web. Algunas herramientas de HTML ofrecen modos de vista preliminar especiales; sin embargo, puede tener una mejor idea de cómo se verá su archivo de HTML en la Web utilizando su explorador de la Web.

Mientras trabaja en su editor de texto o programa procesador de palabras, o está utilizando una herramienta de HTML, sencillamente guarde su archivo en disco (recuerde guardar el archivo utilizando la extensión .HTML). Luego abra su explorador de la Web. En Netscape Navigator, escoja File–Open Page para abrir el archivo que acaba de guardar; en Internet Explorer, escoja File–Open y luego haga clic sobre el botón Browse para encontrarlo; por último, ábralo.

El archivo aparece en su explorador tal como lo haría si hubiera sido publicado en la Internet. Si está conectado a la Internet, incluso puede hacer clic en los vínculos de su documento para ver el gráfico o la página Web apropiados. Sin embargo, lo que usted ve puede no ser lo que otras personas verían al abrir el archivo; otras personas pueden usar exploradores diferentes y especificar fuentes diferentes para desplegar las páginas Web. Y acceder a un archivo de su propio disco duro es mucho más rápido que acceder al mismo archivo desde la Internet. Pero al menos tendrá una idea de cómo se ve la página.

Si puede ejecutar su herramienta de edición y su explorador al mismo tiempo, mejor (en Windows, utilice la combinación de teclas Alt+Tab para cambiar rápidamente entre las aplicaciones. En Mac, utilice el menú de funciones de aplicación en la esquina superior derecha de la pantalla). Puede cambiar el documento en su herramienta de edición, guardarlo y luego utilizar el comando Reload o uno parecido en su explorador para ver los cambios. Así que, nunca se sorprenda después de ver que algo que creó sale publicado en la Web.

¡Si es listo, puede dimensionar y arreglar las ventanas en su pantalla, para ver simultáneamente el archivo HTML que está editando y la ventana del explorador que muestra la página Web resultante!

Pero no se detenga ahí. Vea la apariencia de documento en diferentes exploradores antes de publicarlo en la Web. Puede obtener copias de los mejores exploradores desde los sitios Web de las compañías del explorador y tener una vista preliminar de su documento en ellos.

Configurar: El Sentido del HTML

La mayoría de las cosas sobre HTML se ubican dentro del terreno del sentido común. Después de que ve sus etiquetas de HTML unas cuantas veces, la mayoría de las reglas "se sienten bien" y tendrá pocos problemas para recordarlas o utilizarlas. En ocasiones, podrá cometer errores; sin embargo, no se sorprenda de ver que la mayoría del texto de su documento está en cursiva, porque olvidó agregar una etiqueta </I> , para finalizar el uso de la cursiva (poner estas últimas palabras en cursiva fue la idea de un chiste de los autores).

Las reglas básicas del HTML

A continuación, presentamos unas cuantas reglas básicas de HTML y algunos elementos claves que debe ver:

✔ **La mayoría de las etiquetas de HTML trabaja en pares.** (¿Las convierte esto en "dúos de etiquetas" dinámicas?)

Por ejemplo, si desea que parte del texto aparezca en negrita, debe escribir <B> al principio del texto que desea poner en negrita y </B> al final. Si olvida la </B> al final, puede fácilmente terminar con un documento que se mira bien al principio pero luego cambia a algo más en el medio — y la negrita continúa hasta el final.

Así que recuerde utilizar etiquetas en pares y revisar si su documento tiene etiquetas sin pares antes de publicarlo. Si termina viendo la negrita en todo el documento, ya sabe qué buscar.

✔ **Las etiquetas de HTML se escriben en MAYÚSCULAS.**

La convención indica poner las etiquetas de HTML en MAYÚSCULA de manera que destaquen del texto en el que están incrustadas. Pero dentro de un anclaje, coloque la referencia al hipertexto (como un URL), en el tipo de letra que normalmente tiene (súper escrita o subescrita) si la estuviera utilizando en algún otro lugar. El siguiente ejemplo ilustra este uso de letras:

```
<A HREF="textver.htm">Text version.</A>
```

Las partes de la etiqueta determinadas como predefinidas de HTML, como A, /A, y HREF están en MAYÚSCULA. El nombre del archivo está en minúscula: una convención utilizada por UNIX (un tipo de sistema operativo) que le puede ahorrar algunos problemas si su página Web termina en un servidor de UNIX. Puede poner en mayúscula el texto entre las etiquetas, el cual aparece en la página Web como texto de vínculo, en cualquier forma que tenga sentido para los lectores de su página.

Las máquinas UNIX respetan el tipo de letra: si llama a un archivo MyFile.txt y a otro myfile.txt, los dos son guardados como archivos separados. La Macintosh y la PC no respetan los tipos de letra y tratan los nombres MyFile.txt y myfile.txt igual. Como podría terminar colocando sus archivos Web en un servidor que tiene un tipo de máquina diferente de aquella en la que los creó, necesita prestar atención al uso de mayúsculas y minúsculas. La regla más sencilla es la que siguen los usuarios de UNIX: siempre utilice letras en minúscula para los nombres de archivo.

✔ **El HTML ignora los símbolos de párrafo y las tabulaciones en su texto.**

Una de las cosas más confusas sobre el HTML es que los marcadores de párrafo creados en su texto cuando pulsa la tecla Enter, son ignorados, al igual que las tabulaciones. Al aparecer el HTML, el explorador automáticamente rompe líneas para ajustar el tamaño de la ventana actual. Y el explorador hace un salto de párrafo solamente cuando ve la etiqueta de párrafo, <P>, o alguna otra que implica el inicio de una nueva línea (así como una etiqueta de encabezado de nivel superior, <H1>).

✔ **El HTML necesita que ponga estas etiquetas (<P>) entre los párrafos.**

No importa cuántas veces golpea la tecla Enter cuando digita el texto, no evitará que esto aparezca como un manchón en su página Web, a menos que coloque etiquetas de párrafo (<P>) entre ellos.

✔ **El HTML básico se ve distinto en exploradores diferentes.**

El HTML básico no le da mucho control sobre la apariencia de su documento. (Las versiones más nuevas le permiten más control, pero no son soportadas por otras versiones de exploradores populares, así que sugerimos que evite las cosas nuevas). Los diversos exploradores manejan las mismas etiquetas en diferente forma. Por ejemplo, una de nivel superior (especificada por las etiquetas ⟨H1⟩ y ⟨/H1⟩) puede verse mucho más larga en un explorador que en otro.

✔ **Algunas etiquetas no funcionan en ciertos exploradores.**

Algunos exploradores (como Netscape Navigator) soportan etiquetas que otros no pueden manejar. Le recomendamos que se quede con las de HTML 3.2, para evitar darles a los usuarios sorpresas molestas cuando visualizan sus documentos. Nosotros utilizamos solamente esas etiquetas en este libro.

✔ **Los usuarios configuran sus exploradores de diferentes maneras.**

Como si las diferencias entre los exploradores no fueran suficientes, los usuarios pueden configurarlos en forma distinta. Los que tienen pantallas de monitores más grandes tienden a ver los documentos en una ventana más grande. Pero como estos usuarios se sientan más alejados de sus pantallas — ¿recuerda cuando su mamá le decía que se alejara dos metros de la TV? — ellos también pueden utilizar tamaños de fuente más grandes para mostrar el texto. Algunos usuarios configuran sus exploradores para mostrar todos los gráficos conforme la página los transmite; otros desactivan los gráficos. Todas estas formas de crear pueden hacer que su documento luzca distinto para los diferentes usuarios. La Figura 4-2 muestra la página Web del sitio Para Dummies, con diferentes opciones de configuración.

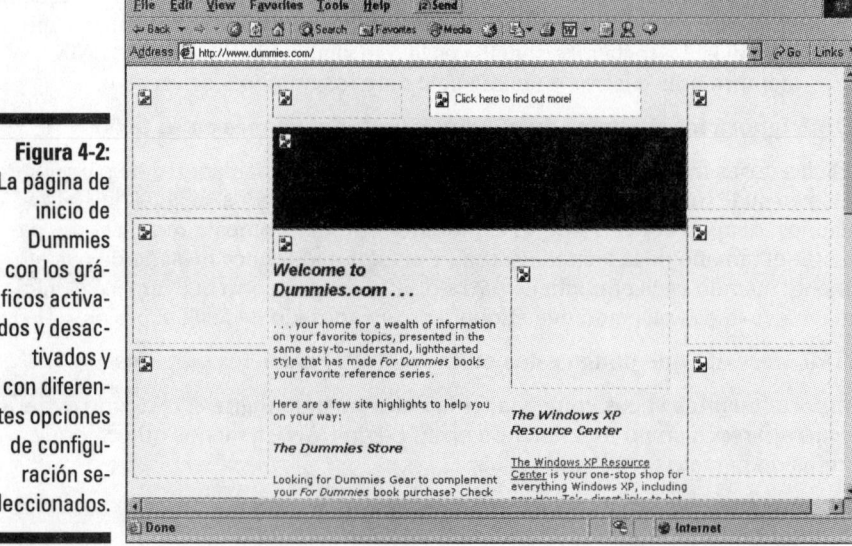

Figura 4-2:
La página de inicio de Dummies con los gráficos activados y desactivados y con diferentes opciones de configuración seleccionados.

Las diez etiquetas claves de HTML más una

La Referencia rápida, al principio de este libro, muestra un ejemplo de un documento de HTML, que es un texto regular más etiquetas — esas cositas divertidas con los paréntesis angulares alrededor. Si todavía no ha despegado la hoja de Referencia rápida mencionada, hágalo ahora para que pueda mirar el documento de HTML de muestra mientras lee esta sección.

Tabla 4-1	Etiquetas Claves para Usar
Etiquetas	*Ubicación de la Etiqueta*
`<HEAD>`, `</HEAD>`	Coloque estas etiquetas alrededor de `<TITLE>` y `</TITLE>` al principio del documento.
`<TITLE>`, `</TITLE>`	Coloque estas etiquetas alrededor de un título corto que describa el documento, pero que no aparece en la pantalla. (Para más información sobre las etiquetas `<HEAD>`, `</HEAD>`, `<TITLE>`, y `</TITLE>`, refiérase a la sección "Usuarios de encabezados, su forma de triunfar" en este libro).
`<BODY>`, `</BODY>`	Después de que agrega las etiquetas `</TITLE>` y `</HEAD>` al final del área de título y el encabezado, rodee todo lo demás en el documento con las etiquetas `<BODY>` y `</BODY>`.
`<H1>`, `</H1>`, `<H2>`, `</H2>`,...	Coloque el encabezado inicial en la parte superior de su documento entre las etiquetas `<H1>` y `/H1>`. Luego utilice las etiquetas numeradas más altas para bajar progresivamente los niveles del encabezado. Puede bajar hasta seis niveles (`<H6>`, `</H6>`), que es mucho -este libro utiliza solamente tres. Si un libro con 350 páginas o más necesita solamente tres niveles, debe crear algo bastante detallado antes de necesitar cinco o seis.
`<B>`, `</B>`	Rodee el texto que desea mostrar en negrita con estas etiquetas.

Etiquetas	*Ubicación de la Etiqueta*
`<I>`, `</I>`	Rodee el texto que desea mostrar en cursiva con estas etiquetas.
`<P>`, `</P>`	No necesita colocar la etiqueta de salto de página al final de estos encabezados y en algunos otros lugares, como dentro de una lista, pero sí necesita la etiqueta en otros lugares. Junto con las de an-claje (`<A></A>`), `<P>` puede ser la más común y fácil de usar mal. La etiqueta de párrafo final `</P>` es básicamente opcional para principiantes.
`<HR>`	La etiqueta de regla horizontal muestra una línea horizontal que sirve para sepa-rar secciones de documentos.
`<A>`, `</A>`	Las etiquetas de anclaje definen hiper-vínculos y contienen referencias de hi-pertexto, alguna información complicada sobre adónde va el vínculo. El texto de vínculo -el que se subraya para indicar un vínculo al hipertexto- va entre las etiquetas. Cuando el usuario hace clic sobre el texto de vínculo su-brayado en una página Web, la pantalla cambia para mostrar otra indicada por la referencia del hipertexto.

`<A HREF="http://www.`
`aSite.edu"> My kid's`
`site. </A>`
	El par de etiquetas `<A>` `</A>` define un ancla. HREF indica una referencia de texto, en este caso, un puntero para un sitio de URL. El texto de vínculo es My Kids'site; el usuario ve el texto subraya do, como parte de la página Web. Refié-rase a la sección de anclajes, casi al final de este capítulo, para detalles sobre este y otros tipos de vínculos de hipertextos.

Etiquetas	*Ubicación de la Etiqueta*
`<IMG SRC="BudPic.gif">`	La etiqueta `IMG` abre una imagen en un formato entendible para el explorador, ya sea GIF o JPEG y la despliega como parte de la página Web. La parte `SRC` de la etiqueta le dice al explorador dónde se encuentra el archivo. En este ejemplo, el nombre del archivo es `BudPic.gif` y es el mismo directorio o carpeta en que está el archivo HTML con la etiqueta `<IMG>` (puede decir que se encuentra en la misma carpeta porque el nombre de archivo no tiene al inicio ningún tipo de nombre de ruta, como: \images\BudPic.gif). Además de la descripción suministrada aquí acerca de esta etiqueta y de otras etiquetas claves, puede encontrar una descripción más profunda de la etiqueta `<IMG>` en el Capítulo 7.

Para un ejemplo que utiliza estas etiquetas, refiérase a la hoja de Referencia rápida. Para una lista completa de etiquetas, refiérase al Apéndice C.

A Crear una Página Web con HTML

Sí, está a punto de estar listo para crear una página Web con HTML. Sin embargo, el secreto de utilizar el HTML es saber cuáles etiquetas usar y cuándo. Así que ahora que sabe lo que es una etiqueta, ¿qué más necesita saber? Bueno, las etiquetas pueden estar divididas en tres clases:

✔ **Etiquetas que contienen información meta sobre su documento:** *La información meta*, como el título en la sección del encabezado de su documento, no afecta su apariencia en la pantalla; en lugar de ello, esta información es utilizada por varias herramientas de la Web, como opciones de búsqueda, que rastrean el título para ver de qué se trata el documento.

✔ **Etiquetas que formatean caracteres en su texto:** Estas etiquetas (`<B>`, `</B>` y `<I>`, `</I>`, por ejemplo) no hacen más que modificar la apariencia de su texto cuando el explorador lo muestra.

✔ **Etiquetas de vínculo:** Estas etiquetas conectan al usuario con diferentes clases de información e incluso con otros documentos. La sección "Ver hacia atrás (y adelante) en el anclaje," en este capítulo, explica con detalle las etiquetas vinculantes.

Después de que crea y guarda un archivo de HTML con texto y estas clases diferentes de etiquetas, dese unas palmaditas en la espalda. Acaba de crear un documento completo de HTML y ¡está en camino de ser un etiquetador! (No la clase que escribe graffiti en los edificios, sino los que expresan sus sentimientos electrónicamente en la Web).

Crear un archivo en blanco para su HTML

Los archivos de HTML deberán incluir solamente texto — sin formatos de su programa procesador de palabras. El nombre del documento deberá siempre terminar con .HTM. Así que empiece a crear un archivo de solo texto para sostener el de su página Web y las etiquetas de HTML.

Para crear un documento en blanco de solo texto que pueda insertarle un código HTML, siga estos pasos:

1. **Inicie su programa de editor de texto o procesador de palabras.**

2. **Abra un nuevo documento.**

   Algunos programas abren automáticamente un nuevo documento cuando los inicia. En ese caso, puede omitir este paso.

3. **Inicie el proceso de guardar su documento, de manera que pueda ponerle nombre.**

   Si utiliza un programa procesador de palabras, use el comando Save as u otro similar y escoja Text as the type of file.

   No escoja la opción Text with Line Breaks: esto hace el documento más difícil de editar. La opción del viejo texto funcionará.

4. **Póngale nombre al documento.**

   Escriba **.HTM** al final del nombre de este.

5. **Guarde el documento.**

   En la mayoría de los programas, usted hace clic sobre un botón Save o pulsa la tecla Enter.

Estos pasos le permiten crear un documento HTML en blanco — ¡el cual no sería muy interesante si tuviera que ponerlo en la Web! Así que ya desea empezar a llenar su documento agregando información del encabezado.

Las versiones más recientes de Microsoft Word y de otros programas de procesamiento de texto pueden tratar de "ayudarle", pero interfieren con lo que se trata de conseguir. Por ejemplo, cuando usted le dice a Word que guarde el archivo como un archivo de texto, automáticamente, se cambiará el sufijo a .txt. Cámbielo a .htm y guarde el archivo normalmente.

Lleve a los usuarios por el camino del triunfo

Las malas noticias primero: usted empieza sus documentos de HTML con algunas etiquetas que realmente no ayudan en nada. De hecho, agregan unos cuantos motivos de preocupación. ¡Y usted que pensaba que podría finalmente empezar a trabajar de verdad!

Ahora, las buenas noticias: estas etiquetas hacen de la Web un mejor lugar. Contienen *información-meta* introductoria; es decir, información descriptiva sobre su documento que no afecta la manera en la que el usuario ve su documento. Pero aunque el usuario no ve esas etiquetas directamente, soportan herramientas de búsqueda y otras que hacen el encuentro de una página Web — ojalá el encuentro de su página Web — tan rápido y fácil que los usuarios pueden obtenerla de inmediato (Por supuesto, ver muchas otras cosas en el medio puede ser la mitad de la diversión al utilizar la Web).

✔ <HTML>, </HTML>: Rodean todo en su documento y lo identifican como el presente en HTML. Como la Web soporta más y más tipos diferentes de archivos, estas etiquetas se tornan cada vez más importantes.

✔ <HEAD>, </HEAD>: Van alrededor del título de su documento y cualquier otra información que no aparece dentro de la página Web en sí. Por ahora, solo significan el título.

✔ <TITLE>, </TITLE>: Van alrededor del título de su documento. El título es una frase corta que describe su documento y no aparece en su página Web; sin embargo, sí aparece dentro de la cinta ubicada en la parte superior de la ventana del documento cuando este está siendo visto.

✔ <BODY>, </BODY>: Rodean todo lo que no es parte del encabezado. La etiqueta <BODY> va justo después de la de </HEAD>, la cual va después de la de </TITLE>.

Si utiliza una herramienta que crea una página Web, como las herramientas gratuitas de los Capítulos 2 y 3 o Netscape Componer, no necesita poner estas etiquetas introductorias, porque la herramienta lo hace por usted. Sin embargo, quizás necesitará agregar las etiquetas <TITLE>, </TITLE> y colocar el título de su página Web entre ellas.

Vea este documento de HTML de buenos modales, casi vacío, para que verifique cómo debería lucir la parte superior:

```
<HTML>
<HEAD>
<TITLE>A Brief Introduction to Electric Guitars</TITLE>
</HEAD>
<BODY>
Some introductory information about electric guitars.
</BODY>
</HTML>
```

Las populares herramientas de la Web utilizan estas etiquetas. La opción Advanced Search de AltaVista Web les permite a los usuarios buscar específicamente palabras en el título: solo digite la frase"title:", seguida por el texto que desea buscar en este. Para acceder la opción de búsqueda de AltaVista vaya a: www.altavista.com.

Netscape Navigator y Microsoft Internet Explorer utilizan el título de su documento — la frase entre las etiquetas <TITLE> y </TITLE> — como la descripción del documento en su menú de Favoritos. (No, no seguimos mencionando estos productos porque tenemos acciones en Microsoft y America Online, las compañías que los desarrollan; este es uno de esos casos en los que los mejores productos y los líderes del mercado son los mismos). El título también aparece en la barra de título de la ventana del explorador cuando la página aparece.

Para que tenga un buen comienzo cada vez que desea empezar un nuevo documento de HTML, cree uno de solo texto en su programa procesador de palabras o editor de texto cuando las etiquetas del encabezado, título y cuerpo estén en su lugar. Cuando esté listo para empezar un nuevo documento de HTML, proceda a hacer una copia.

Siga estos pasos para crear un documento de solo texto que contenga las etiquetas introductorias:

1. **Abra un nuevo documento.**

2. **Guárdelo como un documento de solo texto con el nombre que desee, y que termine con .HTM.**

3. **En la primera línea del documento, introduzca la etiqueta** <HTML>.

4. **En la segunda línea del documento, introduzca la etiqueta** <HEAD>.

5. **En la tercera línea del documento, introduzca las etiquetas** <TITLE> **y** </TITLE>.

   No adjunte nada dentro de las etiquetas <TITLE> y </TITLE> por ahora. Después de que copie este documento de solo texto para crear uno de HTML, puede introducir el material que desea utilizar, como "título".

Cuando esté decidiendo qué incluir entre estas etiquetas, recuerde que muchas he-rramientas de la Web utilizan la información entre ellas cuando buscan documentos.

6. **En la cuarta línea del documento, introduzca la etiqueta** `</HEAD>`.

7. **En la quinta línea del documento, introduzca la etiqueta** `<BODY>`.

8. **Deje la sexta línea del documento en blanco.**

   El contenido principal del documento va aquí.

9. **En la sétima línea del documento, introduzca la etiqueta** `</BODY>`.

10. **En la octava línea del documento, introduzca la etiqueta** `</HTML>`.

No importa lo que haga en su documento, </HTML> siempre es la última etiqueta.

11. **Guarde el documento.**

Tener un encabezado y algo de cuerpo

Por debajo del encabezado, su documento necesita algo de contenido -solo pala-bras, quizás destacadas con **negrita** y *cursiva* donde sea necesario.

No utilice demasiado las etiquetas de negrita y cursiva. Al igual que los primeros editores de escritorio que ponían tres diferentes fuentes en cada **línea** de texto, los principiantes de HTML tienden a poner **mucha negrita** y *cursiva* en sus documentos (el formato de las oraciones pre-vias se suponía que iba a ser divertido; por favor, no culpe a los impre-sores). Cuando tenga una vista preliminar en su explorador de la Web, busque áreas donde utiliza en exceso el formato de negrita y cursiva. Y cuando tenga dudas, no las utilice. Sus lectores se lo agradecerán.

Aquí le indicamos cómo poner un encabezado de nivel superior y algún texto bási-co en su documento Web:

1. **Después de la etiqueta** `<BODY>` **y antes de** `</BODY>` **ponga su encabezado de nivel superior. Rodee el encabezado con las etiquetas** <H1> y </H1> **de mane-ra que el explorador sepa que el texto es un encabezado de nivel-1.**

Puede también utilizar su encabezado de nivel superior entre las eti-quetas `<TITLE>` y `</TITLE>`, como hacen muchos editores de la Web.

2. Después del encabezado, digite algo de texto.

Para el uso óptimo de las herramientas de búsqueda de la Web, el primer párrafo en su documento deberá ser un resumen del contenido completo.

3. Al final de cada párrafo, coloque una etiqueta ‹P›.

No importa cuántas veces pulse la tecla Enter en su documento, su explorador no percibe el mensaje. Este solo comprende que desea terminar un párrafo y empezar otro nuevo cuando ve la etiqueta ‹P›.

4. Rodee el texto con las etiquetas ‹B› y ‹/B› para ponerlo en negrita.

¡No utilice demasiado las etiquetas ‹B› y ‹/B›! Para empezar, utilice negrita una o dos veces tan solo para ver cómo se sienten.

5. Rodee el texto con las etiquetas ‹I› e ‹/I› para ponerlo en cursiva.

¡Pero no utilice demasiado la cursiva! Úsela unas cuantas veces en sus primeros documentos como práctica.

6. Trate de agregar una regla horizontal.

Agregue la etiqueta ‹HR› en uno o dos lugares para crear reglas horizontales (no para empezar un argumento con aquellos que piensan en las reglas verticales o diagonales).

En cuanto a los encabezados y otros elementos de su documento, coloque la etiqueta ‹HR› en una línea por sí misma, de manera que pueda encontrarla fácilmente para moverla o eliminarla.

7. Después de que termine, revise sus etiquetas.

Los párrafos deberán terminar con una etiqueta ‹P› para iniciar el próximo párrafo. Todas las etiquetas ‹B› deberán tener una etiqueta de coincidencia ‹/B›, y todas las etiquetas ‹I› deberán tener una etiqueta de coincidencia ‹/I›.

La forma más eficaz para muchos de nosotros de revisar etiquetas, lo crea o no, es imprimir el documento y luego tachar los pares de etiquetas con un lápiz. Antiguamente, los programadores llamaban a este ejercicio la "revisión de escritorio".

8. Guarde su documento.

Si utiliza un programa procesador de palabras, en lugar de un editor de texto, asegúrese de guardar su documento como solo texto.

La Referencia rápida, al principio de este libro, tiene una página Web de muestra.

Agregar una pequeña lista

Una de las mejores formas de "dividir" su página Web es insertando listas. HTML soporta listas con viñetas, numeradas y listas de definiciones o descripciones. Aunque el HTML hace que la creación de las listas sea más fácil, no le da control directo sobre su apariencia. (Repita después de mí, "Confíe en su explorador, confíe en su explorador...").

✔ **Listas no numeradas** (a menudo llamadas listas con viñetas). Las listas no numeradas aparecen con viñetas junto a ellas y tienen la sangría "adecuada" (la sangría varía con diferentes exploradores y las configuraciones de ellos). La lista que está leyendo ahora es numerada, pero utiliza marcas de verificación en lugar de viñetas.

✔ **Listas ordenadas** (a menudo llamadas listas numeradas). Estas listas son similares a las listas con viñetas, pero con — adivinó — números en lugar de viñetas. Puede reacomodar los elementos en la lista numerada tanto como desee. El explorador mantiene automáticamente las cosas en orden, colocando los números adecuados al mostrar la lista.

✔ **Listas de Definiciones:** Estas listas por lo general alternan términos y sus definiciones. El término va donde van las viñetas en una lista con ellas, y la definición va junto a estas o en la línea inmediatamente abajo.

Usted crea todas las listas básicamente en la misma forma: empieza con una etiqueta de inicio, como `<UL>` para una lista numerada. Luego etiqueta cada elemento en forma separada para permitirle al explorador saber que es un elemento separado. Utiliza la etiqueta `<LI>` al principio de cada elemento en las listas numeradas y no numeradas; no utiliza una etiqueta final para elementos de listas individuales. La lista finalmente termina con una etiqueta de cierre — `</UL>` para terminar una lista numerada, por ejemplo.

El formato de las listas de HTML a veces se ve diferente de como usted lo desea ver. Por ejemplo, muchos exploradores despliegan las listas con viñetas de HTML con una línea en blanco antes de los ítemes de la lista, pero sin líneas entre ellos. Usted no puede cambiar este formato con comandos estándares de HTML, y tratar de cambiarlo usando comandos complejos de HTML es un proceso muy difícil. Es mejor acostumbrarse a la forma en que el HTML despliega las listas.

Las siguientes instrucciones describen cómo crear una lista no numerada (con viñetas) o una lista ordenada (numerada):

1. **Coloque una etiqueta para iniciar la lista:** `<UL>` **para una lista no numerada,** `<OL>` **para una ordenada.**

2. **Coloque una etiqueta** `<LI>` **para indicar un elemento de la lista.**

3. **Empezando en la misma línea, digite el texto para el elemento de la lista.**

   "Red Hot Chili Pepper Potato Chips" es un buen comienzo.

4. **Para el resto de los elementos en la lista, digite la etiqueta** `<LI>` **seguida por el texto del elemento. Pulse la tecla Enter al final de cada línea para separar visualmente los elementos en la pantalla conforme los edita.**

No necesita utilizar una etiqueta de cierre para los elementos de la lista. También recuerde que pulsar la tecla Enter al final de cada línea hace que el cursor se mueva a una nueva línea en la pantalla, pero no hace que los saltos de línea aparezcan en el texto con etiqueta de HTML; el explorador inicia una nueva línea cuando ve una nueva etiqueta `<LI>` o `</UL>`. La etiqueta `<LI>` es una de esas etiquetas raras que no vienen en pares.

5. **Introduzca una etiqueta al final de la lista —** `</UL>` **para terminar una lista no numerada o** `</OL>` **para una lista ordenada.**

Para crear una lista de definición, siga los siguientes pasos:

1. **Introduzca la etiqueta** `<DL>` **para empezar la lista de definición.**

2. **Introduzca la etiqueta** `<DT>` **para indicar un término de definición.**

3. **Introduzca el texto para el término de definición.**

4. **Introduzca la etiqueta** `<DD>` **para indicar un dato de definición — la descripción del término de definición.**

5. **Introduzca el texto para los datos de definición.**

6. **Para los elementos restantes en la lista, introduzca la etiqueta** `<DT>` **seguida por el término de definición, luego introduzca la etiqueta** `<DD>` **seguida por la descripción del término. Al final de cada línea, pulse la tecla Enter para separar visualmente los elementos en la pantalla conforme los edita.**

En cuanto a los otros elementos de la lista, no necesita introducir una etiqueta de cierre para los términos de definición o la información de definición.

7. **Introduzca la etiqueta** `</DL>` **> para terminar la lista.**

La Figura 7-3 muestra un ejemplo que incluye los tres tipos de listas. Como la gente utiliza la Web para descubrir nuevas cosas y buscar otras, las listas son uno de los elementos de formato más importantes en HTML.

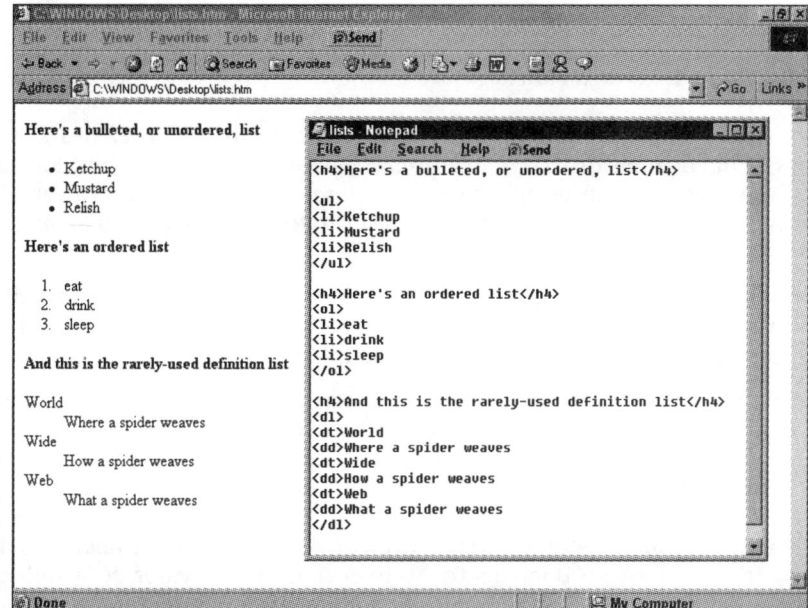

Figura 4-3:
Usar listas
en su
página Web.

Ver hacia atrás (y adelante) en el anclaje

¿Recuerda que HTML significa Lenguaje de Marca de Hipertexto? Bueno, aplicar todas esas etiquetas es justamente la parte de la marcada. Ahora agárrese de su sombrero: aquí está todo lo que necesita saber sobre la parte de hipertexto. En esta sección, demostramos cómo utilizarlo para crear vínculos entre la información en su documento e información de otros documentos. Esto es un poco confuso al principio, pero después de que lo comprenda, pensará en muchas formas emocionantes de utilizar el hipertexto en sus páginas Web.

En HTML, todos los vínculos de hipertexto tienen dos extremos llamados anclajes.

Cuando define un anclaje, utiliza las etiquetas para especificar dos cosas:

✔ El texto o imagen destacados como el lugar donde hace clic para seguir el vínculo

✔ El otro anclaje al que desea ir cuando hace clic sobre el vínculo

Los anclajes están entre las etiquetas más complicadas en el HTML básico. Pero no desea decir "Fuera anclajes," como se hacía antes. Estos expanden las posibilidades de su página Web tremendamente. A continuación presentamos, el ejemplo de un anclaje:

```
<A HREF="http://www.listentoyourdog.com">How to train dogs</A>
```

Ahora las partes de un anclaje:

- ✔ `<A>`, `</A>`: Estas etiquetas van alrededor del texto que desea destacar como un vínculo de hipertexto (como entrenar perros en el ejemplo anterior). Intente utilizar texto que representa lo que más desea vincular, como "Corporación Adobe" o "mi resumé". Cuanto mejor esté descrito lo que desea vincular, más útil será para el usuario.

- ✔ `HREF`: Esta información sigue la `<A>` dentro de la etiqueta `<A>`. Le indica al explorador vincularse a la información localizada en el nombre de ruta que aparece después de `HREF` cuando el usuario hace clic sobre el texto de vínculo.

- ✔ **Referencia de hipertexto:** Estos caracteres siguen un signo de igual en la parte `HREF` del anclaje y deberán ser adjuntados entre paréntesis. Estos son el nombre de ruta del documento al que se vincula. En el ejemplo, la referencia de hipertexto es el nombre del sitio Web: "`http://www.listentoyourdog.com`".

Cuando coloque un archivo de HTML en un servidor, algunos anclajes en el archivo pueden apuntar a los documentos Web en el mismo servidor de la Web como archivo de HTML, mientras que otros puede apuntarlos a diferentes servidores. Cuando el documento está en otro servidor, el anclaje contiene el URL completo del documento, en la misma forma en que lo digita en su explorador. Por ejemplo, un anclaje que apunta al sitio Web para Dummies se ve así:

```
<A HREF="http://www.dummies.com">"For Dummies"</A>
```

Cuando el documento que es apuntado por el anclaje inicial está en la misma máquina, este contiene el nombre de ruta del documento, el cual especifica la ubicación del archivo en la máquina.

Para sitios Web sencillos que cree, ponga todos los documentos en el mismo directorio o carpeta, de manera que tenga anclajes más sencillos. ¡Después no tendrá que preocuparse por los nombres de ruta!

El nombre de ruta se ve diferente dependiendo del lugar en el que está el segundo documento en relación con el de HTML. Si los dos documentos están en la misma dirección o carpeta, el nombre de ruta es simplemente el de archivo. Pero si el segundo está en un directorio diferente, puede utilizar dos métodos para especificar la manera de alcanzarlo: *dirección absoluta* y *dirección relativa*. En la dirección absoluta, usted utiliza la ruta desde el directorio de más bajo nivel, o raíz del servidor al segundo documento. En la dirección relativa, usted utiliza la ruta desde el documento actual al segundo documento.

Para especificar una dirección absoluta, inicie con el signo (/) para indicar el directorio raíz del servidor de la Web. Luego especifique el nombre completo de ruta desde el directorio raíz al archivo. El siguiente ejemplo muestra una dirección absoluta:

```
/photoshp/samples/sunrise.gif
```

Para especificar una dirección relativa, inicie con el directorio del documento de HTML donde está el anclaje y luego introduzca la ruta que conduce el archivo descrito desde allí. Un par de puntos (..) especifican el nivel uno de directorio sobre el actual.

Por ejemplo, si tiene un archivo de HTML llamado sunset.htm en el directorio /mysite/html y necesita un archivo de gráficos GIF que está en /mysite/html/pix: un subdirectorio del directorio actual, la dirección relativa es la siguiente:

```
pix/sunset.gif
```

Si también necesita un archivo que está en /mysite/trial/pix, utilice los caracteres .. para especificar el subdirectorio por encima de este y luego regrese al árbol del directorio al archivo necesario. Coloque un / después de los puntos. En este caso, la dirección relativa es la siguiente:

```
../trial/pix/moonrise.gif
```

Ubicados al principio de la ruta, ".." significan "el directorio por encima del actual". Las palabras separadas por //, "/trial/pix/", son los nombres del directorio y subdirectorio donde el archivo está almacenado. Y "moonrise.gif" es el nombre del archivo.

Por lo general, usted crea su sitio Web en una máquina, luego lo publica al copiar los archivos a otra máquina, el servidor de la WWW. Es muy fácil copiar todos los archivos necesarios en dicho servidor. Si los mantiene todos en una carpeta general — que no incluya ningún archivo que no sea parte del sitio — tendrá la oportunidad de luchar para hacer la transferencia exitosamente.

La Tabla 7-2 muestra ejemplos de anclajes.

Tabla 4-2	Ejemplos de Vínculos de Hipertexto (Anclas)
Destino	*Ancla de Muestra*
Página Web en un mismo servidor, en el mismo directorio	`<A HREF="MyDoc2.html" >link text</A>`

Página Web en un mismo servidor, diferente directorio; dirección relativa	`<A HREF="Personal/Resume">link text</A>`
Página Web en un mismo servidor, directorio diferente y dirección relativa	`<A HREF="/Maya/Personal/Resume">link text</A>`
Página Web en un servidor diferente	`<A HREF="http://www.mycorp.com/Job Requirements">link text</A>`

La manera más sencilla de manejar las direcciones y la que tiene menos posibilidades de ocasionar errores, es poner todos los documentos en el mismo directorio o carpeta. La segunda forma más sencilla es usar direcciones relativas. Esto hace que sea más sencillo para los demás tomar todos los archivos necesitados para sus páginas Web y moverlos a un servidor de la Web. Las direcciones absolutas son muy propensas a errores.

Vínculos para usted mismo

Absorber todo este conocimiento sobre los vínculos de hipertextos puede resultar inútil si realmente no lo utiliza. A continuación, presentamos una descripción de la manera de crear un vínculo (note cómo trabajamos inteligentemente con diferentes tipos de vínculos en las instrucciones):

1. **Abra un documento existente de HTML.**

2. **Muévase al lugar del documento donde desea insertar un vínculo.**

3. **Inicie el vínculo introduciendo la etiqueta de apertura, e incluya la referencia de hipertexto al que desea que conduzca el vínculo.**

   Para un vínculo con un archivo en el mismo directorio, introduzca el nombre de archivo entre comillas, como `<A HREF="AnotherDoc.HTM"></A>`. ("AnotherDoc.HTM" es el nombre de archivo).

¿Su explorador puede manejarlo?

Un anclaje puede vincular el documento actual con otro archivo de HTML o algún otro tipo de archivo, como un gráfico, sonido, corte de video, o casi cualquier otra cosa. La mayoría de los exploradores sabe cómo manejar los archivos de HTML y los archivos gráficos GIF o JPEG automáticamente. Los exploradores diferentes pueden manejar otros tipos de archivos en diversas formas —automáticamente o cuando el usuario especifica un programa para ello. Así que para estos ejemplos, nos unimos con vínculos a archivos de HTML y archivos GIF o JPEG, porque sabemos que trabajan bien con cualquier otro explorador.

Como se describió anteriormente en este capítulo, puede introducir una dirección relativa o absoluta para un documento que está en un directorio diferente dentro de su sitio Web.

Para un vínculo con un archivo en el subdirectorio graphics del directorio actual, introduzca el nombre de ruta:
`<A HREF="graphics/dancers.gif">Dancers</A>`.

Para un documento que esté en un servidor diferente, introduzca el URL del documento, por ejemplo, `<A HREF="http://www.ACoolSite.com"></A>`).

 Si no introduce un nombre específico, el explorador busca el archivo predeterminado: index.htm o index.html.

4. Después de abrir la etiqueta, introduzca el texto de vínculo.

5. ¡No olvide la etiqueta de cierre!

Después de la etiqueta de apertura y el texto de vínculo, introduzca la etiqueta de cierre.

Vínculo interno

¡Esas son demasiadas cosas para absorber! Solo una cosa más por considerar: ¿Qué ocurre si desea vincularse con un punto específico dentro de la misma página Web?

Para vincularse con un punto específico, necesita un par de anclajes. El primero está en el punto desde el cual desea vincularse. Este primer anclaje es justo como los vínculos externos, pero tiene otro elemento: el nombre del vínculo que está en el punto al cual desea vincularse; por ejemplo, los siguientes vínculos de anclaje con un punto llamado "Bebak", dentro del mismo archivo que el anclaje.

```
<A HREF="#Bebak">Bud's coauthor</A>
```

El signo de libra, #, denota un anclaje dentro de una página Web. El segundo anclaje también llamado vínculo, está en el punto con el cual desea vincularse. Este existe solo para especificar ese punto y no hace que el texto de vínculo aparezca subrayado en la pantalla del usuario. A continuación, presentamos el vínculo para el segundo anclaje:

```
<A NAME="Bebak"> </A>Arthur Bebak<P>
```

El vínculo no necesita un nombre de ruta, pero el anclaje que lo vincula necesita un nombre de ruta si estos se encuentran en diferentes archivos. Y no necesita ningún texto entre el principio y el final del anclaje.

Intente utilizar vínculos internos en un documento de HTML de su propia máquina y probar los vínculos en su explorador. Experimente con diferentes clases de direcciones relativas o rutas de nombre. Intentar diferentes vínculos y nombres de ruta le brinda la experiencia que necesita para utilizar fácilmente estas opciones en sus páginas Web "reales".

Vincularse con diferentes puntos en su propia página Web es común. Muchos sitios de la WWW tienen largas páginas Web que incluyen vínculos internos que llevan al usuario por la página. Vincularse con puntos específicos en páginas Web de otras personas es menos común. ¿Por qué? Porque es difícil controlar dónde el autor de la página escoge colocar los anclajes del vínculo — y más difícil aún es asegurarse de que los anchos de vínculos no se mueven alrededor suyo inesperadamente, anulando otro anclaje. ¿Qué le parecería, por ejemplo, si definiera un vínculo con un ensayo serio sobre la fabricación de vino casero y descubre que fue reemplazado por una discusión de filosofía griega? (Aunque mucho de esto puede ser inspirado por el consumo de los resultados del anterior).

Explorar su propia weblet

Este es el momento que ha estado esperando: ya sea que haya seguido todos los pasos anteriores o solo algunos, ahora tiene un documento de HTML listo para usarse. Para ver si lo hizo bien, todo lo que debe hacer es probarlo en su explorador de la Web. ¡Sí, puede ver su documento de HTML en su propio explorador!

No solo puede ver su documento de HTML desde su explorador, sino que incluso puede seguir los vínculos con otros documentos de HTML o su sistema local y desde su sistema hasta la Web (asumimos que su explorador está conectado a la Web para ese momento). Si no, ¡seguir un vínculo de hipertexto con un URL de la Web será un corto viaje! Al utilizar el comando Back en su explorador, puede incluso regresar a su propio documento.

Solo hay una limitación a estas pruebas: otros sitios Web no pueden vincular a su documento de HTML porque solo está guardado en su máquina local y no en un servidor de la Web. Y eso es lo único que impide a su documento de HTML ser una página Web: no está hospedado en un servidor. Detalles, simples detalles, nos encargaremos de esa pequeña omisión en el Capítulo 12.

Por ahora, necesita comprender cómo ver su documento de HTML en su explorador. Esto es algo que hace cada vez que trabaja documentos de HTML. Empiece un documento; véalo en su explorador. Cambie el documento; véalo en su explorador. Y así sucesivamente. . . (Quizás es tiempo de comprar el monitor a color de 20 pulgadas en el que ha estado pensando, de manera que pueda ver ambos documentos simultáneamente conforme va de uno a otro).

Los avances del HTML

Desde que la Web se hizo masiva y (salvajemente) popular a mediados de los años noventa, han ocurrido muchos avances en el HTML. Estos avances se cimientan en la sólida base de la especificación del HTML y le han agregado nuevas capacidades. No obstante, han hecho que el HTML sea mucho más complicado y le han agregado muchas más opciones a aquellos que diseñan páginas Web.

Los mayores cambios son el uso de tablas, marcos y del HTML dinámico. Las tablas no solo despliegan información en forma de tablas, pero, además, son ampliamente usadas para ayudar a colocar de manera precisa texto y gráficos. Los marcos les permiten a las páginas Web estar divididas en secciones controladas independientemente. Los marcos son muy usados, pero no tanto como las tablas.

En el Capítulo 11 le diremos cómo y cuándo usar estas funciones avanzadas. No obstante, se puede ir muy lejos con la especificación básica del HTML que es utilizada por todos los exploradores, así que nos adherimos a esa versión en casi todo este libro.

Para ver su documento de HTML en su explorador:

1. **Inicie su explorador.**

2. **Seleccione el comando Open page (para Netscape) o el comando Open File (para Internet Explorer) en el menú de File. En el recuadro de diálogo Open que aparece, haga clic en Browse.**

3. **Busque su documento de HTML en su disco duro y ábralo.**

4. **Vea su propio documento de HTML en su propio explorador de la Web.**

   Puede incluso seguir vínculos haciendo clic sobre ellos. Utilice el comando Back de su explorador para regresar a su documento de HTML.

5. **Busque problemas en su documento de HTML o cosas que desea agregar.**

   Así que la mitad de su documento está en cursiva y el resto subrayado si todo es parte de un vínculo ¿¿A quién le importa!? ¡Repárelo!

6. **Abra el documento de HTML en su editor de texto o su programa procesador de palabras y ajústelo.**

   No es necesario que cierre su explorador para trabajar con el documento de HTML. Las primeras secciones de este capítulo pueden ser de alguna ayuda.

7. **Guarde su documento de HTML.**

   Si olvida guardar el documento, los cambios no aparecerán en su explorador y usted empezará a pensar adónde se "fueron" o si se está volviendo loco.

8. **Utilice el comando Refresh o uno similar en su explorador de la Web para recargar el documento de HTML reajustado.**

   Si olvida actualizar el documento, sus cambios no aparecerán en su explorador y, de nuevo, empezará a pensar adónde se habrán "ido" o si se está volviendo loco.

    Si olvida guardar el documento después de hacerle cambios u olvida recargarlo en su explorador, los cambios que acaba de hacer no aparecerán. En cualquier momento que piense que esto ha ocurrido, solo regrese a su editor de texto o programa procesador de palabras, guarde el documento, regrese a su explorador de la Web y recargue. Los cambios aparecen.

9. **Repita los pasos del 5 al 8 hasta que termine.**

   Terminar puede significar que el documento de HTML esté concluido, o incluso que el autor del documento de HTML esté acabado, ¡como por un rayo!

    No olvide utilizar el comando Reload cuando esté modificando su documento y desea verlo de nuevo en el explorador.

Buscar los siguientes pasos de HTML

Las partes de HTML que cubrimos en este capítulo representan tan solo lo básico. Conforme cree, pruebe y despliegue sus propias páginas Web, quizás desea comprender más sobre HTML.

Si utiliza una herramienta, como las descritas en el Capítulo 5; o bien, un servicio de páginas Web en línea, como los comentados en el Capítulo 2 y en el 3, quizás esté protegido de los detalles macabros del HTML. Pero nunca se sabe cuándo se tendrá que lidiar de nuevo con el HTML "en bruto" al enfrentarse con la necesidad de agregar una opción o arreglar un problema. Puede encontrar muchas listas de etiquetas de HTML en la Web, en fuentes tales como w3.org. Y no olvide, HTML 4 para Dummies, 3ra Edición, de Ed Tittel y Stephen N. James (Hungry Minds, Inc.) libro que es una excelente fuente para más detalles sobre el HTML.

Parte II
Construir Páginas

"BUENO, TODAVÍA NO ESTA DEL TODO LISTO. HE COLOCADO EL SONIDO BURBUJEANTE DE LOS INSTRUMENTOS Y HE ANIMADO LA JERINGA DE NOVOCAÍNA. PERO TODAVÍA TENGO QUE AGREGARLE EL SONIDO DEL TALADRO QUE GIRA A ALTA VELOCIDAD".

En esta parte . . .

Es hora de enfrentarse a un par de herramientas que le permiten hacer todo lo que desee con sus páginas Web. Aprenda a enriquecer su página con formatos y vínculos. Por ahora, las etiquetas META son un secreto arcano, pero no por mucho tiempo. ¡Ayúdeles a los buscadores de la Web a que encuentren su página fácilmente!

Capítulo 5

Seleccionar sus Herramientas

∙∙

En este capítulo

▶ Comparar la edición WYSIWYG con el texto simple

▶ Usar Netscape Composer

▶ Usar un editor de texto

∙∙

*U*sted puede usar herramientas en línea, como las que comentamos en los Capítulos 2 y 3, para crear su página Web inicial usando una plantilla. Sin embargo, en algún punto, usted querrá ir con su página Web más allá de lo que una plantilla lo permite. Para hacer esto, usted tendrá que abandonar las herramientas en línea y crear su página Web en su disco duro. ¡Entonces podrá subir páginas Web a varios sitios de hospedaje Web, incluyendo a Yahoo! GeoCities y a AOL.

Este capítulo describe cómo crear localmente su página Web inicial, en su propio disco duro. Los siguientes capítulos describen cómo mejorar su página Web y cómo ampliar su página Web hasta convertirla en un sitio Web de varias páginas. El Capítulo 12 le dice cómo publicar en la Web una o más páginas que estén en su computadora.

Este capítulo le ayudará a escoger la herramienta que desee usar y, luego, le mostrará cómo crear su página Web inicial.

Yahoo! GeoCities y AOL tienen herramientas avanzadas que le permiten ir muy lejos con su página Web. Sin embargo, estas herramientas lo obligan a hospedar su página en el servicio que ellos brindan. Si se encuentra a gusto con el hecho de que su página Web tenga el mismo hospedaje por mucho tiempo, entonces querrá seguir usando esas herramientas avanzadas. El enfoque descrito en este libro, sin embargo, le da más oportunidades de mantener los costos bajos y la flexibilidad alta.

Elegir entre WYSIWYG y el Texto Simple

Usted puede usar un par de enfoques diferentes para crear y editar páginas Web en su propia computadora. Un enfoque es usar un editor de páginas Web WYSIWYG. WYSIWYG se pronuncia "uisiuig" o "güisigüig" y es la sigla de la frase inglesa "What You See Is What You Get", que se puede traducir como, "lo que ve es lo que obtiene". Un editor de páginas Web WYSIWYG es como un programa procesador de palabras, lo que se ve en la pantalla es muy parecido a lo que verá en su página Web cuando esté publicada.

El problema con esto es que WYSIWYG no funciona perfectamente en la Web. Como describimos en el Capítulo 4, diferentes exploradores de la Internet pueden interpretar las mismas etiquetas HTML de modo diferente. También, los usuarios pueden tener configuraciones variadas en el explorador, lo cual quiere decir que la misma página puede ser vista de modo diferente por personas diferentes. Esta variabilidad es un obstáculo para sus esfuerzos de hacer que la apariencia de su página Web sea invariable. Tratar de solucionar estos problemas y crear páginas Web que funcionen bien en la mayor cantidad posible de computadoras, configuraciones y exploradores, realmente le ayudará a saber qué está pasando con el HTML subyacente.

Por esta razón, muchos editores de páginas Web funcionan directamente con etiquetas HTML. Los otros lo hacen con un editor WYSIWYG, pero frecuentemente revisan cómo es el aspecto general del texto etiquetado con HTML –usualmente, llamado HTML.

Nosotros le recomendamos que trabaje directamente en HTML o que use una herramienta sencilla de WYSIWYG, pero revise con frecuencia el HTML subyacente. Si desea usar una herramienta, le recomendamos Netscape Composer.

Los pros y los contras de los editores de texto

Las razones en favor de editar HTML directamente en un editor de texto son muy simples. Usted trabaja directamente en el HTML –nunca hace nada más que eso. Siempre mire directamente las etiquetas de HTML. A cualquier hora que desee añadir una característica a su página Web, se ve forzado a aprender a usar las etiquetas HTML para esa función y a usarlas, lo cual quiere decir que gradualmente aprenderá a utilizar el lenguaje interno de las páginas Web.

Las razones para no trabajar directamente en HTML, usando un editor de texto, también son muy sencillas. Es muy difícil imaginar cómo se verá su página Web cuando solo tiene a la vista texto y etiquetas. Es fácil cometer errores en la cons-

trucción de su página Web cuando se está trabajando directamente con las etiquetas –y es fácil perderse en el texto etiquetado con HTML, cuando se trata de recordar dónde hacer una adición o un cambio.

La Figura 5-1 le muestra una simple página Web, tal como aparece cuando está
siendo editada en un editor de texto y en la ventana de edición de Netscape Composer. Es posible que pueda decir en cuál ambiente preferiría trabajar con solo ver
la figura. Si no, intente ambas opciones, usando las instrucciones de este capítulo
y vea cuál prefiere.

Los pros y los contras de Netscape Composer

Usar un editor WYSIWYG, como Netscape Composer también tiene sus puntos débi-
les. Los editores WYSIWYG le evitan ver el HTML interno y le permiten ver la apariencia que podrá tener su página en la Web. Pero las etiquetas de HTML quedan
ocultas, así que no se puede saber con exactitud lo que está ocurriendo. Los editores WYSIWYG más capaces dan soporte a la funcionalidad de HTML más nueva y
avanzada –que es muy buena si desea usar estas funciones, pero hace que sea muy
fácil crear páginas Web que no funcionen en todos los exploradores de la Web.

Netscape Composer tiene la mayoría de las ventajas de una herramienta de HTML
y pocas de sus desventajas. Estas son sus seis ventajas fundamentales como herramienta de HTML:

- ✔ **Netscape Composer es gratis.** Netscape hace que el Composer sea gratis al incluirlo con Netscape Navigator, el primer explorador de la Web que se hizo popular.

- ✔ **Es fácil.** Netscape Composer es muy fácil de usar. Deja de lado algunas funciones de edición complejas en favor de la simplicidad.

- ✔ **Sus funciones concuerdan con las etiquetas de HTML.** Las funciones disponibles
en el Composer están disponibles en HTML –y solo esas funciones. De ese modo, no hará en su página Web cosas que no serán respaldadas por los exploradores de la Web.

- ✔ **Utiliza HTML "genérico".** Las únicas funciones disponibles en Composer son respaldadas por todas las versiones de HTML utilizadas ampliamente. Las páginas Web que
se crean con Composer funcionan bien en la mayoría de exploradores de la Web.

- ✔ **Le permite ver y editar HTML.** Netscape Composer le da acceso de un clic a las etiquetas internas de HTML de su página Web. Le da la facilidad de la edición en el modo WYSIWYG, pero siempre puede ver y editar el texto etiquetado con HTML.

- ✔ **Es parte de Netscape Navigator.** Composer viene con el explorador de Netscape, el segundo explorador más popular de la Web. Usted necesita tener disponible el explorador de Netscape, junto con Internet Explorer, en su sistema para
probar sus páginas Web antes de publicarlas. Debido a que se necesita Netscape
Navigator, es conveniente que el Composer venga incluido con él.

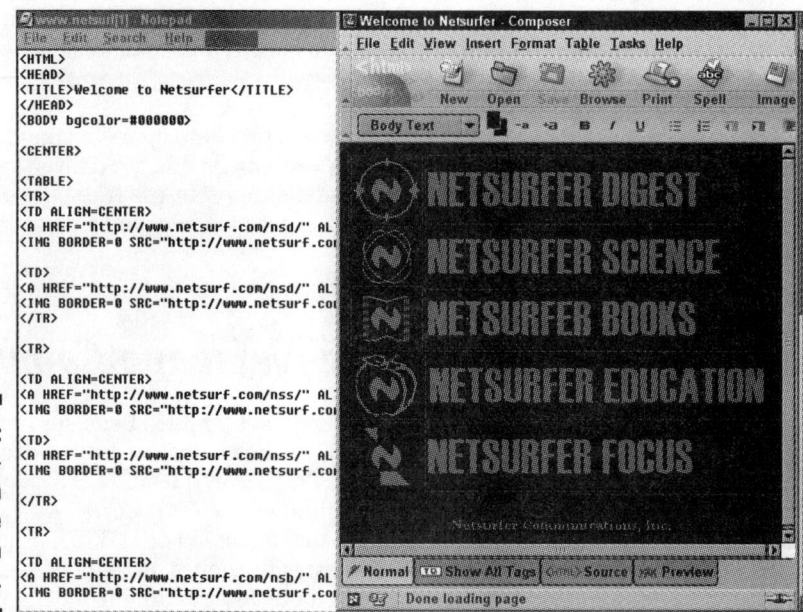

Figura 5-1:
Puede componer en un editor de texto o en Composer.

Estas funciones de Netscape Composer lo colocan, cómodamente, entre usar un editor de texto y trabajar directamente con las etiquetas de HTML, lo cual puede ser frustrante y lo puede llevar a cometer errores en la apariencia y el diseño de su página, o los editores de HTML más avanzados, como FrontPage y Dreamweaver, que lo pueden abrumar con su funcionabilidad.

Por esto, recomendamos que los editores principiantes de la Web usen Composer, y revisen el HTML interno frecuentemente para ver lo que está ocurriendo. Conforme conozca más de HTML, es posible que desee comprar y utilizar un editor de HTML más avanzado o que escoja la ruta de la tecnología más simple y use un editor texto simple.

Le recomendamos que considere usar Composer al principio, incluso si posee un editor de texto de HTML más avanzado, como Dreamweaver o FrontPage. La funcionabilidad de Composer es más simple, facilita el aprendizaje de las características internas del HTML y, además, usted podrá seguir mejor este libro.

Si ya tiene instalado el software Netscape, es posible que ya tenga Netscape Composer en su computadora. Revise Start⇨Programs⇨Netscape⇨Netscape, o una carpeta similar, para ver si Netscape Navigator, Netscape Communicator , o Netscape 6.x ó 7.x ya están allí. Si es así, averigüe si el Composer está disponible, ya sea como un programa separado o como una opción dentro de Netscape Navigator. Si Composer está allí, puede iniciar el software que ya tiene o actualizarlo usando las instrucciones de este capítulo.

¿Qué hacer si usa AOL o Compuserve?

AOL y CompuServe tienen exploradores de la Web incorporados que operan dentro del programa, lo cual, de algún modo, borra la distinción entre el servicio en línea propiamente y la Web abierta a la que cualquiera puede acceder.

Antes, cuando se utilizaba el servicio de AOL, solo se podía usar el explorador de la Web incorporado en el programa. Sin embargo, con las nuevas versiones del software de AOL, se puede iniciar un explorador de Internet regular junto con el software cliente de AOL (esto se ha podido hacer durante años con CompuServe). Nosotros le recomendamos que utilice un verdadero explorador de Internet junto con el software cliente de AOL o de CompuServe.

Simplemente, instale las últimas versiones de Internet Explorer y de Netscape (este capítulo describe cómo instalar el software de Netscape. Para instrucciones generales sobre instalar Internet Explorer, refiérase a la barra lateral "¿Qué pasa si necesita IE?", más adelante en este capítulo).

Inicie su software de AOL o de CompuServe y conéctese a la Internet. Luego, inicie su explorador de la Web (incluso, puede hacerlo en el orden invertido, las versiones recientes de IE y de Navigator pueden operar al mismo tiempo). La figura le muestra a AOL y a Internet Explorer operando al mismo tiempo. Use su explorador de la Web para ver sitios Web, incluyendo su propio sitio Web en construcción. Y utilice Netscape Composer para crear páginas Web.

Incluso puede probar la página Web que está desarrollando en los exploradores incorporados de AOL o de CompuServe para asegurarse de que no tendrá problema. Sin embargo, hacer esto es menos importante que probar en los exploradores de Netscape o de IE, que son usados más.

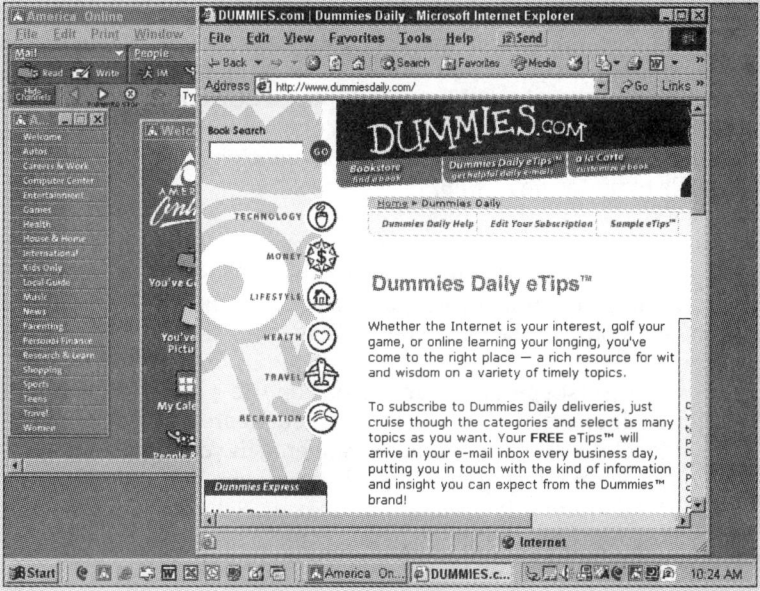

Trabajar con Netscape Composer

Netscape Composer tiene todas las funciones básicas que se necesitan para construir una página Web básica. Usando estas funciones, usted puede:

- ✔ Crear y editar páginas Web sin ver las etiquetas de HTML.
- ✔ Arrastrar y soltar vínculos a otras localizaciones de la Web sin tener que digitar el URL o la dirección.
- ✔ Cortar y pegar gráficos en su página Web, cambiar el tamaño de los gráficos y agregar texto alternativo.
- ✔ Crear y editar tablas.
- ✔ Crear y editar *formularios* – campos de información interactiva encontrados muy comúnmente en páginas Web.

También puede insertar archivos de multimedia y programas de computadora en su página Web. Sin embargo, no todos los usuarios pueden ver o ejecutar esos archivos, porque es posible que no todos tengan el explorador adecuado o el plug-in correcto instalado. Si agrega elementos avanzados, como archivos de multimedia o programas de computadora, a su página Web, prepárese para probar sus páginas en varios exploradores diferentes y para decirles a los visitantes de su página qué es lo que deben esperar.

Netscape Composer da soporte para formularios, pero no le ofrece scripts CGI, también conocidos como CGIs –sigla de Common Gateway Interface– que son necesarios para hacer que los formularios funcionen. Estos scripts CGI procesan los datos que el usuario introduce en un formulario; si puede crear scripts de CGI, entonces ya esta listo para una herramienta más avanzada que Netscape Composer. Sin embargo, si no desea entrometerse con la creación de scripts, puede colocar CGIs tomados de la Web.

Netscape Composer no da soporte a *marcos* –elementos avanzados de HTML que dividen una página Web en segmentos desplazables. Diseñar páginas Web que trabajen bien con marcos no es fácil, así que tiene sentido que Netscape Composer, como herramienta gratuita que es, no dé soporte a marcos.

Aunque Netscape Composer no da soporte a marcos, le permite agregar cualquier etiqueta de HTML directamente a su página Web. Sin embargo, el punto de usar una herramienta es reducir la cantidad de codificación HTML que se deba hacer; si se pone a codificar en seguida en HTML, para evitar las limitaciones de Netscape Composer, considere comprar una herramienta más capaz, como FrontPage 2000 ó Macromedia Dreamweaver.

Dónde opera Netscape 6.2

En el momento de escribir estas líneas, la versión actual del software de Netscape es Netscape 6.2 (refiérase a la barra lateral "¿A qué se le debe llamar el software de Netscape?" para más detalles). Usted puede escoger cuál parte de la suite descargar; puede poner todos los programas que solían estar en la suite Netscape Communicator, como la aplicación de correo electrónico, o solo el explorador (incluyendo el Composer), o cualquier mezcla que desee. Para más información sobre Netscape 6.2, vaya a http://home.netscape.com/browsers/6, que aparece en la Figura 5-2:

Figura 5-2:
Descubra
los benefi-
cios de
Netscape.

En este capítulo, le decimos los elementos básicos que se deben saber para crear páginas Web con el explorador Netscape 6.2 y Composer. Usted puede descargar más componentes del software si lo decide así. Siga las instrucciones de la siguiente sección.

Para ejecutar Netscape 6.2, se necesitan algunas de estas configuraciones de sistema:

✔ **Windows:** Puede ejecutar Netscape 6.2 en Windows 95 o en cualquier versión posterior de Windows –Windows 98, Windows ME, Windows NT 4.0, Windows 2000 ó Windows XP. Necesita un procesador de 233 MHz o más rápido, 64MB de RAM y 26MB de espacio libre en el disco (en realidad, puede ejecutar Netscape 6.2 en una configuración de sistema más baja, con la excepción de que necesita suficiente espacio en el disco duro para instalar las partes de Netscape 6.2 que se descargan –pero el desempeño sufrirá).

✔ **Linux:** Netscape 6.2 corre en Linux, en máquinas con arquitectura Intel (usualmente llamadas PCs). Necesita Red Hat Linux 6.0 o posterior –6.1, 6.2 ó 7.0, con X11 R6. Los requerimientos de hardware son los mismos que se necesitan para que Netscape corra en Windows –un procesador Pentium de 233 MHz o más rápido, 64MB de RAM, y 26MB de espacio libre en el disco. Al igual que con Windows, es posible usar un procesador más lento o menos RAM, pero el desempeño será lento.

✔ **Macintosh:** Para Mac necesita una versión reciente del sistema operativo: Mac-OS 8.6, 9.x, o Mac OS X. Los requerimientos de hardware son similares a los de la PC: Power PC de 266 MHz o más rápido un circuito 604e, G3 ó G4, 64MB de RAM y 36 MB de espacio en el disco duro.

ASPECTOS TÉCNICOS

¿A qué se le debe llamar el software de Netscape?

Si considera utilizar el software de Netscape –que ha sido conocido con muchos nombres a lo largo de los años– quizás desee saber un poco de la historia de esta famosa compañía. Netscape fue lanzado por Jim Clark, que hizo una pequeña fortuna tras haber contribuido a fundar Silicon Graphics, y por Marc Andreesen, un líder del equipo que creó Mosaic: el primer explorador de Internet que fue popular. Netscape sacó un explorador nuevo, Netscape Navigator, que rápidamente reemplazó a Mosaic como la mejor forma de navegar en la Red.

Netscape Navigator fue extremadamente popular por varios años, hasta que Microsoft sacó Internet Explorer. Las primeras versiones de Internet Explorer –llamado también "IE"– no fueron muy buenas, pero gradualmente, el software de Microsoft se fue superando. Microsoft también obtuvo tratos ventajosos para la distribución de IE con muchos fabricantes de computadoras y logró tener una versión de IE incorporada al software de America Online.

Netscape expandió al Navigator en una suite de aplicaciones relacionadas (como correo electrónico, un libro de direcciones, y un calendario) y llamó a la suite "Netscape Communicator". La última versión fue Netscape Communicator 4.7. El explorador fue popular por un tiempo, pero Internet Explorer, gradualmente, obtuvo una buena parte del mercado.

Ahora Internet Explorer es el explorador más usado, con casi un 80 por ciento del mercado, y Netscape tiene la mayor parte del resto. Netscape fue comprado por America Online, pero permanece como una compañía separada de AOL.

Ahora Netscape llama a su software "Netscape", seguido del número de versión –la versión actual es Netscape 6.2. El software de Netscape incluye todas las funciones del viejo Netscape Communicator, excepto por el calendario, pero usted puede seleccionar cuáles partes del software desea. El explorador de Netscape permanece en el centro del paquete, y en el momento de escribir esto, Netscape Composer –el programa que recomendamos para crear páginas Web– siempre se descarga con el navegador.

Cuando escuche a alguien hablando de "Netscape", "Navigator", "Communicator", o "Netscape 6 punto 1, 2 ó 3", usualmente hablan de lo mismo: el software del explorador de Netscape, con herramientas extra o sin ellas.

Si posee una estación de trabajo de UNIX (que no utilice un microprocesador Intel ni Red Hat Linux), o una PC o una Mac que no cumpla con los requerimientos descritos, probablemente puede obtener una versión anterior del software de Netscape que cumpla con sus necesidades. Busque el software más antiguo en `http://home.netscape.com/browsers/4/index.html`.

Si necesita usar una versión antigua de Netscape, siga las instrucciones de la pantalla para la instalación. Serán similares a las instrucciones para instalar Netscape 6.2, que aparecen abajo, pero no exactamente iguales.

Obtener Netscape Composer

Es posible que ya tenga en su sistema Netscape Composer, el software gratuito para editar páginas Web que viene con Netscape. Es posible que tenga la vieja suite Communicator, la cual incluye el explorador Netscape Navigator y un paquete de correo electrónico, funcionabilidad compatible con el programa de mensajes instantáneos de AOL (AIM), un libro de direcciones y algún otro software. O bien, simplemente puede tener el explorador Netscape Navigator autónomo, sin las otras partes del paquete del Communicator. En uno u otro caso, probablemente querrá actualizar a la última versión del software, la cual en el momento en que escribimos esto era Netscape 6.2.

Las instrucciones de esta sección le dicen cómo obtener únicamente la versión más nueva del software de Netscape (incluyendo el Composer), no las piezas restantes de lo que solía llamarse Netscape Communicator. Esto es porque conseguir solo el Navigator produce una descarga más rápida y hará que tenga un paquete de software más sencillo y que tomará menos espacio en el disco duro. En todo caso, le mostraremos dónde hacer clic en un botón diferente si desea otras partes del programa.

Asegúrese de actualizar su software (si tiene Netscape Composer o Netscape Navigator Versión 6.0. Netscape 6.0 fue rechazado ampliamente por ser un software lento y lleno de pulgas. Las versiones posteriores, como la 6.1 y la 6.2, no tenían esos problemas.

Si está en un ambiente empresarial o educativo que utiliza redes, asegúrese de que su compañía, organización o escuela tengan una versión preconfigurada, y aprobada del software de Netscape disponible para que lo instale. Proceder así le evitará problemas de configuración que, de otra manera, podría tener en lo referente a la interacción entre el software de Netscape y la red.

Los procedimientos de descarga del software de Netscape pueden cambiar debido a algún rediseño del sitio Web de Netscape. Si los pasos de abajo no calzan con lo que usted ve en la pantalla, revise si hay actualizaciones en la página Web de este libro, en el sitio Web For Dummies, en www.dummies.com.

Siga estos pasos para obtener la versión más actual de Netscape Navigator:

1. **Vaya al sitio Web de Netscape, en** www.netscape.com.

El sitio Web de Netscape aparecerá –lentamente, si no está en una conexión veloz, porque se trata de una página complicada, con un montón de gráficos pequeños. Este sitio es la página principal predefinida para el explorador Netscape Navigator.

2. **En la página principal de Netscape, haga clic en el botón Download, en la esquina superior derecha.**

   Aparece la página Download, como se muestra en la Figura 5-3.

3. **En la página Download, haga clic en el botón Download –el que está junto al botón Order CD!.**

   Usted tiene la opción de descargar el software de Netscape o de ordenarlo en un CD-ROM. La descarga es larga –dura casi una hora, incluso si elige descargarlo con un mínimo de opciones extra, pero todavía es mucho menos tiempo que varias semanas, que es lo que tardaría en llegarle el CD-ROM. Además, la descarga es gratis, mientras que ordenar el disco cuesta varios dólares.

   El recuadro de diálogo File Download aparece.

4. **En el recuadro de diálogo File Download, haga clic en el botón de opción Run this program from its current location (Ejecutar este programa desde su localización actual). Luego, haga clic en OK.**

   Es fácil no considerar esto, puesto que la opción predefinida del recuadro de diálogo File Download es Save this program to disk (Guardar este programa en el disco). Si usted mantiene esta opción, tendrá que pasar por el paso innecesario de eliminar después el programa de instalación.

   El programa instalador se descarga en una carpeta temporal y aparece un recuadro de diálogo.

5. **En el recuadro de diálogo, se le preguntará si desea instalar y ejecutar N6 Setup.exe. Haga clic en Yes.**

   El recuadro de diálogo Netscape 6 Setup Welcome aparece.

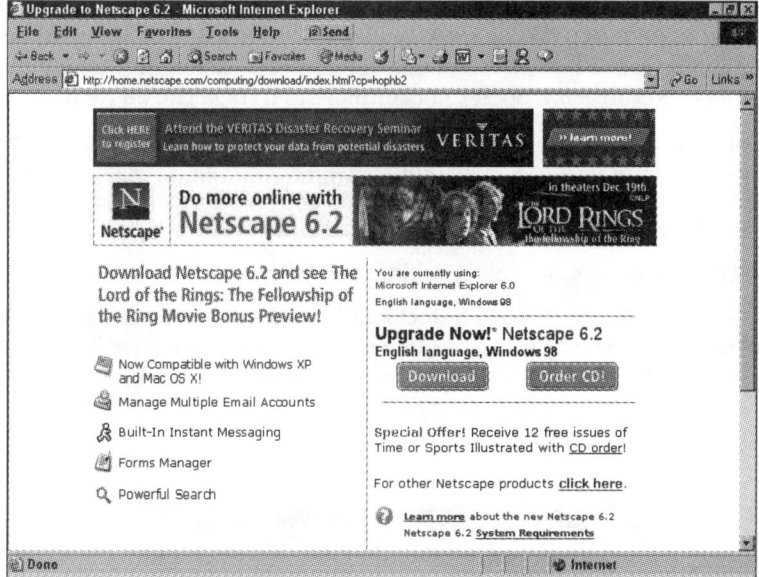

Figura 5-3:
Prepárese
para des-
cargar el
software de
Netscape.

6. En el recuadro de diálogo Welcome, haga clic en Next.

Los términos de licencia aparecen.

7. Haga clic en Accept, para aceptar los términos de la licencia.

El recuadro de diálogo Setup Type aparece.

8. En el recuadro de diálogo Setup Type, seleccione Custom y, luego, haga clic en Next.

El recuadro de diálogo Select Typical Components aparece, como se muestra en la Figura 5-4.

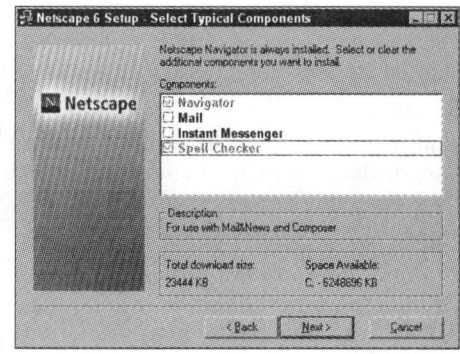

Figura 5-4:
Solo des-
cargue el
Navigator y
el corrector
ortográfico.

9. **En el recuadro de diálogo Select Typical Components, despeje las casillas de verificación de Mail y de Instant Messenger, a menos que desee estos programas por alguna razón que no tenga que ver con la creación de páginas Web. Deje la casilla de verificación Spell Checker marcada. Haga clic en Next.**

El programa de correo agrega 1.5MB al tamaño de su descarga y a sus requerimientos en disco duro y el Instant Messenger agrega otros 460KB, aproximadamente. El corrector ortográfico agrega unos 470KB y le ayuda a evitar errores ortográficos embarazosos al crear sus páginas Web.

El recuadro de diálogo Select Additional Components aparece.

10. **En el recuadro de diálogo Select Additional Components, que se muestra en la Figura 5-5, recomendamos que se despejen todas las casillas de verificación, si tiene prisa. Si considera incluir algunas de ellas, lea sobre el tamaño y el propósito de cada una, como se explica abajo, y decida cuáles mantener. Después, haga clic en Next.**

Figura 5-5: Despeje la mayoría o todas las opciones de Additional Components (Componentes adicionales).

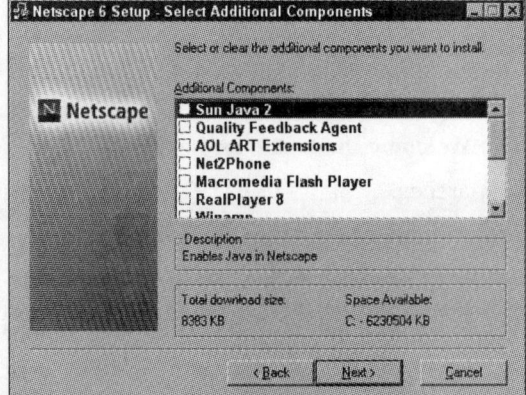

Le recomendamos que no descargue componentes adicionales a menos que esté seguro de que los utilizará en los sitios Web que planea visitar usando Netscape Navigator, o a menos que planee agregar el tipo de medio relacionado con su propio sitio Web y, por esta razón, necesita del componente para probarlo. Los componentes adicionales son:

•**Sun Java 2 (7.7MB):** Muy pocos sitios Web utilizan Java, en parte debido a cuestiones de seguridad. Así que, a menos que planee utilizar Java en su propio sitio Web, y que por esa razón necesite el componente para hacer pruebas, no es necesario que le agregue 8MB a su descarga de Netscape.

• **Quality Feedback Agent (340KB):** Este es un software que le permite llenar un informe de errores si el software de Netscape falla. No es necesario que haga el trabajo de depuración por la compañía.

- **Extensiones AOL ART (380KB):** Esto le permite ver los gráficos formateados de AOL en su explorador de la Web. Raramente, este es necesitado.

- **Net2Phone (760KB):** Software para hacer llamadas telefónicas a través de la Red, no se necesita para crear páginas Web.

- **Macromedia Flash Player (180KB):** No descargue esto para obtener una descarga más rápida. No obstante, algunos sitios utilizan Flash, así que es posible que desee dejarse este reproductor, que es relativamente pequeño (tome en cuenta que esta descarga no le permitirá crear animaciones en Flash; vaya al sitio Web de Macromedia, en `www.macromedia.com` para buscar las herramientas que hacen eso).

- **RealPlayer 8 (3.6MB):** RealPlayer es una descarga grande, pero si no tiene una versión relativamente reciente de RealPlayer, quizás desee descargarlo. Encontrará muchísima multimedia para RealPlayer en la Web, pero es improbable que ponga audio formateado en RealPlayer en su propio sitio, ya que los requerimientos para hacerlo son muy onerosos, tal como lo explicamos en el Capítulo 13.

- **WinAmp (1.7MB):** WinAmp es bueno para reproducir archivos de MP3, así que inclúyalo si planea poner MP3s en su sitio Web. Más sobre esto en el Capítulo 13.

- **HP Printer Identifier plug-in (30KB):** Quizás desee esto si tiene una impresora HP, aunque las impresiones probablemente funcionen sin necesidad de eso.

- **Classic Skin (380KB):** Mantiene la apariencia del viejo Netscape. No lo descargue, a menos que esté acostumbrado a esa apariencia.

- **Paquetes regionales canadiense, latinoamericano y británico (cerca de 60KB cada uno):** Solo se necesita uno de estos si la mayoría de la gente que visitará su página Web lo tiene, de modo que usted pueda ver lo que ellos ven. Pero, partiendo de que estas opciones están muy ocultas en el recuadro de diálogo, es improbable que sus usuarios tengan uno de ellos, incluso si están en Canadá, en América Latina o en el Reino Unido, respectivamente. Así que le recomendamos, pasar por alto estas cosas.

Cuando haga clic en Next, el recuadro de diálogo Select Program Folder aparece.

11. **En el recuadro de diálogo Select Program Folder, mantenga Netscape 6.2, la elección predefinida, y, luego, haga clic en Next.**

Cuando haga clic en Next, el recuadro de diálogo Quick Launch aparece.

12. **Permita Quick Launch si planea ejecutar Netscape Navigator como su explorador diario, de otro modo, deje la casilla de verificación sin marcar. Haga clic en Next.**

El Quick Launch mueve parte del inicio de Netscape Navigator al proceso de inicio de su computadora, lo cual significa que algo del trabajo de cargar el programa ya está hecho cuando se inicia Windows. Esto le cuesta algunos segundos cada vez que se carga el sistema, y utiliza algunos recursos del sistema que podrían ser necesitados por otros programas, pero le ahorra algunos segundos cada vez que inicia el Navigator. Esto es bueno, si planea usar Netscape Navigator como su explorador diario, pero no es tan buena idea si planea usar Internet Explorer o algún otro explorador, como el que traen incorporados AOL o CompuServe.

El recuadro de diálogo Download Options aparece.

13. **En el recuadro de diálogo Download Options, deje la opción Save Installer Files Locally sin revisar. Haga clic en Next.**

Si la instalación funciona adecuadamente, no necesitara correrla de nuevo.

El recuadro de diálogo Start Install aparece.

14. **En el recuadro de diálogo Start Install, revise las elecciones que ha hecho. Si necesita hacer un cambio, haga clic en Back tantas veces como sea necesario, realice los cambios y, luego, regrese a este punto. Luego, haga clic en Install.**

Cuando haga clic en Install, aparecerá el recuadro de diálogo Download. Si selecciona la descarga mínima que recomendamos –Netscape Navigator, junto al corrector ortográfico– el archivo descargado será de al rededor de 8.4MB, y durará un minuto o dos en una conexión veloz, en un módem de 56K durará alrededor de 45 minutos, o alrededor de una hora en un módem de 28.8K ó 33.6K.

Una vez que la instalación se completa, se abre la carpeta Netscape 6.2 en su escritorio.

¿Qué pasa si necesita Internet Explorer?

Más del 80 por ciento de los usuarios de la Web utiliza Internet Explorer como su primera opción para un explorador. Sin embargo, usted puede ser uno de los pocos que no tienen Internet Explorer, o quizás tenga una versión vieja que necesite ser actualizada. De ser este su caso, visite el sitio de Microsoft, en www.microsoft.com y haga clic en el vínculo Downloads. Use las instrucciones que aparecen allí para descargar e instalar la última versión de Internet Explorer; el proceso es semejante al de descargar e instalar Netscape Navigator, que ya ha sido descrito en este capítulo.

Una advertencia: es posible que no quiera mejorar su versión de Internet Explorer, si tiene una versión más antigua que incluya FrontPage Express. FrontPage Express es un editor de páginas Web que Microsoft ofrecía con las viejas versiones de Internet Explorer, pero que ya viene con las versiones nuevas. Si tiene una versión de Internet Explorer con FrontPage Express, entonces probablemente tendrá que evitar la actualización, si desea conservar el editor –algunas versiones nuevas de Internet Explorer no coexistirán en su computadora con las versiones más viejas.

Usar Netscape Composer

En el resto del libro, le describiremos cómo usar Composer para hacer cambios específicos en su sitio Web. Pero antes de eso, siga estos pasos para iniciar Netscape Composer y saber cómo usarlo:

1. Inicie Netscape Navigator.

Inicie Navigator desde el menú de Start, seleccionando Start⇨Programs⇨ Netscape 6.2⇨Netscape 6.2.

Se abre la ventana del Navigator, como se muestra en la Figura 5-6.

El explorador Netscape Navigator tiene una barra de herramientas en la parte izquierda, se llama My Sidebar (Mi barra lateral) esto reduce el espacio disponible para el contenido de las páginas Web. La presencia de esta barra hace que sea difícil usar el Navigator para probar si su página Web cabe en la ventana normal de un explorador. Usted puede librarse de la barra de herramientas haciendo clic en su nombre, ubicado entre las flechas colocadas en el extremo derecho de la barra lateral. La Figura 5-6 le muestra la barra de herramientas y la localización del nombre.

El explorador Netscape Navigator se iniciará y aparecerá el sitio Web de Netscape –lentamente, si no está en una conexión veloz, ya que es una página complicada con muchos gráficos pequeños. Este sitio es la página principal predefinida del explorador de Netscape Navigator.

En la lista de programas de la carpeta Netscape 6, al igual que en su escritorio y en el menú de Start (Inicio), verá un icono amarillo que se llama Get $$$ – Refer a Friend! Si le parece que este icono es un poco incómodo, tal como nos parece a nosotros, simplemente haga clic derecho en él cuando lo encuentre, luego, seleccione Delete para eliminarlo.

2. Inicie el **Composer** seleccionando **Tasks⇨Composer.**

Se abre la ventana Composer, como se muestra en la Figura 5-7.

Figura 5-6: : Netscape Navigator le permite manejar su barra lateral.

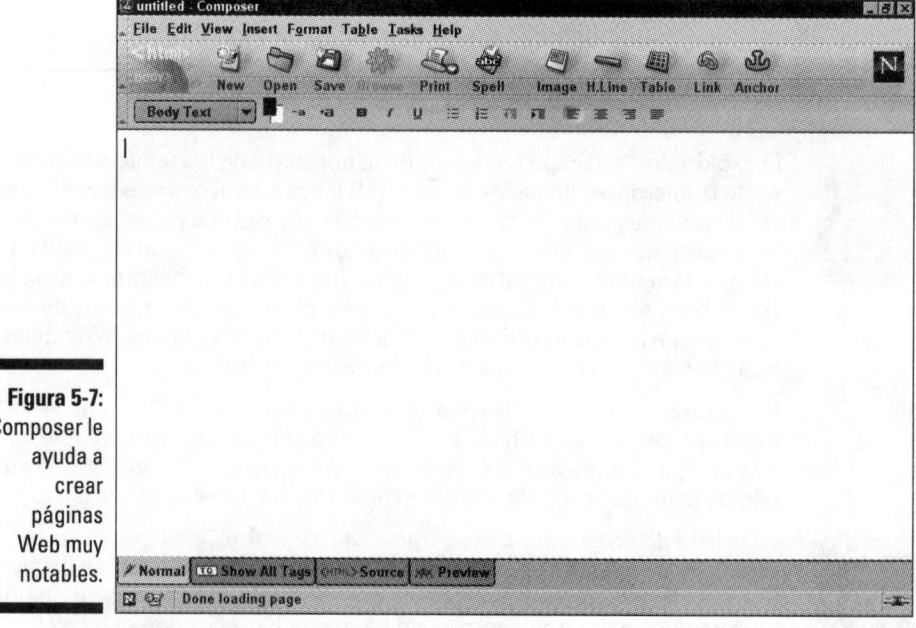

Figura 5-7:
Composer le
ayuda a
crear
páginas
Web muy
notables.

3. **Despliegue los menúes y observe las opciones y los botones para saber cuáles posibilidades tiene disponibles.**

   Las opciones del Composer son solo las opciones que son apoyadas por HTML, de modo que pueda tener una buena idea de lo que puede hacer en una página Web viendo con cuidado a través de las opciones de menú del Composer. Los capítulos restantes de esta parte del libro dan más detalles sobre cómo crear una página Web usando Composer.

Usar un Editor de Texto

Si desea usar un editor de texto, tiene las siguientes opciones:

✔ **Un editor de texto "puro", como Notepad (Windows) o BBEdit (Macintosh):** Los editores de texto "puro" no le agregan ningún tipo de formato al texto, para no tener que preocuparse de algún formato escondido que se esté agregando a su archivo.

Para la PC, quizás desee buscar algún editor de texto gratuito que tenga funciones de Web, un buen lugar para buscar es download .com de C|NET, en `www.download.com`.

✔ **Un procesador de palabras:** Puede usar un programa procesador de palabras, como Microsoft Word, WordPerfect, o algún otro procesador de palabras. Word Pad, que viene gratis con Windows, es un procesador de palabras simple, no un verdadero editor de texto.

Si usa un procesador de palabras o un editor de texto, debe guardar los archivos de su página Web con la extensión .htm. Si usa un procesador de palabras, además debe indicarle a su procesador que guarde su archivo como un archivo de texto, sin las opciones normales de formato que tienen los procesadores de palabras.

El precio de usar un editor de texto puro en vez de un procesador de palabras se puede ver como la diferencia que existe entre dos tipos de conveniencia. Un editor de texto puro jamás le agrega a su documento formato de procesador de palabras –el archivo es siempre un archivo de texto. Y el editor de texto puro es simple, es decir, no le ofrece una cantidad enorme de opciones de formato que pueden o no ser respaldadas por el HTML.

Un procesador de palabras, por otro lado, es algo familiar. Usted, exactamente, sabe cómo trabajar con funciones tales como un corrector ortográfico (que ya puede tener las palabras que se han agregado al diccionario), el formato y las opciones de impresión. Esto puede ser de mucha ayuda cuando se está trabajando con el archivo de una página Web complicada.

Muchos correctores ortográficos se asfixian ante las etiquetas de HTML, así que no son muy útiles para crear páginas Web. El corrector ortográfico de Composer trabaja en el texto que aparecerá en la página Web, así que no tendrá este problema.

Puede usar ya sea un editor de texto o un procesador de palabras, pero nuestra experiencia nos dice que es una mejor elección trabajar con un editor de texto. Casi todos los editores profesionales de páginas Web que conocemos utilizan un editor de texto para una parte de su trabajo y una verdadera herramienta de creación de páginas Web, como FrontPage o Dreamweaver para el resto.

Si usa su procesador de palabras para editar páginas Web, quizás sepa que tiene una opción para trabajar directamente en páginas Web. En nuestra limitada experiencia, esto es más confuso que útil. Sin embargo, es posible que desee intentar esta opción si se siente más cómodo en el ambiente de los procesadores de palabras.

Capítulo 6

Crear su Página Principal

. . . .

En este capítulo

▶ Decidir lo que debe poner en una página principal

▶ Empezar su página

▶ Crear bien sus etiquetas META

. . . .

Crear su propia página es muy divertido, y hasta puede ser el motivo de un poco de ansiedad. Después de todo, su página principal se publicará en la World Wide Web... ¡es como poner algo escrito por usted en un cartel ubicado en la calle más transitada de la ciudad!

Saber con propiedad lo que debe decir en su página principal puede ser difícil, pero nosotros le daremos algunas ideas en este capítulo. Afortunadamente, la parte mecánica –crear una página principal inicial y ponerla en la Web– es algo realmente fácil. Este capítulo le dirá cómo crear la página en sí; el siguiente capítulo le dirá cómo agregar gráficos. Otros capítulos le dirán cómo mejorar su página; en el Capítulo 12 le diremos cómo publicar su página en la Web.

Qué Poner en una Página Principal

Muchas personas creen que lo más importante de publicar una página Web es aprender HTML. Es posible que tomen un curso de HTML, o que compren un libro sobre el tema y que se preparen para crear su primera página Web. ¡Solo entonces descubren que el problema real de crear su primera página Web es saber qué decir!

El problema de "qué decir" es fácil de resolver si considera que una página Web es un conjunto de bloques de contenido. Cada bloque cubre un tema específico que se desea describir en su página Web. Por ejemplo, un conjunto de vínculos que se relacionan con su pasatiempo favorito es un bloque de contenido; su currículum sería otro bloque. Al tener claro cuáles bloques de contenido desea poner primero y, luego, establecer lo que dirá en cada bloque, se divide el problema de lo que se debe poner en una página Web en varios fragmentos fáciles de manejar.

Usar bloques de contenido también le ayudará a convertir su página Web en un sitio Web de muchas páginas. Su primera página Web podría ser una página muy larga con muchos bloques de contenido. Cuando esté listo para pasar a un sitio Web de muchas páginas, como se describe en el Capítulo 15, puede tomar los bloques de contenido y pasar varios de esos bloques a otras páginas Web separadas.

Lo mejor de la edición de páginas Web es que las páginas siempre se pueden cambiar más tarde. "Solo hágalo" –publique alguna cosa que lo haga sentir bien– luego podrá mejorar la página, conforme aprenda más.

Quizás tenga sus propias ideas de lo que debe ser una página principal, de ser así, es genial. Pero en caso de que no tenga nociones de qué hacer, las siguientes secciones le ofrecen varias ideas para comenzar.

Mis intereses y yo

Lo más fácil y divertido que se puede poner en su primera página Web es una descripción de usted mismo y de las cosas en las que está interesado. Este es un tipo de página Web que se puede publicar por diversión, pero también funciona para ciertos propósitos específicos, como hacer una solicitud de ingreso en una universidad o para programar citas en línea (no se ría, es algo común –al menos aquí, en Silicon Valley). Creo que la Figura 6-1 le muestra un ejemplo de este tipo de página Web personal.

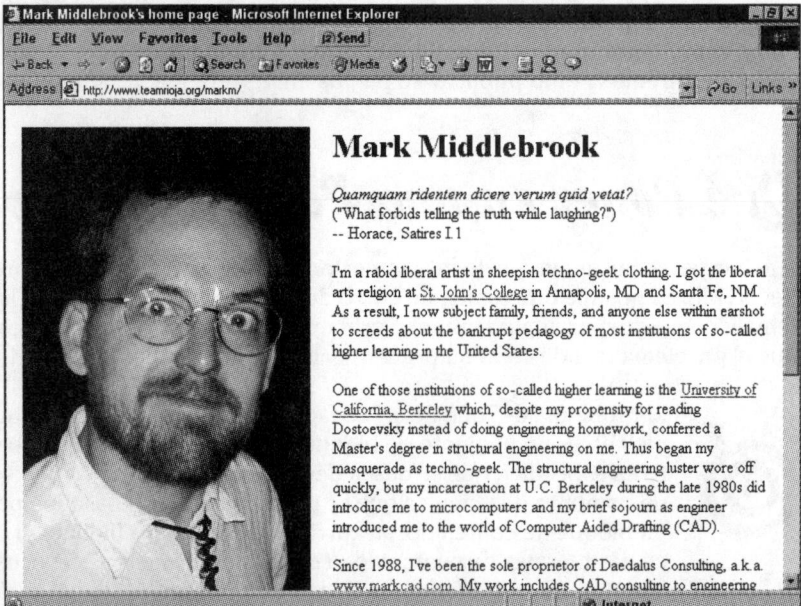

Figura 6-1:
Enfóquese en lo personal con su primera página Web.

Estos son algunos bloques de contenido que puede incluir en la página de sus intereses:

✔ **Una breve descripción de usted:** Descríbase brevemente: nombre, edad o rango de edad; lo que le gusta hacer; dónde trabaja, dónde estudia y dónde vive; y un poco de su historia personal.

No dé muchos detalles sobre usted o podría ser víctima de un robo de identidad. Refiérase a la barra lateral "Mantenga su identidad", para más detalles.

✔ **Una foto suya:** Puede usar una foto suya como una forma de describirse. Le diremos más de cómo conseguir poner una foto suya en la Web en el Capítulo 9.

✔ **Una descripción de sus intereses:** Su página Web puede promover uno o más de sus intereses –esto hará que las personas que visiten su sitio sientan como si realmente lo conocieran.

✔ **Una descripción de su trabajo o de su escuela:** Describir cómo pasa sus días puede ser un componente interesante de una imagen completa acerca de usted. Incluya un vínculo al sitio Web de su compañía o su escuela, si tiene los (le diremos cómo hacerlo en el Capítulo 8).

✔ **Vínculos favoritos, por interés:** (Uno o más bloques). Muchas personas ponen sus vínculos favoritos en su sitio Web, pero la lista tiende a ser tanto obvia como confusa –un lío de cosas puestas juntas que incluyen sitios obvios como el de Yahoo! o el de Amazon, los cuales ya son muy conocidos y visitados por los usuarios de la Web. Cree listas cortas de sus sitios favoritos sobre un interés específico a la vez –y precédalo todo de una breve descripción de por qué tiene ese interés.

✔ **Descripciones detalladas de los vínculos:** Para cada vínculo que brinde, dé una descripción del sitio y de las cosas valiosas que se pueden encontrar en él. Vincule a las páginas específicas del sitio que tienen las mejores cosas, en vez de solo vincular a su página inicial.

Puede crear este tipo de página Web como una página simple, grande y desplazable, sin navegación, solo un bloque de información tras otro. Para este tipo de página Web, no importa si el formato y la apariencia de la página es un poco simple –un contenido interesante es suficiente para hacer que la página Web sobresalga por su propia cuenta.

Mi familia y yo

Un uso popular para una página Web es poner fotos suyas, de su esposa o de alguna persona especial, de sus hijos, sus mascotas y otras personas importantes en su vida (sí, nosotros sabemos que las mascotas no son personas, pero los amantes de las mascotas no lo saben). Este tipo de sitio Web ayuda a las familias y a los amigos a mantenerse en contacto. Refiérase a la Figura 6-2 para un ejemplo.

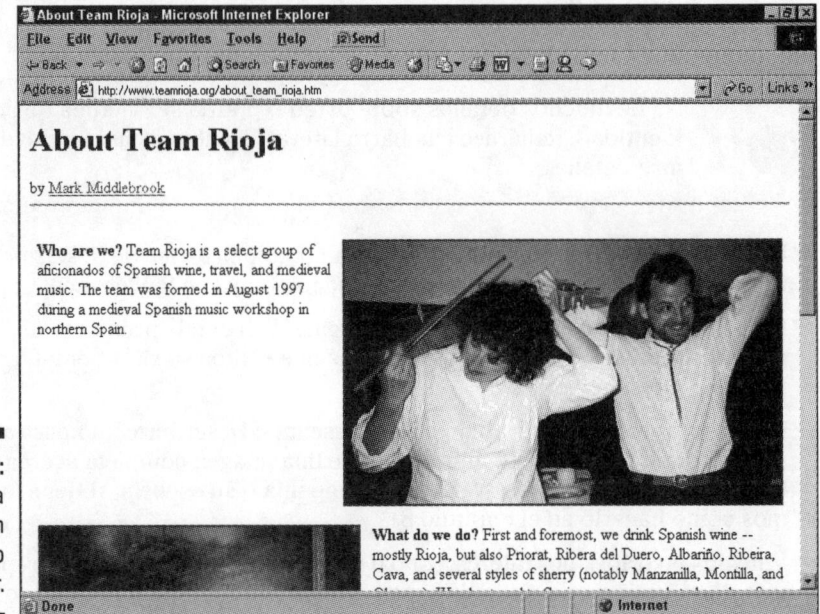

Figura 6-2:
Haga que la Web sea un asunto familiar.

Tales páginas pueden crecer hasta convertirse en sitios Web muy grandes, en la medida en que los miembros de la familia agreguen más páginas por cada uno de ellos y que las fiestas de cumpleaños o las vacaciones sean recordadas a través de páginas Web agregadas. Para su página Web inicial, sin embargo, considere este contenido:

✔ **Una breve descripción suya y de otros miembros de la familia:** Haga que cada miembro de su familia se describa brevemente –que diga su nombre, edad y detalles del trabajo o de la escuela, donde él o ella viven y un poco de historia personal.

Refiérase a la barra lateral "Mantenga su identidad", para algunas la cantidad de información personal que debería poner en su sitio.

✔ **Una foto de cada persona:** Incluya una foto grupal o una foto de cada persona. No use muchas fotos o retratos que sean grandes, de otro modo, su página Web se descargará muy lentamente. Refiérase al Capítulo 9 para más información sobre fotos y otros gráficos.

✔ **Una descripción de los intereses de todos:** Una lista breve de los mayores intereses de todos es un buen detalle para una página Web familiar. Esto también les puede dar a los familiares una pista de lo que se le puede regalar a cada persona en su día de cumpleaños o en los días festivos, sin tener que ser tan obvio como para decir lo que se desea recibir.

✔ **Una descripción del trabajo o la escuela de cada persona:** Es bueno ver –o que se le recuerde– cómo cada persona de su familia pasa sus fines de semana. Incluya un vínculo al sitio Web de la escuela o el trabajo de cada persona, si tienen (le diremos cómo hacer esto en el Capítulo 8).

✔ **Vínculos favoritos, por persona:** (Un bloque por persona). Una lista de los cinco o los siete vínculos favoritos de una persona les da a los visitantes una idea de los intereses de los miembros familiares sin tener que hacer que la página sea muy extensa.

Al igual que una página personal, una página familiar puede ser una página simple y sin navegación, y la apariencia puede ser de cualquier naturaleza y no se necesita profesionalismo. Este tipo de página es más divertida de publicar, no hay que preocuparse mucho de las apariencias.

Mi trabajo y yo

Usted puede publicar una página Web profesional concisa, que describa su campo profesional y sus intereses –como un breve currículum. Este tipo de página puede ser para compartir sus intereses profesionales o más, específicamente, puede estar enfocada a ayudarle a conseguir trabajo.

Algunos de los bloques de contenido que puede incluir en una página relacionada con el trabajo se enlistan a continuación:

✔ **Una breve descripción de usted:** Como una página personal, descrita en la sección previa, una breve descripción suya es algo interesante. Hable sobre usted –deje sus intereses personales en su sección propia.

✔ **¿Una foto suya?:** Una foto es una buena adición para su sitio profesional. Pero si va a usar su página profesional para conseguir trabajo, quizás desee dejar la foto de lado. ¿Por qué? Porque los empleadores que se preocupan de la discriminación racial no aceptan un currículum con una foto en las etapas iniciales de reclutamiento; ellos simplemente ignoran tales currículos. Así que deje la foto afuera de su sitio si está buscando trabajo.

✔ **Una descripción de sus intereses profesionales:** Una página Web profesional debería enumerar sus mayores intereses profesionales. Probablemente, debe dejar de lado los intereses personales de su sitio personal, a menos que tenga un papel de liderazgo en una organización de ayuda voluntaria o algún otro desempeño personal relevante para el trabajo.

- **Vínculos favoritos, de interés:** (Uno o más bloques). Una lista de vínculos bien organizados que apuntan a áreas de interés profesional, puede convertirse en un verdadero recurso para otras personas que tengan intereses similares. Cree una lista separada para cada una de sus áreas de interés.

- **Currículum formateado e imprimible:** Si está considerando usar su sitio profesional como un recurso para una oferta de trabajo, o si solo desea que la gente sea capaz de ver toda la experiencia laboral que se suma a su currículum, luego agregue un currículum formateado a su página.

Un sitio relacionado con el trabajo puede ser primero una sola página, pero pronto, probablemente deseará tener su currículum en una página separada. Describimos cómo agregar páginas adicionales a su sitio Web en el Capítulo 15.

En lo que respecta a la apariencia, no es demasiado importante que la apariencia de su página profesional sea muy buena, pero tampoco se trata de que se vea fea y desactualizada. Refiérase al Capítulo 11 para detalles sobre crear un sitio atractivo.

Mantenga su identidad

Al crear su página Web personal, evite decir cosas específicas que alguien pueda usar para robarle su identidad. Se necesita muy poca información personal para que alguien llene una solicitud de crédito a su nombre y obtenga crédito fingiendo ser usted. El ladrón de la identidad puede hacer gastos por miles de dólares a su nombre en solo unos pocos días y sin su conocimiento. Aclarar las razones por las cuales se fue víctima de este tipo de ataque a su crédito puede ser difícil, caro y consume demasiado tiempo.

Lo que se debe evitar más es dar nombres y números específicos: su licencia de conducir, su número de Seguro Social y el número de la tarjeta de crédito deben quedar, estrictamente, por fuera, lo cual puede parecer obvio. Pero también debería evitar dar otros números: la dirección de su calle y su número de teléfono son cosas que se deben omitir, al igual que su edad exacta y su fecha de nacimiento. Incluso debería dejar estos detalles por fuera de un currículum en línea; solo incluya su nombre y la dirección de correo electrónico para que las personas puedan tener un contacto inicial con usted.

No dé muchos detalles acerca de los miembros de su familia y, específicamente, evite dar el nombre de soltera de su madre —una información que, comúnmente, se usa para verificar la identidad. No dar detalles acerca de los miembros de la familia lo protege tanto a usted como a ellos.

Tenga cuidado especial al hablar sobre sus niños, especialmente información que le permita a alguien identificar y encontrar a un pequeño. Por ejemplo, puede decidir poner su dirección y su número de teléfono en su sitio — pero no incluya una imagen de uno de sus hijos ni su nombre, o sus niños pueden llamar la atención del tipo equivocado de personas.

Le sugerimos que no cree un sitio Web para su negocio –ni siquiera un negocio pequeño– si se trata de su primera página Web. Es de suma importancia que una página Web comercial tenga una apariencia atractiva, un buen equilibrio de texto y gráficos y una ortografía y gramática correctas. Estos son demasiados requisitos para cumplir en un primer intento de crear una página Web. Sugerimos que, para iniciar, cree una página Web personal –ya sea para usted mismo o para un individuo, para su familia, o para sus intereses laborales. Más tarde puede usar sus habilidades recién adquiridas para acometer el trabajo más arduo de crear un sitio Web comercial (describimos cómo en el Capítulo 15).

Iniciar su Página

Muy bien, ¿ya está listo pare crear su primera página Web personal? ¿Ahora, qué se debe hacer?

Solo inicie su editor de páginas Web –ya sea un editor de texto o un programa de edición de páginas Web, como Composer –y empiece a escribir. Utilice comandos de HTML, si está en un editor de texto, o use los comandos de su editor de páginas Web para formatear el texto mientras avanza.

Una forma de hacer que la edición de páginas Web sea más fácil es separar la parte acerca de "lo que debo decir" de la parte de la edición en la Web propiamente dicha. Considere crear una copia de su primera página principal en su programa de procesador de palabras. Afine su texto, inserte una imagen y continúe así. Luego, cuando sea tiempo de crear verdaderamente su página Web, copie y pegue el texto de su programa procesador de palabras en su editor de páginas Web.

Cuando lleve el contenido de un programa procesador de palabras a un programa editor de páginas Web, prepárese para rehacer su formato y rescribir algo de su texto para hacerlo más amigable con el usuario. El texto corto con muchos encabezados, las listas con viñetas y numeradas son la receta de la escritura de páginas Web fáciles de leer.

Crear su primera página usando HTML

En esta sección, y las secciones siguientes, le decimos cómo crear su página Web usando HTML en un programa editor de texto. Esto le permite conocer las etiquetas de HTML usándolas directamente.

En secciones alternas describimos cómo hacer lo mismo usando un programa de edición de páginas Web –como Netscape Composer. Esto le permite concentrar más de su contenido y menos de su mecanismo de HTML.

Los pasos de esta sección son para Windows Notepad, pero un proceso similar funcionará con casi cualquier editor de texto –o hasta para un programa procesador de palabras, si tiene el cuidado de guardar el archivo como un texto, luego, agregue .htm al final del nombre de archivo para indicar que es un archivo HTML.

En esta sección, describimos muy específicamente cómo hacer que inicie un archivo de HTML –si lo hace correctamente, la vida será fácil, pero si comete aunque sea un error pequeño, será difícil editar y ver de modo previo su archivo. Siga estos pasos para crear una página Web inicial en HTML:

1. **Abra su programa editor de texto. Por ejemplo, para usar Windows Notepad como su editor de texto, seleccione Start⇨Programs⇨Accessories⇨Notepad.**

   Su programa editor de texto abrirá un documento nuevo.

2. **Agregue el encabezado y las otras etiquetas adecuadas a su documento; por ejemplo, los pares de etiquetas** `<HTML>` **y** `</HTML>`, `<HEAD>` **y** `</HEAD>`, `<TITLE>` **y** `</TITLE>`, **y** `<BODY>` **y** `</BODY>`.

   Introduzca las líneas siguientes en su archivo de HTML:

```
<HTML>
<HEAD>
<TITLE>Bud Smith's Personal Web Page
</TITLE>
</HEAD>
<BODY>
   <!--The main content of your Web page goes in the body section.-->
</BODY>
</HTML>
```

Refiérase a la Figura 6-3 para ver estas etiquetas en un documento de Notepad.

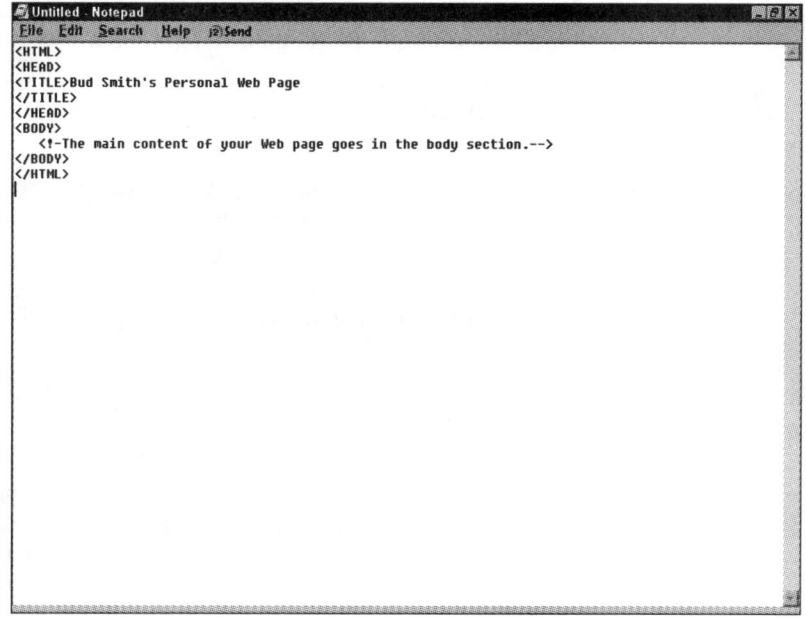

```
Untitled - Notepad
File  Edit  Search  Help  Send
<HTML>
<HEAD>
<TITLE>Bud Smith's Personal Web Page
</TITLE>
</HEAD>
<BODY>
    <!-The main content of your Web page goes in the body section.-->
</BODY>
</HTML>
```

Figura 6-3:
Lleve el
HTML a su
documento.

La parte más importante de su documento Web estará entre las etiquetas
`<BODY>` y `</BODY>`. La etiqueta que tiene un signo de exclamación, `<!-- The`
`main content... -->`, contiene un comentario. El explorador ignora esta etiqueta y su contenido, y los muestra en su documento, pero usar esta etiqueta le
permite hacer notas para usted mismo en el texto de HTML.

El texto ubicado entre el par de etiquetas `<TITLE>` y `</TITLE>` es el título del documento. Esto es desplegado por un explorador de la Web en la parte superior de
la ventana del archivo.

3. Empiece el proceso de guardar el archivo seleccionando File⇨Save.

Se abrirá el recuadro de diálogo Save As.

Tanto los comandos Save, como Save As abren el recuadro de diálogo
Save As al guardar un archivo que no ha sido guardado previamente.

**4. Cree una carpeta nueva para los archivos de sus páginas Web. Use el menú de
archivo descendente ubicado en la parte superior del recuadro de diálogo Save As para navegar al punto donde desea crear su carpeta nueva. Luego, use
el icono Create New Folder –la carpeta que tiene una estrella– para crear la
carpeta nueva. Póngale nombre de acuerdo con las reglas del recuadro com-**

plementario "Cómo crear nombres de archivo para la Web". Luego, abra la carpeta nueva, para que su archivo quede guardado en ella.

Refiérase al recuadro complementario: "Archivos de una pluma", para más detalles sobre por qué es importante mantener en un solo lugar todos los archivos que componen su página Web.

5. **Use el menú descendente Save as type, para especificar que su archivo debería guardarse como un documento de texto simple.**

Adquiera el hábito de guardar sus archivos de HTML como documentos de texto. De esa manera, incluso si usted trabaja en el archivo de un procesador de palabras, su archivo se guardará en formato de texto, sin ninguno de los códigos de formato de los procesadores de palabras.

6. **Introduzca el File name (Nombre de archivo) que desee usar, seguido del sufijo .htm. Por ejemplo, usted le puede poner al archivo** mypage.htm.

Refiérase al recuadro complementario: "Cómo crear nombres de archivo para la Web", para más detalles sobre por qué es importante guardar su archivo como un archivo de texto y por qué es importante finalizar los nombres de sus archivos de HTML con la extensión .htm. Usar el sufijo .htm le permitirá abrir el archivo fácilmente en un programa explorador de la Web para revisarlo.

7. **Haga clic en el botón Save.**

Notepad guardará su archivo como un documento de texto con el nombre de archivo que usted le dio, incluyendo el sufijo .htm.

8. **Para observar una vista preliminar de su página Web en un explorador, abra un programa como Netscape Navigator.**

Este es un buen momento para adquirir el hábito de abrir su explorador de la Web para poder revisar su trabajo en HTML mientras avanza. Cada vez que guarde su documento de HTML, puede abrir el documento guardado en su explorador de la Web para ver cómo lucirá como una verdadera página Web.

9. **En su explorador, seleccione File⇨Open para abrir el recuadro de diálogo Open. Haga clic en el botón Browse para abrir un recuadro de diálogo que le permita encontrar su archivo. Navegue al sitio donde está su archivo y haga clic en su nombre para seleccionarlo. Luego, haga clic en Open.**

10. **Su archivo se abrirá en el explorador. La Figura 6-4 muestra el archivo de texto y el explorador abierto uno junto al otro. Note que el título especificado en el documento se muestra en la ventana del archivo del explorador de la Web.**

Generalmente, los autores de páginas Web usan esta forma de trabajar: con el documento y el explorador de la Web abiertos al mismo tiempo, para controlar los cambios que están haciendo en el documento.

Para ver los cambios que está haciendo en su documento de HTML, debe guardar el archivo de HTML y, luego, hacer clic en el botón Refresh o Reload, en su explorador. Actualizar el contenido de su explorador hace que el explorador obtenga una copia nueva del servidor de la Web –o, en este caso, del disco duro de su computadora.

Título desplegado en un navegador de la Web

Título de un documento en HTML

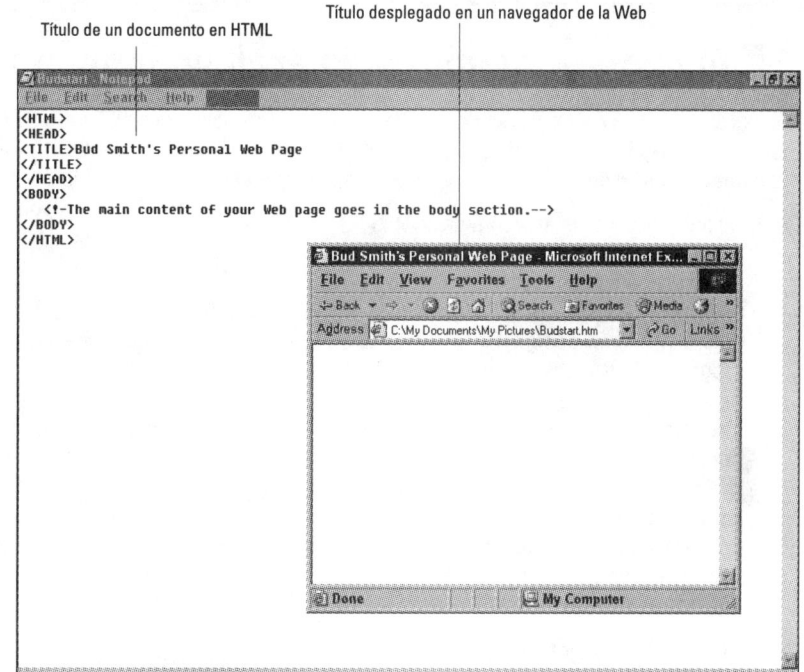

Figura 6-4:
Para "proteger el vacío", solo se ha cambiado el título.

Crear su primera página usando un editor de páginas Web

Usar un editor de texto, como se describió en la sección previa, le permite enfrentarse en persona con las etiquetas de HTML. Usar un editor de la Web, como Netscape Composer, del modo descrito en esta sección, le permite preocuparse menos de las etiquetas de HTML y más de su contenido real (no piense que no aprenderá HTML porque con frecuencia lo haremos ver el texto etiquetado con HTML).

Los pasos de esta sección son para Netscape Composer, pero un proceso similar se desarrolla con otros editores de páginas Web, como Dreamweaver o Microsoft FrontPage. Estos editores de amplio espectro tienen todas las características de Composer, y algunas más, de modo que en los programas más calificados podrá entender los pasos dados aquí.

Siga estos pasos para crear su página Web inicial en Composer:

1. Abra Composer (que solo se puede iniciar desde Netscape Navigator).
   Primero abra Netscape Navigator seleccionando Start⇨Programs⇨Netscape 6.2⇨Netscape 6.2. Luego seleccione Tasks⇨Composer.

Cómo crear nombres de archivo para la Web

Estas son algunas cosas que se deben tener en mente al ponerles nombre a archivos destinados a la Web:

- Cuando se le dice a un programa de Windows que guarde su archivo como un documento de texto, este solo guarda el texto real que se puede observar en pantalla, sin ningún código de formato. El programa de Windows también le asigna al archivo el sufijo `.txt`, a menos que usted indique otra cosa. El sufijo del nombre del archivo que, usualmente, está oculto a la vista, le ayuda a Windows a saber a qué tipo de programa "pertenece" el archivo. Cuando usted le pone nombre a su archivo con el sufijo `.htm`, pasa por alto al sufijo `.txt`.

- Cuando su archivo finaliza en `.htm`, Windows lo reconoce como un archivo de HTML. Esto le permite abrir fácilmente el archivo desde un programa explorador de la Web, como Netscape Navigator. Al hacer esto, puede observar un avance de su archivo mientras está trabajando en él y, más importante aun, otras personas podrán abrir su archivo como una página Web, cuando lo ponga en un servidor de la Web.

Es posible que también vea páginas Web con nombres que terminan en `.html`. Este sufijo funciona en algunos servidores; no obstante, no es recomendable que usted utilice esa extensión porque ciertos programas que se usan a veces para editar archivos o transferirlos a un servidor de la Web truncarán el sufijo a `.htm`. Esto romperá cualquier vínculo que tenga apuntando al documento, porque los vínculos se refieren al archivo que usa su sufijo original: `.html`. Evítese dolores de cabeza en potencia y use siempre `.htm` como sufijo para sus archivos de HTML.

- También es importante no poner espacios entre los nombres de archivos para la Web, mantenerlos en ocho caracteres o menos y siempre en letra minúscula. ¿Por qué? Porque su página Web podría ser publicada en un servidor UNIX, o en un servidor que corre en una versión vieja de Windows. Los diversos servidores que existen tienen diferentes reglas para los nombres de archivo. Solo si un archivo tiene un nombre de ocho caracteres o menos, con el sufijo `.htm` y sin letras en mayúscula puede asegurar un cien por ciento de seguridad de que se mantendrá intacto cuando publique su página Web en un servidor de la Web.

También debería conservar los nombres de sus carpetas en letra minúscula y de ocho caracteres o menos, por las mismas razones. Si el nombre de su carpeta cambia cuando la transfiere a un servidor de la Web, los vínculos a las páginas Web y los archivos de gráficos de la carpeta pueden romperse. Hay pocas cosas tan frustrantes —o embarazosas, especialmente si crea una página Web para una compañía o una organización— como que sus hipervínculos se rompan cuando mueve un sitio Web de su propia máquina hasta la Web.

Netscape Composer se abrirá con una ventana vacía.

> Una vez que Composer esté abierto, puede cerrar el Navigator y Composer se mantendrá abierto.

2. **Dele a su documento un título seleccionando Format⇨Page Title y Properties.**

   Se abre el recuadro de diálogo Page Properties

3. **En el recuadro de diálogo Page Properties, introduzca el título de su documento (un explorador de la Web despliega el título en la parte superior de la ventana del archivo). De manera opcional, puede introducir su nombre y una descripción del archivo en las áreas de Author y Description. Haga clic en OK cuando haya terminado.**

   Los campos de Author y Description son más relevantes si trabajo con otras personas en la misma máquina o en el mismo sitio Web. Ayudan a identificar cuál miembro del equipo ha estado trabajando en un documento y para qué es cada archivo de HTML.

4. **Observe una vista preliminar del HTML seleccionando View⇨HTML Source o haciendo clic en la pestaña <HTML> Source, en la parte inferior de la ventana de edición.**

   El código HTML de su documento aparecerá, como se muestra en la Figura 6-5. Note que no tiene contenido real en su documento, ¡pero ya tiene casi una docena de etiquetas de HTML! No se preocupe, de aquí en adelante la mayoría del trabajo realizado tendrá un efecto directamente visible en su página Web.

   Note las parejas de etiquetas que son estándares en cualquier documento de HTML: `<HTML>` y `</HTML>`, `<HEAD>` y `</HEAD>`, `<TITLE>` y `</TITLE>`, además de `<BODY>` y `</BODY>`.

   También observe las etiquetas META. Para una breve descripción de las etiquetas META, refiérase a la sección: "Nunca me he enfrentado con una META insuperable", más adelante en este capítulo.

   La parte principal de su documento Web estará entre las etiquetas `<BODY>` y `</BODY>`. La etiqueta que tiene un signo de exclamación: `<!-- The main content... -->`, contiene un comentario. Esta etiqueta y su contenido son ignorados por el explorador y no se despliega en su documento, pero la etiqueta de comentario le permite anotar observaciones para usted mismo en el texto de HTML.

   El texto ubicado entre el par de etiquetas `<TITLE>` y `</TITLE>` es el título del documento. El explorador de la Web lo despliega en la parte superior de la ventana del archivo.

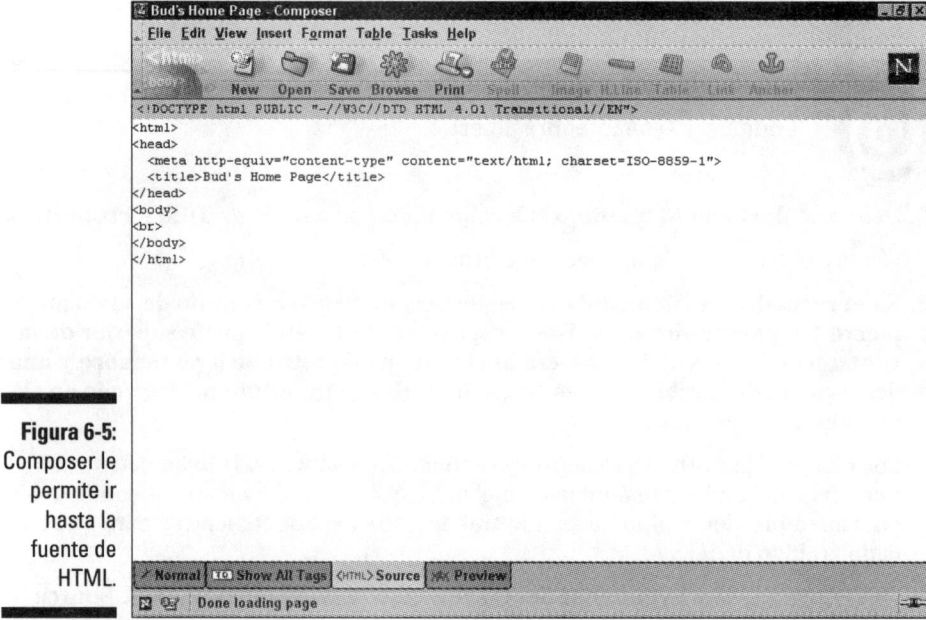

Figura 6-5:
Composer le permite ir hasta la fuente de HTML.

5. **Regrese a la vista normal de su página Web seleccionando View➪Normal Edit Mode o haciendo clic en la pestaña Normal, en la parte inferior de la ventana de edición.**

Aparece la ventana de edición vacía. Note, sin embargo, que el título de su página Web aparece en la parte superior de la ventana de edición.

Si no le da a su documento un título antes de guardarlo, Composer le pedirá que introduzca un título antes de que lo guarde.

6. **Empiece el proceso de guardar el archivo seleccionando File➪Save.**

Se abrirá el recuadro de diálogo Save Page As.

Tanto el comando Save, como Save As abrirán el recuadro de diálogo Save Page As cuando guarde un archivo por primera vez.

7. **Para crear una carpeta nueva para su página Web, use el menú de archivo descendente, en la parte superior del recuadro de diálogo Save Page As, para navegar al punto donde desee crear su nueva carpeta. Luego, use el icono**

Create New Folder –la carpeta que tiene una estrella– para crear la carpeta nueva. Póngale un nombre acorde con las reglas dadas en el recuadro complementario: "Cómo crear nombres de archivo para la Web". Luego, abra la carpeta nueva, para que su archivo se guarde allí.

Refiérase al recuadro complementario: "Archivos de una pluma", para más detalles sobre por qué es importante mantener en un solo lugar todos los archivos que componen su página Web.

8. Use el menú descendente Save as type, para especificar que su archivo debería guardarse como un documento tipo HTML.

Archivos de una pluma

Mantenga todos los archivos de su página Web o de un sitio Web pequeño en una sola carpeta. El proceso de publicación en la Web será mucho más fácil.

✔ **Para una página Web:** Es importante mantener en una sola carpeta el archivo de HTML de su página y de todas las imágenes usadas en ella. ¿Por qué? Porque los hipervínculos son mucho más sencillos si solo se tiene que dar el nombre de archivo. Si usted pone archivos de imagen en una carpeta separada, el hipervínculo (refiérase al Capítulo 4) tiene que nombrar la carpeta y su relación con ella. Confíe en nosotros, esa molestia no es necesaria.

Hay todavía otra razón para mantener su archivo de HTML y sus archivos de imágenes en una sola carpeta. Cuando usted publica su página Web, moverá su archivo de HTML y los archivos de imagen hasta una máquina diferente — el servidor de la Web que hospedará su página. Si usted conserva todos sus archivos juntos, hacer esta transferencia correctamente será mucho más fácil.

✔ **Para un sitio Web de muchas páginas:** Los hipervínculos a las imágenes y a otras páginas Web de su sitio serán más fáciles de especificar; además transferir el sitio a un servidor de la Web es más fácil cuando se conservan todos los archivos en una sola carpeta.

Este razonamiento se invalida, sin embargo, cuando un sitio Web se agranda y se vuelve más complicado. Cuando usted tiene más de una veintena de archivos, guardarlos todos en una sola carpeta, hace que las cosas sean difíciles de manejar. En ese momento, usted tendrá que dividir su sitio en un grupo de carpetas, una por cada página Web y una carpeta para los gráficos compartidos. Y luego tiene que cambiar todos sus hipervínculos de modo que funcionen con la nueva jerarquía de la carpeta (refiérase al Capítulo 4 para más sobre hipervínculos).

También debería mantener los archivos que no son de su página Web, fuera de la carpeta de su página. ¿Por qué? Cuando publique su sitio, estos archivos adicionales muy probablemente serán movidos, junto con su página Web, a un servidor de la Web. ¿Y quién necesita los archivos adicionales?

Composer guardará su documento con el sufijo .htm para indicar que es un documento de HTML (normalmente, no se ve el sufijo de un nombre de archivo de Windows, pero esa es la manera en que el sistema operativo "sabe" cuál icono usar para desplegar el archivo y cuál programa es capaz de abrirlo). Refiérase al recuadro complementario: "Cómo crear nombres de archivo para la Web", para más detalles sobre por qué es importante terminar sus archivos de HTML con .htm.

9. **Agregue .htm al final del nombre de archivo para asegurarse de que tenga la extensión .htm y no .html. Luego, haga clic en el botón Save.**

Composer guardará su archivo como un documento de HTML. Debido a que tiene el sufijo .htm en el nombre de archivo, usted podrá abrir el archivo fácilmente en un programa explorador de la Web para revisarlo.

Si usted desea que su página Web pueda ser localizada fácilmente por los motores de búsqueda, coloque información clave –como su nombre completo (para una página personal) o el nombre de su negocio (para una página de negocios)– en el título, en el primer encabezado dentro de su documento, en las primeras 20 palabras de texto regular (aproximadamente) de su documento y en las etiquetas META (descritas en la siguiente sección) de su documento. Cuando un sistema de búsqueda revisa su página, observa algunos de estos lugares o todos ellos, y así las personas que buscan su nombre o el de su empresa muy probablemente verán su página en los resultados de la búsqueda.

Nunca me he enfrentado con una META insuperable

Una de las etiquetas de HTML más interesante y controversial, es la etiqueta META. Debido a esto, las etiquetas META afectan la forma en que la página Web aparece en los motores de búsqueda y algunas personas llegan a extremos para que sus páginas puntúen algo en las listas de los motores de búsqueda. La etiqueta META se usa para la *meta-información* — es decir, para la información acerca de su página Web, en vez de la información que se muestra en ella.

La etiqueta META se usa en el área de encabezado de su sitio. Y esto es razonable, puesto que el área de encabezado enteramente es de meta información (la etiqueta <TITLE> debe ser de meta información, para ser usada por motores de búsqueda, pero los exploradores de la Web también despliegan el título en la parte superior de la ventana del archivo).

La etiqueta META tiene un propósito principal: describir mejor su página Web para los programas robot que reúnen información Web para los motores de búsqueda.

Algunos motores de búsqueda dependen exclusivamente del contenido de las etiquetas META para decidir cómo clasificar las páginas buscadas y encontrar una descripción de la página y usarla en los mismos resultados de las búsquedas.

En algunos casos, si un usuario busca equipos de Ucrania de lanzamiento de disco, y las palabras de su etiqueta META incluyen "Ucrania", "lanzamiento" y "disco", ¡su página aparecerá de primero en los motores de búsqueda! Sin embargo, existen motores de búsqueda que ignoran el contenido de las etiquetas META. Para más información sobre cómo colocar bien en alto a su sitio en los resultados de los motores de búsqueda, refiérase al Capítulo 15.

Las etiquetas META constan de tres partes: la palabra META, un campo que describe el contenido de la etiqueta META y la información que va en el campo. Aquí está la etiqueta META que Netscape Composer coloca en todas sus páginas Web:

```
<meta http-equiv="content-type" content="text/html; charset=ISO-
8859-1">
```

¡Qué montón de basura! Pero estos son solo tres campos de datos. El primero le dice al programa buscador que esta es una etiqueta META. El segundo le dice que esta es la versión de "tipo de contenido" de una etiqueta META. La tercera le dice que el contenido de esta página Web es de texto, en formato de HTML; usa el conjunto de caracteres ISO-8859-1, o lenguaje estándar en caracteres ASCII. Puede agregarle esta etiqueta META a cualquier documento creado.

Existen otras etiquetas META que realmente debe colocar en su página Web: las versiones del autor, la descripción y las palabras clave de la etiqueta. A continuación, aparecen algunos ejemplos:

✔ `<meta name="author" content="Bud Smith">`

La versión del autor de la etiqueta META sencillamente declara quién creó la página. Esto es útil ante todo para propósitos internos; de este modo, alguien que lo conozca o que trabaje en su misma organización sabrá a quién recurrir con preguntas o comentarios sobre la página Web particular.

✔ `<meta name="description" content="Bud Smith's own Web page">`

La versión de la descripción de la etiqueta META es, sencillamente, una descripción breve de la página Web. Póngala en cualquier página Web que desee que aparezca en los resultados de una búsqueda. Algunos motores de búsqueda usan la versión de la etiqueta DESCRIPTION como la descripción real que aparece en los resultados de las búsquedas, así que escriba con cuidado.

✔ `<meta name="keyword" content="Bud Smith, Web authoring, Dummies, For Dummies">`

La versión de las palabras clave de la etiqueta META es una lista con todas las palabras clave que desee que los motores de búsqueda asocien con su página. Sus resultados serán mejores, en general, si las palabras clave enumeradas en su etiqueta META también están en el título, en el primer encabezado o en las primeras 20 palabras de su sitio Web.

Para información adicional sobre las etiquetas META, revise el sitio Web Search Engine Watch, en `http://searchenginewatch.com/webmasters-/meta.html`. Este sitio Web tiene la más reciente e importante información sobre los motores de búsqueda de la Web. La información referente a las etiquetas META está escrita de una manera comprensible y también tiene mucha información sobre los motores de búsqueda en general.

Agregar etiquetas META con HTML

Es muy fácil agregar etiquetas META a su documento de HTML:

1. **Abra su página Web en su programa editor de texto.**

   Por ejemplo, para usar Windows Notepad como su editor de texto, seleccione Start⇨Programs⇨Accessories⇨Notepad, y luego escoja File⇨Open para elegir el archivo que va a abrir.

   Su página Web se abrirá en Notepad o en el editor de texto elegido.

2. **Agregue las etiquetas META de autor, de descripción y de palabra clave a su documento en el área del encabezado, entre las etiquetas** `<HEAD>` **y** `</HEAD>`**:**

   ```
   <meta name="author" content="xxx">
   <meta name="description" content="yyy">
   <meta name="keyword" content="zzz">
   ```

   `xxx` debería ser su nombre; `yyy` debería ser la descripción de la página Web que desee que aparezca en los resultados de los motores de búsqueda; y `zzz` deberían ser las palabras clave relacionadas con el contenido de su página. Para una página Web personal, las palabras clave correctas son su primer nombre, su apellido, su nombre completo y cualquier cosa relacionada con los intereses descritos en la página.

3. **Guarde su documento y salga de su programa editor de texto.**

   Es imposible ver una vista previa de este cambio en un explorador de la Web, puesto que las etiquetas META no aparecen en su página Web. De este modo, simplemente guarde su documento y salga.

Agregar etiquetas META con Composer

La mayoría de los cambios a su página Web son más fáciles de hacer con Composer que con HTML en un editor de texto. Sin embargo, debido a que las etiquetas

META se relacionan con agregar código HTML directamente a su documento, esto es aquí un poco complejo:

1. Abra su página Web en Composer.

Seleccione Start⇨Programs⇨Netscape 6.2⇨Netscape 6.2 para iniciar Netscape Navigator. Luego, seleccione Task⇨Composer para iniciar Composer. Finalmente, escoja File⇨Open para iniciar el archivo de su página Web. Su página quedará abierta en Composer.

2. Dentro de Composer, elija Format⇨Page Title and Properties.

Se abrirá el recuadro de diálogo Page Properties, como se muestra en la Figura 6-6.

Figura 6-6:
A colocar todas las propiedades de su página.

Page Properties	⊠
Location:	[New page, not saved yet]
Last Modified:	Unknown
Title:	Bud's Home Page
Author:	
Description:	

Advanced users:
To edit other contents of the <head> region, use "HTML Source" in the View Menu or Edit Mode Toolbar.

OK   Cancel

3. Introduzca o modifique el contenido de los campos Author y Description. No se preocupe de escribir una larga descripción en el recuadro de diálogo (también puede aprovechar esta oportunidad para variar el título de su página Web, en caso de necesitar hacerlo). Haga clic en OK cuando haya terminado.

Composer genera automáticamente las etiquetas META de autor y de la descripción, y las ubica en el área del encabezado (Header) del documento que se está creando.

La descripción introducida puede aparecer como la descripción de su página Web en las páginas de resultados de un motor de búsqueda.

La buena noticia es que fue fácil. La mala es que eso no era todo. Todavía tiene que introducir las palabras claves para los motores de búsqueda, para que estos puedan asociarse con su página Web y, para hacer esto, es necesario trabajar directamente en el HTML.

4. En Composer, haga clic en la pestaña HTML Source o seleccione View⇨HTML Source.

Aparece la fuente de HTML de su página Web, como se muestra en la Figura 6-7. Note que las etiquetas META de autor y de descripción están allí, tal como usted las digitó antes.

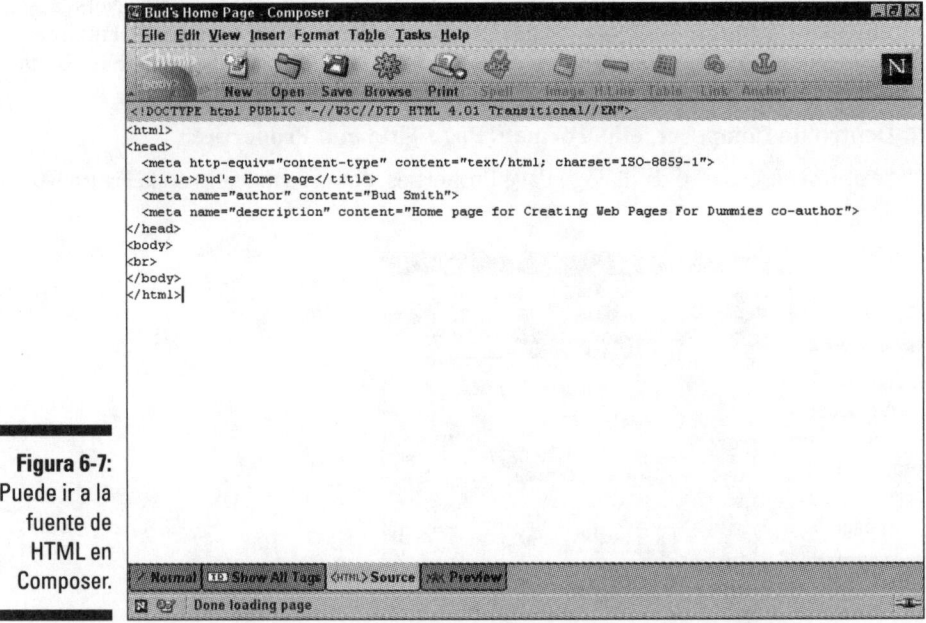

Figura 6-7:
Puede ir a la fuente de HTML en Composer.

5. **Copie y pegue la etiqueta META para la descripción de su página Web en el código fuente de HTML (ahora debe tener dos líneas DESCRIPTION idénticas). En la segunda línea, cambie `"description"` a `"keyword"`. Luego, cambie las palabras ubicadas después de `"content="` a las palabras clave que desee que su página Web tenga asociadas a los motores de búsqueda.**

Editar una copia de HTML existente es mucho más fácil que crear el código de HTML por cuenta propia.

6. **Vuelva al modo de vista normal haciendo clic en la pestaña Normal, o seleccionando <u>V</u>iew⇨<u>N</u>ormal Edit Mode.**

El contenido de su página Web aparecerá con las etiquetas de HTML ocultas.

7. **Guarde su documento y salga de Composer.**

Su página Web ahora tiene las etiquetas META apropiadas –muchas páginas creadas comercialmente no las tienen. ¡Felicidades!

Capítulo 7

Llenar su Página Principal

*E*l capítulo previo muestra cómo empezar con su página Web. Este capítulo le mostrará cómo ponerle algo de texto formateado que tenga una buena apariencia.

A lo largo del capítulo, hablaremos también sobre cómo escribir para la Web. Escribir para la Web es un poquito diferente que escribir para otros medios. También es muy divertido una vez que se acostumbre a ello.

Escribir para la Web

Cada medio nuevo desarrolla su propio estilo. Los artículos de revistas a veces son prolijos y literarios en su estilo. Los artículos de los periódicos son breves, al punto y están escritos en un estilo "piramidal", el cual ubica de primero la información más importante. La Web tiene su propio estilo. Aprender a usar ese estilo, aunque sea un poco, puede hacer su página Web mucho más interesante y eficaz.

Realidades de la Web

El nuevo estilo de escritura que se encuentra en línea está basado en las tres realidades subyacentes de la Web:

✔ **Las capacidades del HTML:** El HTML le permite especificar un formato simple del texto, encabezados y listas. Las nuevas versiones del HTML también le permiten especificar fuentes y tamaños específicos de texto, pero un usuario puede pasar por alto fácilmente estas especificaciones.

Resultado: No cuente con un formato complicado ni con un diseño específico para transmitir su mensaje. Mantenga las cosas simples.

✔ **La dificultad de leer en un monitor:** La pantalla de una computadora tiene una resolución mucho más baja que la que tiene una página impresa –aproximadamente 100 dpi contra 600 ó más en una página impresa. Los ojos de las personas se cansan cuando tratan de leer grandes bloques de texto en una pantalla. La Figura 7-1 le muestra lo lejos que están las letras de la pantalla de las líneas suaves y continuas del texto impreso.

Resultado: La escritura para la Web debe evitar los largos párrafos de texto. Escriba brevemente y divida lo que escribe con encabezados, listas, citas y otros mecanismos. Luego, resuma lo que ha escrito hasta la menor cantidad posible de palabras.

✔ **La facilidad de hacer clic:** Una de las cosas más divertidas para los usuarios de la Web es una de las más peligrosas para los editores de la Web: es facilísimo irse haciendo un clic. El contenido de la Web es gratuito y voluminoso, por ello los usuarios siempre pueden verse tentados a ir a algún otro sitio.

Resultado: Además de mantener el texto breve y dividido, necesita hacerlo lo más interesante posible. Aproveche la facilidad de hacer clic para irse: incluya hipervínculos relevantes en el texto de su página Web.

Figura 7-1:
Realizar un acercamiento muestra lo "impreciso" que puede ser el texto de una pantalla.

Para ilustrar mejor estas dificultades, la Figura 7-2 muestra una página Web del sitio Web For Dummies, en `www.dummies.com`. Esta página Web muestra el contenido de la edición previa de este libro. Está muy bien diseñada, pero la cantidad de contenido desplegado es solo la mitad de una página impresa (les recuerdo que el lector de un libro ve dos páginas a la vez). La comparación con la Web es todavía más desfavorable para los periódicos o las revistas, que incluyen en una página más información de lo que le cabe a la pantalla de un monitor.

El punto es que el lector obtiene mucho mayor contenido por un esfuerzo hecho con textos impresos que con contenido en línea. Por ello, cuando escriba para la Web, es necesario que el texto no sea muy amplio, que el diseño sea sencillo y el contenido interesante.

Si tiene algo denso y detallado que realmente desea que la gente lea, póngalo en una página Web separada y dígale a la gente que la imprima. Así será más fácil de leer de manera cuidadosa y no será entreleído, que es lo que la gente suele hacer con los textos que aparecen en las pantallas del computador.

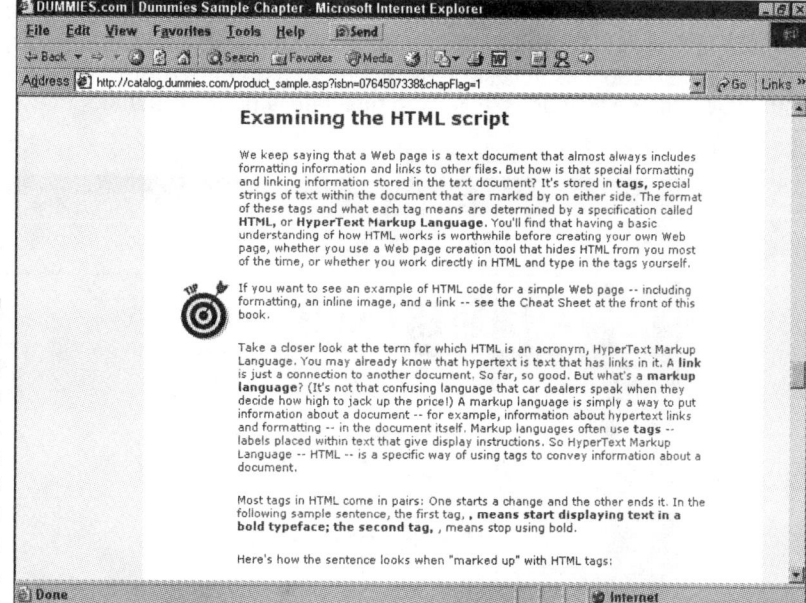

Figura 7-2:
Una página
de una
pantalla
tiene menos
palabras
que una
página
impresa.

Estilo Web

Algunas características de la escritura en la Web se basan en realidades físicas; otras han evolucionado por la forma en que la misma Web ha evolucionado (a partir de su inicio como una red de comunicación rápida para científicos e investigadores y civiles y militares). Como resultado, la escritura de la Web también tiene otro par de características interesantes:

✔ **Carencia de alharaca publicitaria:** En los primeros días de la Web, el uso comercial de la Internet estaba prohibido expresamente (aunque alguna actividad publicitaria siempre se daba). A principio de los años 90, la Internet y la Web estaban abiertas a la actividad comercial. Pero, con todo, el tono informativo y cal mado aún domina en la Web. El entusiasmo se apoya, pero la alharaca, las afirmaciones excesivamente generosas y el afán atolondrado por vender son considerados como extraños y fuera de lugar en la Web.

✔ **Un tono informal:** La escritura de la Web, como el correo electrónico, tiende a ser informal en el tono –es como escribirle a un amigo. La formalidad no suele ser muy bien recibida, pero lo mismo ocurre cuando se escribe de una manera demasiado linda. La Web es un medio "genial" e informativo. La Figura 7-3 muestra una página de Netsurfer Digest, publicada por Arthur Bebak, uno de los autores de este libro. Esta página es estupenda, con un tono ligero, informal e informativo.

✔ **Una necesidad de corrección y exactitud:** Informal no significa inexacto. Es cierto que el uso temprano de la Web era una forma de conectar amigos (personas de la comunidad científica y militar que se conocían entre sí gracias a conferencias y al correo electrónico. Sin embargo, eran amigos muy educados y extremadamente letrados. Es necesario ser correcto para mostrarles a las personas que usted es una de las voces de la Web que vale la pena escuchar.

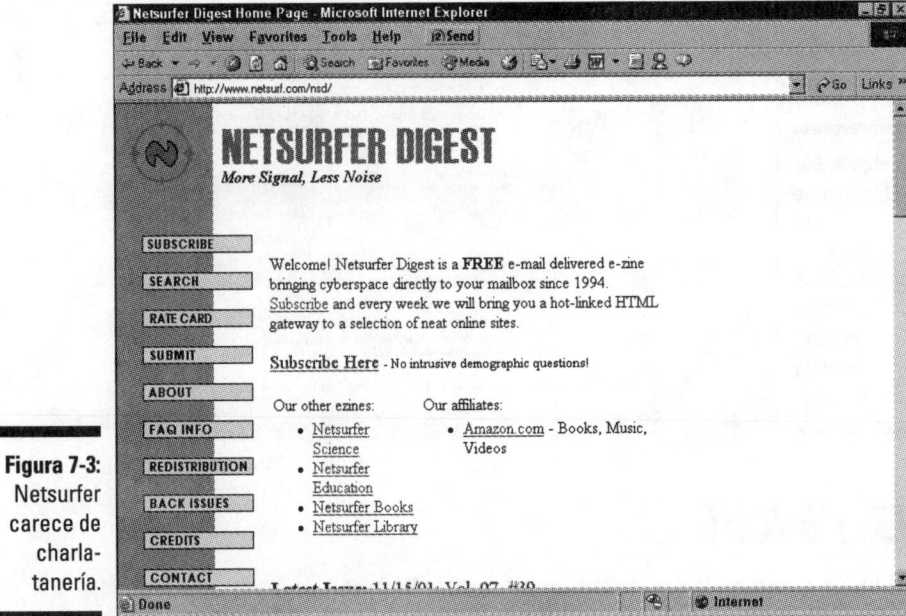

Figura 7-3: Netsurfer carece de charlatanería.

Divertirse

Escribir para la Web es realmente divertido, una vez que uno se acostumbra a ello. Usted puede ser informal, y no es necesario insistir una y otra vez hasta dar con el punto exacto que desea transmitir. Solo asegúrese de lo que quiere decir y dígalo, talvez agregue vínculos a un par de sitios Web que apoyen de manera relevante lo que usted intenta decir y continúe.

Revise lo que haya escrito antes de publicarlo. La gente pensará que les está haciendo perder el tiempo si su ortografía es incorrecta, si su gramática es defectuosa y los temas expuestos son incorrectos o inexactos (si usted no está seguro de su información en un punto dado, entonces dígalo).

¿Muchos regresos ingratos?

Una de las cosas más desconcertantes sobre la edición de páginas Web cuando se trabaja directamente en el HTML, es la forma en que el HTML maneja las "vueltas de carro" y los saltos de línea.

Todos estamos acostumbrados a pulsar la tecla Enter o Return para crear un salto de línea cuando trabajamos en un procesador de palabras o escribimos un correo electrónico. Si deseamos más espacio en blanco, pulsamos Enter o Return más veces. No obstante, no siempre funciona de esa manera cuando se está creando una página Web.

Primero está la cuestión de hacer que el carro regrese a su documento cuando usted está trabajando directamente en HTML (Netscape Composer y otros editores de páginas Web manejan este problema por usted). Cuando usted pulsa el botón Enter o Return al introducir texto en HTML, HTML no se da cuenta del marcador de final de párrafo que se ubica en el texto. De esta manera, si introduce muchos párrafos de texto, pulsar Enter o Return después de cada uno, terminará con una gran laguna de texto en su explorador de la Web.

¿Cuál es la solución? Al trabajar directamente en el HTML, es necesario insertar la etiqueta <P> al inicio de cada párrafo y una etiqueta </P> al final. Cada vez que el HTML ve una nueva etiqueta <P>, empieza un párrafo nuevo (la etiqueta </P> al final del párrafo no es estrictamente necesaria, pero es mejor prevenir que lamentar).

¿Así que si necesita más espacios en blanco entre sus párrafos, solo agregue unas etiquetas <P> extra, correcto? Pues no. Los exploradores de la Web manejan varias etiquetas <P> de manera diferente, pero la mayoría solo ignora la segunda y las sucesivas etiquetas <P>. No importa cuántas etiquetas <P> coloque, solo obtiene un salto de párrafo. Lo mismo ocurre con la etiqueta para saltos <BR>. Esta etiqueta crea un salto de línea sin empezar un párrafo entero. Esto puede ser útil cuando trabaja en una lista, por ejemplo, y desea insertar un salto de línea sin empezar todo un párrafo nuevo, que podría tener algún tipo especial de sangría).

La solución es insertar un carácter especial llamado "espacio de no-salto" en cada línea en blanco deseada. La etiqueta para un espacio de no-salto es #nbsp. Solo coloque la etiqueta luego de <BR> y, en la mayoría de versiones de los exploradores más usados, obtendrá una completa línea en blanco.

Formatear el Texto de la Web

La mecánica de formatear texto Web es realmente muy simple. Más adelante en esta sección, le mostraremos cómo usar estas capacidades al usar un editor de texto y cómo emplear directamente HTML o un editor de páginas Web como Netscape Composer. Primero, aquí hay una breve lista de las capacidades de texto disponibles para los editores de la Web, basada en las etiquetas de HTML más usadas en las versiones de HTML:

✔ **Encabezados:** Puede especificar hasta seis niveles de encabezados en HTML, usando los pares de etiquetas ⟨H1⟩ y ⟨/H1⟩ para los encabezados más grandes y de mayor nivel; ⟨H2⟩ y ⟨/H2⟩ para el siguiente nivel; y así, sucesivamente, hasta ⟨H6⟩ y ⟨/H6⟩.

Estilos de encabezado: La forma ideal de usar los encabezados es como se supone que debe ser –⟨H1⟩ para el encabezado más importante y los demás en orden sucesivo, hasta ⟨H6⟩. No obstante, le puede pasar que el encabezado que utilice sea demasiado grande en comparación con el texto de abajo. Muchas personas usan ⟨H4⟩, por ejemplo, para un encabezado de segundo nivel, o usan comandos y negrita para crear sus propios estilos de encabezado. Intente usar primero los encabezados indicados. Luego use un formato especial si necesita una apariencia específica.

✔ **Tamaños de las fuentes:** El HTML le permite especificar tamaños de fuente que sean más grandes o pequeños que el tamaño medio o estándar. Puede hacerlo dos tamaños más pequeño o tres tamaños más grande. Este formato funciona incluso si el usuario ha especificado un tamaño de fuente o un estilo en la propia configuración de su explorador o en Windows (conforme la gente crece y sus ojos se debilitan, encuentran varios trucos para que el uso de la computadora sea más fácil, como uno de los autores lo sabe por experiencia).

Estilo de los tamaños de fuente: Usted no querrá que su página Web se vea como una nota de secuestro, pero los tamaños de las fuentes pueden ser una buena forma de transmitir un punto (con un tamaño de fuente más grande) o colocar mucho texto en un espacio más pequeño (con una fuente más pequeña). Usar tamaños de fuentes es uno de los pocos trucos de formato que siempre funciona bien en las páginas Web.

✔ **Formato de caracteres:** Puede convertir su texto a negrita o a itálica usando las etiquetas ⟨B⟩ y ⟨/B⟩ para empezar y finalizar la negrita, y las etiquetas ⟨I⟩ y ⟨/I⟩ para iniciar y finalizar el uso de las cursiva. También se puede subrayar el texto, pero no lo recomendamos, porque es muy fácil que los usuarios se confundan cuando vean vínculos de HTML que están subrayados.

Estilo de carácter: Es recomendable usar negrita y cursiva para que su mensaje sea transmitido fácilmente, pero no abuse de la opción. El uso estructurado de la negrita y la cursiva, tal como la negrita usada para destacar los elementos de esta lista, es un ejemplo de un buen uso. En cuanto al subrayado, se debe evitar su uso en la Web pues la gente lo confundirá con el subrayado (y el uso de un color; usualmente, el azul) que se usa para anotar hipervínculos. Refiérase a la barra lateral: "¿De qué color es su hipervínculo?", para más detalles.

✔ **Formato avanzado de caracteres:** Al usar etiquetas que no son respaldadas por todos los exploradores usados en la actualidad, se pueden especificar las fuentes usadas en su página Web, además de los colores de su fuente. Pero hacer esto produce muchos problemas. Algunos usuarios utilizan exploradores viejos que no respaldan este tipo de formato. Y algunos amigos tienen sus exploradores configurados para que muestren fuentes específicas, sin importar lo que usted haya especificado. Incluso, otros han especificado el uso de fuentes grandes en Windows, lo cual hace que algunas partes de su página Web se vean muy diferentes de lo que usted había planeado.

Estilo avanzado de caracteres: No recomendamos usar el formato avanzado de caracteres porque es complicado y porque, apenas usted comienza a depender de él, descubrirá que no funciona para muchos de sus usuarios. Usar fuentes y colores antojadizos para los vínculos puede ser problemático porque los usuarios están acostumbrados a ver solo colores estándar en el texto y los vínculos. Manténgase lejos de este tipo de formato a menos que esté trabajando a nivel profesional, con la ayuda recursos de diseño y de prueba necesarios para hacerlo funcionar bien para todos sus usuarios.

¿De qué color es su hipervínculo?

El HTML le permite usar textos de colores en su página Web. Nosotros, en general, no recomendamos esto.

¿Por qué no? (¡después de todo, este es un libro relacionado con todas las cosas que se pueden hacer en una página Web!). La razón es que la gente está muy acostumbrada al texto monótono, usualmente negro, en un fondo contrastante. La gente se ha ajustado al uso del texto de colores en páginas Web, pero principalmente en la forma de los colores estándares de los hipervínculos: azul para un vínculo en el que no se ha hecho clic y morado para un vínculo que ya ha sido visitado.

Algunos autores de páginas Web personalizan estos colores para que calcen con el esquema de colores de sus páginas Web. El problema es que la investigación relacionada con las páginas Web, ha demostrado que los usuarios, inconscientemente, cuentan con el hecho de que el texto azul subrayado indica vínculos no visitados y el texto morado subrayado indica vínculos visitados. Cualquier cambio de estos colores, o cualquier uso de texto azul o morado que esté subrayado, causa una gran confusión.

Por esta razón, recomendamos que no use texto de colores, que no cambie los colores de los vínculos y que no use subrayado a menos que se trate de vínculos. Como resultado, las personas que visiten su página Web disfrutarán más su estadía.

La Figura 7-4 muestra estas opciones para el formato de texto Web en un solo ejemplo. Úselo como un recurso cuando decida qué formato usar en su propia página Web.

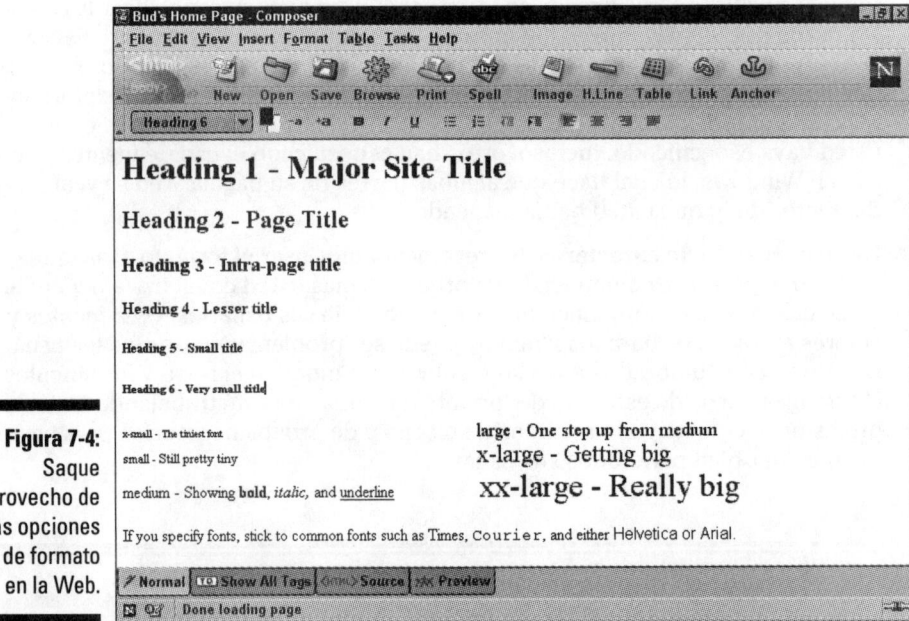

Figura 7-4:
Saque
provecho de
las opciones
de formato
en la Web.

Usar Listas de HTML

A la gente de verdad que le gustan las listas. Las listas de los Diez Mejores de David Letterman son lo más destacado de su programa *Late Night* y han sido el tema de varios libros. En cualquier lugar donde vea, se encontrará con listas. Estas son nuestras tres razones de por las cuales ocurre (y las pusimos en una lista, naturalmente):

✔ **Las listas son atractivas a la vista.** Los profesionales de la escritura siempre le dicen a la gente que usen mucho espacio en blanco para variar la apariencia de sus páginas Web, de modo que sus páginas no solo sean burbujas planas de texto. Las listas hacen esto, dividen el texto.

✔ **Las listas son fáciles de rastrear.** Como mencionamos antes en este capítulo, la gente muy probablemente rastreará el texto de la Web, en vez de leerlo apropiadamente. Y las listas son muy fáciles de rastrear. Con los puntos clave destacados, la gente puede leer a profundidad solo los puntos de interés para ellos y podrá pasar por alto lo que es irrelevante.

✔ **Las listas hacen que el escritor vaya directo al punto.** Cuando se escribe una lista, es necesario cortar y condensar lo que se intenta decir. Es posible que termine reemplazando una página de texto aburrido y monótono con tres o cuatro puntos en media página de texto separado con viñetas. Todo este trabajo extra que tiene que hacer beneficia sobremanera al lector, especialmente al lector que lee desde la pantalla de una computadora.

El HTML y los programas de edición de páginas Web basados en HTML (como Netscape Composer) ofrecen estas tres clases de listas, pero solo dos son usadas mucho.

✔ **Listas con viñetas:** Listas con viñetas son, por mucho, el tipo de lista más utiliza do en la Web. ¿Y por qué no habría de serlo, siendo que las listas con viñetas son

---

¿Netscape Composer o un paquete gratuito?

Aunque las ofertas cambian con el tiempo, usualmente se pueden conseguir versiones gratuitas, de evaluación, de excelentes programas editores de páginas Web, como Microsoft FrontPage o Macromedia Dreamweaver de los sitios Web de las compañías o de sitios de descarga en línea como CINET's download.com (en www. download.com). Pero, entonces ¿por qué usar Composer en vez de una versión gratuita de evaluación?

✔ **Realmente gratis:** Composer es totalmente gratuito por el tiempo que desee usarlo. No necesita preocuparse de pagar dinero cuando la versión evaluación expire, que es, generalmente, el momento en el que usted empieza a desenvolverse como editor de la Web.

✔ **Realmente fácil:** Ya que está diseñado como un programa introductorio, Composer solo tiene funciones básicas (no es muy complejo, no tiene las opciones que la mayor parte del tiempo usted no necesitará, y que a veces hacen que las cosas se vuelvan confusas.

✔ **Realmente compatible con HTML:** Como un programa introductorio, Compo-

ser solo da soporte a las funciones que operan bien con cualquier explorador de la Web. Usar todas las opciones y características de FrontPage o Dreamweaver a menudo significa agregar cosas que no funcionan en los exploradores más viejos o dentro de AOL o CompuServe.

Y, por supuesto, nuestro argumento es que es mejor guiarse con las instrucciones de este libro, usando el software que usamos nosotros para realizar los ejemplos y las figuras.

Si está seguro de que pronto usará FrontPage o Dreamweaver, o si ya tiene una copia, quizás desee usar una versión de prueba del programa que está en su futuro. Incluso así, quizás desee usar Netscape Composer para el trabajo fácil y el programa con todas las opciones para las característica avanzadas. Si va a trabajar con un editor de páginas Web de muchas funciones, la mayoría de los pasos de las secciones que incluye este libro dedicadas al Composer todavía serán útiles para usted. Solo necesitará sustituir los comandos específicos de su programa por las instrucciones e ilustraciones del Composer.

flexibles y divertidas, tanto de escribir como, más importante, de leer. Estas listas se inician con la etiqueta `<UL>`, que significa unordered list (lista sin orden). Es necesario concluirlas con la etiqueta `</UL>`. Cada ítem de la lista es precedido con `<LI>`, que significa list item (ítem de lista).

Los ítemes de lista no tienen una etiqueta final. Después de su texto, el explorador espera ver ya sea otra etiqueta `<LI>`, para el siguiente ítem de lista o la etiqueta `<UL>` al final de la lista.

Estilo de las listas de viñetas: Puede convertir muchos o la mayoría de los largos bloques de texto en listas con viñetas –y hacer que el texto sea más corto, fácil de leer y más interesante. Si tiene que mover el texto Web existente, considere "poner en viñetas" las partes de él de una manera fácil, para que sea más amistoso con los usuarios de la Web.

✔ **Listas numeradas:** Las listas numeradas se ven un poco locas cuando las crea en algunos programas de edición de la Web (el programa pone un símbolo de número (#) junto a cada ítem y el número no está asignado hasta que la página quede desplegada (Netscape Composer, afortunadamente, despliega los números reales). Las listas numeradas son muy útiles, pero no son tan populares en la Web. Las listas numeradas empiezan con la etiqueta `<OL>` y terminan con `</OL>` y, al igual que las listas de viñetas, usan la etiqueta `<LI>` para marcar el principio de cada elemento de la lista.

Estilo de las listas numeradas: Siempre que tenga una lista que tenga un orden en términos de importancia, secuencia de tiempo o cualquier otra razón, conviértala en una lista numerada. Poner la lista de ítemes en orden las hace aun más fáciles de entreleer que una lista regular de viñetas.

✔ **Listas de definición:** Las *listas de definición* dan un término y, luego, una definición del término. Se usan muy raramente, aunque es un buen ejercicio encontrarles una función en su página Web. Una lista de definición empieza con la etiqueta `<DT>`, y cada definición está precedida por la etiqueta `<DD>`.

Estilo de las listas de definición: La apariencia de las listas de definición de su página Web es un poco divertida (la mayoría de exploradores de la Web ponen el término en una línea y, luego, la definición, colocada con sangría, en la siguiente línea. Puede ayudar a que sea fácil para el lector encontrar información específica poniendo ciertas palabras en negrita, como en la lista que usted está leyendo aquí. A las personas les gustan las listas de definición, pero no necesariamente formatea das en la forma en que la mayoría de exploradores de la Web lo hacen. Use listas de definición donde pueda hacerlo o use listas numeradas y de viñetas, con negrita para crear su propia lista de definición.

✔ **Listas dentro de listas:** Puede insertar o anidar una lista dentro de otra. La lista anidada puede ser del mismo tipo que la contenedora o de otro tipo.

Estilo de lista-en-lista: Es un poco complicado para el lector llevar el control del si
tio donde está en una lista general si, además, empieza a arrojar sublistas. Creemos
que poner una lista dentro de otra, a veces, es técnicamente posible y no editorial
mente deseable (esperamos que alguno de nuestros lectores se nos acerque y nos
indique un ejemplo de un buen uso de una lista dentro de otra).

La Figura 7-5 muestra diferentes opciones de lista. Seleccione los indicados para
usted cuando se dedique a crear sus páginas Web.

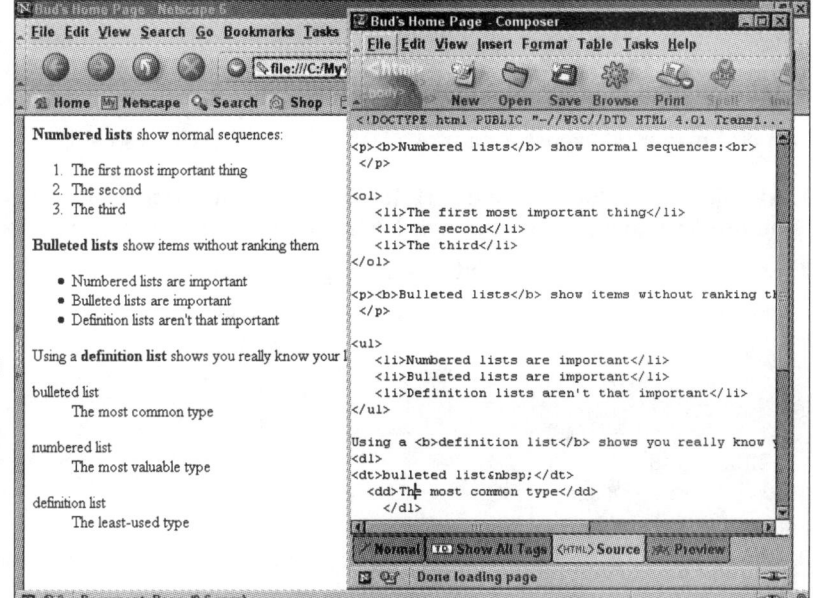

Figura 7-5:
Enumere to-
das sus op-
ciones y,
luego, se-
leccione
una.

Introducir Texto en HTML

Introducir texto directamente en HTML es muy desafiante al principio porque usted
tendrá que pasar mucho tiempo pensando en las etiquetas de HTML en vez de lo
que desea decir. Después de un rato, sin embargo, se acostumbrará y trabajará con
las etiquetas de HTML –aunque seguirá siendo tedioso– se convertirá en una rutina.
La buena noticia es que trabajar de esta manera le da control completo sobre lo que
su HTML estará haciendo.

Esta sección muestra cómo usar el HTML para completar las siguientes tareas sencillas de autoría en la Web y a llenar su primera página Web:

✔ Introducir el texto.

✔ Formatear texto.

✔ Poner algo del texto en una lista.

✔ Revisar como se ve el texto en un explorador de la Web.

El resto de esta sección muestra cómo completar estas tareas con HTML en un programa editor de texto; en la siguiente sección, le mostraremos cómo completar estas tareas en Netscape Composer.

Introducir y formatear texto

La mejor manera de acostumbrarse a trabajar con el HTML es esta:

1. **Abra o cree un documento de HTML en un editor de texto. Dele a su documento un título y agréguele las etiquetas META, como está descrito en el Capítulo 6.**

2. **En la ventana de edición, introduzca algo de texto.**

   El ejemplo de las figuras de este capítulo incluye el siguiente texto:

   ```
   I just got a new portable computer.
   I'm extremely happy with it.
   My favorite things about it are:
   1.2 GHz Pentium MMX processor
   20GB hard disk
   128MB of RAM (I wish it had 256MB though)
   It's much faster than my old portable computer.
   ```

3. **Empiece rodeando las líneas de texto regular con las etiquetas de párrafo (<P> y </P>).**

   En el texto de ejemplo, colocamos las etiquetas de párrafo antes y después de las primeras tres líneas y en la última línea.

4. **Busque el texto que desea formatear.**

   En el texto de ejemplo, destacamos la palabra "extremely", de la frase "extremely happy".

5. **Ponga etiquetas de formato, como <B> y </B> o <I> y </I>, alrededor del texto, para formatearlo.**

   Las etiquetas aparecen alrededor del texto. Este aparecerá como formateado cuando lo vea en un explorador de la Web. En el texto de ejemplo, pusimos la palabra "extremely" en negrita.

Asegúrese de aplicar la etiqueta de cierre en el lugar donde se necesite, para cada etiqueta de inicio.

Crear una lista

Poner el texto en una lista funciona muy parecido a aplicar formatos de párrafo, como Heading 1 (Encabezado 1), pero usted tiene que trabajar con varias líneas a la vez:

1. **Identifique las líneas de texto que desee poner en lista.**

   En el texto de ejemplo, creamos una lista con las líneas acerca del procesador (processor), el disco (disk) y el RAM.

2. **Rodee las líneas seleccionadas con las etiquetas** <UL> **y** </UL> **para obtener una lista de viñetas o con las etiquetas** <OL> **y** </OL> **para una lista numerada.**

3. **Anteceda cada ítem de la lista con la etiqueta** <LI> **para identificarlo como un ítem de lista.**

   Aquí está cómo luce el ejemplo:

```
<P>I just got a new portable computer.</P>
<P>I'm <B>extremely</B> happy with it.</P>
<P>My favorite things about it are:</P>
<UL>
<LI>1.2 GHz Pentium MMX processor
<LI>20GB hard disk
<LI>128MB of RAM (I wish it had 256MB though)
</UL>
<P>It's much faster than my old portable computer.</P>
```

   El texto aparece inmediatamente como una lista.

   Refiérase a la Figura 7-6 para ver cómo aparece la pantalla en este punto del ejemplo.

Para más sobre los términos de HTML, como lista numerada o lista de viñeta, refiérase al Capítulo 4 para los elementos básicos del HTML, y a las secciones anteriores de este capítulo para detalles acerca de cuándo usar cada tipo de lista.

Ver la página Web

Cuando se trabaja en un documento de texto que usa HTML (lo cual le permite ser recordado constantemente de las etiquetas de HTML que se usan) es muy útil ser recordado de la apariencia real que tendrá la página Web y, así, poder ir a solucionar cualquier problema que surja durante el proceso. Esta es una manera de llevar el control de la apariencia final que tendrá su página Web mientras se trabaja en el HTML:

1. **Seleccione File⇨Save para guardar su documento.**

2. **Abra un explorador de la Web, como Internet Explorer.**

3. **Use el Comando⇨Open de su explorador para abrir el archivo. En el recuadro de diálogo Open, navegue al archivo que acaba de guardar, y selecciónelo. Haga clic en Open para abrir el documento.**

   Su documento Web aparece en la ventana de su explorador de la Web.

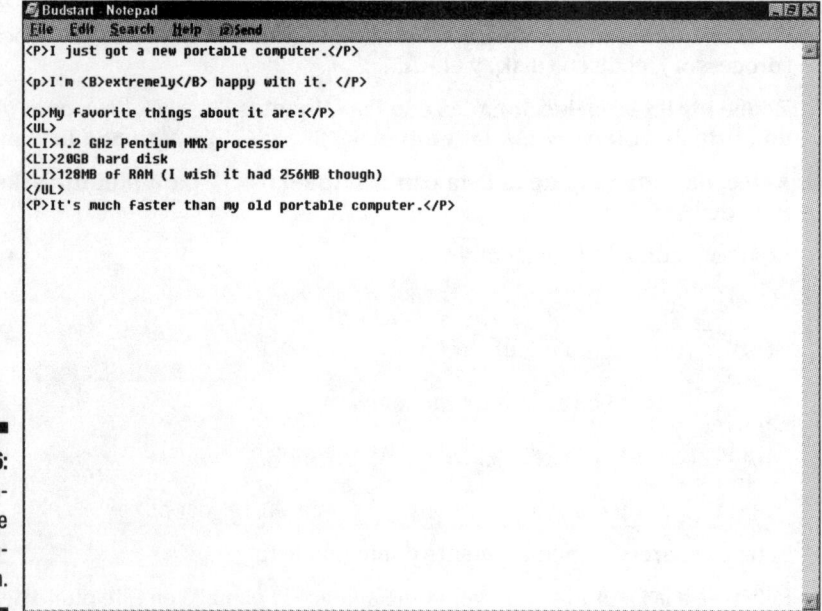

```
Budstart - Notepad
File  Edit  Search  Help  Send
<P>I just got a new portable computer.</P>

<p>I'm <B>extremely</B> happy with it. </P>

<p>My favorite things about it are:</P>
<UL>
<LI>1.2 GHz Pentium MMX processor
<LI>20GB hard disk
<LI>128MB of RAM (I wish it had 256MB though)
</UL>
<P>It's much faster than my old portable computer.</P>
```

Figura 7-6:
Use etiquetas para que su lista funcione bien.

4. **En su editor de texto, hágale un cambio visible a su texto de HTML.**

   Intente agregar una oración nueva, con formato o sin él.

5. **Guarde el archivo.**

Si usted no guarda el archivo en el disco duro, no podrá ver los cambios cuando esté en el explorador.

6. **Haga clic en el botón Refresh o Reload, en su explorador.**

   La página Web actualizada aparece en su explorador.

7. **Cuando termine, guarde su documento y salga de Windows Notepad o del editor de texto que esté usando.**

Introducir Texto en Netscape Composer

Llenar su primera página Web con Netscape Composer es divertido porque usted puede hacer casi todas las cosas que querría hacer con una página Web, a pesar de que Netscape Composer no lo deja hacer mucho más allá de lo básico. Conforme experimente con Netscape Composer, descubrirá que puede usar todas las funciones básicas del HTML, sin tener que preocuparse de las etiquetas de HTML.

Esta sección le muestra cómo completar las siguientes tareas simples de autoría en la Web y llenar su primera página Web:

✔ Introducir el texto.

✔ Format the text.

✔ Poner algo del texto en una lista.

✔ Ver el texto subyacente etiquetado con HTML.

Esta sección le muestra cómo realizar estas tareas con Netscape Composer; en la sección previa, le mostramos cómo realizarlas directamente con un editor de texto HTML.

Refiérase al Capítulo 5 para información acerca de obtener el Composer y al Capítulo 6 para información sobre cómo crear su página Web inicial en Composer.

Puede aprender HTML muy rápidamente si trabaja en Composer y, luego, hacer clic en la pestaña HTML Source periódicamente, para ver el HTML auténtico que subyace en su página Web.

Introducir y formatear el texto

Editar el texto para sus páginas Web usando Netscape Composer es fácil y divertido porque puede usar las opciones de formato que se permiten en páginas Web –y solo esas opciones. Eso significa que instantáneamente estará viendo las mismas cosas que verán los visitantes de su página Web– y sin gastar el tiempo con opciones que no serán entendidas en la Web. Siga estos pasos para digitar y formatear algo de texto:

1. **Abra o cree un documento Web y dele a su documento un título. Luego, agréguele las etiquetas META, como está descrito en el Capítulo 6.**

2. **Digite el encabezado que desea usar en la parte superior de su página Web.**

Por ejemplo, introducimos Sierra Soccer Club, como el primer encabezado.

3. Mueva el cursor a la misma línea como el texto de encabezado.

4. Desde el menú descendente de la izquierda, seleccione Heading 1.

El texto del encabezado cambia el formato al estilo Heading 1.

Cualquier estilo de HTML –comandos de formato del nivel del párrafo– que seleccione afecta al párrafo entero de texto en que descansa el cursor.

5. Mueva el cursor a la línea nueva.

6. Digite un poco de texto de introducción para su página Web.

Cuando alguien busca su página Web usando un motor de búsqueda, este puede desplegar el título de la página Web, como se describe en el Capítulo 6, y las primeras palabras que aparecen en el documento. Asegúrese de que las primeras oraciones del texto que sigue al título sean una verdadera introducción a la página entera o al sitio Web.

En el documento que creamos para este capítulo, digitamos:

```
Sierra Soccer Club is a boys' soccer club that practices
and plays at the highest altitude of any in the United
States. If you meet the following qualifications, you
may be eligible to become a member of Sierra Soccer Club:
Born in 1993 or 1994. Sierra Soccer Club has played
together since its founding members were 5 and 6 years
old, and will stick together as they grow up. All our
club members must be born in 1993 or 1994.
Some soccer experience. If you have played in organized
leagues before, or if you're a skilled school player,
we may be able to help take your game to new levels.
Good academic record. We are proud that our club members
maintain good standing in school as well as in soccer.
```

7. Destaque cualquier texto que desee formatear.

En nuestro documento, destacamos las palabras Sierra Soccer Club al principio de la primera oración.

8. Haga clic en el botón para el estilo del formato que desee: el botón B para Bold (Negrito), el botón I para Italic (Cursiva), o el botón U para Underline (Subrayado).

En nuestro ejemplo, hemos puesto en negrita Sierra Soccer Club. El texto destacado toma el formato seleccionado.

Crear una lista

Poner ítemes en una lista funciona en muchos aspectos del mismo modo que aplicar formatos de párrafo, como Heading 1. Solo seleccione las líneas del texto y elija el efecto deseado:

1. Destaque las líneas que desee convertir en una lista.

En nuestro documento, destacamos las líneas que empiezan:

```
Born in 1993 or 1994

Some soccer experience

Good academic record
```

2. Desde el menú descendente, seleccione el estilo de lista que desee: Bulleted List o Numbered List.

El texto instantáneamente cambia su formato en el estilo de lista que seleccione, como se muestra en la Figura 7-7.

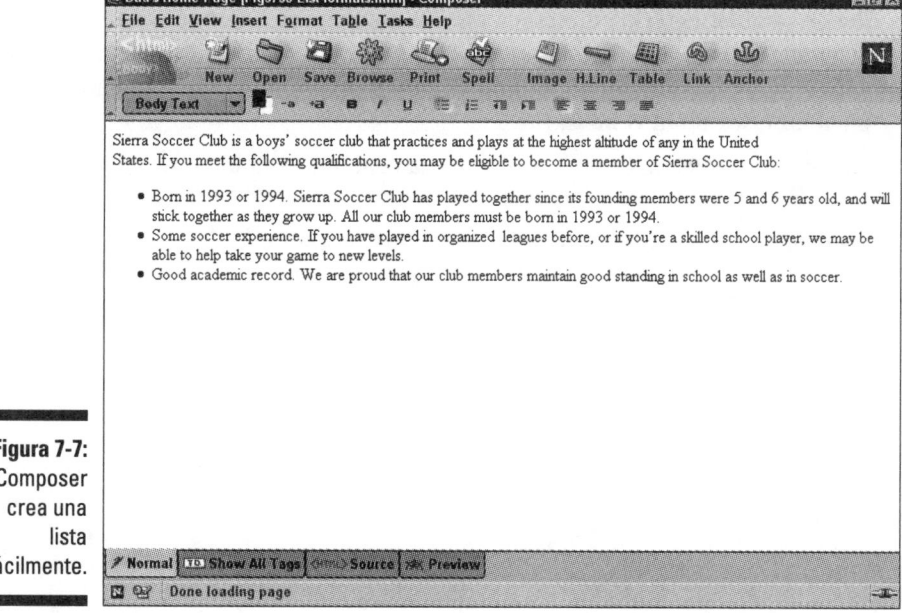

Figura 7-7:
Composer
crea una
lista
fácilmente.

Para más sobre los términos de HTML, como lista numerada o lista de viñeta, refiérase al Capítulo 4, y a las secciones anteriores de este capítulo para detalles acerca de cuándo usar cada tipo de lista.

Ver el HTML

Al trabajar con una herramienta WYSIWYG ("lo que ve es lo que obtiene") como Netscape Composer, a menudo querrá ver el código subyacente HTML. Hacer esto le permite descubrir cómo funciona el HTML y le da la oportunidad de hacer ajustes en las etiquetas de HTML que afectan la forma en que se ve su página y la forma en que se comporta en la Web. Aquí le decimos cómo revisar el código de HTML de su página en Netscape Composer:

1. **Seleccione View⇨HTML Source, o haga clic en la pestaña <HTML> Source, en la parte inferior de la ventana.**

   La fuente de HTML de su página aparece.

2. **Haga cualquier cambio necesario a su HTML.**

   Puede cambiar el HTML directamente, los cambios se reflejarán cuando regrese al modo de edición normal.

3. **Seleccione View⇨Normal Edit Mode, o haga clic en la pestaña Normal en la parte inferior de la ventana.**

   La ventana Netscape Composer despliega cualquier cambio que haga en el código de HTML que cause diferencias visibles en su página Web.

4. **Guarde su documento y salga de Netscape Composer.**

Capítulo 8

Agregarle Vínculos a su Página Web

●　●

En este capítulo

▶ Buscar sobre los elementos básicos de los vínculos

▶ Vínculos dentro de una página

▶ Evitar los errores

▶ Vincular a una página Web

▶ Crear un vínculo Mailto

●　●

*L*os *hipervínculos* de la Web –las conexiones que le permiten ir de una página a otra con un solo clic– son la clave de lo que hace maravillosa a la Web. También son un poco complicados de crear, probar y mantener. Le enseñaremos a hacerlo bien en este capítulo.

Los hipervínculos, conocidos también como *vínculos*, tienen una larga y honorable historia. Son el concepto detrás del *hipertexto*, una especie de escritura que aprovecha la capacidad de las computadoras y las redes de conectar un punto de un texto con otra información que apoya, da detalles, describe o relata o, incluso, hasta contradice la información del punto donde se encuentra el vínculo.

El hipertexto fue discutido e implementado en sistemas pequeños mucho antes de que fuera inventada la World Wide Web (es decir la interfaz gráfica de usuario que utiliza la Internet hoy). Ted Nelson inventó el término alrededor de 1960 y promovió la idea por décadas. Escribió un famoso libro llamado *Computer Lib/Dream Machines* que describía muchos tipos diferentes de hipertexto y usos para él (el libro ya no se imprime).

La idea del hipertexto se hizo popular dentro de la industria de las computadoras a lo largo de los años 1980, conforme más y más computadoras empezaron a ser conectadas en redes. La razón del crecimiento del interés en el hipertexto fue simplemente la verdad tras la ley llamada Ley de Metcalf: el valor de una red aumenta exponencialmente con el número de computadoras conectadas a ella.

Lo mismo ocurre con los hipervínculos. Usando un hipervínculo, usted puede conectar su página Web a cualquier información de alguna página Web existente. Conforme la Web ha crecido, el número total de hipervínculos disponibles ha crecido con ella rápidamente, hasta el punto de que ahora el número de vínculos es aparentemente infinito. Hacer clic por toda la Web con ayuda de los hipervínculos es tan divertido que para describir el proceso se ha usado la expresión "surfear la Web".

Los hipervínculos también funcionan para llevar información a su página Web. Los gráficos que aparecen anidados dentro de una página Web son en realidad archivos separados; hipervínculos de documentos de HTML que definen una página Web y apuntan a cada gráfico. Realmente, a la Web no le importa si los gráficos de su página Web están en la misma máquina o esparcidos a lo largo de la Web, aunque los tiempos de descarga para su página Web serían inconsistentes si sus diversos archivos están esparcidos por todos lados.

Describiremos estos diferentes tipos de hipervínculos por separado, y le mostraremos cómo usar cada tipo diferente en su página Web. También le diremos cómo evitar algunos de los problemas que surgen a menudo con los hipervínculos de su página Web.

Elementos Básicos de los Vínculos

Antes de adherirse a un cierto tipo de vínculos, como se describe en este capítulo, es útil tener una introducción acerca de cómo operan los vínculos. La idea básica, recuerde, es para que su documento de HTML –el corazón de su página Web –se pueda referir a otro archivo. El usuario puede ver ese archivo de su página Web o hacer clic en algo de su página para irse y enlazarse con otra vida.

Uno de los mayores problemas que tienen los usuarios de la Web son los vínculos rotos. Encontrar un vínculo roto es muy frustrante, y usted, como editor de la Web, quizás no descubra el problema por algún tiempo. Cree y pruebe sus vínculos con cuidado para evitar los vínculos rotos.

Cómo funcionan los vínculos

El mecanismo básico para crear un vínculo de una página Web a otra es simple. Usted usa la etiqueta <A>, o ancla, para iniciar el vínculo. Dentro de la etiqueta del ancla, usted puede especificar a dónde se dirige el vínculo, usando la opción HREF para especificar la referencia de hipertexto, o el destino, del vínculo. Alternativamente, dentro de la etiqueta del ancla, puede especificar un nombre para el vínculo. Algún texto dentro de su documento usualmente sigue a la etiqueta ancla. Una etiqueta </A>, o de final de ancla, luego sigue el texto.

Este es un ejemplo de una etiqueta de ancla típica dentro de una oración de texto:

```
Visit the <A HREF="www.dummies.com">For Dummies site</A> for more
                            information.
```

Aquí es como se vería en un típico explorador de la Web:

```
Visit the For Dummies site for more information.
```

Mouseover y mouseout

Los exploradores de la Web dan soporte a una función que muchos usuarios ya han aprendido a aprovechar: el soporte mouseover. Cuando su mouse se mueve sobre un vínculo, el destino del vínculo aparece en la esquina inferior izquierda de la ventana del explorador (algunas versiones de Internet Explorer tienen una barra de estado, donde aparece el destino, desactivado de manera predefinida; seleccione View⇨Status Bar para activarlo y ver los vínculos destino). Puede usar este soporte mouseover para revisar sus propios vínculos cuando esté probando su sitio, tanto antes como después de publicarlo. Esté seguro de que sus sabios usuarios tomarán ventaja de la función mouseover para ver hacia dónde apuntan los vínculos.

En una típica página Web, el texto subyacente (llamado *texto del vínculo*, porque es donde el usuario hace clic para seguir el vínculo) aparecería también subrayado y de color azul.

El otro tipo de vínculo que se crea comúnmente en su página Web es un vínculo de imagen. Este tipo de vínculo se inicia en su página Web con la etiqueta de imagen, <IMG>. Debe usar la opción SRC, que casi aparece dentro de la etiqueta <IMG>, para especificar dónde vive la imagen. Para los sitios simples, la imagen se debe almacenar en la misma carpeta que el archivo de HTML que vincula a la imagen. Así, la opción SRC es muy simple:

```
<IMG SRC="myuglymug.jpg">
```

El siguiente capítulo le da muchos detalles importantes sobre los gráficos y los vínculos a gráficos. En este, nos enfocamos en cómo vincular a un archivo de imagen deseado, sin importar si está en su propia computadora o en un servidor de la Web.

Vínculos y URL

Los vínculos tienen dos propósitos principales: ayudarle al usuario a hacer clic en un vínculo y marcharse a otra página Web, o traer archivos gráficos y desplegarlos en su página Web. Sea cual sea el vínculo que está creando, necesitará saber cómo especificar el sitio donde se localiza el archivo.

La mayoría de errores de vinculación caducan por malentendidos sobre la forma en que funcionan los URLs cuando se está vinculando desde el archivo de HTML que está en el corazón de su página a otra página o a un archivo de gráficos. Entender cómo funcionan los URLs le ayudará a crear páginas más interesantes y a experimentar mucha menos frustración cuando crea y edita su página. La Tabla 8-1 resume cómo crear las diferentes clases de vínculos.

Tabla 8-1	URL y páginas Web de ejemplos		
	URL	*Ejemplo de página Web*	*Ejemplo de gráfico**
La misma carpeta	`filename`	`<A HREF="mycv.html">text</A>`	`<IMG SRC="my face.jpg">`
Una carpeta diferente a un nivel más bajo de la misma ruta	*nombre ruta/ nombre archivo*	`<A HREF="subpages/mycv.htm">text</A>`	`<IMG SRC="grfx/myface.jpg>`
Una carpeta diferente en una ruta diferente	*nombre de ruta/ nombre de archivo*	`<A HREF="../theotherpage/otherpage.htm>text</A>`	`<IMG SRC="../sharegfx/proface.gfx>`
Página principal (index.htm o index .html) en un servidor diferente	*nombre del dominio*	`<A HREF="www.largedomain.com">text</A>`	**Improbable**
Página interna en un servidor diferente,	*nombre del dominio/ nombre de ruta*	`<A HREF="www.largess.com/files/bud.htm">text</A>`	`</IMG SRC="www.largess.com/gifs/icon27.gif">`

URL	Ejemplo de página Web	Ejemplo de gráfico*	
Vínculo dentro de una página	*cualquiera de los anteriores* +#anchorname	`chor"></A>;` `NAME="myan<<A` `A HREF="www.` `largess.com/` `#myanchor>` `Go to my` `anchor</A>`	No aplica

* Este ejemplo deja por fuera la opción ALT y otras opciones importantes de gráficos, que se describen en el Capítulo 9.

Vincular a un archivo de otro servidor

Los tipos más fáciles de vínculos son en realidad los vínculos que apuntan a otro servidor de la Web. Esto ocurre así porque usted puede obtener el URL para el vínculo fácilmente; este es el mismo URL que puede verse cuando se visita un sitio usando un explorador de la Web. Cuando usted vincula a un archivo ubicado en un servidor diferente de aquel donde se ubica su archivo de HTML, puede vincular dos clases de URL:

- ✔ **Diferente servidor, página principal:** Esta es la clase más fácil de URL: solo dele el mismo nombre de dominio que usted usó para la página principal del sitio Web. Por ejemplo, si conoce de un sitio Web dedicado a los fanáticos de las carreras de caballos que se llame así: `www.mygreenhorse.com`, simplemente dé ese URL como referencia de hipertexto.

- ✔ **Diferente servidor, página diferente de la principal:** Esta clase de URL también es fácil; es solo el URL, pero el URL es un poco más grande, ya que incluye tanto el nombre dominio como una ruta hacia el archivo específico que se necesita. Hay algo más: cuando se vincula a un archivo ubicado en un sitio grande, por lo general, el URL es un montón de enredos.

Por ejemplo, aquí hay un URL de una búsqueda de Google:

```
http://www.google.com/search?hl=en&q=gumby+show
```

La Figura 8-1 muestra esta búsqueda y sus resultados.

El URL en realidad no es una localización de archivo; es una consulta de base de datos almacenada en un URL. Sea lo que sea, no es algo por lo que usted deba preocuparse. Solo busque la página deseada, copie y pegue el URL en su página Web y tendrá un vínculo exacto (al menos hasta que cambie algo en el sitio al que está vinculando).

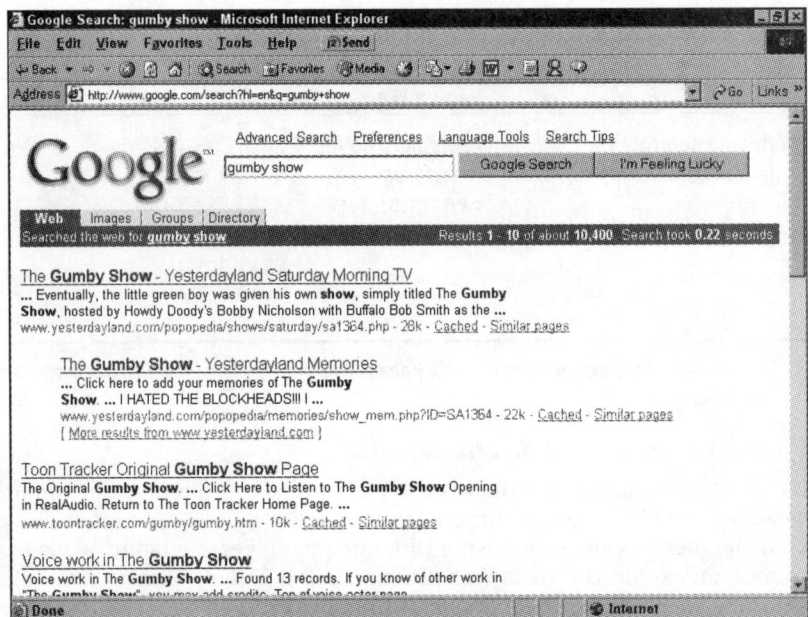

Figura 8-1:
Una bús-
queda típica
genera un
largo URL.

No necesita incluir el nombre del archivo en la ruta de una página Web
si el nombre de la página es `index.htm` o `index.html`. La mayoría de
editores de la Web solo usan este nombre de archivo para la página
principal de su sitio, pero otros también lo usan para las principales
páginas de navegación dentro del mismo sitio.

No se preocupe si no ve `index.htm` o `index.html` cuando visita la página principal de su sitio Web; el sitio automáticamente está cambiando el
mapa del nombre de archivo que su explorador necesita, por el nombre
del que desea usar. Intente digitar el URL sin un nombre de archivo específico; si eso funciona, no necesita el nombre del archivo en el vínculo.

Vincular a un archivo del mismo servidor

Es más difícil vincular a un archivo del mismo servidor que a un archivo ubicado en
otro. Eso ocurre por dos razones: es más fácil escribir mal la ruta cuando se vincula
a un archivo local, porque no se puede solo copiar y pegar un URL Web, y la ruta que
se específica al probar su propia máquina puede cambiar cuando publica su sitio
Web moviéndolo a un servidor de la Web. Esto puede causar que el URL que ha estado usando pierda su vigencia, rompiendo los vínculos dentro de su sitio.

Cuando vincule a un archivo ubicado en el mismo servidor, no dé el nombre del
servidor, solo déjelo por fuera. Su explorador de la Web sabe buscar el mismo servidor de la página Web si no se ha especificado uno en la ruta.

Si usted vincula a un archivo del mismo servidor que su archivo de HTML, existen tres tipos de URL a los que puede vincular:

✔ **Mismo servidor, misma carpeta:** Si un archivo está en el mismo servidor y en la misma carpeta que el archivo de HTML, no necesita ninguna información de ruta. El nombre de la ruta es simplemente el nombre del archivo. Para vincular a una página Web llamada `myresume.htm` que esté en la misma carpeta que su página Web, el nombre de la ruta es sencillamente `myresume.htm`.

✔ **Mismo servidor, subdirectorio:** Si un archivo está en un subdirectorio o una subcarpeta bajo el archivo de HTML que tiene el vínculo, usted necesita incluirla ruta del archivo de HTML en la carpeta que contiene la otra página Web o el archivo del gráfico. Por ejemplo, si tiene una carpeta que contenga su página Web y una subcarpeta llamada `grfx`, con los archivos de los gráficos) la ruta a la imagen llamada `myface.jpg` sería `grfx/myface.jpg`.

✔ **Mismo servidor, no en la misma ruta:** Las cosas empiezan a ponerse un poco enredadas si desea vincular a una página Web o a un archivo de gráficos que está en el mismo servidor, pero con una ruta diferente. Usted puede ya sea dar un nombre de ruta absoluto que describa la ruta desde el comienzo de la estructura del directorio del servidor hasta el archivo, o un nombre de ruta relativo desde su página Web hasta el archivo. Un ejemplo de una ruta absoluta, en una máquina cuyo disco duro principal se llame `maya`, sería `maya/mypage/grfx/yourface.jpg`. Un ejemplo de una ruta relativa al mismo archivo, desde un archivo de HTML almacenado en `maya/mypage/webpages/index.html`, sería `../grfx/yourface.jpg`.

Use los caracteres `../` para indicar que se debe subir un nivel en la jerarquía actual de la carpeta. No es muy fácil para los usuarios, pero es lo suficientemente simple una vez que uno se acostumbra.

Vincular dentro de una página

Hay elementos más intrincados referentes a los nombres de las rutas que son fáciles de obviar, pero que son importantes: es posible vincular a un destino dentro de una página Web, incluyendo la parte superior de la página.

El único problema es que el HTML no le permite especificar una ubicación dentro de la página con lenguaje normal (no se puede decir simplemente: "vincule al punto ubicado entre las fotos de Madonna y de Britney Spears"), en su lugar, necesita crear un marcador especial para vincular, debe crear una *ancla*.

Técnicamente, cualquier vínculo que cree es un ancla, pero la gente por lo general los llama HREFs si vincula a un elemento como otra página o una imagen. El término ancla se usa más para expresar un marcador especial que cree en un archivo de HTML para darles a los otros archivos de HTML un punto específico al cual referirse.

Para crear un ancla, simplemente debe poner las etiquetas <A> y </A> en su página Web, por ejemplo:

```
<A NAME="aboveMadonna"></A>
```

No necesita cerrar texto entre las etiquetas <A> y </A> porque el ancla que se crea conduce al renglón ubicado después del ancla.

Para vincular a una ancla, debe agregar el símbolo # y el nombre del ancla a cualquier otra clase de URL. En caso de que usted haya colocado diez anclas en una página Web, una sobre cada encabezado de importancia, y que las haya enumerado del 1 al 10, un vínculo a la tercera ancla, desde la misma página Web se vería así:

```
Check out the <A HREF="#3">third</A> wonderful reason to vote for me.
```

Evitar errores

Es fácil cometer errores en su sitio Web cuando se especifican vínculos, también es fácil que los "buenos" vínculos se rompan por cambios hechos en el sitio Web al que está vinculando. Estas son algunas formas de prevenir problemas y de administrar los problemas cuando estos se presentan:

✔ **Mantenga todas sus páginas Web en una carpeta.** Cuando todo su sitio es solo una página Web, sus únicos vínculos son a las imágenes que se despliegan como parte de su página. Ponga las imágenes en la misma carpeta que el archivo de HTML que define su página Web. De esa manera, sus vínculos a las imágenes serán simples (solo el nombre de archivo) y cuando usted publique el sitio, solo deberá mover una carpeta de su máquina al servidor de la Web.

✔ **Mantenga todo su sitio Web en una carpeta.** Cuando usted haga crecer su página Web a un sitio de muchas páginas, puede mantener todos los archivos de HTML que definen sus páginas Web, a la vez que todas las imágenes usadas, en una sola carpeta, lo cual simplifica mucho los vínculos. Esto puede dejar de ser funcional luego de un tiempo.

Aquí hay una alternativa para los sitios con más de un par de docenas de archivos: cree una jerarquía simple en la que cada archivo de HTML esté en una carpeta llamada igual que el archivo de HTML, las imágenes compartidas en una carpeta separada y los gráficos usados solo en una página almacenados con esa página. Esto es un nivel mayor de complejidad, pero al menos tendrá algunas reglas para trabajar.

✔ **Evite vínculos internos a páginas Web de otros sitios.** Es muy divertido vincular directamente a un punto ubicado dentro de una página Web de otro sitio, pero en este caso se depende totalmente de un ancla que puede ser eliminada si la página Web es actualizada. Intente usar solo vínculos internos dentro de su propio sitio; de ese modo, al menos sabrá a quién culpar si el ancla a la que apunta es eliminada o movida.

✔ **Revise todos los vínculos antes de publicar.** Antes de publicar su página o su sitio Web, pruebe absolutamente todos los vínculos para asegurarse de que los gráficos se carguen apropiadamente. Si existe un problema, efectúe el cambio y revíselo de nuevo para asegurarse de que el cambio haya solucionado el problema.

✔ **Revise todos los vínculos después de publicar.** Es perfectamente posible que algunos de sus vínculos Web (tanto vínculos a imágenes dentro de la misma página como vínculos a otros sitios) se rompan cuando publique su sitio. Revíselos para estar seguro. Si encuentra problemas soluciónelos, pruébelos en su máquina local y, luego, vuelva a publicar su página Web.

✔ **Revise todos los vínculos cada quince días.** Es muy normal que los otros editores de la Web hagan cambios en los sitios de los cuales usted depende (y es casi un hecho que cuando usted piense que la página Web a la que usted ha realizado un vínculo nunca cambiará, esta, sencillamente, cambie. Siga revisando los vínculos cada quince días para asegurarse de que todos están bien (y actualice cualquier contenido desactualizado de su sitio mientras tanto).

Vincular a una Página Web

Aquí haremos un resumen de los diferentes tipos de vínculos que se pueden crear y de cómo implementarlos tanto en el HTML puro como en Netscape Composer. En realidad, agregar un vínculo es muy distinto cuando se trabaja directamente en el HTML que cuando se hace en una herramienta como Netscape Composer.

Agregar vínculos a páginas Web en HTML

Para vincular a una página Web, solo cree una etiqueta de ancla y dele una ruta a la página deseada (y cualquier ancla que se aplique). A continuación, se ofrecen algunos ejemplos:

✔ Vincular a la página principal de un sitio con su propio nombre de dominio:

```
<A HREF="www.greatdomain.com">Go to the great domain.</A>
```

✔ Vincular a la página dentro de un sitio, dándole el nombre de ruta y el nombre de archivo:

```
Read my review of <A HREF="www.greatdomain.com/reviews/
                   budspeaks.htm">the great domain.</A>
```

✔ Vincular a la página del mismo servidor y en la misma carpeta que su página Web:

```
I've created a <A HREF="gdlikes.htm">Web page</A>
                    summarizing what I like about the great domain.
```

✔ Vincular a la página del mismo servidor, en una subcarpeta ubicada bajo su página Web:

```
I've created a <A HREF="/opinions/gdlikes.htm">Web page</A> summarizing what I like
                        about the great domain.
```

✔ Vincular a un ancla dentro de una página Web:

```
Now I don't like some things about <A HREF="www.greatdomain.
                com/news/policies.htm#payupnow">the great
                domain.</A>
```

En este último ejemplo, tiene que crearse un ancla llamada #payupnow en la página policies.htm de la carpeta News, del sitio Web www.great-domain.com. De no ser así, el explorador de la Web del usuario llevará a este a la página indicada, pero abrirá la parte superior de la página, no el punto deseado de la página.

Cuando se introduce un nombre de dominio para una referencia de hipertexto, su explorador busca index.htm o index.html, si no ve ningún nombre de archivo.

Agregar vínculos a páginas Web en Composer

Crear un vínculo en Composer puede ser un poco confuso. Siga estos pasos cuidadosamente para crear un vínculo en Composer sin problemas:

1. Abra Composer y su página Web, como se describe en el Capítulo 5.

2. Introduzca el texto que desea que aparezca el vínculo.

Introduzca primero el texto, antes de especificar el vínculo.

3. Seleccione el texto que desea usar como texto de vínculo.

Seleccione el texto que desea usar como texto de vínculo, de modo que sea destacado.

No seleccione el espacio ubicado antes o después del texto que desea usar; se vería raro tener un vínculo que incluya espacios vacíos al principio o al final.

4. Abra el recuadro de diálogo Link Properties seleccionando Insert⇨Link o pulsando Ctrl+L. Haga clic en el botón More Properties para que aparezcan todas las opciones.

Aparecerá el recuadro de diálogo Link Properties, como se muestra en la Figura 8-2. El texto destacado aparecerá en la parte superior del recuadro de diálogo, al igual que el texto del vínculo.

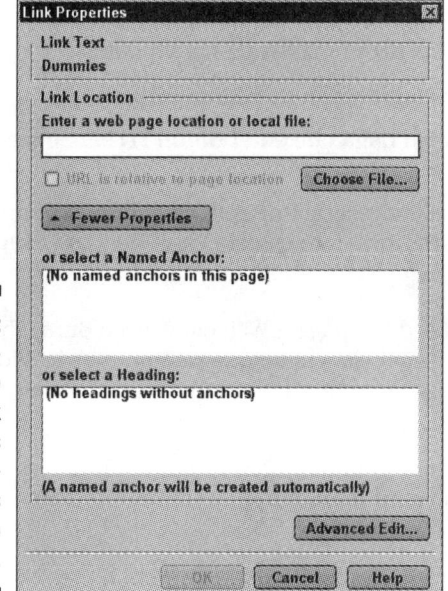

Figura 8-2:
Use el recuadro de diálogo Link Properties para configurar los vínculos en Composer.

También puede introducir el texto del vínculo abriendo el recuadro de diálogo Link Properties sin texto destacado y, luego, introduciendo el texto del vínculo en el cuadro Link Text. Cuando haya concluido, el texto del vínculo aparecerá en la página. No obstante, cualquier cosa digitada inmediatamente después de él se convertirá en parte del texto del vínculo, lo cual puede ser molesto.

5. **Para un vínculo a otro sitio, introduzca el URL al que desea vincular. Para un vínculo a su propio sitio, introduzca el URL manualmente o haga clic en el botón Choose File. Navegue hasta el archivo al que desea vincular, luego haga clic en Open.**

   Use un URL relativo para la mayoría de los vínculos de una página Web ubicada en el mismo servidor que la página que contiene el vínculo. Refiérase a la sección "Vincular a un archivo del mismo servidor," para detalles acerca de cómo componer el URL).

La casilla de verificación URL es relativa a la localización de la página, automáticamente estará sin marcar o marcada, dependiendo de cuál localización introduzca. Esto ayuda a confirmar que la localización del vínculo introducido es absoluto o relativo (como se describe en el Capítulo 2), dependiendo del tipo que usted esté tratando de usar.

6. **Si desea usar un ancla existente dentro del archivo al que está vinculando, selecciónela de la lista. Solo para los archivos locales: si el ancla no existe, pero desea crear una junto al encabezado, seleccione el encabezado de la lista. Netscape Composer abrirá el archivo y creará un ancla junto al encabezado.**

Este programa hace mucho por usted, ¡para ser un programa gratuito!

7. Haga clic en OK para aceptar las propiedades de los vínculos.

El código apropiado de HTML se agregará a su página Web.

8. Seleccione View⇨HTML Source o haga clic en el botón HTML Source para revisar el HTML subyacente.

El código de HTML de su página aparecerá. Revíselo, usando la información sobre los vínculos que aparece anteriormente en este capítulo, para asegurarse de que todo va bien.

Cada cierto tiempo, guarde su página Web en el disco duro, ábrala en un explorador de la Web, pruébela y también examine sus vínculos. Probar vínculos es una de las pruebas más importantes que debe efectuar.

Crear un Vínculo Mailto

Los vínculos *mailto* son uno de los trucos favoritos de la Web. La buena noticia es que son divertidos de configurar y de utilizar. La mala es que no todos los usuarios los pueden usar.

Un *vínculo mailto* es un vínculo que, se supone, debe abrir el programa de correo electrónico del usuario y crear un nuevo mensaje de correo electrónico dirigido a la dirección especificada en el vínculo mailto. El usuario solo tiene que llenar la línea del asunto del mensaje y el contenido, luego, solo hacer clic en Enviar.

A pesar de esto, algunos usuarios encontrarán problemas con este estado de cosas. Algunos exploradores viejos no ofrecen soporte para los URLs. También ocurre que muchos usuarios no tienen sus sistemas configurados de manera que el vínculo mailto realmente inicie su programa de correo electrónico. Y, finalmente, algunos usuarios tienen varios programas de correo electrónico instalados con diferentes cuentas de correo electrónico; el programa de correo que se abre automáticamente no necesariamente puede ser el que el usuario desea en ese momento.

También hay algunos problemas. Las personas que envían spam (correo electrónico no solicitado) consiguen direcciones de correo electrónico creando programas que buscan direcciones de correo electrónico en la Web. Cualquier dirección de correo electrónico puesta en un vínculo mailto puede terminar siendo cosechada para que se le envíe spam.

Cree una cuenta de correo electrónico separada solo para recibir correo de su sitio Web; de ese modo, sus cuentas de correo personal y profesional no podrán ser recolectadas por los programas que envían spam. Existen servicios gratuitos, como Hotmail (en `www.hotmail.com`) que le permiten crear y usar una cuenta de correo electrónico sin ningún costo.

 Los usuarios pueden volverse un poco sensibles si usted ignora sus mensajes de correo electrónico. Asegúrese de revisar si los usuarios han dejado mensajes al menos dos veces por día (aunque tenga que buscar entre una maraña de spam).

Una solución para todos estos problemas es no usar vínculos mailto y evitar cualquier tipo de comunicación con los usuarios. No obstante, preferimos dos alternativas:

✔ **Cree un formulario.** Cuando se le pida introducir información, retroalimentación relacionada con su sitio Web, use un formulario. Un formulario le permite estructurar la información introducida por los usuarios, si se necesita. Y, con un formulario, usted recibirá correos electrónicos, pero el usuario no tiene que preocuparse por el programa de correo que se inicie. Y usted no tendrá que preocuparse de que las personas que envían spam tengan su dirección de correo (refiérase al Capítulo 10 para una discusión sobre formularios).

✔ **Escriba bien la dirección de correo electrónico al usar mailto.** Los usuarios cuyos sistemas están configurados de manera tal que el vínculo mailto usualmente no funciona. Si escribe la dirección de correo electrónico, además de proveer un vínculo mailto, los usuarios que aprovechan el vínculo mailto pueden hacer clic en él, y quienes que no, pueden copiar y pegar la dirección de correo en su programa de elección. La Figura 8-3 muestra un ejemplo, con la dirección de correo electrónico budsmith2000@cs.com marcada como un vínculo mailto. Las siguientes instrucciones muestran cómo hacer esto.

Crear un Vínculo Mailto en HTML

Crear un vínculo mailto en HTML es fácil. Es igual que crear un vínculo regular, pero no tiene que preocuparse de los nombres de las rutas o de los archivos locales contra los archivos de los otros servidores de la Web. Solo agregue una línea de texto y el HTML, de esta manera:

```
If you'd like, send e-mail to Bud Smith, one of the authors,
            at <a href="mailto:budsmith2000@cs.com">
            budsmith2000@cs.com</a>.
```

Tal como ocurre con el vínculo de un hipertexto, verá la etiqueta de ancla y la opción HREF. También de modo similar a los vínculos de hipertexto, usted debe rodear el texto que desea destacar con la etiqueta de ancla al inicio y la etiqueta de final de ancla atrás.

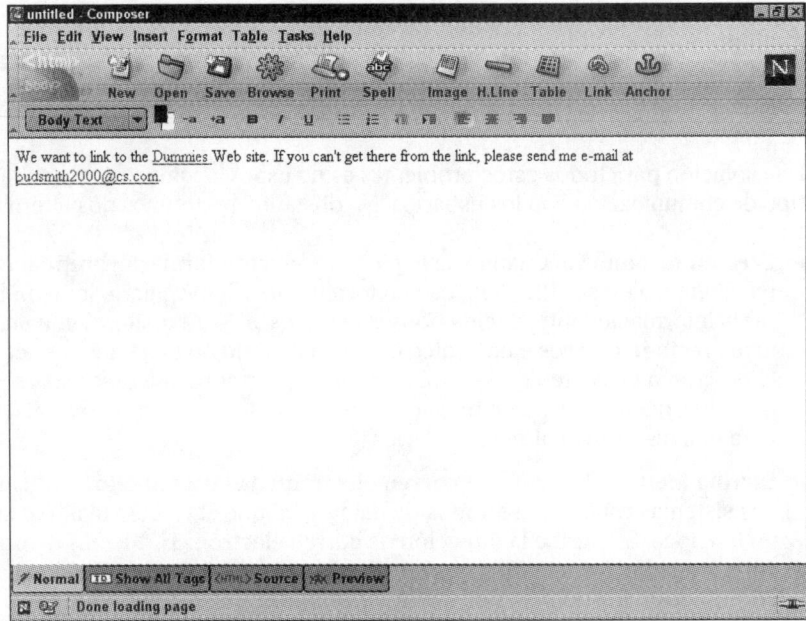

Figura 8-3: Fíjese al lado para ver el URL mailto.

Note que en este ejemplo hemos dado la dirección de correo electrónico del autor de manera explícita, junto con un vínculo a esta. Esto no solo le permite al usuario cortar y pegar la dirección en un programa de correo electrónico de su elección, sino también le permite ver exactamente dónde está enviando el correo electrónico antes de hacer clic. En este caso, los usuarios agradecerán ver alguna información personal, en vez de una dirección genérica como `feedback@budsmith.com` o una dirección de Hotmail que el autor no revisaría muy a menudo.

Crear un Vínculo Mailto en Composer

Crear un vínculo mailto en Composer es como crear un vínculo regular, solo que más fácil. Siga estos pasos:

1. **Abra Composer y su página Web, como se describe en el Capítulo 5.**

2. **Introduzca el texto en el cual desea que aparezca el vínculo mailto.**

   Introduzca primero el texto, antes de especificar el vínculo.

3. **Seleccione el texto que desee usar como el texto de vínculo.**

   Seleccione el texto que desee usar como el texto del vínculo, de modo que esté destacado.

4. Abra el recuadro de diálogo Link Properties seleccionando Insert⇨Link o pulse Ctrl+L.

El recuadro de diálogo Link Properties aparecerá. El texto destacado aparecerá en la parte superior del recuadro de diálogo como un texto de vínculo.

5. Para la ubicación del vínculo, digite mailto: **y la dirección de correo electrónico a la que desea vincular, sin espacios.**

Esto crea un vínculo a la dirección de correo electrónico especificada.

No hay necesidad de buscar otras propiedades para un vínculo mailto; solo se necesitan para los vínculos a un ancla ubicada dentro de un documento.

6. Haga clic en OK para aceptar las propiedades del vínculo.

El código apropiado de HTML se agregará a su página Web.

7. Seleccione View⇨HTML Source o haga clic en el botón HTML Source para revisar el HTML subyacente.

El código de HTML de su página aparecerá. Revíselo, usando la información de los vínculos anotada anteriormente en este capítulo, asegúrese de que está bien. Luego, ¡dese una palmadita en la espalda: usted ha creado exitosamente un vínculo mailto!

Parte III

Páginas Mejores Más Fuertes y Rápidas

La 5a Ola   Por Rich Tennant

En esta parte . . .

Los gráficos de la Web no tienen que ser difíciles, ni tienen que ser grandes porque pueden hacer que la descarga de las páginas sea lenta. Y con nuestra ayuda, usted podrá colocar sus gráficos en sus páginas Web como si fuera un profesional, con el texto ubicado artísticamente alrededor de los gráficos. Y una vez que su página esté perfecta, le mostraremos cómo ponerla en un servidor de la Web.

Capítulo 9

Crear y Agregar Gráficos Listos para la Web

* *

En este capítulo

▶ Usar gráficos

▶ Crear la mayoría de los gráficos con HTML

▶ Crear gráficos avanzados

* *

*H*acer que los gráficos sean parte de la Web parece algo obvio en la actualidad –después de todo, las revistas y los periódicos no funcionarían bien si uno les quitara las fotografías, los dibujos y los pequeños elementos gráficos de las páginas que le dan a cada publicación su "imagen" propia. Pero en los años 80 y 90, antes de la Web, la Internet era un mundo casi solo de texto. El correo electrónico, los grupos de noticias Usenet y los foros de servicio en línea eran ambientes de solo texto; estos operaban, especialmente, en sistemas operativos de solo texto como UNIX y DOS.

Los gráficos fueron los responsables del auge de la Web y continúan siendo el aspecto más difícil para hacer que sus páginas Web estén bien. Puede utilizarlos para dar a entender un "vea y siente" temático, para acentuar ciertas porciones de una página, o incluso para contener la información más importante de un sitio de la Web. Algún uso de los gráficos es necesario para cualquier sitio, excepto los más blandos y utilitarios.

En este capítulo, iremos al meollo al utilizar gráficos y explicar la forma de crear los "efectos especiales" más comunes.

Para tener éxito en la tarea algo compleja de agregar gráficos a sus páginas Web, necesita conocer algunos aspectos básicos de HTML y las páginas Web en general. Cree su página básica utilizando la información en los capítulos previos antes de intentar agregar los gráficos más sencillos. Y si todavía no está familiarizado con las etiquetas de HTML, revise el Capítulo 4 antes de leer este.

Usar Gráficos en su Propio Sitio Web

Las imágenes gráficas ocupan mucho espacio en el disco duro de una computadora (refiérase a la barra lateral "Espacio para texto contra espacio para gráficos", para más detalles acerca de por qué ocurre eso). Y cuando las imágenes gráficas son parte de una página Web, se tarda mucho en pasar del servidor de la Web hasta su computadora, a través de la Internet.

Para hacer que los gráficos sean más rápidos, se deben usar imágenes que tengan tamaños de archivo más pequeños. Hay dos formas de hacer esto. La primera forma es usar imágenes que sean pequeñas en uso y despliegue; es decir, en la cantidad de espacio que ocupan en la pantalla. La segunda es usar imágenes que sean pequeñas en tamaño, o sea, que hayan sido comprimidas para reducir el número de bytes necesitados para almacenar la imagen.

Puede usar dos clases de imágenes comprimidas en sus páginas Web: imágenes GIF y JPEG. La siguiente sección explica estas dos clases de imágenes y cómo usarlas.

Utilizar formatos de gráficos GIF y JPEG

Cada programa de gráficos guarda archivos en su *formato de gráficos propietarios* —el arreglo específico de información que el programa utiliza para guardar sus archivos. Por ejemplo, los gráficos populares de Photoshop guardan archivos en el formato .psd (para documentos de Photoshop); Paint Shop Pro, otro popular programa de gráficos, guarda sus archivos como archivos .psp. (¡Adivine qué significa"psp"!) Los exploradores de la Web por lo general no saben la forma de mostrar archivos almacenados en estos formatos.

Afortunadamente, para los propósitos de utilizar gráficos en HTML, usted necesita preocuparse solo por dos formatos para archivos de gráficos, GIF y JPEG— y no necesita realmente saber mucho sobre sus detalles para utilizarlos.

✔ *GIF,* or *Graphics Interchange Format,* es el formato utilizado por la mayoría de las personas para intercambian gráficos. Originalmente, el GIF se extendió a los otros servicios en línea y luego a la Internet y la Web. Cualquier explorador que soporte gráficos soporta el GIF.

Las imágenes GIF pueden contener hasta 256 colores, así que este formato funciona efectivamente para imágenes que tienen cualquier cosa, desde unos cuantos colores hasta unos cuantos cientos, lo que incluye las imágenes más sencillas y la mayoría de las imágenes creadas en una computadora. Si una imagen tiene más de 256 colores, pierde alguna información de color cuando la convierte a GIF. Debe ver la imagen antes y después de que la convierta a GIF para ver si la conversión afecta notablemente su apariencia.

✔ *El formato JPEG, o Joint Photographic Experts Group,* comprime imágenes comple-jas, como fotografías, con muchas variaciones de color. Esta capacidad hace que el formato JPEG sea el más usado para desplegar fotografías y otras imágenes de as-pecto natural en su página Web (lo que hace que la imagen se vea natural es la for-ma en que aparecen diferentes sombras de un color conforme la luz cae diferente en varias partes de un objeto). Estas imágenes retienen una buena apariencia cuando están comprimidas con el JPEG.

La Figura 9-1 muestra una página Web que utiliza una fotografía de Marc Andree-sen, fundador de Netscape, para ilustrar gráficamente la diferencia en los tamaños de archivos de fotografías en GIF y JPEG. La página Web en esta figura muestra una fotografía completa de Marc Andreesen y parte de una fotografía posterior. En la página Web en sí, encuentra varias versiones de la misma fotografía guardada utili-zando diferentes tipos de compresión; vaya a la página Web para ver la compara-ción. Aquí está el URL para esta página:

```
cgi.netscape.com/assist/net_sites/impact_docs/e-jpeg.html
```

Utilice esta página de prueba GIF/JPEG para probar la velocidad de su propia cone-xión de la Internet. El tamaño total con gráficos es cerca de 70K.

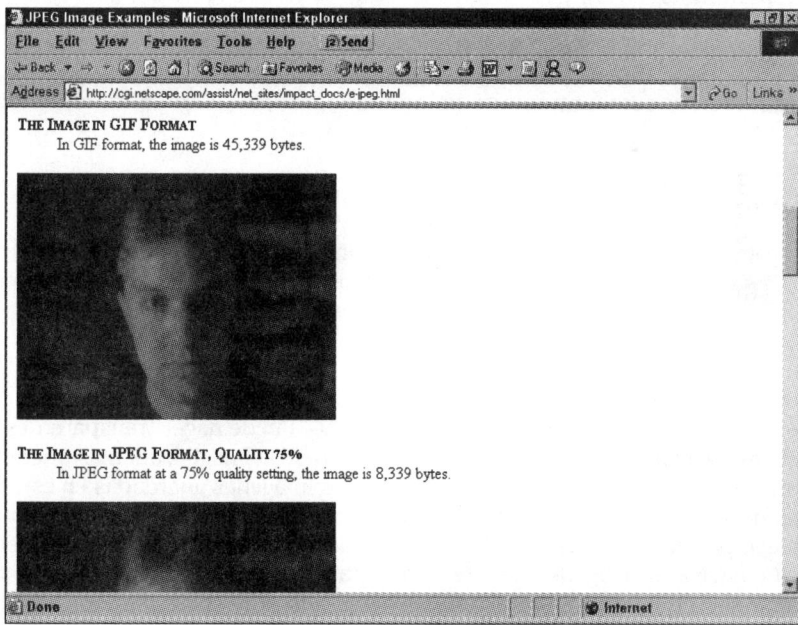

Figura 9-1:
Marc
Andreesen
visto en
GIFs.

Espacio para texto contra espacio para gráficos

Los archivos de texto son mucho más eficientes que los gráficos al ser almacenados y transmitidos a través de la red. ¿Por qué? El texto está muy codificado; puede llenar una página Web típica con texto sólido usando cerca de 2000 caracteres, que se pueden representar en 2000 bytes ó 2KB, de espacio. Los gráficos, por otro lado, requieren de mucho almacenamiento. Una imagen del tamaño de una página enterar tomaría alrededor de 1.5MB de espacio —cerca de 1,000 veces más espacio.

Los archivos grandes tardan mucho en transmitirse a través de la Internet, por lo que la página Web tarda más en descargarse. Por esto, las páginas están hechas con mucho texto, áreas más grandes de espacio blanco y gráficos pequeños y altamente comprimidos. Un archivo de 2K tarda cerca de un segundo en descargarse a través de un módem, pero es aburrido. Una página completa, un gráfico a todo color dura alrededor de 12 minutos, que es mucho tiempo.

Para transmitirse rápidamente, los gráficos para la Web son disminuidos y, luego, son comprimidos —principalmente usando menos colores para tratar de abarcar la misma imagen. Los paquetes gráficos, tales como Photoshop, le permiten guardar imágenes en un formato comprimido, con un número más limitado de colores que los usados para presentar toda la imagen original. ¿Alguna vez notó que las imágenes de la Web tienden a ser pequeñas y con bordes dentados? Ahora sabe por qué. Las imágenes de la Web no son lo más bello que haya visto, pero al menos las puede ver en vez de quedarse sentado en espera de ellas.

Para imágenes con muchos bloques grandes de color sólido, los tamaños de archivo GIF tienden a ser pequeños. Así, la mayoría de las personas prefieren el GIF para cintas o imágenes con grandes áreas de color sólido, como un gráfico de barra o iconos. En otras palabras, los dibujos sencillos que la mayoría de nosotros creamos funcionan mejor con GIF. Los gráficos artísticos densos y las fotografías trabajan mejor con JPEG.

Los archivos GIF también le brindan algunas opciones para mostrar la página Web que no siempre obtiene con archivos de JPEG. Puede hacer transparentes los colores en las imágenes GIF a lo que haya en el fondo de la imagen; además puede guardar imágenes GIF en un formato *entrelazado*. Las imágenes guardadas en esta forma y luego descargadas por un explorador, aparecen primero en una resolución muy baja y luego progresivamente en una más clara, hasta que aparece toda la imagen. Esta opción hace a las imágenes GIF preferibles para mostrar rápidamente un gráfico de mala apariencia que mejora con el tiempo y crear efectos especiales exorbitantes. Explicamos las imágenes y fotografías GIF con detalle más adelante en este capítulo.

Las imágenes *Transparentes* tienen un área clara alrededor del objeto de interés. Por ejemplo, en una fotografía de un reloj, quizás no desea ningún fondo de color alrededor del reloj, tan solo el reloj en sí mirando directamente a la página Web. Para lograr este efecto, vea una imagen GIF transparente con un área de borde claro. El fondo de color de toda la página Web se muestra a través del área transparente y el objeto de interés aparece "flotando" en el fondo. Explicamos imágenes GIF transparentes con más detalle y fotografías, más adelante en este capítulo.

En algunos casos, las ventajas de GIF superan los tamaños de archivos más pequeños que son típicamente de JPEG. Utilice el GIF si necesita sus opciones especiales; y el JPEG el resto del tiempo. Cuando se sienta más confiado de sus destrezas de diseño, puede jugar un poco con ambos formatos y escoger el que sea adecuado para cada imagen. Lea más para descubrir la forma de obtener y crear gráficos para sus páginas Web y guardarlos en cualquier formato.

Las versiones más nuevas de JPEG, que soportan opciones como GIF, están ahora disponibles. Sin embargo, no tantas herramientas para gráficos o tantos exploradores soportan estas nuevas opciones de JPEG como soporta el GIF. Quédese con GIF para estas opciones, hasta que obtenga más experiencia.

Usar colores "seguros para la Web"

Hacer que su página Web se vea bien en todas las computadoras es un asunto importante. Una de las cosas más importantes que necesita conocer es el tema de los colores "seguros para la Web".

Estándares para gráficos

Cualquier explorador actualizado de la Web puede mostrar tres tipos de información: texto con etiquetas de HTML, gráficos GIF y gráficos JPEG. (Algunas personas pronuncian GIF como "yiff," otras "jiff" y otras "giff" como en "gift.". Preferimos "giff" como en "gift.".) Un típico explorador de la Web muestra texto con etiquetas de HTML adecuadamente, aunque no todos los exploradores comprenden las mismas etiquetas. Un explorador puede también mostrar gráficos GIF y JPEG en línea — o sea, incrustados dentro de una página. Una página Web con gráficos en línea parece como una página en una revista: con texto e imágenes mixtas sin uniones. Sin embargo, el archivo de gráficos es almacenado separado del texto con etiquetas de HTML que conforman la página Web subyacente. Esto hace que el trabajo general de la WWW sea mejor, pero contribuye con algunos problemas -como la dificultad de mantener todos los archivos juntos para mostrarlos adecuadamente- lo que describimos más adelante en este capítulo.

Algunos usuarios de computadoras tienen sistemas de despliegue que solo les permite lo que se conoce como un despliegue de color de 8 bits, que da soporte a 256 colores, en una resolución fija, como 800 x 600. Casi todos los sistemas operativos de Windows y Macintosh que se usan actualmente dan soporte al menos a esta resolución que es relativamente baja y a una paleta de colores que también es algo baja.

Otras computadoras tienen más opciones. Pueden desplegar miles de colores al mismo tiempo o hasta millones. Y pueden desplegar el escritorio de la computadora a una resolución más alta –1024 x 768 e, incluso, 1280 x 1024 que son más comunes. Algunas computadoras dan soporte incluso a resoluciones más altas. Sin embargo, ir a resoluciones más altas significa perder la elección de desplegar tantos colores a la vez como cuando se usan las resoluciones más bajas.

No obstante, incluso estos sistemas más capaces también pueden correr a 256 colores y 800 x 600 de resolución –y pueden ejecutarse más rápido en este modo. Por esto, muchos usuarios corren a 256 colores y ya sea a 800 x 600 o a 1024 x 768 de resolución. Además, algunos programas, como los juegos, fuerzan a la computadora a utilizar una de estas configuraciones y no le dicen al usuario que lo hacen. Tampoco restauran la configuración previa cuando el usuario vuelve a Windows. De esta manera, el usuario puede estar corriendo a una menor resolución y con menos colores de los que la computadora es capaz; y todo sin darse cuenta de ello.

Por esta razón, para asegurarse de que sus gráficos sean bien vistos por todos sus usuarios, tienen que distinguirse bien en un sistema que se ejecute con solo 256 colores, porque muchos usuarios tendrán esta configuración. Para hacer que las cosas sean peores, la PC y la Macintosh tienen diferentes paletas de color de 256. Solo hay 216 colores que funcionan en común en los modos de color de Mac y de PC.

Si usa un color que no sea uno de los 216 colores seguros para la Web, es posible que encuentre que el color luzca de modo extraño en algunos sistemas (estos colores no seguros se despliegan como mezclas de otros colores y producen un efecto extraño y feo). Un gráfico que se vea bien en su computadora puede verse horrible en la computadora de otra persona. Si se queda con los colores seguros de la Web, no tendrá este problema.

Varios sitios en línea le permiten mezclar combinaciones diferentes de colores seguros de la Web para buscar el color perfecto. Visite este sitio Web para buscar colores seguros de la Web: www.bagism.com/colormaker.

Obtener y crear gráficos

¿Así que desea poner varios gráficos en su página Web? Bien. Pero, ¿cómo los crea y los obtiene en el formato adecuado (GIF o JPEG)? Afortunadamente, crear los gráficos que desea o encontrar algunos para usar, es bastante fácil.

La forma más sencilla para obtener gráficos es tener acceso a una colección de arte prediseñado. Las tiendas de computación venden muchas colecciones baratas de gráficos de negocios y recreacionales en CD-ROM. Puede también acceder a un número de gráficos sin regalías y colecciones de iconos en línea.

 Si está creando un negocio o una página Web enfocada, es importante que tenga una imagen limpia y profesional. Para tener este tipo de apariencia, es necesario usar gráficos atractivos y diseñar su página con mucho cuidado. El Capítulo 11 le dice cómo diseñar su página apropiadamente para varios propósitos.

Puede gastar interminables horas buscando arte en línea. De hecho, solo esta búsqueda puede hacerlo sentir bien al crear una página Web. Quizás no haga mucho por unas cuantas horas mientras busca, ¡pero ve muchas cosas buenas!

Un gran sitio para empezar su búsqueda es Online Image Archive, en el siguiente URL:

```
www.maths.tcd.ie/pub/images/images.html
```

Otro buen lugar con referencias a muchísimas imágenes es el sitio WebReference. Para una gran cantidad de recursos, vaya al sitio WebReference; para obtener imágenes, vaya directamente al área de las imágenes:

```
www.webreference.com/authoring/graphics/images.html
```

FPara información de base, visite esta área dentro del sitio WebReference:

```
www.webreference.com/authoring/graphics/backgrounds.html
```

Y para fotografías, intente un sitio con una existencia predeterminada de fotografías, con todas las clases de gráficos, y otro sitio que convierta sus fotografías en forma digital:

```
www.weststock.com
www.eyewire.com
www.photoworks.com
```

Existen muchos otros sitios para imágenes y conversión de imágenes. Empiece con los que mencionamos y expanda su búsqueda hasta que encuentre lo que necesita.

 La opción Image Search en AltaVista es una de las mejores formas para buscar gráficos adecuados. Sin embargo, tenga cuidado: la mayoría de los gráficos que encuentra no están libres de derechos de autor y deberá utilizar solamente imágenes disponibles explícita y libremente. Visite AltaVista en: www.altavista.com.

Más sobre gráficos

Los Formatos de Archivo de Gráficos FAQ (Frequently Asked Questions, en inglés) pueden contestar casi cualquier pregunta sobre gráficos. Para conocer la última innovación, visite el siguiente sitio Web: `www.dcs.ed.ac.uk/~mxr/gfx/utils-hi.html`. Los vínculos para este sitio lo llevan a información técnica detallada sobre GIF, JPEG y otros formatos de archivos. `cgi.netscape.com/assist/net_sites/impact_docs/index.html`.

Además de buscar gráficos en línea, otra forma de obtenerlos es sacar cualquier programa de pintar y dibujar. Por ejemplo, Windows incluye un programa de gráficos gratuito: Windows Paint, el cual puede utilizar para su trabajo inicial. Incluso hoy día hay algunos programas baratos para pintar que le permiten crear gráficos maravillosos; está limitado en su mayoría por su imaginación y habilidad artística (lo que para algunos de nosotros puede ser bastante limitante).

Para trabajo comercial de muchos dólares y arte fino, las personas regularmente utilizan programas "high-end" como Adobe Photoshop y Adobe Illustrator. Si no tiene talento, siempre puede pedirle a alguno de sus amigos inclinados por el arte que le ayude, o incluso puede reclutar a un estudiante de arte.

Otra técnica es utilizar un escáner. Puede que tenga uno en su casa o en su oficina. Escanear es una forma perfecta de poner fotografías en línea. Simplemente, escanee su gráfico o fotografía, guárdelo en formato GIF (para gráficos) o JPEG (para fotografías) y llévelo a su sitio Web. O bien, trabaje con un revelador de fotografías, uno adecuadamente equipado que puede revelar su rollo en un disquete o PhotoCD.

La cuarta forma es tomar fotografías con una cámara digital. Estas cámaras vienen con cables para conectarlas a su PC o descargar las fotografías en su computadora. También vienen con software que le permite editarlas en su PC y guardarlas, por lo general, en formato JPEG.

Pero ¿cómo puede asegurarse de que sus gráficos estén en el formato adecuado? Eso termina siendo fácil. Muchos programas de pintar y la mayoría del software de escaneo le permiten guardar un gráfico en formatos GIF o JPEG. Si su programa no guarda en estos formatos, puede ser por una o dos razones:

✔ Durante la instalación, quizás no escogió los convertidores para GIF y JPEG. Tome su disco de instalación original y vea si puede reinstalar el programa con los traductores correctos.

✔ Si los convertidores no son el problema, llame a su fabricante o visite el sitio Web y vea si tiene una actualización que le permita al programa guardar en formatos GIF o JPEG. Si el proveedor de software no puede venderle un programa que maneja el GIF o JPEG, puede fácilmente obtener uno que si lo hace.

No importa en cuál formato venía su gráfico originalmente, puede convertirlo a GIF o JPEG utilizando software que puede fácilmente obtener de la Web. Los usuarios de Mac pueden ejecutar GIFConverter y los de Windows el excelente programa LView para convertir entre múltiples formatos. Guarde su gráfico como un archivo GIF o JPEG y está listo para incorporar el gráfico en su página Web. Refiérase al Apéndice D para más información sobre la manera de obtener convertidores y otros programas.

Guarde su imagen en el formato normal del programa además de GIF o JPEG. Cuando guarde en ellos, puede perder información sobre la imagen. Si abre de nuevo la imagen GIF o JPEG, edita el archivo, y luego lo guarda otra vez, pierde más información. Así que guarde el archivo en su formato original, para conservar la información en él y editarlo más tarde, también guarde una copia separada en GIF o JPEG para usarla en la Web.

Lidiar con Gráficos

Lo más difícil al incluir gráficos en sus páginas Web es resolver todos los aspectos de diseño que acompañan su uso. Crear gráficos efectivos y colocarlos adecuadamente en relación con su texto no es tan fácil como hervir agua. Este libro no cubre todas las complejidades del diseño gráfico; sin embargo, le podemos decir las preocupaciones adicionales que surgen cuando usa los gráficos en la Web, de manera que pueda efectivamente aplicar sus propias destrezas y las de aquellas personas que trabajan con usted, a sus páginas Web.

Aligerar páginas lentas

Uno de los problemas actuales de la Web es la *velocidad de descarga*: la cantidad de tiempo que necesita una página Web para aparecer en la pantalla del usuario. Los tiempos de descarga son especialmente lentos para páginas ricas en gráficos que, aunque más interesantes de ver, pueden ser más frustrantes, porque son más lentas. Y el seguimiento no es simple; muchas variables intervienen. Por ejemplo:

✔ **Velocidades de acceso:** Los diferentes usuarios acceden a la Web a través de conexiones que corren a diferentes velocidades. Y el mismo servidor puede presentar una página Web a diferentes velocidades, dependiendo de cuán ocupado está. Cuando prueba su página nueva, rica en texto, en su máquina local, todo puede correr rápido. Pero cuando carga la misma página a un servidor y la accede con un módem de 28.8 Kbps (kilobits por segundo), en un momento cuando muchas personas están accediendo al mismo servidor, la página se carga más lentamente.

✔ **Gráficos buenos y malos:** Si piensa gastar el tiempo de sus usuarios en bajar gráficos grandes, invierta un poco de su propio tiempo y dinero para asegurarse de que los gráficos son lo mejor posible. A la gente no le importa esperar por un buen gráfico, pero sí por uno malo. Un buen gráfico puede ser una foto de un producto que les muestre a los usuarios una imagen exacta de lo que van a obtener de él. Un mal gráfico puede ser una cinta que diga "¡HOLA!" en seis colores brillantes.

✔ **Niveles de frustración:** Los mismos usuarios que disfrutan al ver su página aparecer en la mañana mientras toman una taza de café, pueden estar tentados a gritarle a su explorador cuando intenten revisar rápidamente su página, justo antes de regresar a su casa después del trabajo, especialmente si tuvieron un mal día, un día de mal jefe o incluso, un día de mal explorador. Cuanto mejor sea el trabajo que haga con los gráficos, más agradable será su página.

¿Qué puede hacer para dirigir todos estos factores, especialmente cuando se combinan para hacer su página lenta y poner a sus usuarios de mal humor? ¡Sea inteligente! Limite el número de colores en sus gráficos para hacer los archivos más pequeños, de manera que bajen más rápidamente. Obtenga un buen consejo -de alguien que conozca el libro - o vea sitios en línea "cool" para ayudarle a hacer los gráficos más interesantes de ver. Asimismo, puede colocar en su página un poco de gráficos pequeños en lugar de cargarla con grandes. Explicamos estos trucos y más en este capítulo.

La Tabla 8-1 muestra el tiempo necesario para descargar 100K (kilobytes) de información. Una página de solo texto tiene generalmente 2-3K, pero las que tienen gráficos son mucho más grandes. Una imagen compleja de un cuarto de pantalla GIF, por ejemplo, puede tener alrededor de 50K. Compare el tamaño total de todos los elementos de la página que planea, con los tiempos mostrados en la Tabla 8-1 para tener una idea de cuán rápido su página se descarga para el usuario más deficiente, y luego diseñe con esa persona en mente.

Tabla 9-1	Tiempos de descarga más lentas	
Velocidad	*Descripción*	*Tiempo para descargar un archivo de 60K*
28.8 Kbps	Módem mínimo para Internet	35 segundos
33.6 Kbps	Módem de nivel medio	30 segundos
56 Kbps	El módem más veloz	20 segundos
DSL	Línea telefónica especial, módem	4 segundos
Cable módem	Cable especial, módem	1 segundo
Ethernet	Red estándar	Menos de 1 segundo

Evitar tres grandes errores

No cometa estos tres grandes errores relacionados con los gráficos en la Web:

✔ **Sin gráficos:** No tener gráficos en sus páginas Web significa que serán aburridas. Como está leyendo este capítulo, asumimos que está intentando no cometer ese error.

✔ **Demasiados gráficos:** Utilizar demasiados gráficos grandes y lentos de bajar puede ser un clásico error de autos "newbie", es decir novato. (Muchas manos viejas también cometen este error.)

✔ **Sin alternativa de texto:** Algunos usuarios no tienen capacidad gráfica del todo y muchos otros corren alrededor de la Web con los gráficos desactivados, solamente los activan cuando es absolutamente necesario. Debe acomodar esos usuarios creando su página en una forma que soporte acceso de solo texto y gráfico.

Intente un experimento: vaya a su explorador, desactive los gráficos y descargue su página Web. Si no puede decir lo que hay en la página o qué se vincula con qué, entonces necesita rediseñar su página (Luego, solo para tirar vapor, intente el mismo experimento en páginas de otras personas y envíeles una nota si tiene problemas).

La forma usual de rediseñar su página para acceso de solo texto es incluir un menú textual que vincula a este con lugares como su menú gráfico. Algunos sitios suministran un conjunto paralelo de páginas Web que son enteramente textuales más que gráficas. Suministrar páginas paralelas, de solo texto le permite al usuario escoger si ir a las páginas gráficas atractivas y acaparadoras de ancho de banda o a las muy rápidas de solo texto. Sin embargo, como el porcentaje de los usuarios que escogen acceso de solo texto continúa cayendo, suministrar un conjunto completo de páginas de solo texto puede ser superior a sus fuerzas.

A continuación, se mencionan las reglas más importantes para soportar acceso a texto y gráficos:

✔ Conforme diseña y crea su página, piense si su página se verá con todo el acceso gráfico desactivado y activado.

✔ Pruebe su página con los gráficos desactivados.

✔ Pruebe su página en diferentes exploradores.

✔ Incluya etiquetas ALT en todas las imágenes de manera que aparezca el texto que explica cuándo no aparece un gráfico (refiérase al Capítulo 7 y al Apéndice C para detalles sobre etiquetas de HTML).

¿Qué hay de los derechos?

Puede encontrar una serie de gráficos maravillosos en libros, revistas y sitios Web. ¿Puede usted solo escanear o copiar estos gráficos y utilizarlos en su propio sitio Web? ¿Debería hacerlo?

Sí y no. Sí puede, pero no debe. Los editores poseen las imágenes que utilizan u obtienen una licencia para ellas. No puede legalmente utilizar la mayoría de las imágenes sin comprarlas o autorizarlas.

Para muchas imágenes en la Web, enviar simplemente una nota al editor le proporciona un visto bueno rápido. Pero para otras imágenes de la Web y para la mayoría de las imágenes impresas, los permisos pueden ser muy difíciles de obtener. Crear una nueva imagen que cumpla con el mismo propósito es a menudo más fácil que negociar los permisos. ¡Y luego quizás puede hacer un poco de dinero autorizando sus propias imágenes a otras personas!

✔ Suministre menúes de solo texto, además de selecciones basadas en iconos y mapas de imágenes.

✔ Si desea poner a todos felices, considere crear una versión de solo texto separada de su sitio.

Si está considerando publicar un sitio Web que sea accesible a través de dispositivos portátiles, tales como la línea de organizadores de Palm, crear una versión de su sitio en texto simple puede tener mucho sentido. La versión en texto simple será un buen punto de partida para los dispositivos portátiles.

Usar Gráficos en HTML

La etiqueta `<IMG>` es la etiqueta de HTML que hace aparecer una imagen incrustada en su página Web (refiérase al Capítulo 7 para más sobre el HTML). A continuación están las etiquetas de HTML para una página que muestra la imagen MANUGRAPHIC-.GIF, utilizando la etiqueta `<IMG>` y luego un menú de texto como alternativa:

```
<IMG SRC="manugraphic.gif" ALT="Menu Graphic"> [
            <AHREF="about.html">About</A> |
            <AHREF="home.html">Home page</A> |
            <AHREF="links.html">Fun Links</A> |
            <AHREF="map.html">Site Map</A> |
            <AHREF="search.html">Search Map</A> ]
```

Es bueno saber algo de HTML, incluso si está utilizando un programa de creación en la Web que le permite arrastrar y soltar imágenes, especificar opciones de compresión, etc. ¿Por qué? Porque puede necesitar hacer cambios específicos en opciones como la ALT, texto para la imagen o el directorio donde vive un archivo. Su programa de creación de la Web o un programa de edición de texto le permitirán seguir adelante y cambiar el HTML directa y rápidamente, y en forma precisa, si conoce un poco sobre HTML.

Con esto en mente, presentamos tres efectos gráficos útiles para sus páginas Web:

- **Accents:** Algunas imágenes gráficas que sirven como etiquetas o características notables ("Nuevo", "Los diez mejores", etc.).

- **Icons:** Imágenes gráficas pequeñas que sirven como vínculo a otra página. Haga clic sobre el icono y muévase a una página Web diferente.

- **Thumbnails:** Imágenes gráficas que sirven como vista preliminar de una imagen más grande. Haga clic sobre la miniatura para bajar la imagen más grande.

Los acentos utilizan la etiqueta de HTML ‹IMG› (abreviación para "imagen") para vincularse con un gráfico pequeño -un gráfico en línea que aparece como parte de la página, a menos que estos se encuentren desactivados.

Los iconos y las miniaturas combinan la etiqueta ‹IMG›, la cual hace que la imagen de icono o miniatura aparezca con la etiqueta ‹A› (o anclaje). (No empiece a cantar "Fuera Anclas" en esta — ¡aquí las necesita!). La etiqueta de anclaje establece un vínculo con la página Web o gráfico más grande que aparece cuando hace clic sobre el gráfico en línea.

Los pasos de las siguientes secciones describen cómo usar la etiqueta de imagen y la de ancla, y la opción, ALT tanto juntas como de manera separada. Con estas etiquetas, puede combinar gráficos, y navegación para crear todo tipo de efectos.

Revise las definiciones de las etiquetas de HTML del Apéndice C para encontrar otras opciones para estas etiquetas. Quizás también desee revisar libros más avanzados, como *HTML 4 Para Dummies*, 3a Edición, de Ed Tittel et al, y *Crear Geniales Páginas Web en HTML 4*, 3a Edición, de Dave Taylor (ambos libros de Hungry Minds, Inc.). Para más detalles, consulte la información de las opciones avanzadas de HTML.

Utilizar la etiqueta ‹IMG› para gráficos en línea

Para utilizar la etiqueta ‹IMG› para vincular un gráfico en línea que aparece como parte de la página Web, junto con la opción ALT para especificar texto ALTerno, siga estos pasos:

1. **Crear o encontrar un gráfico que desea utilizar.**

   Los gráficos en línea incrustados en la página deberán ser pequeños para que aparezcan rápido - aproximadamente del tamaño de una tarjeta de negocios o más pequeña. Utilice las fuentes que describimos en la sección "Obtener y crear gráficos" al principio de este capítulo para encontrar o buscar gráficos.

2. **Si utiliza Netscape Composer, seleccione Insert⇨Image. Digite el URL de la imagen en el cuadro de introducción de texto, o seleccione un archivo de un disco duro con el botón Choose File. Si está trabajando directamente en HTML, agregue la etiqueta ‹IMG› con la opción** SRC, **o "fuente" para especificar la ruta de la imagen.**

   Para un gráfico que está en el mismo directorio que el archivo de HTML, utilice la etiqueta ‹IMG› y la opción SRC así:

   ```
   <IMG SRC="new.gif">
   ```

   Para un gráfico que está en un sitio Web diferente, utilice la etiqueta ‹IMG› y la opción SRC así:

   ```
   <IMG SRC="http://www.grafixsite.com/new.gif">
   ```

3. **Agregue la opción** ALT **para especificar el texto que aparece si el gráfico no se puede ver; por ejemplo, si el usuario está ejecutando un explorador solo de texto. En Netscape Composer, ponga el texto en el cuadro Alternative Text. Si trabaja en HTML, agregue la opción** ALT **y el texto dentro de la etiqueta ‹IMG› como aquí:**

   ```
   <IMG SRC="http://www.grafixsite.com/new.gif" ALT="New!">
   ```

No dependa de que el sitio de alguien más esté siempre activo y sin cambios. Si es posible, copie el gráfico que necesita en el directorio de su propio sitio y refiérase a él.

Agregar un ancla para crear un vínculo gráfico

Como anotamos en la primera parte de la sección en los gráficos y el HTML, una de las mejores formas de adornar una página Web "en forma barata" — o sea, sin hacerla más lenta para todas las demás personas -es utilizar elementos gráficos como iconos que vinculan con información externa, como una imagen más grande o una página Web diferente. Esta técnica es una gran forma de hacer que aparezca su página rica gráficamente sin cargar a sus usuarios con largos tiempos de espera.

Para agregar un anclaje y crear un vínculo gráfico, utilice la etiqueta <IMG> al principio y al final de las etiquetas de este. Si también incrusta una palabra o frase entre las etiquetas del principio y el final, dele al usuario una opción entre hacer clic sobre la imagen o la frase. Los siguientes pasos demuestran la forma de crear un vínculo gráfico:

1. **En Netscape Composer, use el comando Insert⇨Image para traer una imagen. En un editor de texto, use la etiqueta <IMG> para fijar la imagen que desea usar como una imagen en miniatura (una pequeña imagen que represente a una más grande) o un icono:**

```
<IMG SRC="minibud.jpg">
```

2. **En Netscape Composer, haga clic en la imagen y seleccione Insert⇨Link. En un editor de texto, agregue una etiqueta de ancla (<A>) para especificar el vínculo.**

Para desplegar una imagen más grande cuando un usuario hace clic en la imagen pequeña, especifique un ancla con HREF, o Hypertext REFerence, que apunte hacia un archivo de imagen:

```
<A HREF="maxibud.jpg"> <IMG SRC="minibud.jpg"> </A>
```

La Figura 9-2, de Boojum Expeditions, muestra un gráfico en miniatura y la imagen más grande que aparece cuando el usuario hace clic en la imagen pequeña. El registro de viajes de John Forrester se puede hallar en http://boojum .com/photographs.html.

Para un vínculo a otra página, especifique un ancla con un HREF que apunte a un documento de HTML:

```
<A HREF="bebakpg.htm"> <IMG SRC="bebak.jpg"> </A>
```

Una opción de HTML no solo le permite cambiar el tamaño de una imagen, sino también acelera la transferencia de las páginas. Agregue las opciones HEIGHT= y WIDTH= dentro de la etiqueta <IMG> para especificar, en pixeles, la altura y el ancho de su imagen. En Netscape Composer, use el área Dimensions ubicada dentro del recuadro de diálogo Image Properties (que aparece cuando se selecciona Insert⇨Image). Los exploradores usan esta información para llenar el resto de la página ubicada alrededor de la imagen, lo cual le permite al usuario desplazarse hacia arriba y hacia abajo de la página y leer antes de que la imagen aparezca.

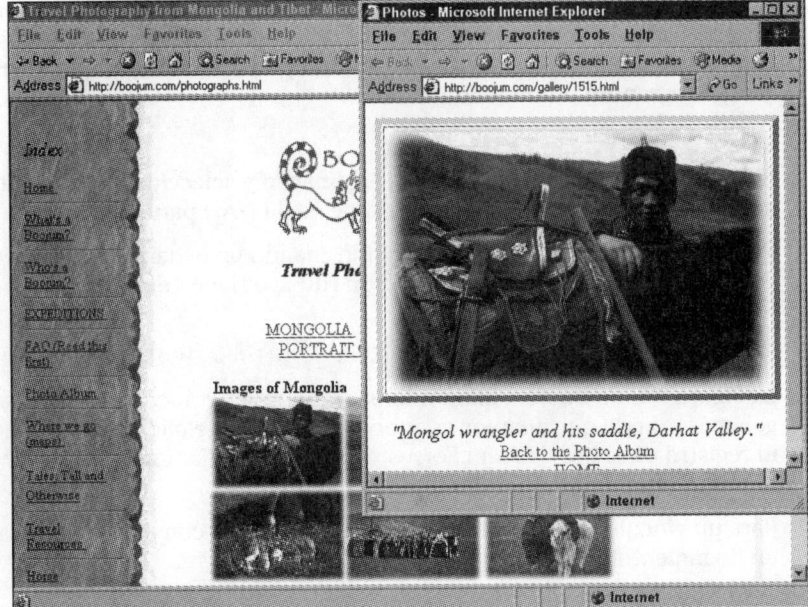

Figura 9-2:
Combinar gráficos chicos y grandes.

Las opciones de alto y de ancho pueden estirar o encoger una imagen para que sea diferente de su tamaño real. Sin embargo, estas opciones no cambian el tamaño real de la imagen. Debe mantener las opciones de alto y de ancho en la misma proporción que la imagen original, o esta se estirará en alguna dimensión. Además, si coloca una imagen pequeña en un área grande, esta se estirará para poder calzar en el área y se verá extraña. Si coloca una imagen grande en un área pequeña, esta se verá bien, pero el tamaño del archivo será grande comparado con el espacio total de la imagen en pantalla. Para evitar estos problemas, use un programa de edición de imágenes, como Paint Shop Pro, para editar la imagen y darle el tamaño correcto, en vez de usar las opciones de alto y de ancho para ajustar el tamaño de la imagen.

Una de las formas más importantes para los autores de la Web, intermedios y avanzados, de organizar sus páginas, es utilizar tablas invisibles para colocar texto y gráficos relacionados entre sí. El Capítulo 10 tiene una breve descripción de las tablas. ¡Este método tiene su truco! Por ejemplo, una página estructurada con tabla que se ve bien con un tamaño de monitor, puede fácilmente verse terrible en una pantalla más grande o más pequeña. Descubra páginas Web bien diseñadas y vea la fuente de HTML de ellas para ver cómo otros editores de la WWW utilizan tablas invisibles. Para ver el trabajo de un experto, visite los sitios Creating Killer en `www.killersites.com/1-design/jpeg.html`.

Experimentar con la GIFería Avanzada

Los GIFs se han esparcido por la Web y los tiempos de descarga son importantes; por lo tanto, existen cuatro técnicas avanzadas para hacer cosas sofisticadas con ellos:

✔ **GIFs Transparentes:** Todas las personas necesitan saber esto. Todos los GIFs son rectangulares, pero muchos de ellos parecen "flotar" en el fondo sin ningún borde obvio. Estos GIF son transparentes – los fondos de las imágenes son invisibles –por esto, se mezclan completamente con el fondo del explorador de la Web. La Figura 9-3 muestra un GIF no transparente y uno transparente desde el sitio Web 66, que es parte de un esfuerzo cooperativo entre la Universidad de Minnesota, la Facultad de Educación y Desarrollo, y el Hillside Elementary en Minnesota, con soporte de 3M.

✔ **GIFs Entrelazados:** No todos necesitan saber sobre esto, pero lo mencionamos (¡de nuevo!) porque si usa gráficos más grandes y complejos, vale la pena conocer sobre los GIFs entrelazados. Un GIF entrelazado depende de una función de HTML que pinta cada cuarta línea de una imagen, luego una segunda línea y así, sucesivamente, hasta que la imagen está completa. La imagen aparece a baja resolución y, luego, gradualmente, se afina hasta que queda completa.

✔ **GIFs Animados:** Para sorprender a muchos, la especificación básica de GIF, GIF89a, resulta que da soporte a la animación, así como a las imágenes estáticas. Todo lo que necesita es crear una serie de imágenes que cuando se vean en secuencia formen una animación (como un rotafolio antiguo). Luego empaque las imágenes juntas como un GIF sencillo, utilizando herramientas rápidas y disponibles e incluya el archivo GIF en su página Web. ¡Voilà! animación instantánea.

Los gráficos pueden consumir tiempo

Gastamos mucho tiempo en este capítulo discutiendo cuánto tiempo el usuario puede gastar al descargar gráficos. Pero ¿qué ocurre con la demanda de utilizar lugares para gráficos en su tiempo como un desarrollador de páginas Web?

¡Crear y editar gráficos es divertido! Pero crear incluso un sencillo gráfico de negocio, como uno de barras, puede consumir horas de jugueteo con las fuentes, colores y tamaños de imágenes. Tener sus imágenes listas para la Web y probarlas toma aun más tiempo. Trabajar con gráficos puede fácilmente convertirse en la parte que consume más tiempo al crear y actualizar su sitio Web.

¿Qué debe hacer? Utilice gráficos pequeños y con moderación mientras adquiere experiencia. Después de que lo logre, o después de que contrata alguien que lo haga, puede desarrollar y desplegar esos gráficos "matadores" que distinguen los mejores sitios Web.

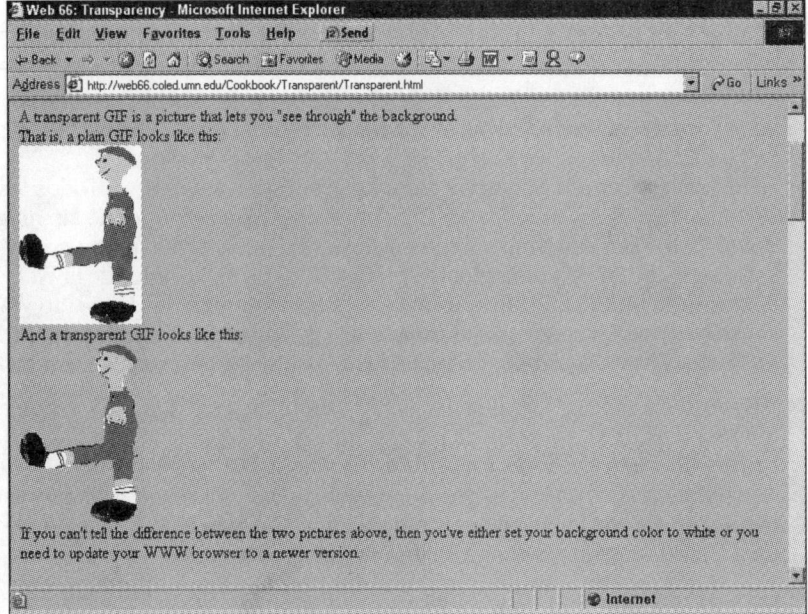

Figura 9-3:
Ahora lo ves
(el rectán-
gulo blanco
alrededor
del gráfico),
ahora no.

✔ **Mapas de imágenes clicables:** Los mapas de imágenes en las que se puede hacer clic son muy comunes en sitios de mucho dinero e incluso en los más pequeños. Un mapa de este tipo es un gráfico con diferentes puntos de interés que, cuando ha hecho clic, lleva sus páginas Web a ubicaciones diferentes dentro de una página Web. Esta clase de gráfico es sofisticada, pero es una YABG (Yet Another Big Graphic - Todavía Otro Gráfico Grande) y necesita destrezas de diseño para hacer uno bueno.

GIFs transparentes

A continuación, presentamos los pasos para crear un GIF transparente:

1. Escoja un color en el fondo de la imagen para hacerla transparente.

Cada pixel en su imagen que sea de este color se torna transparente. Escoja un color que sea utilizado solamente en el área alrededor de esta, no en la imagen en sí, ya que cada pixel del color seleccionado se torna transparente. Quizás necesita editar el área circundante a la imagen -el área que desea que sea transparente- de manera que sea un color diferente al resto de la imagen. Las opciones usuales para transparencia son fondo blanco o gris claro.

Para los detalles sobre el procedimiento para escoger un área y hacerla transparente, refiérase al sitio Web 66, mostrado anteriormente en la Figura 9-4:
`web66.coled.umn.edu/Cookbook/Transparent/Transparent.html`.

2. **Use su paquete gráfico o una herramienta para hacer que la imagen sea transparente.**

   Para la Macintosh, use Transparency, que puede encontrar en la Web, en el sitio Web download.com de CINET y en otros lugares.

   Para cualquier plataforma, puede utilizar un paquete basado en la Web llamado TransWeb en el sito Massachusetts Institute of Technology (MIT). Este paquete lee la imagen, la convierte y muestra el resultado. Puede luego hacer clic en el botón derecho sobre la imagen para guardarla en disco.

   Para utilizar TransWeb, debe mover su imagen a un servidor de la Web, como describimos en el Capítulo 11 (Puede también hacer esto como parte del proceso de crear una página Web sencilla GeoCities Web, como se describe en el Capítulo 3). Luego vaya a la página Web TransWeb en este URL y siga las instrucciones:

3. **Agregue la imagen a su página, tal como lo describimos en la sección acerca de la etiqueta IMG anteriormente en este capítulo.**

4. **Pruebe para estar seguro de que la imagen permanece transparente con diferentes fondos.**

   Muestre la imagen en su explorador y luego cambie el color de fondo predeterminado en este.

GIFs Animados

Los GIFs animados también son explicados en línea. Puede descubrir cómo usarlos y empezar a ponerlos en sus páginas Web usando información tomada de la Web. Para leer la historia real y fascinante de cómo se crearon los GIFs animados, y vincular muchos ejemplos y recursos respaldados, visite estos dos sitios Web:

```
http://members.aol.com/royalef/gifmake.htm
        builder.cnet.com/webbuilding/0-7330.html
```

Puede encontrar en la Web una herramienta genial llamada GIFwizard, que puede encoger el tamaño de los gráficos GIF y las animaciones hasta en un 90 por ciento. ¡Inténtelo! Vaya a `www.optiview.com`.

Mapas de imágenes

Para crear un mapa de imagen en la que se puede hacer clic, debe primero crear el gráfico. (Refiérase a los sitios de Apple y SGI en línea para los ejemplos de mapas de imagen atractivos y clicables). Luego tiene que crear un archivo especial que mapea las regiones de la imagen para URLs específicos. Un programa que puede descargarse de la Web, Mapedit, mapea regiones de imagen para Macintosh o Windows. Tan solo cargue la imagen, haga clic y arrástrela para definir las regiones de la imagen en las que se puede hacer clic, y luego introduzca el URL al que desea vincularse.

La complicación surge durante la parte final de este proceso. La forma original de los mapas de imagen, llamados mapas de imagen de lado del servidor, requieren que el archivo de mapa esté en un lugar especial, donde el servidor pueda encontrarlo. Desafortunadamente, puede necesitar hablar al administrador del servidor, porque no existe ningún estándar universal sobre dónde debería estar este archivo.

Netscape 2.0 y más alto, Microsoft Internet Explorer, y todos los otros exploradores actualizados soportan lo que conocemos como mapas de imagen del lado del cliente que no requieren el participación del servidor en ningún procedimiento cuando el usuario hace clic sobre la imagen. Los exploradores son ahora lo suficientemente inteligentes para mapear la imagen, hacer clic sobre un URL y buscarlo directamente sin ir a través del servidor. Refiérase a la documentación de Netscape 2.0 o el sitio Netscape para más información.

Capítulo 10

Ubicar Gráficos a la Derecha y a la Izquierda

* *

En este capítulo

▶ Ajustar el tamaño de un gráfico

▶ Hacer que el texto flote alrededor de los gráficos

▶ Poner un borde alrededor de un gráfico

▶ Colocar un gráfico en Netscape Composer

▶ Colocar un gráfico en HTML

* *

*E*l Capítulo 9 le muestra cómo insertar gráficos en su página Web. Cuando empiece a tratar de que su página Web se vea bien, empezará a preocuparse no solo por la imagen en sí, sino también por cómo está colocada en la página.

En este capítulo le mostraremos cómo hacer que sus gráficos funcionen bien dentro de su página Web ajustando el tamaño de la imagen; haciendo que el texto flote alrededor del gráfico; y poniendo un borde alrededor del gráfico. Luego, le mostraremos cómo implementar realmente los cambios en HTML y en Netscape Composer.

Ajustar el Tamaño de los Gráficos

Puede especificar el tamaño de una imagen cuando la inserte en su página Web. Dentro de la etiqueta IMG, debe agregar dos opciones para especificar el tamaño de la imagen: WIDTH y HEIGHT. Si utiliza Netscape Composer u otra herramienta de creación de páginas Web WYSIWYG, debe introducir el ancho y el alto como opciones dentro del programa que está utilizando. El programa, entonces, almacena estos valores en las opciones WIDTH y HEIGHT para usted.

Cada gráfico tiene un tamaño real –un alto y un ancho en píxeles. Cuando es desplegado a este tamaño, el gráfico se ve tan bien como se empezará a ver. No obstante, los gráficos pueden estirarse o achicarse para que calce en el espacio disponible.

Existen dos razones muy diferentes para especificar el tamaño de su gráfico, una de ellas es excelente y la otra cuestionable:

✔ **Para decirle al explorador de la Web de qué tamaño es la imagen:** Esta es la razón excelente. Cuando especifique el alto y el ancho de su imagen en la página Web, el explorador asigna la cantidad de espacio, luego continúa desplegando el texto mientras la imagen se carga. Debido a que el texto se puede transmitir mucho más rápido que los gráficos, esto a menudo le permite al usuario ver todo el texto de una página y empezar a leerlo, sin tener que esperar que la imagen reaparezca.

✔ **Para estirar o encoger la imagen:** Esta es la razón cuestionable. Si introduce un alto o un ancho diferente del que tiene la imagen, el explorador de la Web del usuario estirará o encogerá la imagen para que calce. Esto puede producir algunos resultados muy extraños.

Si va a ampliar o encoger una imagen, puede configurar las opciones de alto y de ancho en cuatro opciones diferentes:

✔ **Una escala más pequeña que la imagen original:** Puede reducir el alto y el ancho en una proporción parecida –digamos un 10 o un 13 por ciento menos– de la imagen original. La imagen será más pequeña y aún se verá bien. No obstante, todavía ocupará el mismo espacio que el original, y aparecerá más pequeño en la pantalla. Es mejor editar la imagen original para que realmente sea más pequeña y, luego, pueda desplegarla en su tamaño real –el archivo será más pequeño y se descargará más rápido.

✔ **Una escala más grande que la imagen original:** Puede estirar la imagen al aumentar en proporciones iguales el alto y el ancho. La imagen es ampliada de forma pareja. No se ve muy raro, pero usualmente, verá algunos saltos en la imagen como resultado de su estiramiento. Esta es una forma rápida de hacer que una imagen pequeña llene un espacio grande, pero lo mejor es que ajuste el tamaño de la imagen en un programa de edición de imágenes, como Photoshop, el cual le permite reparar los problemas que aparezcan. Luego, use la imagen nueva y editada en su tamaño real.

✔ **Una escala proporcional de la imagen original:** Lo peor que se puede hacer es configurar el alto y el ancho de modo que sea diferente de la imagen original, pero no aumentar tanto al alto como al ancho, en proporción. Digamos que tiene una imagen 50 x 50, pero necesita llenar un espacio 100 x 50 (que es de 100 píxeles de alto y de 50 de ancho). Simplemente, puede configurar el alto a 50, y el explorador de la Web del usuario estirará el alto de la imagen de manera concordante. No obstante, el resultado se verá feo.

La Figura 10-1 le muestra el resultado de alterar la escala de una imagen en más pequeña, más grande y desproporcionada. Para empezar, no era una buena imagen, pero los cambios la han hecho peor. Puede usar cualquiera de estas opciones, pero los resultados, probablemente, no serán grandiosos.

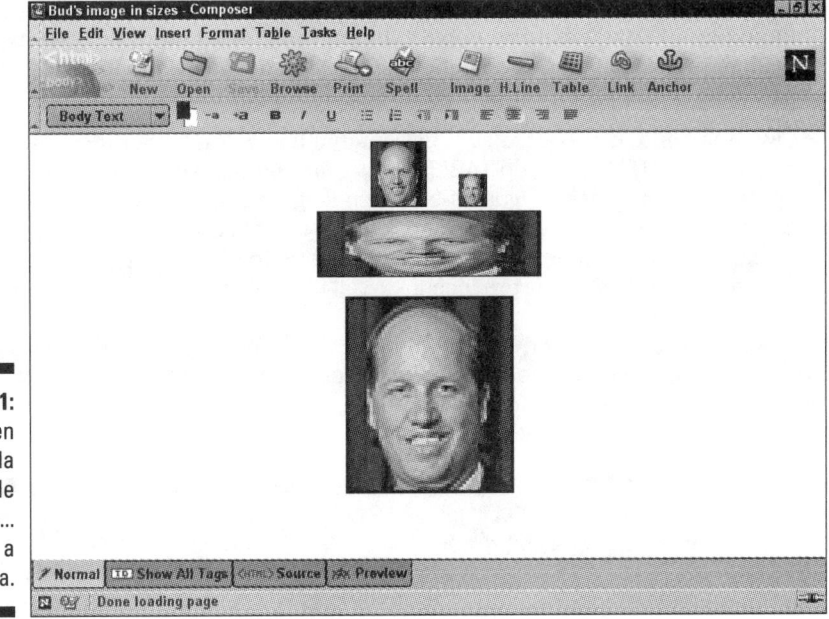

Figura 10-1:
Una imagen
a escala
puede
verse...
bueno, a
escala.

Hacer Flotar el Texto alrededor de los Gráficos

Una de las cosas más complicadas al trabajar con una página Web es hacer que las imágenes y el texto funcionen bien juntos. Usted tiene varias elecciones para ubicar una imagen, desde las más sencillas hasta las más complicadas:

✔ **Poner texto arriba y abajo, pero no a los lados de la imagen:** Usted puede crear un área en blanco en el medio de su texto y poner la imagen en el medio de ella. También puede poner un título bajo la imagen. Esta solución emplea el área ubicada a la izquierda y a la derecha de su imagen, pero es la medida más fácil que ofrece el HTML y crea el diseño más simple. Además, sus lectores no tendrán que ajustarse, mientras leen, al "salto" del texto ubicado alrededor de donde está la imagen.

✔ **Poner una línea de texto junto a una imagen:** Puede poner texto junto a una imagen y alinear la línea en las partes superior, inferior y medias de la imagen. La Figura 10-2 le muestra un ejemplo. Esta era la única forma en que el HTML le permitía colocar una imagen cerca de un texto y producía diseños realmente feos.

✔ **Ajustar el texto alrededor de una imagen:** Desde hace años se le agregó al HTML un comando que le permite al texto ajustarse alrededor de una imagen – al estilo de las revistas a las que todos estamos acostumbrados. En la actualidad, ca-

si todos tienen exploradores lo suficientemente capaces de darle soporte a esta característica. Cuando use esta opción, los pocos usuarios que tengan un explorador
realmente viejo –de siete o de ocho años de antigüedad– verán una sola línea de texto junto a la imagen, en vez de varias líneas ajustadas alrededor de toda la imagen.

✔ **Usar una tabla para controlar precisamente hacia dónde va todo:** Puede usar el
comando de HTML llamado TABLE para crear una cuadrícula en la cual pueda ubicar textos e imágenes, al igual que alguien diagrama la página de un periódico. Esto
es difícil de hacer y lo puede llevar a rehacer la tabla cada vez que desee efectuar
el más pequeño cambio en su imagen o en su texto. Ya que le permite un control
preciso, esta opción puede producir los resultados más bellos... y los más desastrosos.

La práctica más popular en los exploradores de la Web es ajustar el texto alrededor de la imagen. Le mostraremos cómo hacerlo directamente usando las etiquetas de HTML o usando Netscape Composer, más adelante en este capítulo.

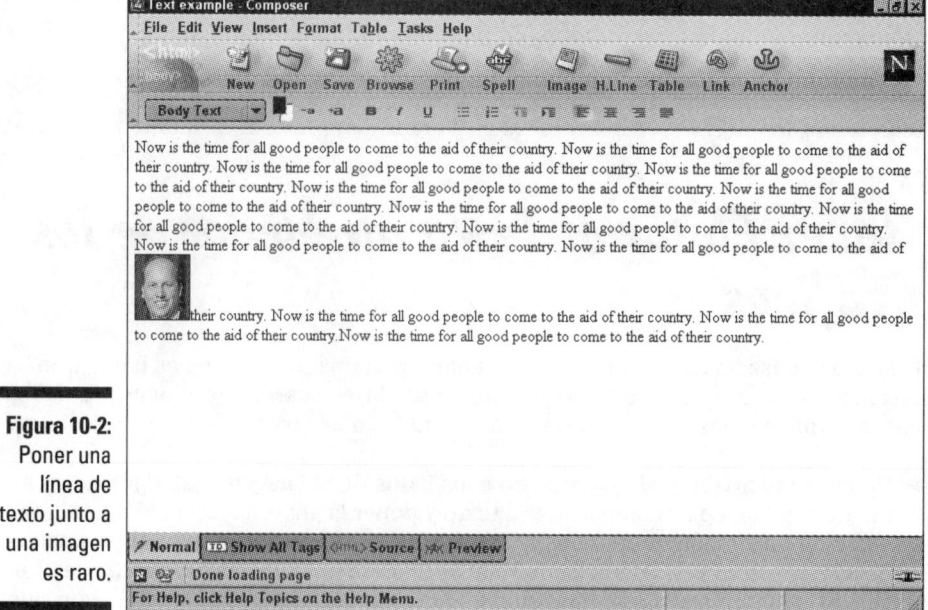

Figura 10-2:
Poner una
línea de
texto junto a
una imagen
es raro.

Poner un Borde alrededor de un Gráfico

Uno de los elementos más importantes al diseñar una página para que se vea bien
es el *espacio blanco* –el espacio "vacío" que separa las diferentes partes de una página. Si las cosas se apretujan mucho, la página se verá muy caótica.

El espacio blanco es importante, esencialmente, cuando se ajusta el texto alrededor de un gráfico, tal como lo describimos en la sección previa. Usted puede especificar una cantidad de espacio blanco alrededor de un gráfico o un borde sólido para separarlo del texto o ambos.

La mayoría de fotografías se ve bien con un delgado borde negro alrededor. Describimos cómo agregar un borde así, ya sea directamente en HTML o en Netscape Composer, más adelante en esta sección.

Ubicar un Gráfico en Netscape Composer

Es bueno conocer HTML, pero para trabajar con gráficos es mejor una herramienta WYSIWYG como Composer. Le recomendamos que trabaje en la herramienta, luego vea el HTML interno para aprender un poco, en vez de hacer todo el trabajo directamente en HTML.

Para ubicar un gráfico en Netscape Composer y especificar su tamaño, la ubicación del texto, el espaciado y los bordes, siga estos pasos:

1. **Abra Netscape Composer.**

2. **Digite un texto o cópielo y lo pega.**

   Es mucho más fácil experimentar con un gráfico si tiene algo de texto en su documento.

3. **Coloque el cursor al inicio de una línea de texto en su documento. Luego, use el comando Insert⇨Image para insertar una imagen GIF o JPEG, como se describe en el Capítulo 9. Haga clic en OK para cerrar el recuadro de diálogo Image Properties.**

   Si no tiene una imagen a mano, puede encontrar instrucciones sobre cómo crear imágenes, o bien, fuentes para encontrar imágenes gratuitas en el Capítulo 9.

   Un ejemplo de cómo podría verse su documento en este punto aparece en la Figura 10-2.

Mueva el recuadro de diálogo Image Properties a un lugar de su pantalla en el que pueda ver tanto la imagen como el recuadro de diálogo.

Note que en este punto el texto está contra el gráfico. El texto no se ajusta alrededor de un gráfico –solo una línea de texto aparece al lado del gráfico.

4. **Haga doble clic en la imagen para abrir el recuadro de diálogo Image Proper ties. Si el botón ubicado a la izquierda del área Image Preview dice More Pro perties, haga clic en él para ver todas las propiedades.**

La Figura 10-3 le muestra cómo aparece el recuadro de diálogo en este punto, con la imagen ubicada, pero con las propiedades predefinidas seleccionadas pa ra las dimensiones, la alineación y el espacio alrededor de la imagen.

No tiene que especificar el ancho y el alto de una imagen en Netscape Composer. El programa, automáticamente, agrega las opciones de WIDTH y HEIGHT a la etiqueta IMG, usando el ancho y el alto actuales de la imagen.

5. **Si desea modificar la escala de la imagen a un tamaño más grande o pequeño, haga clic en el botón de opción Custom Size, en el área de Dimensions area. En la mayoría de los casos, deseará dejar marcada la casilla de verificación Constrain. Cambie el alto o el ancho al valor deseado.**

Hacer clic en Custom Size le permite cambiar el alto y el ancho de la imagen. Si deja la casilla Constrain sin marcar, Composer automáticamente, conserva el ancho y el alto a escala con la imagen proporcional, manteniendo la proporción de la imagen original. Por ejemplo, si cambia el ancho, el alto automáticamente se ajustará para mantener correctas las proporciones de la imagen.

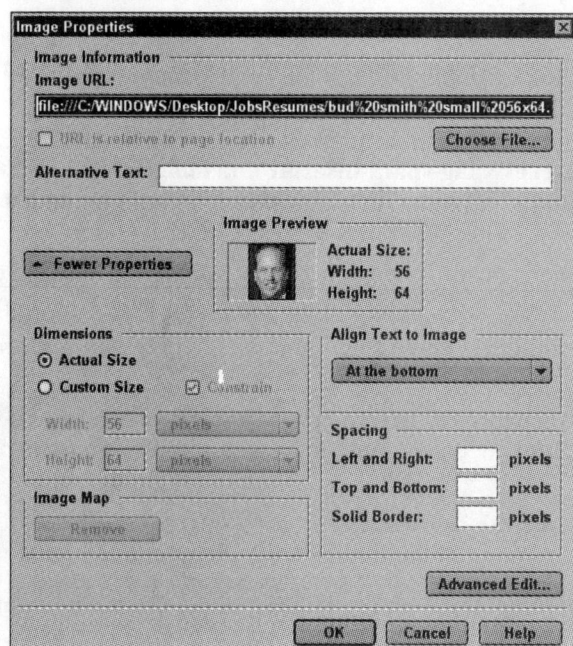

Figura 10-3:
El recuadro de diálogo Image Properties le ofrece muchas opciones.

La Image Preview no cambia para reflejar las dimensiones que usted introduce. Incluso si despeja la casilla de verificación Constrain e introduce una altura dos veces más grande que la que tenía, y mantiene el mismo ancho, la vista preliminar no se volverá alta y delgada para reflejar el cambio. La Image Preview es, de hecho, una "vista de imagen" de la imagen subyacente, no una vista preliminar de cómo se lucirá su página Web. Para ver una verdadera vista preliminar solo cierre el recuadro de diálogo en cualquier punto, y los valores actuales se reflejarán en la apariencia de la imagen en la ventana del documento.

 Después de cambiar cualquiera de los valores del recuadro de diálogo Image Properties, haga clic en OK para cerrar el recuadro y vea la apariencia de su página con los valores nuevos. Luego, haga doble clic en la imagen para abrir rápidamente el recuadro de diálogo Image Properties otra vez.

6. **Cambie el menú descendente en el área Align Text to Image para reflejar cómo desea que el texto flote alrededor de la imagen: una sola línea de texto alineada en la parte de arriba, en el centro o en la parte inferior de la imagen; o todo el texto ajustado a la izquierda o a la derecha de la imagen.**

Probablemente, desee usar solo las opciones de arriba, del centro o de abajo, las cuales colocan una sola línea de texto al lado de la imagen, en caso de que desee crear un título junto a la imagen. De otro modo, seleccione Wrap to the right (Ajustar a la derecha) para mantener la imagen en el margen izquierdo y ajustar el texto a la derecha. Seleccione Wrap to the left (Ajustar a la izquierda) para empujar la imagen a la derecha de la página y ajustar el texto a su izquierda.

7. **En el área Spacing, especifique el número de píxeles de área en blanco que desee colocar alrededor de la imagen.**

Usualmente, se desea iniciar con la misma cantidad de espacio a la izquierda y a la derecha, y de arriba a abajo. Cuatro píxeles es un buen punto de partida. Afine los números según se necesite para crear la apariencia correcta cuando los textos e imágenes finales estén disponibles.

8. **Aún en el área Spacing, especifique el tamaño del borde que desee ubicar alrededor de la imagen.**

Un borde delgado alrededor de una imagen hace que esta se destaque mejor del fondo. Intente usar un borde de dos píxeles de ancho, para empezar, y luego ajústelo hasta lograr la apariencia deseada.

 Para tener consistencia, use el mismo espaciado y el mismo ancho de borde alrededor de cada una de sus imágenes. Quizás necesite experimentar para descubrir un conjunto de valores que funcione bien con todas sus imágenes, pero el esfuerzo vale la pena. Incluso las inconsistencias mínimas de un pixel, por aquí o por allí, son suficientes para dar al traste con la apariencia general de su página.

La Figura 10-4 le muestra una página Web de ejemplo con varias opciones para dimensiones, alineamiento, espaciado y bordes. Utilícelo como una guía, mientras tanto obtiene más experiencia.

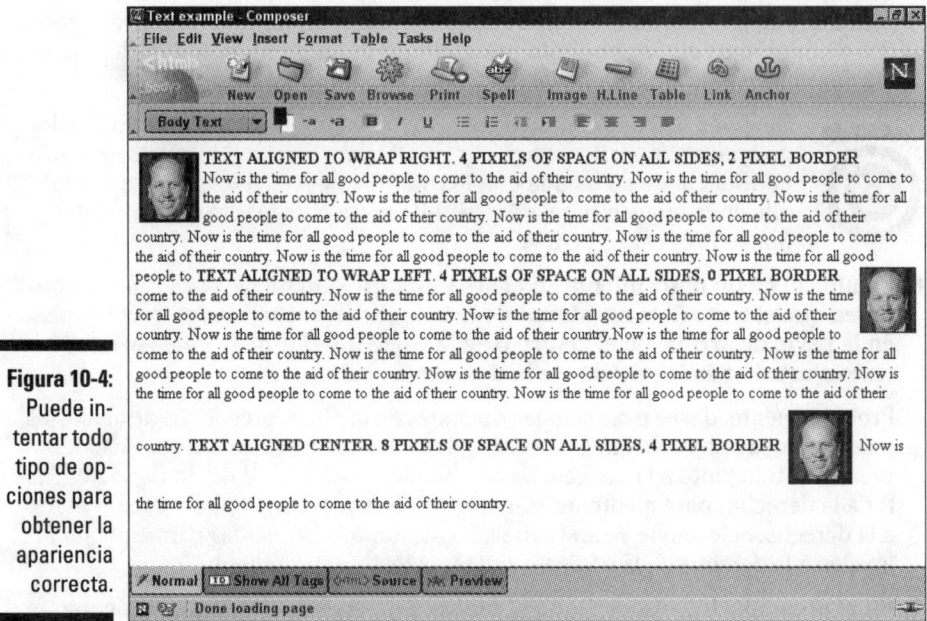

Figura 10-4:
Puede intentar todo tipo de opciones para obtener la apariencia correcta.

Ubicar un Gráfico en HTML

Afinar la posición de los gráficos usando HTML directamente es un ejercicio frustrante, a menos que usted sea un experto en diseño. Si es nuevo en el mundo del diseño, necesita ser capaz de experimentar, y experimentar es mucho más fácil con una herramienta como Netscape Composer. Así que, tal como lo describimos antes, para colocar un gráfico, le recomendamos usar Netscape Composer

Sin embargo, si prefiere trabajar directamente en HTML, use las instrucciones de esta sección. Puede encontrar figuras que muestren cómo se ven las cosas, a medida que experimente con opciones diferentes de la sección previa.

Para colocar un gráfico en HTML y especificar el tamaño del gráfico, el ajuste del texto, el espaciado y el borde, en caso de que se tenga alguna de estas especificaciones, siga estos pasos:

1. Abra un documento en un editor de texto. Guárdelo con la extensión .htm para estar seguro de que será tratado como un documento de HTML.

2. Digite algo de texto o cópielo y lo pega.

Es mucho más fácil experimentar con la ubicación de un gráfico si tiene algo de texto en su documento.

3. Inserte una imagen en el centro del texto usando la etiqueta IMG. Agregue un texto alternativo para explicar lo que es la imagen.

La sintaxis correcta es `<IMG SRC=url ALT="text">`, en donde url es la dirección Web y text es una breve descripción de la imagen. Refiérase al Capítulo 9 para más detalles.

4. Guarde su documento y ábralo en un explorador de la Web para ver cómo luce en este punto.

Su documento debe verse como en la Figura 10-2, mostrada anteriormente en es te capítulo.

Continúe guardando su documento y viéndolo en su explorador de la Web, a la vez que agrega etiquetas y cambia las opciones para po- der apreciar cómo se ve con cada paso realizado.

Haga clic en el botón Refresh o Reload, en su explorador, para actua- lizar la página Web de modo que refleje la versión de su documento que haya sido guardada más recientemente.

5. Agregue las opciones de WIDTH y de HEIGHT a la etiqueta IMG.

En la mayoría de los casos, debe ajustar las opciones al alto y al ancho real de la imagen, o para cambiar sus proporciones, calcule los valores apropiados de las opciones WIDTH y HEIGHT e introdúzcalos. Luego, revise el resultado en un ex- plorador de la Web.

La etiqueta IMG ahora se ve así: `<IMG SRC=url WIDTH=xx HEIGHT=yy>`, en donde xx es el ancho, en pixeles, y yy es la altura, en pixeles.

Agregar las opciones de WIDTH y de HEIGHT a los valores actuales de la imagen no cambiará el aspecto de su página, pero hará que sea más fácil para un explo- rador cargar el resto de la página ubicada alrededor de la imagen. Usar valores diferentes cambiará el aspecto de su página.

Puede encontrar el ancho y el alto reales de su imagen haciendo clic en el icono de la imagen ubicado en el escritorio de Windows. Haga clic derecho, seleccione Properties, y el ancho de la imagen aparecerá.

6. Para especificar el ajuste del texto, agregue la opción ALIGN a la etiqueta IMG. Las opciones más usadas son RIGHT, para ajustar el texto a la derecha de la ima-

gen, y LEFT, **para ajustar el texto a la izquierda de la imagen y mover la imagen a la derecha.**

Otras opciones son TOP, CENTER y BOTTOM. Si no usa la opción ALIGN, el valor predefinido de BOTTOM se utiliza. Con esta opción, el texto es empujado a la derecha y colocado en la parte inferior de la imagen, dejando un campo feo en la mayor parte del área ubicada junto a la imagen. Difícilmente, alguien querría hacer esto. Empiece con ALIGN=RIGHT, luego cámbielo si desea un efecto diferente.

7. **Para crear espacio blanco alrededor de la imagen, agregue las opciones** HSPACE **(para espaciado horizontal) y** VSPACE **(para espaciado vertical).**

   HSPACE crea un número igual de píxeles de espacio a la izquierda y a la derecha de la imagen; VSPACE crea un número igual de píxeles de espacio arriba y abajo de la imagen. Buenas configuraciones para empezar son HSPACE=4 VSPACE=4.

8. **Para crear un borde negro alrededor de una imagen, agregue la etiqueta** BORDER. **Un valor aconsejable es** BORDER=2.

   Si ha especificado todas las opciones posibles, su etiqueta ahora se verá así:

```
<IMG SRC=url ALT="text" WIDTH=xx HEIGHT=yy ALIGN=right HSPACE=4
                VSPACE=4 border=2> .
```

Para consistencia, use el mismo espacio y ancho de borde alrededor de cada una de sus imágenes. Es posible que necesite experimentar para encontrar un conjunto de valores que funcione bien con todas sus imágenes, pero el esfuerzo vale la pena. Incluso la menor inconsistencia de un pixel puede dañar la apariencia general de su página.

La Figura 10-5 muestra el código de HTML descrito antes y la página Web resultante. Note que el código utiliza comillas dobles alrededor de parámetros tales como el ancho y el alto. Estas comillas son opcionales en la mayoría de los parámetros; son necesarias para el texto que tiene espacios, como el texto usado como un parámetro para la etiqueta ALT.

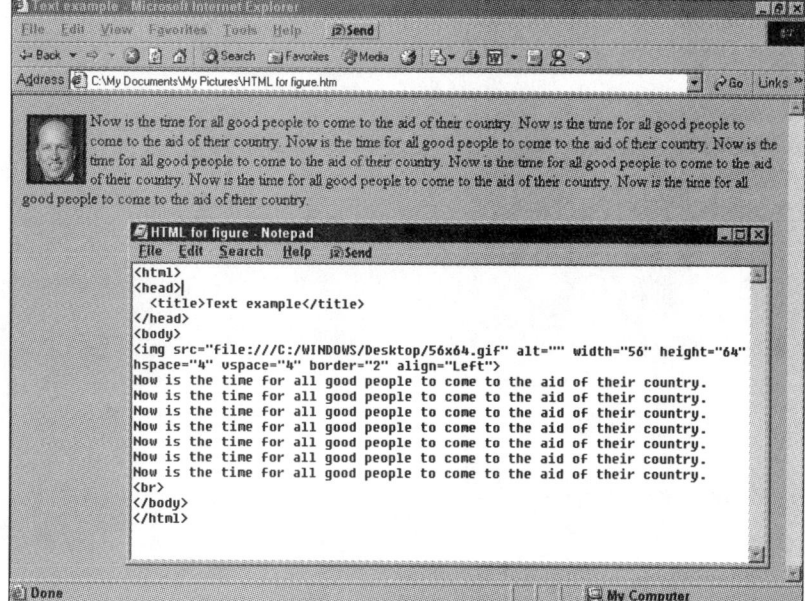

Figura 10-5:
Usted pue-
de trabajar
directamen-
te en HTML
y ver los
resultados.

Capítulo 11

Diseñar una Página Web Agradable

● ●

En este capítulo

▶ Considerar los principios del buen diseño

▶ Evitar cometer en errores de diseño

▶ Trabajar con tablas, marcos y diseños

● ●

*U*no de los aspectos más complicados al crear y publicar una página Web es el aspecto general de esta. Algunas páginas se ven geniales; otras se ven bien, y algunas otras parecen de aficionados. Y lo bien que una página se ve depende en alguna medida de quién la está viendo, después de todo: "la belleza está en el ojo del observador". En algún punto, sin embargo, algunas páginas se ven tan mal o tan bien que todos están de acuerdo con ello.

Cuando cree su primera página Web, como se describe en la Parte 1 de este libro, no importa cómo se vea su página. Usted solo está tratando de divertirse y obtener un poco de experiencia. Pero si crea una página Web, mucha gente la visitará; o bien, si está practicando para crear una página Web y usarla en un negocio o en su carrera, sin duda querrá que se vea bien. Y explicar cómo hacer que una página luzca bien es difícil.

La impresión general que produce una página Web depende de muchos factores diferentes –el balance del espacio blanco, el texto y los gráficos usados, la fuente utilizada, el uso apropiado de encabezados contra el texto regular y el uso apropiado de viñetas y listas numeradas, hipervínculos y otros elementos atractivos. Cada uno de estos factores tiene que ser "correcto", pero lo "correcto" es muy difícil de definir –solo se conoce cuando se ve. Además, todas las elecciones hechas tienen que funcionar juntas como si fueran una unidad y, de nuevo, saber qué significa hacer que todo funcione como una unidad es aun más difícil de definir.

Se necesita de un profesional para hacer que una página Web se vea realmente bien –de modo que al final de este capítulo, hablamos acerca de cómo obtener ayuda profesional para que mejore su página Web. Pero no se necesita de un profesional para hacer que su página Web se vea bien –o al menos para evitar que esté desentonada y fea. Le mostraremos cómo estar seguro de que la apariencia de su página Web sea la conecta en este capítulo.

Tres Principios Básicos del Diseño

El diseño de una página Web puede ser definido más simplemente como la apariencia de una página y la forma en que esta será percibida por el usuario –tan atractivo o tan poco atractivo, fácil o difícil de usar. El diseño es artístico y estético; el hecho de que la página esté bien depende de la creatividad de la gente, y juzgar cuándo está bien depende del gusto de la gente. Así que no hay ninguna regla estricta ni rápida que siempre conduzcan a un buen diseño. Este hecho hace que algunas personas se vuelvan locas, pero algunas de las cosas más importantes de la vida –como el amor, la buena comida, el buen vino y el buen diseño– no operan a través de reglas específicas.

En vez de reglas específicas, en el diseño se usan principios generales que usualmente conducen a buenos resultados. También dependemos en buena medida de los modelos existentes de lo que la gente considera como algo bueno. Y, entonces, en momentos seleccionados cuidadosamente, rompemos las reglas. De nuevo, este proceso es probable que le rompa a uno la cordura, pero es la única manera de crear diseños que se vean bien.

Los consejos de diseño de este capítulo están basados en la experiencia de los autores en diseño y en el uso de muchos sitios Web, no en principios formales de diseño. Aún más, nuestro consejo es solo para las personas que hacen páginas Web sencillas y sitios pequeños de 5 a 10 páginas –no sitios enormes que tengan que ser planeados desde el principio. Todo esto significa que nuestro consejo es probable que sea algo simple para los profesionales, pero muy útil para los que se inician. Para información detallada sobre páginas Web y el diseño de estas, recomendamos *Diseño Web Para Dummies*, de Lisa Lopuck (Hungry Minds, Inc.).

Los tres principios más importantes para diseñar páginas Web y sitios Web pequeños son la sencillez, la previsibilidad y la consistencia. A continuación, hay algunos consejos acerca de cómo aplicar estos principios.

Sencillez

La sencillez se considera la marca esencial del buen diseño. El ojo moderno está adiestrado para buscar y apreciar los diseños simples y no ornamentados. Use el diseño más sencillo que pueda llevar a cabo su tarea y, luego, busque alguna manera de simplificarlo más. En las páginas Web, la sencillez significa usar un poco de todo –elementos de diseño, gráficos y tamaños de texto– pero de la manera más razonable posible.

La sencillez tiene ventajas específicas en el diseño Web debido al impacto producido por las restricciones de tiempo y las diferentes configuraciones que tienen las computadoras de los usuarios. El hecho de que lleva su tiempo descargar cada elemento de una página Web, significa que una página Web diseñada con sencillez, usualmente, se descarga más rápido que una complicada y a los usuarios, realmente, les gustan las páginas que se cargan rápido (en realidad, les desagradan las páginas que se descargan despacio, pero nosotros preferimos describir la situación de una manera positiva).

Las diferencias entre las configuraciones de las computadoras de los usuarios también le dan preferencia a la sencillez. Un usuario puede estar viendo su página Web en una pequeña pantalla con 256 colores; otro lo puede hacer en una pantalla grande de alta resolución y con miles de colores. Mientras más sencillo sea el diseño de su página Web, más probablemente esta se verá igual en todos las computadoras que hay allí afuera.

Para usted, como autor novato de páginas Web, la sencillez es especialmente importante. Usted no tiene la experiencia de haber probado muchas cosas diferentes que no funcionan. Tampoco tiene el conocimiento técnico de hacer siempre las cosas bien cuando intenta hacer algo nuevo y complicado. Mientras más simple elija hacer su diseño, más probablemente lo hará bien.

La sencillez es más importante aún en las *páginas de contenido*: las páginas Web en las que el usuario lee artículos o mira imágenes. El usuario no desea ser distraído de lo que está haciendo. Las Figuras 11-1 y 11-2 muestran la primera y la segunda pantallas de contenido de *Diseño Web Para Dummies*, mencionado anteriormente, en el sitio Web Para Dummies. Note cómo ambas páginas Web le permiten enfocar la atención en el contenido.

Previsibilidad

La previsibilidad significa que el usuario puede saber fácilmente en dónde están las cosas en su página Web y cómo funcionan. La previsibilidad podría ser descrita, con menos eficiencia pero con más precisión, como "la previsibilidad del contenido, la funcionabilidad del diseño y el aspecto de su página Web al ser comparada con otras páginas Web similares".

Una razón importante por la que la Web es tan popular es que casi todas las páginas Web se ven y funcionan del mismo modo. Las páginas Web que van muy lejos de la norma tienden a no ser muy populares entre los usuarios.

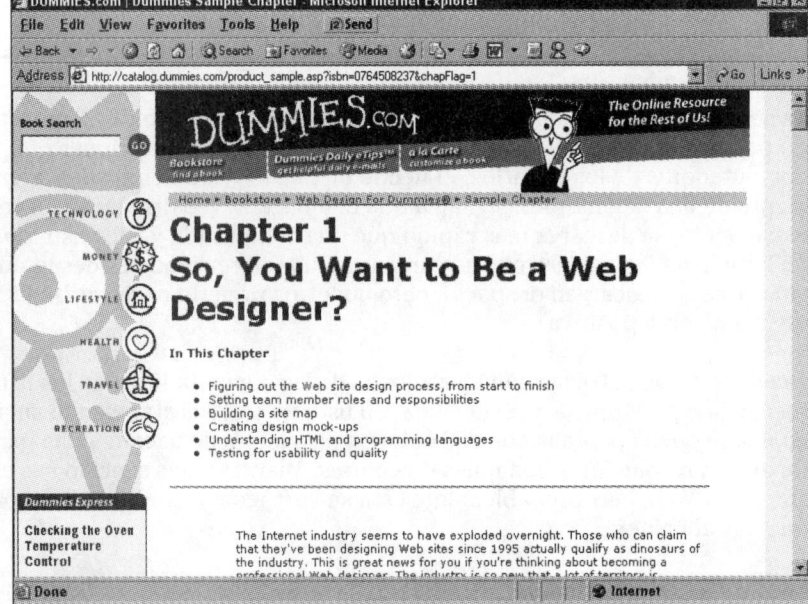

Figura 11-1:
La parte superior de una página de contenido del sitio Para Dummies es muy sencilla.

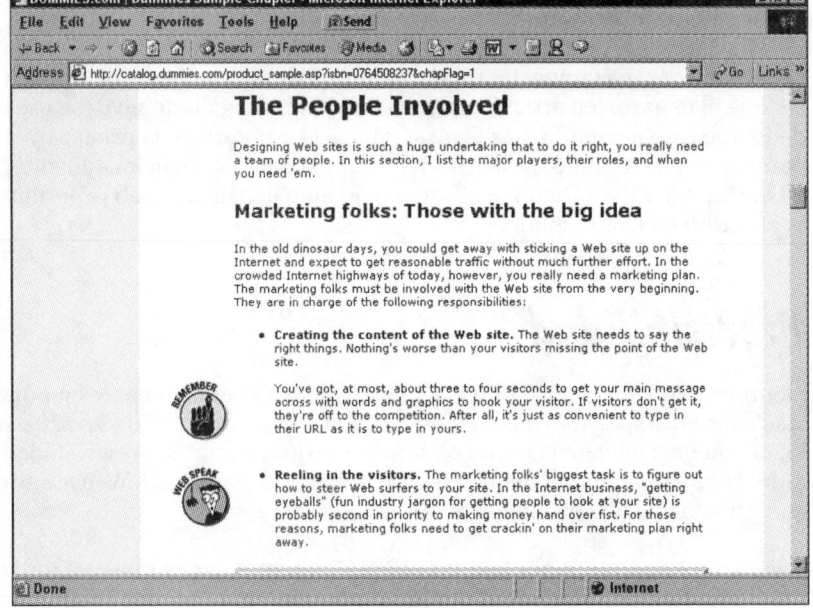

Figura 11-2:
El cuerpo de una página de contenido del sitio Para Dummies todavía es más simple.

Parte de las razones por las que este libro se llama *Crear Páginas Web* y no *Crear Sitios Web* es que está enfocado a las personas que están iniciando, quienes probablemente desean crear primero una sola página Web y, luego, expandir quizás esa página hasta convertirla en un sitio pequeño. Otra razón es que los usuarios realmente experimentan en la Web con un montón de páginas Web individuales. Muchos usuarios ni siquiera están conscientes de que cuando hacen clic sobre un vínculo hacia un sitio diferente, dejarán el sitio en que estaban y se irán a uno diferente. Las personas realmente experimentan en la Web de página en página.

Para entender el valor de la previsibilidad, imagine cómo debería verse una página Web con un artículo de periódico. Lo primero que atrapará su ojo podría ser una imagen –casi siempre una imagen, si hay alguna, para una noticia típica de la Web. También imaginaría encontrar el titular que describe el artículo y alguna línea extra del reportero.

Usted esperaría ver algo de navegación en lo alto de la pantalla o en el lado izquierdo. Usted esperaría una banda publicitaria en la parte superior de la página (pero estaría agradablemente sorprendido si no hubiera). La columna izquierda quedaría vacía después de que la navegación acabe. La columna de la derecha podría estar vacía igualmente, o podría tener algunos anuncios pequeños.

En algunos sitios, en alguna parte de la primera pantalla del artículo, se podrían ver opciones tales como un botón para enviar por correo electrónico una copia de un artículo. Y usted también podría ver un cuadro con titulares relacionados con los artículos. La Figura 11-3 le muestra un boceto de cómo podrían verse los elementos principales en la página de un artículo.

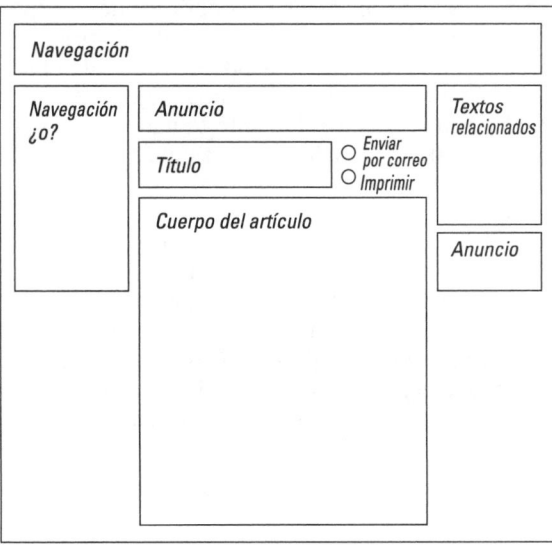

Figura 11-3:
Diagrama de la típica página Web de un artículo.

Ahora imagine que una o más de estas opciones estuvieran presentes, pero que fueran implementadas de una manera muy diferente a otros sitios. Por ejemplo, imagine que el botón para enviar por correo el artículo se llamara "N-vía-Me Fácil". La gente quedaría frustrada y confundida. La gente que deseaba poner una etiqueta diferente en un botón no ha logrado impresionar a nadie; por el contrario, han hecho que la página sea más difícil de entender y usar.

Eso, en resumen, es de lo que se trata la previsibilidad. Para cualquier página Web que desee crear, busque unos cuantos ejemplos de páginas Web que básicamente cumplan con lo que usted intenta hacer. Vea si su página es semejante en diseño, funcionabilidad y vea otros ejemplos. Si su página es muy diferente, considere simplificarla un poco para reducir o eliminar las diferencias. Eso es la previsibilidad.

Consistencia

En vista de que cada página Web que cree debe ser previsible cuando se comparara a lo demás que hay allí afuera, en la Web, cada página también debe ser internamente consistente. Usted no debería cambiar dramáticamente las fuentes, el tamaño del texto o el estilo del diseño de una página.

Si crea un sitio Web de muchas páginas (como se describe en el Capítulo 15) todas las páginas del sitio deberían ser coherentes entre sí. Usted deseará hacer todo lo necesario para hacer que los usuarios entiendan que están en un solo sitio Web.

Si sus páginas Web son simples y si son previsibles para usuarios experimentados de la Web, entonces la consistencia se convierte en uno de los principios más fáciles por seguir. Use un bloque o un gráfico de navegación repetido en cada página de su sitio Web –siempre en la misma posición en cada página. Use un color de fondo consistente y un color de primer plano, el mismo tamaño de texto para el cuerpo del texto, las mismas o similares ubicaciones de las imágenes y el mismo "tono" en la escritura del sitio.

Si crea un sitio Web grande (de 20 páginas o más), entonces la consistencia se vuelve más difícil. La única manera de mantener un enfoque consistente es crear varias plantillas diferentes para las diferentes clases de páginas de su sitio Web: páginas de navegación, páginas de contenido (con imágenes o sin ellas), páginas de formularios y así sucesivamente. Luego, cada página de su sitio utiliza una plantilla, personalizada para las necesidades específicas de la página (los sitios realmente grandes automáticamente "pueblan" la plantilla con contenido, para crear páginas Web individuales).

Errores de Diseño que se Deben Evitar

Simplemente, desplácese por la Web –en especial por aquellas áreas que tengan muchas páginas personales, como el sitio de GeoCities o el Hometown de AOL –y podrá encontrar muchos ejemplos de páginas mal diseñadas. Pero ¿qué es lo que hace que estas páginas estén mal? De los muchos errores de diseño que es posible cometer, estos son los tres errores comunes entre los nuevos creadores de páginas Web: las páginas que se descargan despacio, las feas combinaciones de color y el texto pequeño.

Páginas de descarga lenta

Esta es la maldición número uno del diseño de páginas Web, ya sea aficionado o profesional. Las personas piensan que están diseñando una revista y arrojan grandes gráficos sin comprimir por todo lado. Luego añaden pequeños elementos de diseño, cada uno de los cuales tiene que ser enviado como un archivo separado por el servidor Web. Conforme cada uno de los elementos diferentes entra, el diseño de la página cambia de manera oscilante, de un modo que causa mareos por movimiento.

Existen dos formas de hacer que sus páginas se carguen lentamente. Una es la falta de cuidado con uno o un par de gráficos. Si se deja que estos archivos de gráficos sean muy grandes, la página entera quedará condenada a cargarse lentamente. Use las técnicas descritas en el Capítulo 10 para hacer que sus gráficos sean pequeños en su tamaño físico así como en su tamaño de archivo.

La otra es el uso de gráficos de una manera muy prolija. Las páginas altamente diseñadas pueden tener muchísimos elementos gráficos pequeños que pueden hacer que se produzcan muchas descargas separadas mientras la página se abre. A menos que la página se diseñe con mucho cuidado, es posible que se distorsione un poco conforme cada gráfico llega. El efecto general es un poco desconcertante.

Los gráficos no solo pueden causar que su página se cargue lentamente, sino que dura mucho en ser creada, tienden a tener problemas significativos de derechos de copia y presentan serios problemas de diseño y de planeamiento. Mantenga de manera simple el uso de los gráficos en su página hasta se vuelva muy bueno diseñando gráficos o hasta que consiga ayuda de alguien que sea muy talentoso en la materia.

Feas combinaciones de color

A muchos editores de páginas Web no les importa mucho si las combinaciones de color utilizadas son atractivas o no. A otros les importa, pero no pueden apreciar críticamente su propio trabajo y ver lo feo y difícil de usar que resulta ser.

Busque buenas páginas

Aquí hay varias páginas que puede revisar para ver cómo otras personas han diseñado sus páginas en la Web:

✔ **GeoCities:** Como se menciona en el Capítulo 3, GeoCities es el mayor proveedor de páginas para la Web. De la página principal de GeoCities, en www-.geocities.com, puede acceder a las páginas Web de GeoCities en muchas categorías diferentes. Sin embargo, no hay una lista de las mejores páginas Web disponibles. Tendrá que besar muchas ranas antes de encontrar a su príncipe.

✔ **Tripod:** Tripod es una compañía de hospedaje de Web adquirido por Lycos, un portal de la Web líder internacionalmente. Para ver páginas Web geniales de Lycos, busque el área Member Spotlight, en la esquina superior izquierda de la página principal. El área Home and Family es particularmente relevante para las páginas Web personales.

✔ **AngelFire:** AngelFire es la otra compañía de hospedaje Web que fue adquirida por Lycos. Puede buscar su página principal en www.angelfire.lycos.com. Haga clic en el vínculo Cool Pages, en el lado izquierdo de la página principal para buscar vínculos a sitios de varias áreas.

✔ **Hometown:** Hometown es el sitio de páginas Web gratuitas de AOL. Puede usarlo incluso si no es un miembro de AOL (aunque solo los miembros pueden usar todas las áreas de discusión y la ayuda en línea que hace que Hometown sea un verdadero ganador). La página principal de Hometown, en www.hometown.aol.com tiene una lista de las categorías más populares, pero tiene que buscar todas las páginas principales de la categoría para buscar las mejores.

✔ **Homestead and Bigstep:** Las compañías Homestead y Bigstep ya no ofrecen páginas personales —solo ofrecen páginas de negocios y es necesario pagar por ellas. Pero las páginas publicadas suelen ser realmente buenas y cada una de ellas ofrece un muy buen trabajo. Visite los sitios: www.homestead.com y www.bigstep.com para ver los sitios de los clientes.

La mayoría de la gente comprende que ciertas combinaciones de color pueden ser feas, pero ¿por qué las usan? Porque en la Web, el color identifica los hipervínculos, los vínculos no utilizados y aquellos que ya lo han sido utilizan colores diferentes. Los colores estándar de los vínculos son azules para los vínculos no visitados y morados para los visitados. Si cambia estos colores, sus visitantes tendrán problemas al identificar cuáles vínculos han visitado y cuáles no.

Si, simplemente, debe cambiar los colores de los vínculos, intente usar combinaciones de colores parecidos a los estándares —un color más ligero que llame la atención para los vínculos no visitados y un color menos sugerente para los visitados. Luego, pruebe el diseño con unas cuantas personas y vea qué tan rápido pueden descubrir cuáles vínculos son cuáles.

Ahora volvamos a lo feo. Solo porque la Web hace posible usar combinaciones de colores no significa que hay que hacerlo. La gente está acostumbrada al texto negro sobre un fondo blanco y siempre es la elección más segura. Con esta combinación, los colores estándar de los vínculos se muestran realmente bien. Usted puede usar una barra gráfica en un lugar consistente de la página para darles a sus páginas Web una apariencia colorida sin sacrificar la previsibilidad y la legibilidad.

Unas cuantas combinaciones de color también funcionan bien, pero muchas no. Recuerde también que algunos usuarios usan sus monitores en el modo de 256 colores y que solo 216 colores de esos son los mismos en las PCs y en las Mac. De hecho, una combinación de colores que se vea bien en su sistema puede verse muy mal en un sistema con menos colores, o en una PC, en oposición a una Mac. Use los colores seguros de la Web descritos en el Capítulo 9, o busque una combinación de colores que incluya esos colores seguros y que a usted le guste para usar esa misma combinación en su propio sitio (esto no es robar –se trata solo de unas cuantas combinaciones seguras, además la persona de quien se está tomando la combinación tampoco fue la inventora de la batidora eléctrica).

Texto pequeño

Un error muy común que las personas cometen es usar texto pequeño en su página Web. El texto pequeño se ve bien y le permite tener un montón de información. Debido a estas tentaciones, incluso los sitios Web grandes, como las primeras versiones del sitio de Microsoft, cometían este error. Lo malo es que el texto pequeño se hace muy pequeño cuando se ve en un monitor de alta resolución. Tan pequeño, de hecho, que muchas personas que quizás visiten su sitio Web no puedan leer fácilmente el texto de su página

Menos común, pero igualmente dañino, es el texto que es demasiado grande. Las personas que necesitan anteojos diseñan páginas Web con texto que es legible desde cinco metros de distancia (la gente con muchos problemas de la vista pueden configurar Windows o su explorador para que despliegue el texto de tamaño extra grande, de modo que puedan leerlo tomando como referencia el tamaño natural). Esto se ve horrible, especialmente, cuando se ve en un sistema con resolución relativamente baja, como 800 x 600.

Ambos problemas empeoran por la tendencia de poner una cantidad importante del texto del sitio en imágenes gráficas. Este "texto" siempre tiene una apariencia consistente, porque es tratado por el explorador como una imagen gráfica, pero la apariencia puede ser muy pequeña o muy grande. El explorador no le puede cambiar el tamaño al texto para acomodar diferentes configuraciones. De modo que el usuario no puede solucionar los problemas que está teniendo con el texto desplegado gráficamente.

Haga concordar el tamaño del texto de su página Web con el tamaño del texto de algunas páginas que le gusten. Luego, pregúnteles a varias personas (que no sean muy jóvenes con vista de águila, ni tampoco muy ancianas o personas que tengan problemas con la vista) qué opinan del texto de su página. Solucione el problema antes de que se vuelva una molestia para los visitantes de su sitio Web.

Romper las reglas de un modo seguro

Mucha de la diversión de crear su propia página Web es hacer lo usted desea hacer y no lo que alguien le diga que haga. Sea como sea, usted desea que su página Web se vea bien. ¿Cómo se puede crear un diseño que le guste a usted y que también les guste a otras personas?

Obtenga ayuda de profesionales en diseño

Si está trabajando en un sitio Web para uso profesional o comercial, quizás desee alguna ayuda para hacer que su apariencia sea realmente buena. La buena noticia es que la Web ha estado aquí por un tiempo lo suficientemente largo y existen personas experimentadas que le ayudarían con el diseño de su página Web por una tarifa razonable. El truco para conservar el precio en un monto razonable es definir exactamente por qué desea pagar y hacer usted mismo la mayor cantidad posible de cosas.

La mejor forma de trabajar con un diseñador gráfico de la Web es crear su sitio Web primero usted mismo. Luego traiga a un diseñador solo para mejorar la apariencia del sitio. Mejorar la apariencia de su sitio podría tomarle al diseñador algunas horas y le po-

dría costar un par de cientos de dólares. Dinero bien gastado, si su sitio Web va a ser parte de su carrera o su negocio.

El problema es que muchas de las personas a las que les hablará estarán acostumbradas a hacer todo el trabajo de solucionar problemas, crear contenido, revisarlo todo para cumplir sus necesidades, publicar el sitio y, luego, modificarlo para usted. Este tipo de proyecto le podría costar miles de dólares –lo cual usted evitará al hacer casi todo por su propia cuenta y gratis- o por un precio muy razonable, usando la información de este libro. La parte en la que podría necesitar ayuda es en dar con la apariencia correcta, así que realice los otros pasos usted mismo y luego traiga a alguien para que haga la parte del diseño gráfico.

Le sugerimos que siga este procedimiento de cinco pasos:

1. Cree su página Web.

Primero, cree su página Web, con el contenido y las imágenes que desee, como se describe en la Parte I de este libro. No se preocupe mucho de su aspecto. ¡Solo hágalo!

2. Encuentre una o dos páginas de modelo que le gusten.

Busque en la Web una página que sea parecida a su página Web (en cuanto a propósito y contenido) y que tenga una apariencia simple y atractiva. Luego, busque otra. Refiérase a la barra lateral "Buscar buenas páginas" para encontrar lugares en los que puede buscar páginas.

3. Cree una versión nueva y básica de su página Web.

Use sus modelos como una guía, cree una versión nueva de su página Web. Una las piezas más importantes –el texto principal, una o dos imágenes, y una lista– antes que los demás. Haga que la página básica se vea bien.

4. Agregue elementos adicionales de uno en uno.

Ahora agréguele elementos adicionales a su página Web, pero de uno en uno. Si trabaja de esta manera, puede evitar que se estropee y sea difícil de ordenar, mientras que maltratará su propia creatividad..

5. Publique los resultados y tenga comentarios.

Ahora publique su página Web mejorada y muéstrela a sus amigos y colegas, para que le digan lo que opinan. Deje que el sitio esté allí por un par de días y luego examínelo cuidadosamente usted mismo. Use su propia perspectiva fresca junto con los comentarios que obtenga para mejorar su página.

Usted puede repetir este proceso una y otra vez, conforme mejore su página Web y agregue páginas nuevas para crear un sitio Web entero. Trabaje en relación con estos pasos de modo consciente y podrá terminar con algunas buenas páginas.

Tablas, Diseños y Marcos, ¡Dios mío!

Las tablas fueron, por mucho tiempo, uno de los temas más controversiales del diseño de páginas Web (no es exactamente que las controversias hayan tenido consecuencias terribles para la humanidad, pero todos necesitamos un poco excitación en nuestras vidas). El propósito original de las tablas era permitirles a los diseñadores de páginas Web crear tablas de datos (por ejemplo, las ventas mensuales de unos cuantos productos).

Las tablas ahora son usadas para administrar el diseño de una página Web. Los diseñadores han encontrado que pueden hacer celdas de una tabla muy grande y poner gráficos grandes o puros bloques de texto en ellos. La tabla incluso se puede configurar para que su tamaño cambie automáticamente cuando la ventana del explorador de la Web cambie su tamaño –al menos hasta cierto punto. Nosotros solo hablaremos en esta sección un poco acerca de este uso avanzado de las tablas.

Los marcos son un dispositivo de diseño más poderoso que las tablas, pero que ha tenido en cierta opinión desfavorable. Estos les permiten a partes separadas de la ventana del explorador de la Web ser actualizadas y navegadas de modo separado. No obstante, producen efectos extraños; los usuarios parecen preferir una ventana unificada y no paneles separados dentro de la ventana. Por esta razón, apenas mencionaremos los marcos aquí o en otro lugar de este libro.

Tablas simples

Cuando se usan según su propósito inicial, las tablas están compuestas de filas y columnas. En cada punto donde una fila y una columna se intersecan, se forma una celda de tabla. Cada celda tiene su propio formato –los datos de esta se pueden alinear a la izquierda, al centro, a la derecha; se pueden formatear y así, sucesivamente. Las tablas también tenían encabezados, en los cuales podía ponerse el encabezado de la columna, pero no tenían descripciones de fila predefinidas. Era necesario crearlas, cuando se necesitaban, agregando su propio formato.

Este es el código de HTML para una tabla simple de este tipo:

```
<TABLE>
<TABLE BORDER=2>
<TH><TD>Production (tons)</TD><TD>% of goal</TD></TH>
<TR><TD>North 40</TD><TD>87</TD><TD>102%</TD></TR>
<TR><TD>South 40</TD><TD>93</TD><TD>110%</TD></TR>
</TABLE>
```

La Figura 11-4 muestra cómo luce esta simple tabla en HTML y cuándo se ve con Internet Explorer.

Aquí presentamos qué hace cada parte del código HTML:

`<TABLE>, </TABLE>`	Comienza y termina la tabla.
`<TABLE BORDER=2>`	Crea un borde de 2 pixeles de ancho alrededor de la tabla. No olvide incluir un borde, de manera que otro texto y gráficos en su página Web no se junten demasiado.
`TH>, </TH>`	Comienza y termina el encabezado de la tabla. (Automáticamente, deja primero la entrada en blanco de manera que las filas puedan contener un nombre de columna).
`<TR>, </TR>`	Comienza y termina la fila de la tabla.
`<TD>, </TD>`	Comienza y termina el elemento de información de la tabla.

Así que crear una tabla en HTML es bastante sencillo, pero también bastante tedioso. Tan solo cree las filas y los elementos de información; si obtiene los datos de información correctos, las columnas se encargan de eso.

Obtener los elementos de información correctos puede ser un problema. Para hacer que su tabla se vea bien, debe utilizar una serie de opciones de alineación y formato. Cometer errores se vuelve muy fácil y actualizar la apariencia de la tabla algo muy difícil. Por eso es que muchas personas utilizan las herramientas de HTML para crear y manejar tablas -y luego, en algunos casos, hacer los toques finales en HTML para hacerlas bien.

Las tablas no eran parte del HTML estándar original; fueron introducidas en la versión 1.1. de Netscape Navigator. Como resultado, algunos exploradores mucho más viejos no soportan las tablas del todo (las tablas son la razón más importante de por qué algunas páginas Web todavía dicen "Best viewed with Netscape Navigator" -por cierto tiempo era el único explorador con soporte de tabla). Asimismo, el HTML estándar oficial y Navigator 1.1. utilizaron versiones diferentes de las mismas etiquetas. Afortunadamente, la mayoría de los exploradores disponibles hoy día soportan ambas versiones.

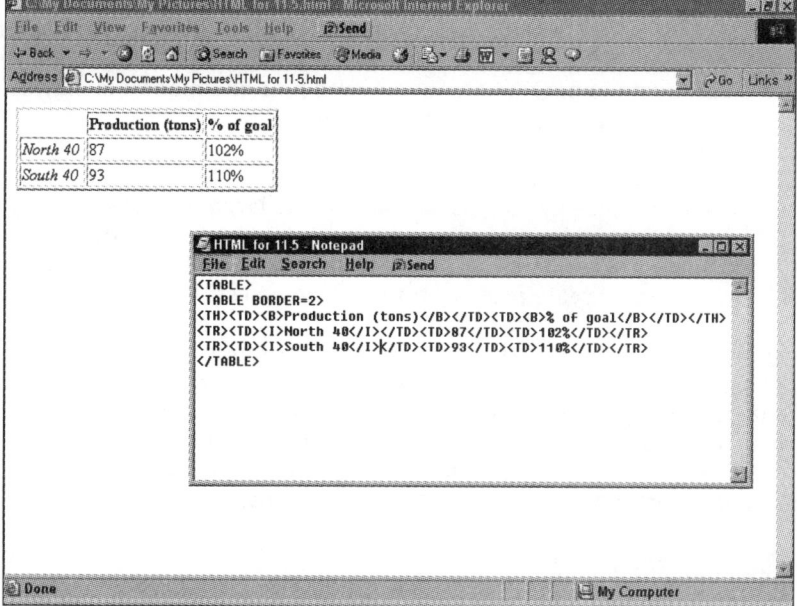

Figura 11-4:
Una simple tabla de página Web y su simple código fuente de HTML.

Tablas para diseño

Una vez que se agregaron tablas al HTML, los diseñadores de la Web descubrieron rápidamente cómo llevar las tablas al siguiente nivel. Imagine crear toda una página Web con una tabla grande. Con las opciones de HTML, puede suprimir los bordes de las celdas de la tabla. Luego, puede crear un cuadriculado grande e invisible en el cual puede insertar fragmentos de texto o de gráficos. Esto le permite crear un diseño con columnas o asegurarse de que un bloque específico de texto permanezca junto a un gráfico específico, por ejemplo, incluso si el usuario hace el texto de su página Web muy grande o extra delgado.

¿Por qué fue tan controversial? Porque existían ciertos motivos idealistas detrás del diseño original del HTML, como por ejemplo, hacer que las páginas Web se pudieran ver en cualquier computadora. Los diseños basados en tablas, por contraste, solo funcionan bien en pantallas que tengan un tamaño mínimo. La controversia terminó hace ya algún tiempo porque la gente que paga por el desarrollo de sitios Web exige que sus sitios se vean bien en la mayoría de computadoras PC y Mac que existen, y las tablas son básicamente la única forma de crear un diseño complejo que se vea bien.

Para nuestros propósitos, no obstante, la palabra clave aquí es "complejo". Existen muy diversos elementos que quizás deba ajustar en un diseño de página basado en una tabla, y que quizás deba invertir mucho tiempo y energía para aprender a hacerlo bien. Luego se surge toda una serie de temas acerca de cómo asegurarse de que el diseño de su página basada en tablas funcione bien en la mayoría de sistemas operativos y exploradores de la Web actuales.

La Figura 11-5 muestra la página inicial de Netsurfer Science, que usa tablas para crear diseños simples y limpios. La columna de la izquierda es una celda grande en una tabla; el contenido en el centro y la derecha de la página es otra celda grande. Use el comando View⇨Source o uno similar (en su explorador de la Web) para ver el HTML interno de esta página y observar como está hecho.

Para crear sus propias tablas, puede empezar usando el comando Insert⇨Table, de Netscape Composer. Sin embargo, realmente necesita una herramienta más avanzada para trabajar de modo eficaz con las tablas de sus páginas Web – algo como Microsoft FrontPage o Dreamweaver, que le dé un control más directo sobre las opciones específicas –o tendrá que empezar a hacer muchos experimentos en HTML hasta que aprenda cómo hacer las cosas de la manera en que las desea.

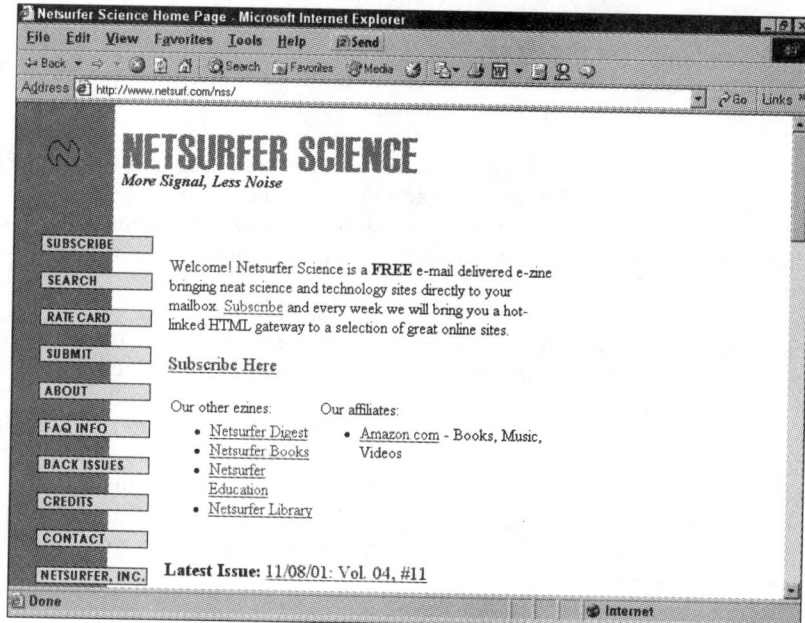

Figura 11-5:
El sitio
Netsurfer
Digest usa
tablas para
organizar el
contenido.

Para detalles sobre cómo usar tablas para un diseño, empiece con este artículo del sitio builder.com de CINET, en

```
http://builder.cnet.com/webbuilding/pages/
Authoring/AdvHtml/ss01.html.
```

Los amigos no le permiten hacer marcos

Los marcos, como las tablas, son una innovación de NEtscape. Separan la página Web en áreas que pueden ser actualizadas individualmente. Por ejemplo, usted puede hacer clic sobre un vínculo en un marco en la mitad inferior de una página Web y actualizarla con nuevo contenido mientras el otro marco permanece igual. Esto parece como una capacidad poderosa. Sin embargo, se ha comprobado que los marcos son menos populares que las tablas.

¿Por qué los marcos no son tan populares como las tablas? Bien, son difíciles de crear y manejar, igual que las tablas. Pero los autores están dispuestos a hacer casi cualquier cosa para hacer sus páginas Web más atractivas y útiles y las tablas les ayudan a hacerlo. Con los marcos, el problema viene con la parte "útil"; los usuarios tienen un rato difícil con las páginas Web con marcos.

Al utilizar una página con marcos, los usuarios tienen dificultad para encontrar el cursor. Así que si se desplazan, ¿cuál marco desplazan? Además, moverse hacia adelante y hacia atrás en el marco es diferente a hacerlo en la página Web general, de manera que los usuarios puedan fácilmente perderse.

Finalmente, los marcos crean uno o dos problemas funcionales. Cuando los usuarios ajustan el tamaño de una ventana del explorador, las páginas enmarcadas no siempre se ajustan correctamente. Y diseñar una página enmarcada para trabajar bien en varios tamaños de monitor es significativamente más difícil que diseñar páginas regulares.

Las pruebas de uso han demostrado que los usuarios están confundidos por los marcos. Existen sitios con marcos muy controlados (por ejemplo, con solo una ventana desplazable o navegable) que dan muy buenos resultados. Sin embargo, el propósito principal de los marcos de estos sitios es permitir la navegación compleja, los anuncios o permanecer en la visión del usuario todo el tiempo. A menos que tenga opciones de navegación complicadas sin las que sus visitantes no puedan vivir, o a menos que tenga anunciantes en su sitio, sin cuyos dólares usted no pueda vivir, le recomendamos evitar el uso de marcos mientras siga creando sus primeras páginas Web.

De cualquier manera, las páginas con marcos pueden ser útiles para desplegar conjuntos complejos de datos y para apoyar la navegación. Debido a que crear y manejar el HTML para los marcos es aún más difícil que para las tablas, no describiremos ese proceso aquí, y, por otro lado, Netscape Composer no da soporte para el uso de marcos. Use una herramienta Web avanzada, como Macromedia Dreamweaver o Microsoft FrontPage, si desea usar marcos en sus páginas (o busque las etiquetas apropiadas de HTML en el Apéndice C y empiece a experimentar)

Capítulo 12

Publicar sus Páginas Web

* *

En este capítulo

▶ Obtener espacio en un servidor de la Web

▶ Buscar ayuda para publicación en la Web

▶ Transferir sus archivos a un servidor de la Web

▶ Poner su sitio a trabajar

* *

*P*ublicar es la etapa más excitante de crear su página o su sitio Web. Después de jugar con todas las herramientas, los GIFs, el HTML y todo tipo de archivos; y después de poner en claro lo que usted quería decir y cómo quería decirlo, finalmente puede salir al mundo y dejar que todos contemplen su creación.

Publicar en la Web puede ser fácil si se publica una página Web personal o temática que sea vista tan solo por unos cuantos amigos o compañeros. Pero si usted quiere crear una página Web para una empresa, o si sencillamente quiere espacio para continuar creciendo, la publicación involucra varios pasos.

El primer paso para publicar su página Web es conseguir espacio en un servidor. Aquí hay muchas opciones. ¿Se puede conseguir espacio gratuito o es necesario pagar por él? ¿Desea su nombre de dominio propio, de modo que su sitio tenga un URL simple, o prefiere que su sitio esté en el subdirectorio del dominio de otra persona? Necesita escoger un proveedor de espacio de servidor que le dé un precio razonable, apoyo ahora y campo para crecer más tarde. Luego, necesita transferir sus archivos al sitio y confirmar que está realmente en línea.

Pero eso no es todo. Todo el propósito de obtener un sitio Web en línea es que las personas lo vean. Con todos los sitios que existen, usted tiene que hacerse camino a través del ruido y conseguir que las personas visiten su sitio. Después de que las personas visiten su sitio, necesita saber que ellas estuvieron allí, de modo que necesita algún tipo de reporte. También necesita recibir y responder la retroalimentación. Todas estas cosas en las que hay que pensar nos recuerdan aquellos viejos anuncios del ejército de los Estados Unidos: "No solo es un trabajo, es una aventura".

Publicación empacada

La manera más fácil de manejar la publicación de las páginas Web es del todo no manejarla y hacer que alguien más lo haga por usted. Los servicios de páginas Web fáciles de usar, como GeoCities y AOL Homepages, descritos en los Capítulos 2 y 3, manejan el paso de la publicación en vez de que lo tenga que hacer usted (al menos en las primeras etapas). Pero conforme usted construye su página Web o crea un sitio Web de muchas páginas, es necesario preocuparse de cosas tales como transferir archivos por FTP. Y es posible que desee su nombre de dominio u otras funciones avanzadas que pueden requerir que vaya a un huésped diferente para sus páginas Web. Así que si publicar su sitio Web parece un verdadero predicamento, use un servicio de páginas Web para empezar y, cuando necesite llevar el sitio al siguiente nivel regrese a este capítulo.

En este capítulo cubrimos los pasos básicos de la publicación: obtener espacio en un servidor, transferir los archivos, etcétera. Estos son los pasos fundamentales que necesita llevar a cabo para una sola página Web o para un sitio Web de muchas páginas. En el Capítulo 15, cubrimos los pasos más avanzados relacionados con la publicación, como obtener su nombre de dominio y hacer que las personas conozcan su sitio.

Después de que su sitio esté terminado, sí puede pensar en descansar y relajarse. Pero entonces, mientras navega por la Web, verá algo impecable que usted querrá poner en su sitio. O bien, viendo de nuevo sus páginas, repentinamente, verá un problema relacionado con cómo se describe usted, su compañía o sus intereses. O tal vez recibe una ventisca de correos electrónicos en la que se hacen preguntas que usted pensaba ya había contestado en el sitio (o, peor aun, no recibe correspondencia del todo). Tal vez es hora de encender otra vez ese editor de HTML

Perdón por mencionar un libro escrito en colaboración con uno de los autores, pero si tiene prisa por crear un sitio Web para una empresa, es posible que desee consultar *Internet Marketing For Dummies*, de Frank Catalano y Bud Smith (Hungry Minds, Inc). Ese libro entra en detalles más profundos acerca de temas relacionados con los negocios, como registrar el dominio correcto, la presentación de un negocio en línea y el uso de otros servicios de la Internet, además de la Web, como parte de sus tareas de mercadeo.

Obtener Espacio en un Servidor de la Web

Un *servidor de la Web* es una computadora que está conectada a la World Wide Web y que ejecuta software especial que le permite proveer información a los usuarios de la Web. Cientos de miles de servidores están conectados a la Web. Usted puede divertirse mucho con una página Web que haya creado y que tenga almacenada en su computadora. Pero solo si pone sus archivos en el servidor de alguna persona o si crea su propio servidor de la Web y almacena en los archivos de su sitio Web, su sitio realmente puede convertirse en parte integral de la Web.

Usted fácilmente puede conseguir espacio en un servidor de la Web. Por ejemplo, todos los servicios de publicación basados en la Web, los cuales describimos en los Capítulos 2 y 3, incluyen espacio gratuito en un servidor de la Web. Es posible que tenga un amigo o que usted esté afiliado con una organización que le pueda prestar espacio en un servidor de la Web. Todas estas son opciones para una página Web o para un sitio pequeño.

Si estas opciones no están disponibles para usted, o si hay dinero real involucrado, las cosas se ponen complicadas. Cuando cree un sitio para un negocio u otra clase de organización, la mayoría de los servicios que mencionamos en el párrafo anterior no serán aptos, pues no brindan espacio gratuito para sitios de este tipo. Así que si va a empezar a pagar por espacio de servidor, usted querrá hacer unas comparaciones preliminares. Y para ello, es necesario saber lo que va a comparar.

America Online es el único, de los servicios más grandes, que sigue dando espacio gratuito de servidor para negocios al igual que para individuos. Refiérase al Capítulo 2 para más detalles.

Funciones de los servicios de hospedaje en la Web

Varios negocios y organizaciones ofrecen servicios de hospedaje en la Web (es decir, espacio en su servidor de la Web para que usted aloje su sitio Web). La mayoría de estas organizaciones cobra por este servicio y las tarifas varían. Es recomendable considerar varios elementos al seleccionar a un proveedor de hospedaje en la Web para sus páginas Web.

Enfocarse solamente en el precio cuando se compara a los proveedores de servicio de hospedaje es comprensible. Pero sería bueno tomar en cuenta otros factores que pueden ser realmente más importantes que el costo inmediato:

✔ **Estructura de los precios:** En vez de enfocarse solamente en el costo inicial y bruto de su sitio, considere también cuáles proveedores le cobran cuando su sitio se agranda y atrae a un número moderado de visitantes, digamos a varios cientos o miles por mes. Algunos, efectivamente, cobran muy poco por su sitio inicial, pero luego incrementan la factura cuando las necesidades suyas aumentan.

✔ **Apoyo:** Todos necesitamos apoyo de algún tipo, pero el apoyo técnico para la publicación en la Web es uno de los apoyos más difíciles de obtener y de los más importantes. Es necesario tener apoyo para poner las páginas en el servidor, para despejar dudas sobre su sitio y para solucionar problemas acerca de las velocidades de acceso, consistencia de publicación (por cuánto tiempo el servicio estará en el aire libre de problemas) y demás. Establezca el nivel de apoyo que ofrecen los proveedores para cada tipo de opción de hospedaje en la Web que le interese. Pregúnteles a usuarios de varios servicios si obtienen apoyo rápido cuando se topan con problemas.

✔ **Servicios de consultoría relacionada con la Web:** Algunos proveedores de hospedaje en la Web, incluso los que ofrecen algunos servicios gratuitos, también ofrecen otros servicios relacionados con la Web por los cuales cobran, como hospedar sitios de negocios o administrar el sitio por usted. ¿Cuánto cobran por estos servicios y qué tan bien hacen el trabajo? La mayoría de los servicios relacionados con la Web se cobran por hora, pero algunos otros proveedores de servicios hacen las cosas mejor y más velozmente que otros. Así que una tarifa por hora más baja no necesariamente implica una factura menos costosa al final.

✔ **Servicios de sitio:** Algunos proveedores de hospedaje en la Web ofrecen servicios útiles, como contar el número de usuarios que visitan su sitio. Otros, al menos, le permiten a usted crear y ejecutar scripts de CGI que realizan funciones sofisticadas. Otros proveedores de hospedaje en la Web no brindan el servicio, pero tampoco permiten que se ejecuten CGIs. Busque un proveedor que realice los detalles sencillos y que le dé apoyo para hacer las cosas sencillas y para hacer usted mismo las labores complejas.

✔ **Domain name:** El *nombre de dominio* es el nombre del servidor en el que vive su sitio, pero los proveedores astutos pueden poner varios nombres de dominio en una sola computadora. De esta manera, usted puede tener su propio dominio, incluso si se trata de un sitio pequeño, pero el proveedor de hospedaje en la Web debe registrar el nombre. Registrar el nombre le cuesta a su proveedor entre diez y treinta dólares por año. Espere a que su proveedor le transfiera el cobro a usted, pero no permita que le cobren mucho. Para más información sobre tener un nombre de dominio propio, refiérase al Capítulo 15.

Algunos proveedores de hospedaje en la Web ofrecen registrar un nombre de dominio por usted, pero luego se dejan el nombre de dominio. Esta situación nos recuerda los dibujos animados de Charlie Brown, cuando este corría a patear el balón de fútbol americano solo para que justo antes de hacerlo su amiga retirara la bola. No poseer enteramente el nombre de dominio (de manera clara y gratuita) puede entorpecer severamente su habilidad de mover su sitio eventualmente.

Averigüe si el proveedor de hospedaje en la Web le permite conseguir su propio nombre de dominio, ya sea de inmediato o más adelante. Y si el proveedor lo hace, pida un contrato claro y por escrito en el que se lea que usted es el dueño del dominio y que usted puede llevarse su sitio Web a otro huésped de desearlo así.

Cuando considere un proveedor de hospedaje en la Web, tome en cuenta en su evaluación los siguientes factores:

✔ **Velocidad:** ¿Qué tan rápido pueden los usuarios acceder a su sitio Web? ¿A qué velocidad los usuarios pueden descargar los archivos hospedados en su sitio Web? Usted puede preguntarlo, pero lo mejor es probarlo personalmente. Intente acceder a algunos sitios hospedados por algún servicio que esté considerando y vea lo rápidos que son, especialmente, a horas problemáticas por el exceso de usuarios. Compare sus resultados con lo que encuentre en otros sitios Web.

✔ **Consistencia en línea:** ¿El servicio de hospedaje en la Web que está considerando siempre está "fuera del aire"? Quizás piense que las caídas de los servicios son escasas, pero incluso los servicios en línea como America Online tienen problemas de este tipo. Averigüe el historial o la media de la consistencia en línea del servicio de hospedaje en la Web que está considerando contratar y compárelo con la competencia.

✔ **Capacidad de cambio:** Tener la opción de cambiar de proveedor de hospedaje en la Web es algo crucial. Con el derecho de cambiar, puede resolver cualquier problema que se presente. Sin ese derecho, es posible que esté inconforme con determinado problema clave de su sitio Web por un período muy largo. Dos cosas pueden mantenerlo "atado de manos" con un proveedor: las especificaciones contractuales y el control de su nombre de dominio. No firme ningún contrato que lo ate por más de un año y no permita que el proveedor de hospedaje en la Web registre su dominio por usted, a menos que el proveedor deje constancia, por escrito, de que usted controlará su nombre de dominio y que se lo podrá llevar a cualquier otro lugar que desee.

✔ **Viabilidad:** Muchos negocios relacionados con la Internet se han salido del negocio (hasta las empresas gigantes sufren un colapso algunas veces, tal como el gigante de la energía Enron, pero parece que la Internet ha tenido más que una buena tajada). Asegúrese de que el proveedor seleccionado tenga un registro y de que sea lo suficientemente grande y estable como para estar en el negocio al menos durante el tiempo que usted lo necesite.

✔ **Reportes:** Usted, verdaderamente, querrá que su proveedor ofrezca características básicas de reportes gratuitos, como el número de visitantes que su sitio tiene cada día. Tales características son raras, pero son muy valiosas. Este puede ser el factor crítico al seleccionar entre un proveedor y otro.

✔ **Tarifas por transferencia de archivos:** Otro posible "te atrapé" son las tarifas de *transferencia de datos*. Cuando los usuarios vean una página de su sitio, todos los datos de esa página se transfieren a sus computadoras. Si los usuarios descargan archivos, se transfiere aún más información: muchos proveedores de hospedaje en la Web ofrecen una cantidad gratuita de transferencia de datos pero sus costos pueden aumentar marcadamente si el tráfico a su sitio aumenta y, con ello, las transferencias de datos superan un monto mínimo. Compare cuidadosamente los precios de la transferencia de datos.

¿Qué hace que un servidor de la Web sea rápido?

Un servidor de la Web generalmente se cataloga según el número de *conexiones* (breves sesiones de comunicación entre dos máquinas) que puede manejar en un determinado período de tiempo. El número de conexiones que el servidor maneja depende de la velocidad en la que el servidor establece la conexión, descifra una solicitud, envía el archivo solicitado y concluye la conexión. La mayoría de la gente asume que el paso que demanda más tiempo en este proceso es la velocidad a la que los archivos se transmiten. Bueno, ¡sorpresa! Cuando se envían archivos pequeños, los embotellamientos no se deben generalmente a la velocidad con que se envían los archivos, sino se deben a qué tan rápidamente el hardware y el software del servidor pueden establecer conexiones individuales para cada una de las transferencias de archivos y la velocidad en la que las conexiones concluyen una vez que cada transferencia finaliza.

Este es un consejo muy técnico: a los ingenieros y a las personas especializadas, como esos que escriben libros sobre computadoras, les gusta llamar a las causas de los embotellamientos *factores de puerta*. Por ejemplo, el factor de puerta para completar este libro es la velocidad a la que escriben los autores. El factor de puerta para servir páginas Web simples es la velocidad con la que el servidor puede conectarse y desconectarse, no la velocidad con la que los datos pueden enviarse a través de los cables.

Además de la velocidad para conectarse y desconectarse de otras máquinas, la velocidad de la conexión a Internet de un servidor representa un factor de suma importancia, especialmente para archivos grandes, como las imágenes grandes. Si tiene una conexión directa con la Internet (como la que se encuentra en las compañías grandes y las universidades) la conexión del cliente puede ser más veloz que la del servidor: grandes cantidades de páginas Web personales y de pequeñas empresas están alojadas en servidores de la Web que no tienen nada más que un módem de 56 Kbps para conectase a la Internet. Así que no empiece a maldecir su módem si una imagen JPEG a todo color dura toda la vida en descargarse; el problema puede estar al otro extremo del cable.

✔ **Precio:** Si todo lo demás es igual, el precio es el factor determinante. Pero todas las otras cosas raras veces son iguales. Considere primero otros factores, pero no se deje entusiasmar solo por el precio que debe pagar.

Los factores clave al seleccionar un proveedor de hospedaje en la Web son la libertad de cambiar a otro cuando sea necesario y el control sobre su nombre de dominio.

Opciones para espacio en un servidor de la Web

Ahora que sabe lo que debe buscar en un servidor de hospedaje, ¿dónde puede buscar espacio de servidor de la Web? Buscar el lugar idóneo para hospedar su sitio Web no es una tarea fácil. Las opciones de los servicios de hospedaje más importantes son espacio de servidor gratuito, proveedores del servicio de Internet, servicios de hospedaje en la Web y un servidor de la Web de su propia creación. El Apéndice B ofrece una lista de los más importantes proveedores de servicio de Internet; en sus sitios Web, puede encontrar las opciones actuales de hospedaje.

Sin importar la elección hecha inicialmente, asegúrese de mantener abiertas las opciones, porque sus necesidades pueden cambiar conforme aparezcan nuevos proveedores de hospedaje en la Web, conforme crezca su propio conocimiento y conforme aumente la participación de la Web en los negocios y en la vida cotidiana.

Consígalo todo en una cibertienda

Las tiendas en línea son una clase especial de sitio Web que le facilita vender productos en línea. Un operador de tienda en línea puede darle todas estas facilidades o algunas de ellas:

✔ Establecimiento de meta inicial para su sitio Web

✔ Creación de la página Web propiamente dicha (quizás tenga que dar la materia prima, como descripciones, fotografías y listas de precios de los productos que desea negociar)

✔ Anuncios y publicidad

✔ Apoyo para ventas en línea

Yahoo!, eBay y Amazon.com tienen arreglos tipo cibertienda que usted puede usar para obtener publicidad para sus ventas en línea. Usar el huésped de cibertienda puede ser una buena forma de empezar en la Web, especialmente si desea ir de 0 (no tener presencia ni habilidad en la Web) a 60 (presencia significativa en la Web con capacidades de transacción) en unos cuantos meses. Espere pagar tarifas mensuales fijas que se acumulen en algunos cientos de dólares por año, además de alguna pequeña cuota por las transacciones. Usar una cibertienda también le da la oportunidad de adquirir experiencia, de modo que eventualmente pueda hacer una mayor parte de ese trabajo por su propia cuenta (asegúrese de que el contrato le permita dejar la cibertienda rápidamente si desea hacer el trabajo completo por su propia cuenta. Visite los siguientes sitios para encontrarse con proveedores de tiendas en línea muy populares:

✔ www.amazon.com

✔ www.ebay.com

✔ www.paypal.com

✔ www.yahoo.com

Usar espacio gratuito de servidor

Es posible encontrar espacio de servidor gratuito para sitios Web relativamente pequeños de varios lugares (refiérase a los Capítulos 2 y 3 para mayores detalles). Estos sitios son lugares magníficos para crear sitios Web iniciales que le ayuden a aprender sobre diseño y construcción de páginas Web. No obstante, los negocios no pueden usar espacio gratuito en servidores para promocionar empresas de manera directa (¡pero encontrará allí muchísimas promociones no tan directas!). Además, para conseguir su propio nombre de dominio, es necesario pasarse al espacio pagado de los servidores o crear su propio servidor de la Web.

Si tiene acceso al espacio gratuito en un servidor a través de un amigo o del trabajo, ese también es un buen lugar para empezar. Sin embargo, tenga cuidado de no violar ninguna de las expectativas de la gente que le da el espacio acerca del contenido de su sitio Web.

Tal y como lo mencionamos en el capítulo previo, Bigstep.com, una empresa de la Web, le ayudará a crear un sitio Web inicial para una empresa por un bajo costo. Visítelos en `www.bigstep.com`.

¿Su sitio es demasiado bueno?

¿Qué ocurre si su sitio es demasiado exitoso? Pues, aunque no lo crea, el éxito puede ser un problema. Muchos sitios son muy visitados cuando se vuelven "populares", cuando ascienden posiciones en los motores de búsqueda, cuando son vinculados con algún tema que se vuelve popular de modo repentino, cuando son mencionados en la prensa o cuando reciben algún tipo de reconocimiento similar. Prepárese para actualizar las provisiones de su hospedaje en la Web si su sitio se vuelve popular repentinamente. En particular, si usted paga extra por cada megabyte transferido, asegúrese de tener un tope de cuánto tiene que pagar si el uso de su sitio aumenta de repente. Si no lo tiene, establezca un método para llevar un control frecuente del uso o de recibir una alerta si el uso se dispara. De esa manera, evitará recibir una sorpresa dolorosa en su factura.

Usar proveedores del servicio de Internet

Los proveedores del servicio de Internet (ISP) son mejor conocidos porque ofrecen acceso a la Web, pero muchos de ellos también ofrecen una amplia variedad de servicios orientados a la Web, desde consultoría hasta hospedaje, programación y más. De hecho, mientras las empresas más grandes de este tipo, como AT&T y Earthlink, continúan estableciendo sus negocios de acceso a la Web, los ISPs más pequeños que prosperan serán los que se muevan hacia "arriba", brindando servicios de consultoría y de hospedaje especializados. Los ISPs que también son servicios en línea tradicionales, como AOL y CompuServe, algunas veces cambian sus ofertas de alto nivel ofreciendo oportunidades de sociedad.

Algunos ISPs ofrecen servicios de publicación gratuita de páginas Web o espacio de servidor gratuito a los clientes, al igual que los grandes servicios en línea; también ofrecen diversos niveles de servicio pagado. Compare los ISPs grandes para ver lo que ofrecen. Si ya tiene acceso a la Web, no deje de buscar. Muchos ISPs ofrecen sus servicios agregados y pagados incluso a aquellos que tienen el acceso desde otros lugares, y algunos ISPs pueden ofrecer tratos atractivos de acceso además de otros beneficios. Aunque para obtener espacio gratuito, en muchos casos, es necesario ser un cliente activo.

Usar espacio pagado en un servidor

Existen miles de servicios de hospedaje en la Web. Los proveedores varían muchísimo en el servicio, los precios y la competencia. Algunos solo ofrecen el hospedaje y cobran por megabyte almacenado o transferido. Otros ofrecen servicios adicionales, que pueden ser cobrados de manera separada o junto con el costo "puro"de los servicios de hospedaje en una sola factura. Este negocio está cambiando y creciendo tan velozmente que, para protegerse, es necesario ser muy cuidadoso en el proceso de selección. El servicio más grande, Verio, que compró al antiguo líder, Best Internet, también está considerado como uno de los mejores; quizás desee empezar su búsqueda visitándolos en `www.verio.com`.

Tal como los romanos lo averiguaron, solo unos cuantos años antes de que la Internet arrancara, ¡el comprador debe estar alerta!

Crear su propio servidor de la Web

Decidir si creará su propio servidor de la Web, al igual que otras muchas elecciones de la Web, se relaciona con lo que desea realizar o la cantidad de experiencia que posea. Si ha configurado antes un servidor de la Web o si tiene mucha experiencia en computadoras o en comunicaciones, configurar su servidor de la Web puede funcionar muy bien para usted. De no ser así, configurar un servidor de la Web puede resultar una cara pesadilla… y ¡de inicio lento!

Algunas personas que proponen la creación de negocios en la Web sugieren de inmediato el establecimiento de un servidor de la Web propio, pero nosotros no compartimos ese punto de vista. A menos que usted sea un experto, nosotros le recomendamos iniciar con algún tipo de hospedaje en la Web. Luego, considere establecer su propio servidor y conozca a algunas personas que le puedan ayudar si se presentan problemas. Si desea mayores detalles, refiérase al libro Crear un Sitio de Internet Para Dummies, 3a Edición, de Jason Coombs, Ted Coombs, David Crowder y Rhonda Crowder (Hungry Minds, Inc).

Dos cosas que se deben recordar: si usted establece su propio servidor solo para los propósitos más casuales, utilice una máquina dedicada que no esté haciendo ninguna otra cosa (¡si usted sigue este magnífico consejo, gastará unos dos mil dólares para almacenar o servir un solo megabyte!). Y prepárese para dedicar tiempo y energía para conocer la computadora que esté utilizando, su conexión a Internet y las tecnologías de la Web, de modo que pueda configurar su propio servidor para satisfacer sus necesidades tan eficazmente como un servicio de hospedaje en la Web.

Pagar por ayuda

El fenómeno *punto bomba* (el colapso repentino de tantas empresas basadas en la Internet entre 1999 y 2001) hizo que muchos profesionales talentosos de la Web estuvieran disponibles para ser contratados. Además, diez años después de que la Web misma fuera inventada, algunos de los aficionados son muy buenos en lo que hacen. Así, han aumentado mucho las posibilidades de encontrar gente que le pueda ayudar, ya sea pagándoles un salario o porque sean amigos suyos.

Para encontrar un buen proveedor de hospedaje en la Web (alguien que le pueda dar los servicios de hospedaje en la Web descritos en la sección previa) o para encontrar ayuda relacionada con la creación de su sitio Web, nosotros recomendamos seguir estos pasos:

✔ **Empezar con algo pequeño.** Efectuar las preguntar correctas que le puedan ayudar a buscar un proveedor de hospedaje en la Web o un consultor, es difícil si no se tiene experiencia como editor de la Web. Empiece creando una página principal y luego un sitio pequeño dirigido a un propósito en especial antes de hacer algo más grande. La experiencia será muy valiosa cuando se trate de buscar un proveedor de hospedaje.

✔ **Determinar cuáles servicios necesita.** ¿Piensa usted crear un sitio sencillo o complejo? ¿Desea crear el sitio por su propia cuenta y pagar solo el servicio de hospedaje en la Web, o desea usted contratar la mayoría del trabajo? Haga una lista de sus necesidades y, luego, busque personas que estén bien capacitadas para satisfacerlas.

✔ **Investigar en sitios similares.** Busque sitios Web que sean parecidos al tipo de sitio que usted desea crear. Pregúnteles a los Webmasters (es decir, a los administradores de los sitios) cómo crearon el sitio, cómo lo echaron a andar y cuál proveedor de hospedaje en la Web utilizan. Pregúnteles a otras personas de su área acerca de sus sitios Web y si están felices con el servicio que reciben. Cuando considere un proveedor específico, revise algunos de los sitios que el proveedor hospeda y pregúnteles a los clientes si están contentos. Para los consultores, hable con un par de clientes satisfechos (en caso de que los haya).

✔ **Quedarse en casa.** Para hablar o reunirse ocasionalmente con un consultor, lo ideal es hacerlo con uno que viva cerca (incluso con todas las facilidades tecnológicas, ver a alguien directamente a los ojos puede contribuir a mejorar y profundizar el entendimiento. ¡A menos que encontrarse directamente con el consultor lo convenza de que en realidad no le gustaría trabajar con él!). Aunque quedarse en casa restringe mucho sus posibilidades, puede mejorar significativamente la relación profesional.

✔ **Involucrarse.** Ningún consultor o proveedor de servicios puede hacerlo todo. La persona o la organización que paga por el servicio deben brindar contenido y guía a lo largo del proceso. Es necesario estar muy involucrado en el proceso, así que planee dedicar muchas horas a trabajar con el proveedor de consultoría o de servicios.

Transferir sus Archivos

Una de las mejores cosas de publicar en la Web es la capacidad de configurar, probar y modificar su sitio Web en su propia máquina. El problema es que, en determinado punto, es necesario transferir los archivos a un servidor de la Web. Hasta que usted se vuelva experto en la transferencia de archivos, es posible que tenga algunos momentos de ansiedad de transferencia. En esta sección, intentamos eliminar algunas de las preocupaciones relacionadas con tener a su sitio en línea.

Administrar sus archivos antes de la transferencia

Algunas de las cosas más complicadas al crear, probar y transferir sus páginas Web se relacionan con las estructuras de los directorios. El problema es que, digamos, su texto etiquetado con HTML para una imagen tiene que especificar la subcarpeta en la que está el archivo de la imagen. Cuando usted transfiere sus archivos a una máquina diferente, las subcarpetas cambian, lo cual rompe el vínculo de su página Web a la imagen. Es posible seguir ciertos pasos para evitar que sus vínculos se rompan cuando se transfieren los archivos desde su máquina hasta el servidor de la Web.

Para los sitios que tienen unos cuantos archivos, existe una solución simple: solo coloque todos sus archivos en un mismo subdirectorio; de esa manera, sus vínculos serán sencillos. Solo necesitará especificar el nombre de archivo, dejando por fuera el nombre de la carpeta. Y cuando transfiera sus archivos, no necesitará hacer calzar las estructuras de las subcarpetas entre las máquinas. Refiérase a los Capítulos 4 y 8 para mayores detalles.

Para sitios con muchos archivos, use la estructura de carpetas más sencilla posible, Además, cree sus vínculos usando direcciones relativas. Las direcciones relativas no especifican el nombre completo de la ruta desde el directorio raíz hacia adentro, sino que solo la ruta relativa del archivo en que está anidado el vínculo hacia el archivo al que este dirige. Las direcciones relativas le permiten mover archivos de una máquina a otra sin tener que cambiar todos los vínculos entre los archivos.

Algunas personas prefieren usar un programa de compresión, como empacar los archivos antes de enviarlos. Antes de comprimir archivo, asegúrese de que el receptor desea archivos en formato zip y de que él los pueda descomprimir. También tome en cuenta que los archivos más pesados de un sitio Web, generalmente, son imágenes en formato GIF o JPEG; y debido a que estos archivos ya están comprimidos, los programas de compresión no lo compactan más. Pero los programas de compresión ayudan a que todos los archivos lleguen en un solo paquete, con las localizaciones relativas de las carpetas preservadas.

Conforme usted lo pueda ver, el tema principal para cualquier persona que empieza es "mantener las cosas sencillas". Después de que tenga un poco de éxito, puede empezar a realizar otros pasos para organizar mejor su sitio y hacerlo más fácil de administrar y actualizar.

Transferir sus archivos con FTP

Los protocolos de transferencia de archivos son un servicio de la Internet utilizado para transferir archivos entre dos máquinas diferentes. Los FTP ayudaron a que la Internet se volviera popular incluso antes de la llegada de la World Wide Web. Los FTP son una forma relativamente fácil de mover archivos de una computadora a otra. La mayoría de usuarios de la Internet se apoya en los FTP para descargar archivos desde un huésped FTP hasta la propia máquina de los usuarios; no obstante, los usuarios a menudo inician la transferencia del archivo desde una página Web, pasando por alto los detalles del FTP. Para publicar sus páginas Web, es posible que se le pida "enviar los archivos por FTP". Usar un FTP es una operación nueva para la mayoría de la gente, pero no es muy compleja.

Existen decenas de programas de FTP para Macintosh, Windows y UNIX, cada uno con pros y contras (los mayores servicios en línea también tienen facilidades para descargar archivos, que describimos en la siguiente sección "Conectarse a un sitio FTP"). Puede encontrar muchos clientes FTP en la Web. Los pasos que brindamos a continuación funcionan con los programas de FTP más populares. No obstante, para subir los archivos necesita un "verdadero"programa de FTP. Muchos programas con capacidad de FTP pueden descargarse de sitios FTP, pero tome en cuenta que no puede subir archivos a un sitio FTP. Así que asegúrese de que su programa FTP pueda poner (escribir) al mismo tiempo que tomar (leer) archivos. Para un programa útil, busque FTP en el sitio de descargas de CINET: www.download.com.

Conectarse a un sitio FTP

Los siguientes pasos funcionan específicamente con Fetch, el programa FTP más popular para Macintosh, mostrado en la Figura 12-1 (¡vea el perrito, probablemente uno escocés, que corre para agarrar el archivo!). Pero los mismos pasos se aplican generalmente a otros programas FTP.

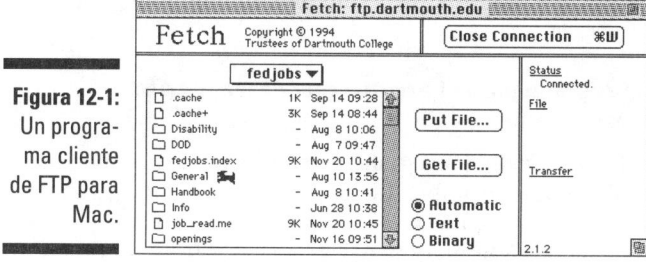

Figura 12-1: Un programa cliente de FTP para Mac.

Use estos pasos para transferir archivos a un sitio Web:

1. Conéctese a la Internet.

2. Inicie su programa FTP.

3. Introduzca el nombre del huésped.

Para un sitio Web, el nombre del huésped del FTP a menudo es el mismo nombre del huésped del URL del sitio Web, pero con el proto- colo ftp en lugar de www; por ejemplo, si el URL del sitio Web es `www`; por ejemplo, si el URL del sitio Web es `www.mysite.com`, el nombre del huésped es probablemente `ftp.mysite.com`.

4. Introduzca el nombre de usuario.

Muchos sitios le permiten introducir `anonymous` como el nombre de usuario y evitar así el hecho de poner un nombre de usuario específico. Otros sitios le dan un nom- bre de usuario y una contraseña para usar mientras sube sus archivos Web.

5. Introduzca la contraseña.

Si puso `anonymous` como nombre de usuario, entonces no ponga nada o ponga su dirección de correo electrónico.

6. Introduzca el directorio en el que desea poner los archivos (o sea, el lugar donde desea escribir).

También puede dirigirse al directorio correcto inmediatamente después de co- nectarse, pero el proceso es más conveniente y menos propenso a errores si in- troduce primero el directorio correcto.

7. Haga clic en OK para conectarse al sitio FTP.

Si hace todo el proceso correctamente y todo funciona bien, usted quedará conectado. Refiérase a la Figura 12-1 para ver el recuadro de diálogo FTP que aparece después de conectarse.

Suba su(s) archivo(s) y desconéctese

Conectarse es la mitad de la batalla. Escribir sus archivos, generalmente, es fácil. Estos son los pasos:

1. Haga clic en la opción apropiada para el archivo que desea escribir: Automático, Texto o Binario.

Para los archivos de HTML, use Texto. Para gráficos y archivos de multimedia, use Binario. Para una combinación de ambos tipos, tiene dos opciones; suba un tipo de archivos primero y el otro después con la designación correspondiente o súbalos todos juntos y seleccione Automático. Así, el servidor trata de descubrir de qué tipo es cada archivo.

Hasta que tenga experiencia con un servidor específico, transfiera sus archivos de uno en uno con el tipo de archivo correcto antes de cada transferencia.

2. Haga clic en Put para escribir su archivo.

Esta opción puede llamarse "Send", "Upload" o de algún otro modo, todo depende los clientes; para iniciar el proceso, es posible que tenga que seleccionar esta opción de un menú en vez de, sencillamente, hacer clic en un botón.

3. En el recuadro de diálogo que aparece, haga clic en el nombre del archivo que desea escribir y, luego, haga clic en OK.

El archivo se transfiere. Repita los pasos del 1 al 3 para cada archivo adicional que necesite transferir.

4. Seleccione Quit (o Exit) del menú File.

Usar un servicio en línea de transferencia de archivos

En el Capítulo 2, describimos cómo usar los programas de publicación Web de los servicios en línea más importantes para crear y publicar su página Web. No obstante, las facilidades de Web de los servicios en línea son flexibles. Usted puede crear texto etiquetado con HTML y archivos de imágenes con cualquier herramienta y, luego, subir los archivos al servidor. Las herramientas de transferencia de archivos de los servicios en línea son parecidas a las de FTP. La Figura 12-2 muestra el programa de transferencia de archivos de America Online. Otros programas de transferencia de archivos son similares.

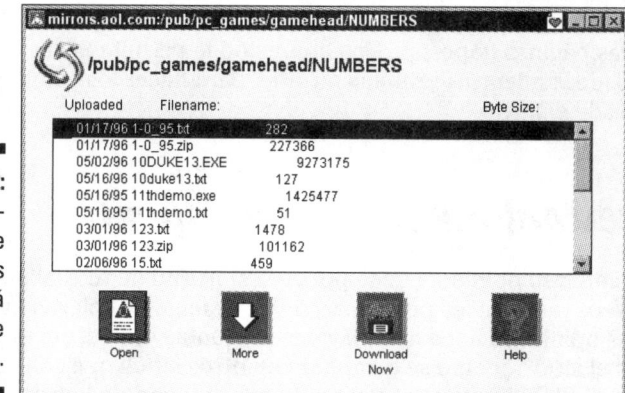

Figura 12-2:
Una transferencia de archivos que no está llena de AOL.

Poner el Sitio a Funcionar

Después de colocar su sitio en la Web, estará muy contento como para preocuparse de su sitio por un rato. Pero estar en la Web no lo es todo, es solamente el inicio de todo un proceso nuevo. Las secciones siguientes describen algunos pasos iniciales para que su sitio recién publicado sobresalga y complete sus metas.

Probar el sitio

Tan pronto como levante su sitio, visítelo como un usuario normal. Vea si todo funciona bien. Pruebe todos los vínculos para asegurarse de que todo está donde debería estar. Asegúrese de que puede moverse fácilmente entre las páginas. Intente acceder a su sitio desde una computadora con una conexión lenta para ver qué tan útil es el sitio a velocidades lentas. También trate de usar su sitio tanto en el explorador de Netscape como en Internet Explorer. También puede probarlo en el explorador incorporado de America Online, si tiene acceso a AOL.

Trate de considerar la forma en la que usted reaccionaría si fuera un usuario nuevo. ¿Para qué parece que es el sitio? ¿Coincide con su propósito? ¿Experimenta acaso alguna dificultad o confusión al usarlo? Este enfoque de mente abierta a su sitio Web puede ayudar a solucionar rápidamente algunos problemas sutiles que, de otro modo, sería difícil de identificar.

Probar su sitio es un poco frustrante porque encontrará todo tipo de cosas para arreglar, pero si usted lo hace, terminará con un sitio mucho mejor, Prepárese para tomar nota de sus reacciones desde el momento en el que llega al sitio hasta que termine su visita.

Use la capacidad de imprimir que tiene su explorador para convertir a impresiones las páginas de su sitio Web y colocar las notas directamente en las páginas impresas. Una impresión le permite llevar un registro de sus ideas mientras examina su sitio, para hacer los cambios adecuados desde el inicio.

Obtenga retroalimentación en su sitio

¡Pídales a los visitantes su opinión! Puede poner la solicitud de retroalimentación justo en su sitio Web. También les puede preguntar a amigos y colegas que visiten el sitio y le den sus opiniones honestas. Hágales preguntas claves, como ¿para qué consideran que es el sitio?, ¿cómo se compara con otros sitios que conocen? y ¿qué es lo que cambiarían del sitio si tuvieran la oportunidad de hacerlo?"

Parte IV
Ser Interactivo

La 5a Ola   Por Rich Tennant

En esta parte . . .

Sus usuarios disfrutarán al ver sus páginas Web, pero les gustará más hacer algo con ellas. Use las herramientas que se pueden conseguir fácilmente para agregarle animación, multimedia e interacción a su página Web. Luego, convierta su página en un sitio Web completo de muchas páginas.

Capítulo 13

Agregar Animación y Multimedia

* *

* *

*L*a animación es muy divertida y funciona bien en la Web de hoy. Aún mejor, la animación está fácilmente disponible para los creadores principiantes de páginas Web. Esto es porque hay una forma más fácil de hacer animaciones sencillas, se trata de los GIFs animados. Es más, es fácil encontrar GIFs que se pueden poner en su sitio Web de modo gratuito y mucho más fácilmente que si creara los suyos propios.

La multimedia es algo diferente. El audio funciona bien en la Web de hoy. El estándar MP3 ha revolucionado la disponibilidad y el uso de la música en la Web. El MP3 también le ha causado el mayor desafío a las leyes de derechos de copia, pero ese es otro asunto.

El video es otro asunto también. La Web tiene el potencial de ser la mejor red de video. Existen solo dos pequeños problemas –cuyas soluciones tardarán varios años en ser halladas.

El primer problema es el ancho de la banda. La Web necesita, seriamente, más ancho de banda cuando se trata de utilizar capacidades de multimedia. Los videos hoy están limitados a ventanas pequeñas –mucho más pequeñas que las de la televisión estándar, para no hablar de la HDTV y otros estándares de la alta resolución. No solo la conexión delgada de 56K de una típica computadora casera es el problema. Las redes corporativas y toda la estructura global de la Internet están lejos de estar listas para el video de pantalla completa.

Cómo la TV vence a la PC

Como sistema de transmisión de entretenimiento, la TV vence a la PC. La "experiencia de usuario" de ver Por qué los Animales Atacan y Videos Policíacos Aterradores superan por mucho — desde un punto de vista técnico, al menos — a la mejor forma de multimeda en la Web.

¿Por qué? Tan solo haga el cálculo matemático. Una página Web de solo texto ocupa cerca de 2KB (kilobytes, es decir, millares de bytes) de espacio de almacenamiento. Digamos que estamos en disposición de hacer que el usuario espere un segundo para ver una página. Así que el mínimo ancho de banda necesario para transmitir efectivamente páginas Web de texto a través de la Internet (desde el servidor, a través de la "columna vertebral" de la Internet, hasta llegar a su PC) es 2KB en un segundo, el cual es 16Kbps (kilobits por segundo; hay 8 bits en un byte). Un módem de 56K es aproximadamente tres veces más rápido que ese, así que estamos en buena forma para páginas Web de solo texto.

Ahora agregue los gráficos. Los sitios más importantes de la Web intentan mantener su "peso de página" total por debajo de 50KB, para una vista preliminar rápida. 50KB (kilobytes) equivale a 400Kb (kilobits). Por lo tanto, para experimentar buenos tiempos de respuesta en páginas Web típicas, necesitamos una conexión de 400Kb - casi tan rápido como una conexión de DSI o una red corporativa bien manejada. Entonces, estamos empujando los límites de la tecnología disponibles para un usuario típico si deseamos ver las páginas Web usuales de hoy a una velocidad razonable.

Ahora veamos la multimedia. Una TV típica muestra 30 marcos por segundo a una resolución de aproximadamente 560 X 420 pixeles, más de 200.000 pixeles. Eso son 6 megabytes ó 48 Megabits por segundo. (Recuerde, 8 bits en un byte). Ni siquiera un cable módem, en un buen día y con ninguno de sus vecinos conectados con usted para compartir la línea de cable para su hogar, puede esperar entregar esto. Y ese es el panorama -¡ningún sonido! Mostrar multimedia tan bien como una transmisión de TV va realmente más allá de la capacidad de la Internet mundial o de las conexiones para su hogar.

Para solucionar estos problemas, necesitamos todo tipo de trucos. La compresión crea archivos de sonido seguros y videos realmente pequeños listos para ser descargados y usados en la Internet. La tecnología que corre en un servidor, puede repartir paquetes de multimedia con una frecuencia que el sistema del usuario puede manejar. Y los creativos trabajan duro detrás de los escenarios para intentar extraer una calidad aceptable desde los archivos de multimedia altamente comprimidos con los que tienen que trabajar.

Los autores de la Web de "Hágalo Usted Mismo", sin embargo, por lo general son del tipo de personas que disfrutan un reto. Multimedia en la Web está en las primeras etapas, de la misma forma en que la Web estaba hace unos años cuando escribimos la primera edición del libro - hay dificultades técnicas y tanto la creación como el uso de la multimedia son difíciles, pero el interés y el uso están explotando. Utilice la información de este capítulo para empezar a trabajar mientras sea temprano.

El segundo problema es la capacidad creativa. Se necesita mucha gente para realizar un programa de televisión, o tener una estación radial las 24 horas, se requiere desde camarógrafos hasta editores y presentadores. Cuando cree su propia multimedia –o haga que alguien más la cree– usted estará realizando muchos de esos trabajos por su propia cuenta.

En conjunto, sin embargo, la oportunidad es tremenda. La multimedia –desde la más simple animación o sonido, hasta una película de pantalla completa o con sonido surround– puede ser mucho más comprometedora que el texto estático y los gráficos. Y las soluciones que le permiten agregar multimedia a las páginas Web se están convirtiendo en algo cada vez más fácil de obtener.

Así que espere ver y escuchar más multimedia en la Web –y a ser capaz de incluirla, cuando es propio, en sus propias páginas Web.

Hacer que su página se vea bien usando los ingredientes básicos de la Web de texto y gráficos es un verdadero desafío pero muy divertido. Aprenda los elementos básicos de publicación en la Web antes de que se adentre en el reino de la multimedia. Sin embargo, si es una persona aventurera, puede usar la información que sigue para agregar magníficos saborizantes de multimedia a sus páginas Web.

Animar sus GIFs

Los GIFs animados son la forma más sencilla y barata de darle vida a su página Web con multimedia. Vale la pena tratar de crear GIFs animados y darles hospedaje en su página Web, incluso si su meta real es agregar otros archivos de multimedia en su sitio –la experiencia que se obtiene con los GIFs animados será de ayuda con otros esfuerzos multimedia que desee hacer.

La mayoría de la gente sabe que una película es sencillamente una serie de *imágenes inmóviles*. Un GIF animado es como una película corta – desde unas cuantas a varias decenas de imágenes GIF que, al ser desplegadas en secuencia, crean la ilusión del movimiento. Piense en un libro con ilustraciones que describen un movimiento progresivo; conforme uno pasa las páginas, pareciera que la imagen representada cobrara vida como una sola imagen en movimiento.

La gran ventaja de los GIFs animados es que no existe un software especial requerido para colocarlos en su servidor de la Web, ni para verlos en la computadora de sus usuarios. No es necesario tener ningún talento artístico especial, ni pagarle una tarifa de licencia a nadie. Y si no desea tomarse el tiempo de crear su propia imagen animada de GIF, existen, literalmente, miles de imágenes gratuitas en la Web.

Existen muchas maneras de crear animaciones de GIF y de colocarlas en su sitio. No todas las cosas que se pueden hacer son obvias:

- **Botones e iconos:** Los botones y los iconos de su sitio Web deben llamar la atención del usuario. Animarlos aumenta su eficacia. Es posible animar los botones y los iconos gratuitamente en muchos lugares de la Web.

- **Letras iniciales:** La letra inicial mayúscula se usa para agregarle a un artículo un principio que capte la atención. Una letra inicial que sea grande y, además, animada, ¡puede llamar mucho más la atención! (o distraer, todo depende de cómo se vea).

- **Humaniconos:** Puede usar imágenes animadas de personas, como iconos o "humaniconos". Las imágenes de personas captan mucho la atención. Si las imágenes son dibujadas, son muy atractivas, pero si se trata de fotografías, son todavía más atractivas. Refiérase a la barra lateral: "GIFs de fotos animadas", para más detalles.

- **Fotos de productos:** Puede usar imágenes de productos dibujados o fotografiados como una forma de llamar la atención a su producto y de brindarles una experiencia a sus visitantes –como seleccionar el producto y observarlo.

- **Anuncios:** Puede usar cualquiera de estas ideas para poner anuncios en su sitio. Puede usar los anuncios pagados tradicionales o "anuncios" internos para cualquiera de los vínculos en su sitio que desee que la gente visite más.

GIFs de fotos animadas

QuickTime VR es una tecnología que usa imágenes para crear cosas que parecen objetos de 3D y escenas de 3D interactivas en la Web. Puede crear un efecto similar con los GIFs animados.

Para crear una imagen animada de un producto o de otro objeto; por ejemplo, la cara de una persona, tome una serie de fotografías de cualquier "cosa", desde digamos 8 ó 16 ángulos diferentes e igualmente espaciados. Use un programa editor de fotos, como Photoshop, para hacer que cada imagen sea tan pequeña como sea posible. Luego, combine las imágenes, en orden, en un GIF animado, como se explica en este capítulo. La animación resultante se llama un *objeto*, u *objeto de película*. El efecto es sorprendentemente detallado y realista.

Menos obvias en su utilidad, pero tal vez más interesantes, son las fotos de escenas animadas. Para crear una de estas, manténgase de pie con su cámara en un área abierta –ojalá en un área interesante– y tome una serie de fotos desde un número par de ángulos, hasta reunir 8, 16 o un número par de fotografías. Al igual que con los objetos, haga las imágenes tan pequeñas como pueda, luego combínelas en un GIF animado. La imagen resultante –llamada *panorama*– da la impresión de que el usuario está dentro de una escena, observando en su alrededor.

Al igual que cualquier otra empresa creativa, puede poner tanto tiempo como desee en los GIFs animados, en general, y en los GIFs de fotos animadas, en particular. Hay personas que han llenado su vida con la fotografía interactiva.

✔ **Pura creatividad:** Puede publicar cosas que nadie nunca haya pensado. Por ejemplo, el Baile del Hamster, un fenómeno de la Web que fue famoso por un breve tiempo, se trataba de una página llena de GIFs animados de hamsters y otros roedores que hacían un baile parecido al de Macarena (observe el Baile del Hamster original en la página `accpc.com/hamsterdance.html`.) ¡Ponga en práctica sus propias ideas!

Es fácil utilizar en exceso los GIFs animados. El mismo icono que luce bien la primera vez que alguien visita su sitio, podría volverse molesto la quinta vez que lo vea. Coloque GIFs animados en cualquier lugar de su sitio que tenga sentido, pero no lo piense dos veces en retirarlos si el efecto se vuelve muy pesado.

Buscar GIFs animados

Es posible encontrar en varios sitios de la Web archivos de GIFs animados que se pueden colocar en su página Web. Esta es la mejor manera de empezar a usar GIFs animados en sus páginas Web.

Los sitios más pequeños y con menos archivos son los que, más probablemente, permiten el uso de sus archivos sin obligación de su parte. Los sitios más grandes con librerías de archivos grandes, por lo general, desean recibir algo a cambio de sus GIFs. Puede usar un motor de búsqueda y buscar "GIF animado" y toparse con las dos clases de sitios.

Un sitio líder en el campo de los GIFs animados es Animation Factory, en `www.anim-factory.com` (refiérase a la Figura 13-1). Puede usar cualquiera de sus 3000 animaciones gratuitas en su página Web personal, siempre y cuando no sea con fines de lucro. En todo caso, tendrá que incluir un vínculo al sitio Web Animation Factory.

También puede comprar una membresía en un sitio "premium" que le permite acceder a más de 100 000 animaciones, sin necesidad de vínculos, pero primero trate con los que son gratis. Las categorías de animaciones gratuitas incluyen botones, computadoras, textos, eventos, personas y mucho más.

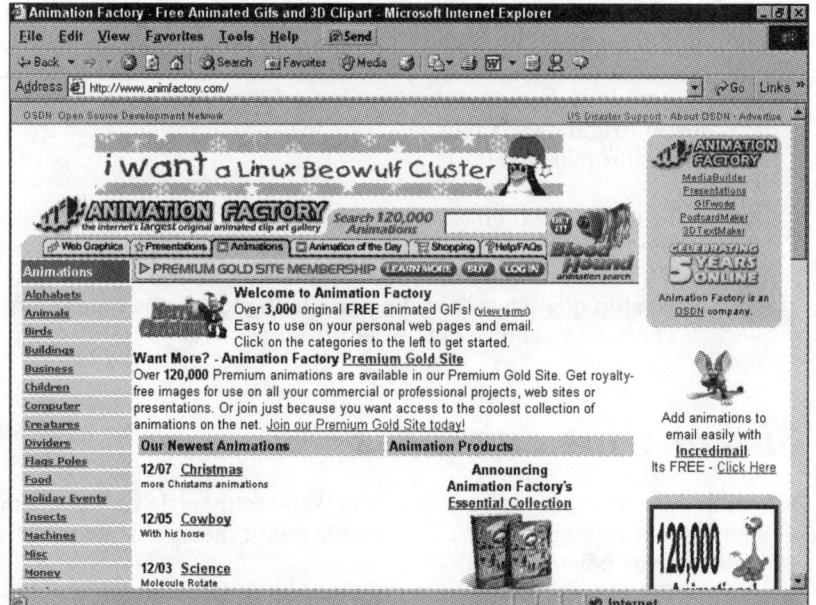

Figura 13-1:
Animation
Factory
ofrece miles
de anima-
ciones GIF
gratuitas.

Otro sitio grande de GIF es 2Cool Animations, en gifanimations.com. Es un poco menos pulido que Animation Factory, pero todo lo que posee –incluyendo 20 000 archivos de gráficos– es gratis. No puede usar las animaciones para propósitos de negocios, ni puede incluir animaciones en su sitio Web poniendo vínculos hacia el sitio.

Use estos sitios y otros que encuentre por su propia cuenta, como recursos para archivos de GIF animados. ¡Y diviértase!

¡Piense antes de vincular! Podría parecer tentador vincular a una buena animación GIF u otra ilustración en la Web. Si apunta directamente a un archivo GIF que esté en el sitio Web de alguien, el archivo aparecería en su página Web como si perteneciera a esta. Dos problemas: es malo para el dueño del sitio Web y es malo para usted. El dueño tiene que pagar por todos los recursos requeridos para publicar el archivo GIF animado. Y usted tiene que preocuparse de si el dueño alguna vez modifica el archivo y daña su propia página Web (el dueño malicioso de un sitio podría hasta reemplazar la imagen que a usted le gusta y poner una no muy buena. ¿Qué pensaría si alguien visita su página Web y ve un gesto obsceno animado en vez de los esperados hamsters danzantes?)

Agregar GIFs animados a su página Web

Para agregar un GIF animado a su página Web, use los mismos pasos con los que agregaría cualquier otro tipo de GIF. En el HTML directo, debe usar la etiqueta de imagen (IMG). Por ejemplo, para mostrar un GIF animado que se llame peace.gif, la sintaxis debería ser así:

```
<IMG SRC="peace.gif" HEIGHT=40 WIDTH=40 ALT="Peace, people!">.
```

Para más sobre la etiqueta IMG, refiérase al Capítulo 9.

Para agregar GIFs animados a su página Web, necesita mantener una serie de cosas en mente, antes y después de agregar el archivo:

✔ **Tamaño del archivo:** El tamaño del archivo es un elemento crucial para los archivos de gráficos y en mayor medida para los archivos GIFs animados. Debido a que cada imagen de la animación es un archivo gráfico separado, es fácil que un GIF animado pese cientos de KB de memoria –y, por ello, tardaría como un minuto en ser descargado por usuarios con un módem. En la mayoría de los casos, ¡no vale la pena! Lo mejor es reducir el tamaño del archivo editando cada imagen de la animación y reduciendo el número de imágenes o poniendo la animación en una página separada, y luego etiquetando los vínculos que apuntan hacia ella con la advertencia del tamaño del archivo.

✔ **Velocidad de reproducción:** Las compañías de vehículos siempre dicen que "el kilometraje puede variar". Lo mismo se aplica para los GIFs animados. La velocidad de la conexión de Internet del usuario afecta el tiempo en el que el GIF animado se empieza, además, la velocidad de la computadora y el subsistema de gráficos de su computadora pueden afectar la velocidad a la que se mueve la animación. Use su animación en diferentes configuraciones para asegurarse de que corre y se ve como usted lo desea.

✔ **El factor diversión:** Continúe actualizando y moviendo sus GIFs en su sitio Web para que sus visitantes no se cansen de ver siempre lo mismo. Si se aburre de sus GIFs animados, es probable que sus usuarios también.

Crear un GIF animado

Usted necesita un programa especial para crear un GIF animado, a menos que desee usar un editor de recursos para poder editar, directamente, el contenido de su archivo de gráficos GIF. Uno de los programas que se pueden descargar de la Internet, para este fin, es Ulead GIF Animator.

1. Descargue e instale Ulead GIF Animator en su máquina.

Descargue el archivo de la Internet e instálelo en su computadora.

2. Cree unas cuantas imágenes GIF para sus animaciones.

Use las instrucciones del Capítulo 9 para crear unas cuantas imágenes GIF en se-cuencia. Asegúrese de que todas las imágenes son iguales en tamaño y de que sabe el tamaño de la imagen que usará para crear la animación.

Si no tiene muchas ideas, una corta serie de fotografías de una cabeza que gira produce un efecto interesante, aunque un poco extraño.

3. Inicie Ulead GIF Animator.

4. En el recuadro Startup Wizard, haga clic en Close para cerrar el recuadro de diálogo. Luego, use el comando File⇨New para abrir un archivo nuevo.

Se le pedirá que especifique el tamaño específico de la imagen, como se muestra en la Figura 13-2.

5. Introduzca el Ancho y el Alto de sus imágenes en el recuadro de diálogo pa-ra configurar el tamaño de sus imágenes. Haga clic en OK para aceptar los cambios.

6. En el panel Frame, en la parte inferior de la pantalla, haga clic en el bo-tón Add Frame para agregar las imágenes. Luego, haga clic en cada cuadro para seleccionarlo. Pulse la tecla Ins para insertar una imagen en ese lugar. En el recuadro de diálogo Add Image, seleccione la imagen que aparece en ese lugar.

Agregue cada imagen de su animación en el orden correcto.

7. Haga clic en la pestaña Optimize para optimizar su animación.

GIF Animator es capaz de eliminar la información duplicada de las imágenes sucesivas, reducir el tamaño de cada imagen y el tamaño total de la animación.

8. Haga clic en File⇨Save para guardar su animación. Seleccione GIF como el formato de archivo en el menú desplegado y, luego, guarde su archivo.

9. Inserte su animación como un archivo GIF, en la página Web, en su disco du-ro, y pruébela. Luego, publique su página en la Web y pruébela otra vez.

GIF Animator tiene un número vasto de opciones más allá de las usadas en este ejemplo (el manual del usuario entra en detalles acerca de cada opción). Sin em-bargo, el proceso descrito es una manera muy fácil de preparar su animación para que esté lista para la publicación en la Web.

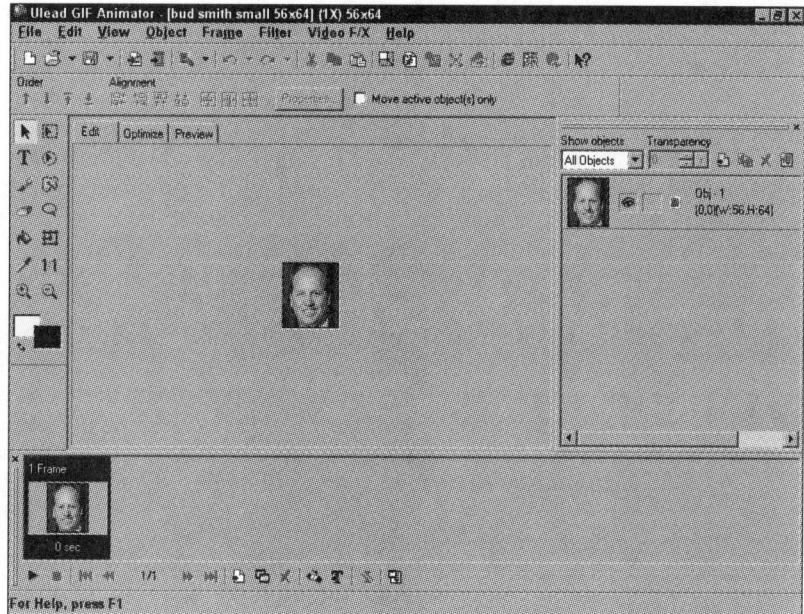

Figura 13-2: GIF Animator lo pondrá a moverse.

Si le gusta GIF Animator y está interesado en trabajar más con gráficos en sus páginas Web, Ulead tiene una variedad de herramientas relacionadas con gráficos que podrían ayudarle. Muchas están disponibles en versiones de prueba gratuitas que le pueden ayudar con el software nuevo. Si está interesado, revise sus ofertas en

`www.ulead.com.`

Los Archivos Secretos M (M por Multimedia)

Hace cinco años- casi la expectativa de vida de una persona en tiempo de la Web – las personas bajaban archivos de multimedia desde la Web, los guardaban en sus discos duros y luego los veían con ayuda de algún reproductor especial. (Se ha dicho que los años en la Web son como los años de los perros: la Web cambia en un año lo mismo que otras cosas cambian en siete años. Así que cinco años de tiempo regular son como treinta y cinco años en tiempo Web). Ahora, las personas incrustan los archivos de multimedia en las páginas Web y los usuarios son capaces de verlos "en sitio", con muy poca espera, utilizando los reproductores de multimedia como QuickTime y RealPlayer.

Utilizar multimedia causa algunos de los mismos problemas al utilizar archivos de gráficos, pero en mayor cantidad. Muchos usuarios no tienen los reproductores adecuados para ver la multimedia y no saben la manera de obtenerlos y configurarlos cuando es necesario. Los mismos reproductores pueden causar problemas molestos, desde caídas del sistema, hasta actualizaciones muy frecuentes y alertas a las cuales los usuarios tienen que responder, además de enviarles a los usuarios registrados toda clase de molestos correos electrónicos promocionales.

Carecer del adecuado reproductor de multimedia, no saber si los usuarios lo tienen, o tratar de descargar e instalar el adecuado reproductor es una tremenda fuente de frustración para los usuarios. Si utiliza archivos de multimedia en su sitio Web, asegúrese de decirles a los usuarios qué tipo de reproductor requiere cada archivo, y ofrezca un vínculo al sitio desde el cual el usuario puede descargar el reproductor.

El desempeño también es un problema. Esperar varios minutos para descargar un corto de video breve es frustrante. Y la calidad del sonido de muchos videos es pobre.

Sin embargo, cuando logra que la multimedia trabaje bien, sazona un sitio Web como nada. Tan solo vea la tremenda popularidad del formato MP3 para transmitir música en la Web. Con casi el nivel de calidad de radio FM, los archivos MP3 han generado toda una nueva cultura de comercio y ajuste de la música en la Net. (Desafortunadamente, mucha de la información compartida es de archivos de canciones de MP3 que tienen protección por parte de los derechos de autor y, por lo tanto, no deberían ser publicados en forma gratuita en la Net).

El secreto para el MP3 es el amplio uso de tecnología de compresión que hace archivos relativamente pequeños con calidad cercana a lo que la gente estaba acostumbrada (radio FM). Tomará toda una generación de tecnología de compresión para crear películas tan buenas como las de la TV. En este punto, espere una explosión de películas y espectáculos de TV en la Net que rivalizará con el fenómeno de MP3. Los reproductores más importantes para la multimedia en la Web son:

✔ **RealPlayer:** RealPlayer es un reproductor de archivos de sonido y video de conexión en tiempo real que funciona bastante bien. El usuario de un sitio Web destacado con RealAudio, por lo general, hace clic sobre un vínculo para obtener un corte de video o audio. Una pausa razonablemente breve ocurre mientras una parte inicial del archivo baja y luego empieza a reproducirse. El sonido es ejecutado en tiempo real, lo que significa que no hay archivos grandes almacenados en el disco duro del usuario (Ejecutar también significa que una conexión más rápida a la Internet produce una mejor calidad de sonido). Refiérase a la barra lateral "¿Qué significa correr en tiempo real?", para más detalles.

✔ **RealJukebox:** El RealJukebox es un reproductor especializado de solo sonido de Real Networks para MP3 y otros tipos de archivos de audio, como los archivos RealAudio y WAVE. Puede también utilizarlo para manejar archivos y utilizar en reproductores de MP3 portátiles, como el dispositivo Diamond Multimedia's Rio. Otros programas como el WinAmp son también muy populares para reproducir archivos MP3.

✔ **QuickTime:** QuickTime es la tecnología de multimedia de Apple que se ha convertido en el estándar de la industria para editar y reproducir en las computadoras. QuickTime VR es un retoño de QuickTime que crea panoramas y objetos de realidad virtual con alta resolución. La mayoría del contenido QuickTime no es ejecutado; así que los usuarios tienen que esperar hasta que algo o todo el archivo se descargue antes de reproducirlo. Esto reduce la velocidad de reproducción, pero le ofrece al usuario una flexibilidad mayor y una calidad mejorada.

QuickTime. El reproductor de QuickTime viene incluido en muchas computadoras y da soporte a todo tipo de formatos de multimedia, incluyendo animación, sonido, QuickTime VR y video de QuickTime. Un gran porcentaje de los archivos de películas colocados en la Web son de QuickTime. Esta es fácil de usar en su página Web y no involucra ningún cargo por licencias o servidor. Las versiones más nuevas de QuickTime soportan la reproducción de correr en tiempo real, así que espere ver más contenido de este tipo pronto en QuickTime.

✔ **ShockWave/Flash:** El ShockWave de conectar permite la reproducción de presentaciones y experiencias creadas en Macromedia Director en la Web. Comprender al Director no es ninguna proeza, pero ShockWave es una herramienta poderosa para entregar experiencias de multimedia en la Web. Flash es un formato sencillo para entregar animaciones en su página Web y se está volviendo popular rápidamente. Si es usuario de Director, desea convertirse en uno, o está interesado en Flash, corra, no camine, al sitio Web de Macromedia Web para obtener más información al respecto sobre ShockWave y Flash.

Para descubrir más sobre cómo utilizar multimedia en la Web, empiece revisando los siguientes URLs:

```
www.apple.com/quicktime
www.real.com
www.macromedia.com
```

¿Qué significa correr en tiempo real?

Existen dos tipos de archivos de video (asumiremos que el sonido está incluido). Los primeros son los archivos de video de corrida en tiempo real. Este tipo de video es como una combinación de TV/Videograbadora con una pantalla muy pequeña –usted hace clic en el botón indicado y después de unos segundos de espera se empieza a ver el video. Los usuarios pueden poner pausa, retroceder o adelantar. Este tipo de archivos de video presenta un mínimo de problemas, si tiene el reproductor correcto instalado. Los usuarios que tengan el software reproductor correcto simplemente hacen clic en un vínculo, esperan unos cuantos segundos y observan el video.

Los archivos de video de corrida en tiempo real requieren de un software especial en el servidor de la Web para que sincronicen la transmisión y la recepción de cada imagen del archivo de video. Usualmente, hay que comprar el software o hay que rentar espacio en un servidor que dé soporte al video de corrida. Por ejemplo, la versión más barata del servidor de corrida de RealNetworks cuesta poco menos de $2 000, actualmente.

Solo porque es prohibitivamente caro hospedar sus propios archivos de corrida, no significa que no pueda incluir videos en su página Web. ¡Solo apunte a los videos de otras personas! Si tiene un interés particular, es posible que una lista de videos interesantes en su área sean valiosos para sus usuarios. Incluya resúmenes o reseñas y les ahorrará a sus visitantes una gran cantidad de tiempo.

Archivos de Video de Quicktime

Existen muchos tipos de formatos multimedia, cada uno con sus fortalezas y debilidades. Pero ninguno es tan ampliamente aceptado, capaz o soportado por tantas herramientas de creación de multimedia y páginas Web como QuickTime. Agregar multimedia a su página es fácil con QuickTime y utilizar multimedia basado en Quick-Time es también fácil para los usuarios. A continuación, presentamos los elementos necesarios para una experiencia exitosa de publicación en la Web de QuickTime:

- **Contenido de Multimedia.** Necesita un archivo de multimedia de QuickTime para poner en su página. Decenas de herramientas crean multimedia de Quick-Time; para principiantes, se debe utilizar una que alguien más haya creado. Cuando esté listo para crear su propia multimedia, busque herramientas en `www.apple.com/quicktime`.

- **Comandos de HTML.** Unas cuantas herramientas de la Web, notablemente Page Mill, soportan incrustar el contenido directamente desde QuickTime. Pero a menos que tenga dicha herramienta, necesita escribir los comandos de HTML para incrustar el contenido de QuickTime. Afortunadamente, los comandos son sencillos. En breve presentamos un ejemplo.

✔ **QuickTime y el plug-in de QuickTime.** Usted y sus usuarios necesitan la última versión de QuickTime y el reproductor de QuickTime (las nuevas versiones de QuickTime también incluyen soporte QuickTime VR, el cual agrega realidad virtual a lo que puede hacer con él). Muchos de sus usuarios pueden tener la última versión de QuickTime, pero otros no; para ayudarles a sus usuarios a actualizarse, brinde un vínculo con la página Web de QuickTime en www.apple.com/quicktime.

¡QuickTime es grande! Los usuarios que no lo tienen en sus máquinas tienen que descargarlo de la Web y son muchos los megabytes que tienen que descargar. Sin embargo, hacerlo les brinda mucha capacidad. Tan solo esté alerta, ya que puede tener algunas preguntas y reclamos sobre la batalla de descargar.

No tiene que pagar cargos o firmar licencias especiales antes de utilizar QuickTime, como lo hace con las tecnologías de la competencia. Desde un punto de vista de negocios, utilizar QuickTime es tan fácil como poner una imagen GIF o JPEG en su página Web. Para ver nuevos videos de QuickTime, visite el sitio http://www.apple.com/hardware/ads/.

Para más información, visite la página principal de QuickTime VR y el sitio de autoría de QuickTime del grupo Berkeley Macintosh en los siguientes URLs:

```
www.apple.com/quicktimevr
www.bmug.org/quicktime
```

Aquí están los pasos para añadir un video de QuickTime a su página Web:

1. **Instale QuickTime y QuickTime plug-in en su propia máquina.**

   Para descargar estos archivos, vaya a la página de software de QuickTime en www.apple.com/quicktime.

2. **Cree o consiga una película de QuickTime (de animación, sonido, video o VR).**

   Use un motor de búsqueda en la Web y escriba "gratis QuickTime" y será capaz de buscar un video que se pueda usar con restricciones y, del todo, sin ellas.

3. **Coloque la película en su página Web (si utiliza Netscape Composer, haga clic en la pestaña <HTML> Source, en la parte inferior de la página, de modo que pueda agregar la siguiente etiqueta de HTML directamente).**

   Use el comando EMBED de HTML. En su forma básica, para un archivo llamado file.mov que esté ubicado en la misma carpeta que la página Web, es muy simple:

```
<EMBED SRC="file.mov">
```

Usted obtiene opciones adicionales cuando utiliza el comando EMBED con el QuickTime plug-in; para detalles, refiérase a la página Web de QuickTime. Pero pruebe el sencillo comando anterior primero, para asegurarse de no introducir accidentalmente un problema cuando trata de agregar opciones.

4. Pruébela en su propia máquina.

Pruebe la página Web abriéndola en Netscape Navigator para ver si funciona adecuadamente. Luego pruébela en Internet Explorer.

5. Suba la página Web cambiada y el archivo de QuickTime a la Web y pruébela, como se describe en el Capítulo 15.

¡Felicidades, es usted un editor de multimedia de la Web!

Agregar un Archivo de Audio de MP3

Los archivos de audio MP3 traen muchas preguntas. La calidad del audio es buena, pero muchos de los archivos son copias ilegales. Sin embargo, son extremadamente populares y, alrededor del MP3, ha brotado toda una industria de sitios, incluso nuevos dispositivos de reproducción portátil.

Crear archivos MP3 es mucho trabajo y necesita buscar en la Web para las herramientas y recursos correctos para hacerlo. O bien, puede buscar un archivo de MP3 que esté libre de licencias. Pero una vez que tiene un archivo MP3 — e incluso los ilegales son fáciles de encontrar— es fácil colocarlo en la página Web. Solo siga estas instrucciones:

1. Obtenga un archivo MP3.

Busque la Web utilizando cualquier opción de búsqueda. No durará mucho.

2. Vincúlese al archivo desde su página Web.

Utilice el comando A (para anclas) HTML. En su forma básica, para un archivo en otro servidor de la Web, es tan sencillo como para cualquier página Web:

```
<A HREF=
"www.christcore.com/audio/feeltheburn.mp3">A
Christian MP3 file</A>.
```

El archivo usado aquí es solo un ejemplo, muchos miles más están en la Web.

3. Pruébelo en su máquina.

Pruebe el archivo MP3 abriéndolo desde la página Web y reproduciéndolo de nuevo.

4. Suba la página Web cambiada y el archivo de MP3 a la Web, como se describe en el capítulo anterior y pruébelo.

Felicidades, ¡usted es un DJ de la Red!

Capítulo 14

Agregar más Interacción

● ●

En este capítulo

▶ Agregar a su página un contador, un libro de visitas, formularios y CGIs

▶ Programar sus páginas

▶ Ir más allá del HTML

● ●

*L*a interacción es lo que distingue a los mejores sitios Web del resto. Durante años de trabajar en sitios Web, hemos visto que los mejores sitios son aquellos en los que los usuarios introducen información, luego vuelven para agregar algo, para administrar sus comentarios o ver si alguien ha reaccionado ante sus palabras.

El correo electrónico es un buen ejemplo de esta clase de interacción. Usted piensa en lo que va a decir. Le envía su mensaje a una persona o a dos, o a decenas de personas. Luego, debe pasar horas respondiendo las cartas, revisando si todas las personas a quienes se suponía que debía llegar su correo realmente lo recibieron, y además hasta haciendo llamadas telefónicas o hasta conociendo en persona a los visitantes al sitio. Los sitios Web que pueden tener un nivel similar de interacción pueden funcionar muy bien.

La interacción es muy difícil de agregar y administrar en un sitio Web, aunque se trate de un sitio Web sencillo, que coloque su mensaje bien redactado y listo para ser leído por el mundo. Existen barreras técnicas reales, ya que se necesitan bases de datos sofisticadas para almacenar y actualizar los datos, de modo que estos puedan ser accedidos por miles de personas. Los mismos proveedores de hospedaje en la Web, que son felices en darle un sitio Web de bajo costo, estarían mucho menos felices en ayudarle a crear y mantener bases de datos complicadas.

Lo mejor es empezar de una manera sencilla. En este capítulo le indicamos cómo usar funciones de interacción fáciles de agregar, tales como contadores de sitio y libros de visita, que los sitios huéspedes de la Web pueden ofrecer gratuitamente. También, usted puede obtener estas funciones gratis –o, al menos, por el "costo" de incluir un anuncio en su sitio– de varios recursos independientes. Luego, introducimos el uso de funciones avanzadas, como el script CGI y la programación en ActiveX: elementos con los que no es recomendable que se enfrente todavía, pero que sería bueno que al menos los entendiera desde ahora para referencias futuras.

La Interacción Simplificada

Existen varias formas de agregar interacción en una página Web que haya sido "preparada" para el fin. Entre las funciones interactivas que quizás desee agregar a su página Web están:

✔ **Contadores de sitios:** Un *contador de sitio* le permite contar el número de veces que las personas han visitado su página Web y muestra ese número en la página misma. Los contadores le permiten estar al tanto a usted y a sus visitantes acerca de cuántas veces su página ha sido abierta. Quizás desee agregar un contador a su página Web o, si tiene un sitio de muchas páginas, quizás desee agregarle un contador a cada página.

✔ **Libros de visitas:** Un *libro de visitas* les permite a los visitantes de su sitio Web dejar comentarios. Los libros de visitas pueden ser muy divertidos; hasta les ofrecen a las personas una forma de conocer a otras a través de su sitio. Imagine un sitio familiar donde todos firman y dejan un mensaje de "Felices fiestas" para los demás.

✔ **Formularios:** Un *formulario* le permite al usuario introducir datos utilizando recuadros de diálogo, menúes descendentes, casillas de verificación y así, sucesivamente. Es fácil crear un formulario usando comandos de HTML, pero, desafortunadamente, se necesita un programa informático (que esté corriendo en un servidor de la Web) para manejar los datos resultantes. El programa accede a los datos usando algo llamado CGI, que es la sigla en inglés de Interfaz Común de Acceso.

Un tablero de mensajes, o un foro, es como un libro de invitados, pero con mucha más flexibilidad. Los usuarios pueden publicar mensajes, responder los mensajes de otros, iniciar temas nuevos y más. Crear y administrar un tablero de mensajes es un trabajo bastante amplio –después de todo, no querrá que sus familiares y sus amigos lean un mensaje grosero que haya escrito algún idiota, ¿o sí? Pero tener un tablero de mensajes puede ser muy gratificante también. Para tratar de usar un servicio gratuito de tableros de mensajes, visite el sitio `www.amazingforums.com`.

Cada una de estas formas de interacción necesita un poco de cooperación del servidor de la Web que está hospedando su página o de algún otro servidor de la Web. ¿Por qué eso? se pregunta. Bueno, piense en ello por unos momentos.

Cuando tenga un contador de sitio en su página, el contador sube un número cada vez que aparece (en realidad, el *contador* sube un número cada vez que es desplegado. Si el usuario visita su página Web y la abandona antes de que el contador aparezca, entonces el contador no sube un número). ¿Cómo ocurre esto?

Cuando el archivo del contador es llamado por el código de HTML de su página Web, este lee una base de datos para determinar cuántas veces se ha llamado en el pasado. Ese es el número visitas que despliega. Un programa nota la petición. Actualiza una base de datos con la solicitud de agregar "1" al número de veces que el archivo ha sido accedido. La próxima vez que el contador es solicitado, el número aumenta en una unidad. Todo esto requiere de un poco de programación.

Lo mismo ocurre con los libros de visitas –los datos se almacenan en algún lugar, se actualizan con otros agregados y se despliegan cuando la información es solicitada. Cada vez que los datos se almacenan y se modifican, se involucra una cantidad de programación. Algunas veces, se puede usar un programa "enlatado", que haya sido escrito con anterioridad, para hacer el trabajo. Sin embargo, alguien todavía tendría que escribir el programa y probarlo y, en todo caso, tendrá que ejecutarse cada vez que la funcionalidad se utilice.

¡Los programas de computación son peligrosos! A menos que se prevenga correctamente, pueden leer y escribir datos –lo cual es magnífico cuando se hace bien, pero es desastroso cuando se hace mal (solo piense en los virus de las computadoras y tendrá un ejemplo de un programa de computadora que hace algo malo). Las mismas personas que, con alegría, hospedarán su página Web en su propio servidor de modo gratuito (o por un pequeño precio) repentinamente se olvidarán de cualquier alegría si usted trata de correr su programa desde el servidor de ellos. Así, las funciones interactivas, incluso las simples como los contadores de sitio y los libros de visitas, son administradas cuidadosamente por los administradores de los servidores de la Web. La gente normal no puede poner sus propios programas para permitir estas funciones en los servidores de otros.

Contadores de sitios

Un contador de sitio es un gráfico que va en su página Web, igual que otra imagen GIF, pero tiene una cierta propiedad mágica: despliega el número actual del número de páginas que su página Web ha desplegado (claro está, si desea muchos visitantes y solo recibe unos cuantos, esa propiedad no es tan mágica).

¿Cómo hace esto el contador de sitio? Como se describe anteriormente, es necesario un poco de programación de bases de datos. Cada vez que el contador gráfico es *servido*; es decir, solicitado por su página Web, y luego enviado a la máquina del usuario, se hace una solicitud para obtener el número actual de veces que ha sido servido en el pasado y se envía un comando para agregar uno o más a la cuenta. El contador, entonces, se actualiza para que demuestre el número actual y se envíe como un archivo gráfico hasta su computadora.

Su acceso a contadores de sitio depende del sitio donde su página está hospedada:

✔ **Páginas de miembros de AOL:** Si crea su página Web en `members.aol.com`, como se describe en el Capítulo 2, puede usar los contadores incorporados en el sitio. La misma gente que hospeda su sitio ejecuta el programa y la base de datos que sustentan el contador, de modo que no tendrá que hacer nada complicado. Solo siga las instrucciones de AOL.

✔ **Páginas de Yahoo! GeoCities:** Al igual que en las páginas de miembros de AOL, Yahoo! le da hospedaje a su página Web y corre el software del contador. Empiece creando su página en Yahoo! GeoCities, como se describe en el Capítulo 3. Luego, siga las instrucciones de `geocities.yahoo.com` para agregar un contador a su sitio. La Figura 14-1 muestra los estilos de contador de GeoCities.

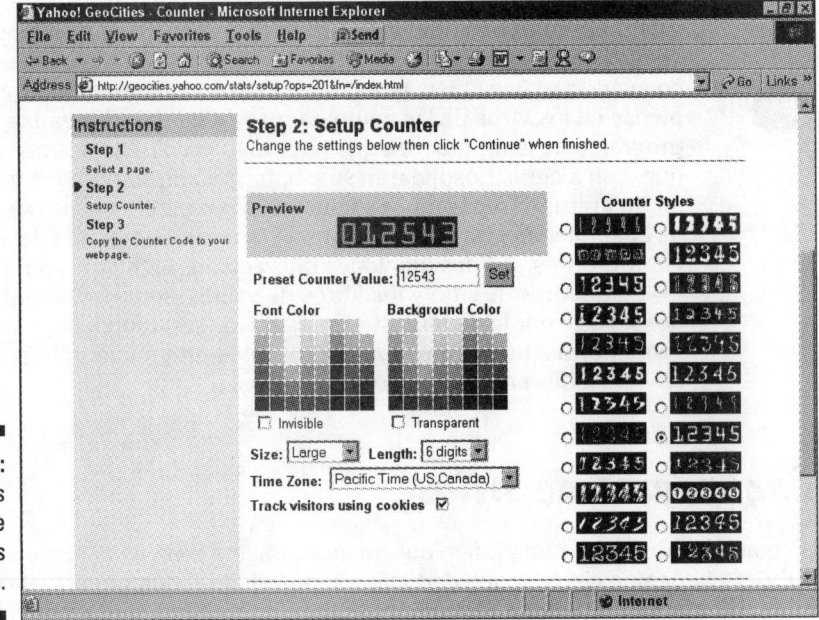

Figura 14-1: GeoCities hace que sus páginas cuenten.

✔ **Otros huéspedes:** Si su sitio es hospedado por otro servicio de páginas Web gratuito o pagado, o por un ISP que no sea AOL, quizás tenga acceso a la opción gratuita del contador de sitio Web. De no ser así, utilícelo como lo describe el huésped de su página Web. De otro modo, lea la siguiente viñeta.

✔ **Servicio gratuito basado en la Web:** Varios servicios "gratuitos" basados en la Web proporcionan contadores (escribimos "gratuitos"entre comillas porque muchos de ellos requieren que se incluya un anuncio o un vínculo a su servidor, aunque no cobran dinero). Uno bueno es `www.bcentral.com/products/fc`. Revíselo o busque otros servicios de contadores basados en la Web.

✔ **Ejecute su propio servidor:** Puede ejecutar su propio software servidor de la Web en su propia computadora y con su misma conexión a Internet. ¡Luego, puede crear y ejecutar cualquier programa que desee en el servidor! Esta es una ruta mucho más complicada de las que recomendamos en este libro, pero si desea hacer muchas cosas con su sitio, tener este grado de control puede valer la pena. El libro *Construir un Sitio Web Para Dummies*, de David A. Crowder y Rhonda Crowder (Hungry Minds, Inc) tiene las instrucciones y el software, además incluye CGIs, que se necesitan para empezar.

Libros de visitas

Un libro de visitas es un lugar donde los visitantes de su sitio pueden dejar comentarios. Si tiene mucha actividad en su libro de visitas, los usuarios volverán a su sitio más a menudo para ver que hay en él y a dejar comentarios adicionales, lo cual significa que cada vez podrá tener más visitantes. Como puede ver, un libro de visitas puede ser grandioso para hacer que su sitio sea más interesante y que su tráfico aumente.

Al igual que con los contadores de sitios, un libro de visitas requiere que se ejecute un programa en un servidor de la Web ubicado en algún lugar, además este debe almacenar los datos que los usuarios introduzcan en él y desplegar los datos cuando se necesite. Al igual que con los contadores de sitio, su acceso a la funcionalidad del contador depende de dónde está publicada su página Web:

✔ **Páginas de miembros de AOL y de Yahoo! GeoCities:** Si crea su página Web en `members.aol.com`, como se describe en el Capítulo 2, usted podrá usar el libro de visitas incorporado al sistema. Lo mismo ocurre si crea su página Web en Yahoo! GeoCities, en el sitio `geocities.yahoo.com`, descrito en el Capítulo 3. Debido a que las personas que le dan espacio para su página son las mismas que le darán el servicio del libro de visitas, lo único que resta por hacer es seguir las instrucciones del sitio y todo irá bien.

✔ **Otros huéspedes:** Para otros huéspedes, revise si tiene acceso a la función de libro de visitas gratuito. De no ser así, utilice un servicio gratuito basado en la Web, como se describe en la siguiente viñeta.

✔ **Servicio gratuito basado en la Web:** Existen varios servicios basados en la Web que permiten los libros de visitas. Pueden ser realmente gratuitos, gratuitos con un anuncio o pagados. Puede usar un libro de visitas basado en anuncios o puede pedir una cuota a cambio de ser consultado en `guestbook.mycomputer.com`.

✔ **Ejecute su propio servidor:** Puede usar los libros de visitas las veinticuatro horas si ejecuta su propio servidor Web. El libro *Construir un Sitio Web Para Dummies*, de David A. Crowder y Rhonda Crowder (Hungry Minds, Inc) le puede ayudar a empezar con un sitio.

Un salón de pláticas puede ser todavía más divertido que un libro de visitas. Para conocer un salón realmente bueno, visite el sitio `www.icq.com/ircqnet`.

Formularios y CGIs

Un *formulario* es justamente lo que el nombre indica: un lugar donde un usuario puede introducir datos, como nombres, direcciones y un número telefónico. La Figura 14-2 muestra un formulario simple usado por Netsurfer Digest para que los suscriptores se registren. En la parte del formulario mostrada en la figura, se introducen los datos seleccionados de una lista de desplazamiento.

Figura 14-2:
Netsurfer
Digest es
informativo.

Ya que los formularios son parte del HTML 2.0, una versión muy temprana del HTML, estos han estado por aquí por varios años, y la mayoría de los libros de HTML los describen. Obtener información de los usuarios a través de formularios es bastante fácil. Lo que es más complicado es descubrir qué hacer con la información después de que la tiene.

Procesar los datos de un formulario requiere de al menos un programa informático. Una manera común de manejar los datos es usar un script CGI y una aplicación. Un script CGI, algunas veces llamado simplemente "un CGI," es un documento Common Gateway Interface (un programa que envía la información a una aplicación que usted crea). El script CGI se ejecuta en el servidor que sirve de huésped para su página Web. Los scripts CGI son diferentes en NT, UNIX y Macintosh. Muchos scripts de CGI están escritos en C o en PERL, un lenguaje de plataforma cruzada de scripts.

Para ejecutar un script de CGI, necesita permiso del sysop (system operator) responsable para el servidor que sirve de huésped de su página Web. Los sysops son pagados para proteger a sus sistemas de daños, así que hacer que su sysop corra un programa desconocido en su precioso servidor puede ser imposible. Muchos huéspedes de la Web, incluyendo AOL (refiérase al Capítulo 2) y Yahoo! GeoCities (refiérase al Capítulo 3) han pre-empacado formularios o paquetes de CGI que manejan tareas comunes tales como contar visitantes, permitirles registrarse a los usuarios y más. Encontrar y utilizar uno de estos paquetes preescritos es un buen paso intermedio hacia crear sus propias escrituras y aplicaciones de CGI.

Para información básica sobre los scripts CGI, revise nuestro sitio Web `www.comvista.com/lessons/CGI.html`.

Para más sobre el uso de JavaScript para procesar datos de formularios, visite el sitio Web sobre Java de About.com, en `http://javascript.about.com`.

Programar sus Páginas

Puede hacer muchísimas cosas en la Web solo con texto y gráficos; si agrega características interactivas como un contador o un libro de visitas, puede extender sus poderes todavía más. Sin embargo, para realmente "hacer negocios en la Web" y soportar la interactividad, necesita considerar hacer algo de programación.

La programación en la Web es un tema complicado que está más allá de los alcances de este libro. Sin embargo, quizás desee experimentar con la programación por su propia cuenta. JavaScript, por ejemplo, es un lenguaje de escritura que le brinda más control sobre sus páginas Web sin programación verdadera. Para ir más allá requiere de más libros, más capacitación y más trabajo. ¿Desea leer *JavaScript para Dummies*, 2da Edición, por Emily A. Vander Veer (IDG Books Worldwide, Inc.)? Revise los sitios Web para saber cómo logran ciertos efectos y luego busque en su librería y en la Web para ver las diferentes técnicas disponibles.

Por mucho tiempo, una gran ventaja de vivir en ciertas áreas fue el acceso mejorado que ciertos lugares tienen con librerías grandes y especializa-das. Por ejemplo, ambos autores de este libro viven en Silicon Valley, ho-gar de la excelente librería Computer Literacy, la cual está acostumbraba darles a los autores un lugar de soporte. Ahora, a través de la Web, la ma-yoría de las personas pueden encontrar los libros que necesitan. ¡Y recien-temente, las librerías Computer Literacy han salido del negocio!

Para buscar libros de computación, puede empezar a buscar en los siguientes URLs:

```
www.amazon.com
www.barnesandnoble.com
www.fatbrain.com
```

Java

Java es el lenguaje de programación de Sun Microsystems que hace más fácil y fle-xible la creación de las aplicaciones interactivas de Internet. Promete páginas Web mucho más espectaculares, incorpora animación, actualización inteligente y aplicaciones de colaboración. Sin embargo, Java ha sido desacreditada por pro-blemas de seguridad y por el gran tamaño del software que se necesita para ejecu-tar programas de este.

Java es una variación del lenguaje de programación de computación C++ que es de-masiado complejo y, por eso, requiere de experiencia y destrezas considerables (al menos, eso es lo que nuestros amigos programadores bien pagados nos han dicho). Java es muy usado ahora por los programadores profesionales para escribir aplica-ciones de software que corran en una amplia variedad de sistemas de computadora, pero no por autores de páginas Web. El uso extenso de Java en páginas Web ha sido detenido por el hecho de que Microsoft, en una disputa legal de derechos sobre Java, ha dejado de distribuir Java junto con su explorador Internet Explorer. Netscape tam-bién ha dejado de incluir Java en la instalación básica de su software de exploración. Para más información sobre Java, refiérase al sitio Web de Sun, en `java.sun.com` y el sitio del directorio de Java de Earthweb en `softwaredev. earthweb.com/java`.

ActiveX

ActiveX es tecnología de Microsoft que permite que los programas de Microsoft Visual Basic trabajen con la Web. Las buenas noticias son que ActiveX le permite hacer algunas cosas maravillosas. Lo malo es que tiene problemas serios de seguri-dad, no trabaja bien en Macintosh y no funciona del todo con Windows de 16 bits (Windows 3.1 y anterior) o en UNIX. Sin embargo, si está dispuesto a hacer trabajo de solo Windows y desea más información sobre ActiveX, puede empezar con el sitio Microsoft's Distributed interNet Applications Architecture: `www.microsoft.com/net`.

Muchos, muchos recursos

Existen muchos recursos en la Web para aprender algunos de los temas avanzados descritos aquí. Sin embargo, si desea tener un buen enfoque, vale la pena visitar uno o dos recursos importantes, en los que las diferentes piezas se unen de una manera comprensible. Intente visitar estos libros para iniciar:

`www.about.com`
`builder.cnet.com`
`www.webmonkey.com`

Interacción de base de datos

Unir su sitio Web a una base de datos es una manera de sobrecargar el sitio más allá de cualquier cosa que mostremos en este libro. Ciertas tecnologías, cuyos nombres quizás usted haya escuchado antes o que quizás haya visto dentro de un URL, como Active Server Pages (ASP) y PHP (PHP: Pre-procesador de hipertexto) se usan para estos fines. Algunos servicios de hospedaje gratuito le permiten configurar su propia base de datos para unirla a su sitio Web. Uno de ellos, de una compañía de hospedaje en la Web llamada Brinkster, Inc., se puede visitar en `www.brinkster.com`.

Más allá del HTML

Aunque la simplicidad y flexibilidad del HTML ha sido clave para el éxito de la Web, HTML tiene, por supuesto, limitaciones. Dos lenguajes principales, Dynamic HTML y XML (eXtensible Markup Language), abordan muchas de las limitaciones.

Aunque no está mal tener conocimiento de las tecnologías venideras, es mejor si espera a implementarlas en sus propias páginas Web hasta que la mayoría de los usuarios tenga exploradores que soporten las nuevas capacidades. Para el caso de Dynamic HTML y XML, incluso un optimista estaría de acuerdo con que será dentro de un par de años cuando la mayoría de los usuarios estén equipados con exploradores que soporten alguna de ellas.

El HTML se pone dinámico

El Dynamic HTML, es una extensión de HTML que permite que múltiples capas de información sean enviadas al remitente durante una conexión con servidor. El usuario solamente ve parte de esta al principio. La información adicional puede ser revelada conforme el tiempo pasa, o el usuario asume diferentes acciones, todo sin tener que reconectarse al servidor

En este libro, Netscape y Microsoft ofrecen implementaciones algo diferentes de Dynamic HTML. Netscape utiliza su propia etiqueta LAYER que permite definir ciertas capas en forma bastante simple. Ambos exploradores soportan las hojas de estilo, una forma más compleja y capaz de soportar Dynamic HTML, definidas a través del proceso estándar oficial de la Web. Pero Microsoft, que siempre siguió la guía en las nuevas etiquetas de Netscape en el pasado, rechaza soportar la etiqueta LAYER.

Solamente, las versiones 4.0 y posteriores de Netscape Navigator y Microsoft Internet Explorer, soportan cualquiera de estas opciones de Dynamic HTML, las cuales dejan por fuera a usuarios de otros exploradores. Si Netscape y Microsoft pueden estar de acuerdo y si la mayoría de los usuarios actualizan sus exploradores para tener acceso a extensiones de Dynamic HTML, muchos autores de la Web pueden tomarse el tiempo y la molestia para soportar estas nuevas opciones en sus páginas Web. Hasta entonces, el DHTML no será usado por la mayoría de autores de páginas Web.

El XML sale del HTML

El HTML es un subconjunto de un estándar general llamado Lenguaje de *Marcado Estándar Generalizado* (o SGML, según su sigla en inglés). ¡Juraríamos que las personas que crearon el SGML no imaginaban lo que pasaría con su invención!). El *XML*, o el *Lenguaje Extendible de Marcado*, es un súper conjunto de HTML, que ha sido creado dentro del estándar general de SGML. El XML permite que estructuras de información compleja sean construidas en una página Web. Con XML, los autores pueden crear aplicaciones de bases de datos y entregarlas a través de la Web. Nuestra impresión es que el XML será utilizado primero en intranets, porque las compañías querrán desarrollar dichas aplicaciones para uso interno y serán capaces de asegurar que los autores y usuarios de la Web en la compañía utilicen la misma versión de XML. Si es responsable por la actividad relacionada con la intranet, manténgase al tanto de esta.

La Web entra al siglo veintiuno

Por su naturaleza flexible, la Web tiene la capacidad teórica de soportar casi cualquier cosa que pueda hacerse o imaginarse en una computadora. En la medida en que aumente la velocidad de la conexión accesible al usuario promedio, se utilice más tecnología en páginas Web avanzadas y los usuarios obtengan exploradores más y más capaces, más y más será posible. El truco está en no seguir ninguna de las rutas antes de establecerse en estándares ampliamente utilizados. Desarrolle sus destrezas en las áreas clave que hacen a la Web de hoy día, útil y productiva. Utilizar las capacidades de la corriente actual de la Web es la mejor forma de prepararse para aprovechar lo avanzada que estará aquí pasado mañana.

Capítulo 15

Crear un Sitio Web Completo

● ●

En este capítulo

▶ Crear sus páginas Web

▶ Planear su sitio Web

▶ Publicar su sitio Web

▶ Crear navegación

▶ Darse a conocer

● ●

Claramente, este libro está enfocado hacia la elaboración de páginas Web individuales. En este capítulo, le diremos cómo atar varias páginas Web para constituir un sitio Web de varias páginas. No obstante, es bueno mantenerse enfocado en cada página Web individual conforme las vaya combinando todas.

Los usuarios de su sitio siempre están capacitados para irse a cualquier otro sitio o página de la Web. Si se asegura de que todas las páginas Web que publica son interesantes, divertidas y atractivas, como se describe a lo largo de este libro, terminará con un sitio Web poderoso.

Los términos "página Web" y "sitio Web" se usan de modo muy similar. En este libro usamos el término *página Web* para referirnos a una sola página Web, la cual consiste en un documento de HTML y los gráficos que vayan con ella. Por otro lado, usamos el término *sitio Web* para referirnos a un área de la Web compuesta por varias páginas Web unidas por navegación compartida.

Crear sus Páginas Web

Es típico, al diseñar un sitio Web, usar un enfoque para empezar a pensar mucho en la navegación, organización, navegación y así, sucesivamente (mencionamos la "navegación" dos veces porque es un asunto muy importante cuando se trata de crear sitios Web grandes). Pero para un sitio Web pequeño, vaya de menos a más –construyendo el sitio desde páginas compuestas cuidadosamente– en vez de hacerlo de más a menos.

Su enfoque para la creación de páginas Web en un sitio Web pequeño debería ser similar al de crear una sola página Web personal. Cada página debería sobresalir como un lugar ameno para sus visitantes de la Web, para aprender algo o divertirse.

Configurar sus páginas bien

Piense en cada página Web como en un "valor de información". ¿Por qué la gente vendría a visitar su página Web? ¿Qué beneficio obtendrían al visitarla? ¿Existe algo de su página que podría hacer que las personas regresen, o que anime a alguien más para que la visite? La mayoría de nosotros tenemos suficientes cosas que decir para crear fácilmente una página Web que pueda ser de interés para nuestros amigos, familiares y colegas. Pero se necesita de trabajo extra para crear una página Web en un sitio de muchas páginas que pueda ser valioso para la gente.

Una de las mejores formas de crear un sitio Web fuerte es crear primero cada página Web por separado. Asegúrese de que cada página tenga la información que desea, que esta se descargue en una cantidad de tiempo razonable, que todos los vínculos funcionen y que la página se ve bien. Luego use la información de este capítulo para agregar navegación y hacer que sus páginas Web sean un sitio unificado.

¿Y qué hay de la consistencia? La consistencia es importante dentro de un sitio Web, pero no es tan difícil de conseguir si su sitio es de solo unas páginas. Use el mismo color de fondo, el mismo color y tamaño en el texto y la misma fuente a lo largo de todas sus páginas. Si utiliza encabezados estándar de HTML, listas numeradas o de viñetas, e imágenes pequeñas para dividir el texto, sus páginas tendrán una apariencia consistente.

Las Figuras 15-1 y 15-2 muestran dos páginas del sitio Web Netsurfer, creado y administrado por uno de los coautores de este libro (Bebak). Note cómo las páginas usan un diseño similar, lo cual deja claro que pertenecen al mismo sitio Web, aunque al mismo tiempo son individuales. Las páginas de Netsurfer son un buen ejemplo de la eficacia del diseño limpio y sencillo en todo un sitio Web.

Además de un diseño estandarizado a lo largo de las páginas, los otros elementos que crean un sitio consistente son direcciones y elementos de navegación previsibles y comprensibles a través de todo el sitio. La siguiente sección explica cómo darle a su sitio estas cualidades.

Quizás desee tomar la consistencia del diseño en un nuevo nivel agregando elementos gráficos repetidos y un enfoque consistente para diseñar toda su página Web. Este es el enfoque tomado de los profesionales. Sugerimos que, a menos que tenga experiencia en diseño, primero cree las páginas y la navegación del sitio. Y después trabaje en mejorar el diseño general, pero luego de que el sitio está trabajando (¡así es también como trabajan los profesionales!)

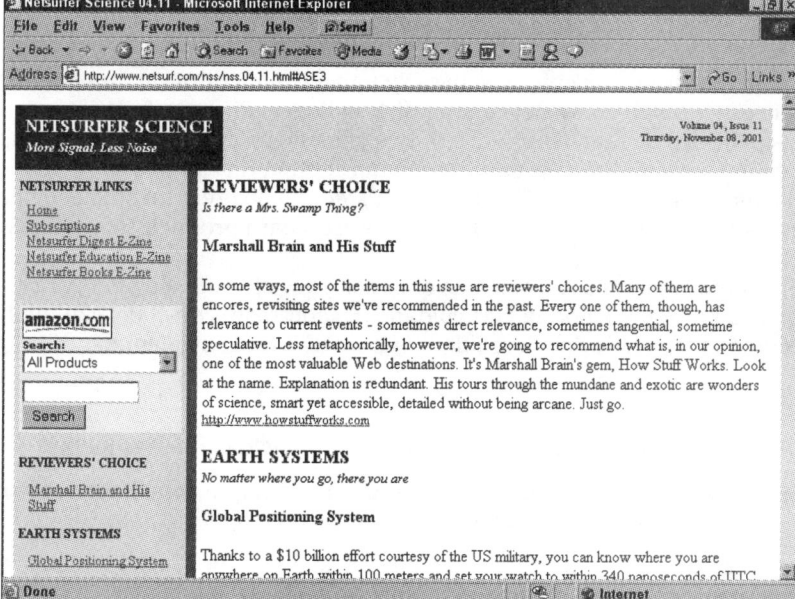

Figura 15-1:
Netsurfer
tiene un
diseño
limpio y
sencillo…

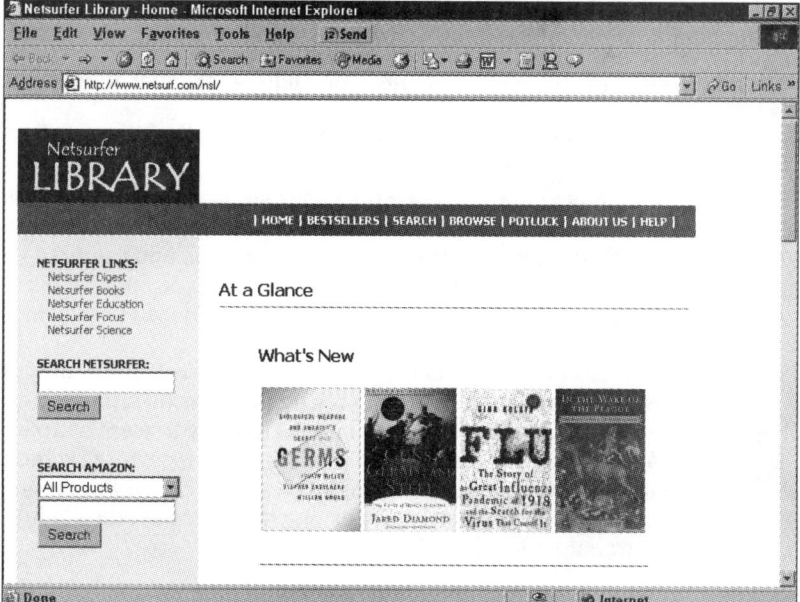

Figura 15-2:
…que varía
sutilmente
de una sec-
ción a la
otra.

Planear en vez de arrojar

Puede partir de dos enfoques para su papel como editor de un sitio Web: el enfoque espontáneo como del capitán Kirk, el líder temerario de la serie original y de las películas de Star Trek; o el enfoque cuidadoso, como el del personaje más lógico Mr. Spock. El enfoque espontáneo del capitán Kirk puede ser resumido en el conocido eslogan de Nike: "Solo hazlo". Usted puede crear un sitio sencillo en la Web con solo un poco más del trabajo necesitado para producir una sola página Web.

Si intenta crear un sitio Web más complejo, por ejemplo, un sitio para su empresa, querrá utilizar el enfoque más cuidado. En contraste con el del capitán Kirk, el método más lógico de Spock requiere que usted haga lo siguiente:

✔ Defina metas para su sitio Web.

✔ Planee el contenido de su sitio para que coincida con esas metas.

✔ Realice un guión de su sitio para especificar lo que debe haber en cada página y el modo en que cada página calza con las otras.

✔ Compare su sitio planeado con un sitio similar o de la competencia y revise sus planes considerando la nueva información.

✔ Cree su sitio en su propia máquina primero y pruébelo bien.

✔ Seleccione cuidadosamente un servicio proveedor de Web que haga un buen trabajo hospedando su sitio.

✔ Publique su sitio en la Web y empiece un ciclo de pruebas y revisiones.

¡Vaya! Eso suena a un montón de cosas, es decir, ¡problemas!

El enfoque espontáneo y el cuidadoso pueden resultar correctos, pero usted debería hacer coincidir su enfoque con lo que desea hacer en la Web. Le recomendamos que intente primero el enfoque espontáneo. No ponga demasiado esfuerzo y no use su primera página para iniciar un imperio empresarial basado en la Web. Solo cree una página personal o de negocios que diga algo sobre usted o su organización.

Si no es el dueño de la organización en la que trabaja, asegúrese de que tiene el permiso necesario antes de publicar un sitio Web que represente a la organización. De otro modo, podría verse envuelto en un cambio rápido e inesperado del camino actual de su carrera (la base de datos laborales Monster ubicada en www.monster.com es un buen ejemplo de un sitio Web divertido, ¡y es una magnífica ayuda a la hora de buscar un trabajo nuevo!)

Si esa página Web es todo lo que publicará en la Web, está bien. Mucha de la diversión de estar en la Web es ver las páginas Web creadas por personas que solo tratan de divertirse y compartir sus intereses. Ya sea que cree una página en la Web para un negocio o que cree un negocio propio basado en la Web, la experiencia de "solo hacerlo" puede resultar invaluable. La Tabla 1 sugiere cuándo usar el enfoque espontáneo en oposición al cuidadoso, en la edición en la Web.

Tabla 15-1		Los enfoques de Kirk (Espontáneo) y Spock (Cuidadoso) para la Publicación en la Web			
Enfoque	Divertirse	Aprender ahora para llevar a cabo trabajo avanzado después	Presencia en la Web de pequeñas empresas	Presencia en la Web de empresas grandes	Negocios-basados en la Web
Espontáneo	X	X	X		
Cuidadoso			X	X	X

Planear su sitio Web

Las únicas herramientas que necesita para esta parte del proceso de la publicación en la Web son acceso a la Web para investigar, un procesador de palabras y un programa de dibujo, o un lápiz y una hoja de papel –que son más cómodos – para hacer bocetos de sus planes y tomar notas. Unas cuantas horas de planeamiento pueden ahorrarle muchísimo tiempo después y ayudarle a crear una mejor página Web. A pesar de esto, el paso de planear es el más ignorado en el proceso de publicar en la Web. Para planear su sitio Web, siga estos pasos:

1. Determine el propósito de su sitio.

Decida qué tipo de sitio desea crear: personal, temático, comercial o cómico (también podríamos llamar a los últimos dos tipos "de negocios" y "de entretenimiento", pero no riman).

Una vez que decida qué tipo de sitio desea, investigue los sitios existentes y, luego, investigue en otros medios que le sirvan a su propósito (revistas, folletos y hasta la televisión). Pregúntese qué tiene su material y qué tiene la Web que la hace una buena manera de publicar su material. Piense un poco más en sus necesidades e intereses. Luego, escriba unas cuantas metas para su sitio inicial y para sus siguientes versiones.

2. Decida la estructura de su sitio y el diseño de sus páginas.

La estructura de su sitio puede ayudar a guiar a los lectores hacia las partes que les interesen más. El diseño de las páginas Web de su sitio puede hacer que estas sean más útiles, más interesantes o más entretenidas, sin importar cuál sea su propósito. Estas son algunas reglas generales:

- Decida cuántas páginas incluir y cómo se vinculan entre sí.

- Coloque el propósito de su sitio cerca de la parte superior de su página principal.

- Indique el propósito de cada página adicional cerca de la parte superior de esa página.

- Use encabezados, viñetas, iconos y otros elementos gráficos o de énfasis para destacar los puntos claves.

- Piense en los gráficos que necesite. Empiece el proceso de generar u obtenerlos.

- Use elementos de sumario, como un mapa del sitio y una página de Preguntas frecuentes (conocida como página de FAQ).

- Ponga elementos de navegación –vínculos desde su página principal hacia otras páginas y desde otras páginas a su sitio –en un lugar consistente en la parte superior o inferior de cada página.

3. Decida cuáles vínculos incluir.

Una página que no tenga vínculos, generalmente, es muy aburrida. Usted ya de cidió en el paso 2 cuáles vínculos incluir entre las páginas de su sitio. Ahora piense en cuáles vínculos incluir hacia otros sitios. ¿Cuáles vínculos sería correcto incluir? ¿Cuáles serían divertidos? Use motores de búsqueda en la Web, como Google (`www.google.com`) para buscar en la Web y encontrar vínculos interesantes (refiérase a la Figura 15-3). Luego, revise los vínculos y acorte la lista para solo incluir los personalmente significativos, no solo una lista de lavanderías (¡a menos que esté creando una lista de lavanderías!). Cree un lugar para guardar los vínculos que corre mientras está usando la Web, para que estén disponibles en futuras versiones de sus páginas.

Ahora piense un poco más. ¿Acaso los vínculos que está incluyendo calzan con el propósito de su página? ¿Cómo los puede organizar? ¿Debería agrupar los conjuntos de vínculos parecidos? ¿Hay vínculos repetitivos o superfluos? Hacer que sus vínculos estén bien hace que su sitio sea más útil. Y aunque a nadie le gusta ser dejado de lado, que es lo que le ocurre cuando la gente hace clic en un vínculo muerto que está en sus páginas, un buen conjunto de páginas puede hacer, paradójicamente, que los usuarios vuelvan a su sitio en el futuro.

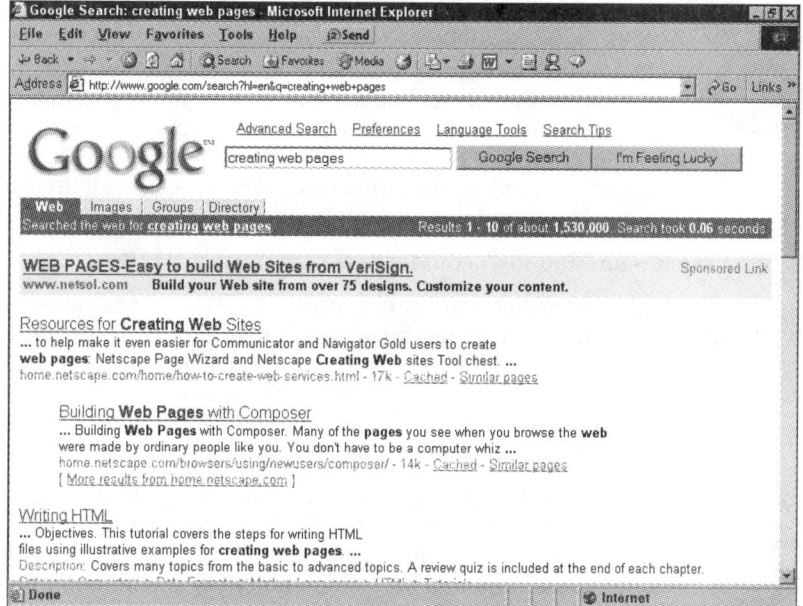

Figura 15-3:
No dude en
utilizar Goo-
gle para bus-
car lo que
necesite.

Crear el contenido

Crear el contenido es la parte del proceso de la edición en la Web en el que intervienen las herramientas. Se necesitan herramientas para crear el texto etiquetado con
HTML (o un programa procesador de palabras, o un editor de texto, si desea trabajar
directamente en el HTML) y herramientas gráficas para crear imágenes y convertirlas
a uno de los formatos comunes de la Web, como GIF o JPEG (sí, usted puede usar
otros formatos de archivo, pero, como lo decimos en el Capítulo 9, GIF y JPEG son los
únicos formatos que son respaldados ampliamente por todos los exploradores). Para
crear sitios sencillos, una persona puede hacer todo el trabajo (pero este será mucho
trabajo); para crear y mantener un sitio más grande, necesita un equipo de personas,
que incluya consultores expertos en HTML y con otras habilidades.

1. Cree el texto para sus páginas.

Lo mejor que puede hacer aquí, si es nuevo en la publicación de la Web, es trabajar en un programa procesador de palabras sin poner etiquetas de HTML, al menos al principio. De ese modo, puede usar una herramienta familiar para que el texto esté bien y para corregir su ortografía. Solo recuerde que puede obtener un
formato mucho más preciso en un procesador de palabras que en una página Web.

Si ya ha creado una página en HTML o con una herramienta editora, tal como
Netscape Composer, del modo descrito a lo largo de este libro, entonces puede
usar las mismas técnicas para su sitio Web.

Quizás desee ir un paso adelante y crear un "dummy" para su sitio Web, usando su programa procesador de palabras, antes de pasarlo todo a HTML. Hacer un dummy ("dummy" es el término que usan los impresores para referirse a una imitación de una página impresa) es una buena manera de planear lo que debe ir en cada página, y también se pueden insertar gráficos y simular vínculos con subrayado y colores. Luego, compare su modelo con sitios Web relevantes que admire y considere los cambios que desee hacer.

2. Si ha creado un "dummy", convierta el contenido a HTML.

A continuación, necesita convertir el contenido a HTML. Usted puede agregar las etiquetas de HTML por su propia cuenta (refiérase al Capítulo 4). Use las capacidades de conversión en HTML incorporadas a su programa de procesador de palabras o use un editor de páginas Web (como Netscape Composer, descrito por primera vez en el Capítulo 5). También puede terminar usando una combinación de métodos para contenido nuevo y para archivos que use o adapte de varias fuentes.

Lea el Capítulo 4 para conocer el funcionamiento del HTML. Incluso si usa una herramienta de autoría Web para crear su página y no pone por su propia cuenta las etiquetas de HTML, sabiendo qué es y qué no es posible en el HTML básico, le ahorra mucho tiempo y esfuerzo en el proceso general de la publicación.

3. Crear los elementos gráficos de su página.

Los elementos gráficos a menudo duran mucho en ser creados, así que empiece pronto. No solo incluyen fotografías e imágenes generadas por computadora, si no también barras separadoras, iconos y otros elementos. También, este es el momento de crear los elementos de multimedia, como clips de audio y de video, si de verdad quiere emplearse a fondo. Estos elementos se comentan en el Capítulo 13.

4. Agregue navegación y pruébela.

Como se describe más adelante en este capítulo, debe agregar navegación para convertir sus páginas Web separadas en un sitio. ¡Entonces, estará listo para su siguiente paso: publicar su sitio!

Darle publicidad a su sitio Web

Poner su sitio en la Web (ya sea en una intranet o en la World Wide Web abierta) es la parte más excitante del proceso de la publicación. ¡Pero tenga cuidado!, no vaya a ser que la excitación se convierta en ansiedad al pensar en la gente que, efectivamente, esté viendo a su bebé cuidadosamente creado). Para esta parte del proceso, no se necesita de ninguna herramienta, excepto quizás un programa de FTP (protocolo de transferencia de archivos) para transportar sus archivos a un servidor de la Web. Por lo general, la compañía que le brinda hospedaje en la Web, además ofrece este servicio.

Primero, una los elementos de su sitio, luego pruébelos en su propia máquina y, finalmente, ¡publíquelos! Estos son los pasos para publicar su sitio:

1. **Unirlo todo y probarlo.**

   Asegúrese de que todos los vínculos de contenido están en los lugares indicados y, luego, pruebe cada página Web y el sitio entero. En su propia máquina, puede usar un explorador de la Web, no solo para ver cómo se ve su página, sino también para seguir vínculos desde su sitio a otros sitios. Luego, puede usar el botón Back de su explorador para regresar (lo único que no se tendrá es el hecho de que la gente no podrá ver sus páginas hasta que estén realmente publicadas en un servidor de la Web).

2. **Ponga su contenido en un servidor de la Web.**

   Aquí es donde las cosas se vuelven reales. Después de que coloque sus páginas en el servidor, como se describe en el Capítulo 12, pruébelas de nuevo. Especialmente, pruebe todos los vínculos para asegurarse de que, realmente, apuntan a algún lugar; recuerde, nada es más frustrante que hacer clic en un vínculo roto.

3. **Hacer publicidad para su sitio.**

   Atraiga a los usuarios a su sitio. Dígales a sus amigos, use recursos de la Web y, es pecialmente, haga que sitios Web relacionados pongan vínculos que apunten a su sitio. Ofrezca algún tipo de premio a cambio de retroalimentación en su sitio –aunque sea para poner el sitio en su lista de los "malos ejemplos del uso del HTML". Para más detalles sobre esta parte del proceso, refiérase a la sección "Darse a conocer" más adelante, en este capítulo).

4. **Adentrarse en la gloria de la publicación en la Web.**

   Tener montado un sitio Web es algo para estar orgulloso. Siéntase y disfrute por un rato.

Después de colocar su sitio en la Web, experimentará una breve sensación de euforia y una preocupación, al pensar en todas las cosas que quería hacer con el sitio antes de que se le acabara el tiempo para terminarlo. Luego, empezará a hacer clic por todo su sitio y pensará que hay alguna cosa que no se ve tan bien como usted quería. Puede comparar su sitio con otros y agregar funciones nuevas. ¡De vuelta a la mesa de trabajo!

Conducirse a través de la Web

Junto con todas sus características excelentes, la Web tiene algunas características con las cuales tiene que enfrentarse más probablemente al crear un sitio Web completo que al crear solo una página Web. Entre estos casos, se encuentran:

✔ **Diferencias en los exploradores:** Exploradores diferentes, así como versiones diferentes de Internet Explorer o de Netscape Navigator, despliegan las mismas etiquetas de HTML de modo diferente. Y algunos exploradores dan soporte a las etiquetas más nuevas y a las que no son estándar, de modo que las páginas que se abren con ellos se ven mejor –o al menos diferente– de como se ven en otros exploradores. Esta inconsistencia puede hacer que se distraiga. Use las herramientas básicas y mantenga su sitio simple hasta que aprenda sobre estas cosas.

✔ **Conexiones rápidas y lentas:** Algunos usuarios tienen conexiones en red a la Web, mientras que muchos usuarios caseros navegan con 28.8 Kbps –diez veces más lento que una típica conexión de empresa. De modo que una página rica en gráficos que se carga rápido en una máquina, se descarga *l-e-n-t-o* en otra. Refiérase al Capítulo 9 para información sobre mantener reducidos los tamaños de los archivos gráficos, y al Capítulo 11 para información sobre cómo mantener pequeño el tamaño general de su página.

✔ **Esos malditos usuarios:** Los usuarios tienen diferentes tamaños de pantalla y pueden reconfigurar sus exploradores para usar diversas fuentes, tamaños, ventanas y demás. Así que aunque los usuarios se conecten a la Web a través de la misma red, ellos pueden ver la misma página Web de una manera muy diferente. El Capítulo 11 tiene los detalles.

✔ **Colocarse en un servidor:** Para que sus páginas aparezcan en la Web, tienen que estar en un servidor de la Web. Esto significa que es necesario encontrar un voluntario o un vendedor con un servidor de la Web y también algo de espacio libre para usted.

Considere usar páginas que no estén en inglés

Uno de los factores que limitan el alcance de la World Wide Web es que mucho material solo se encuentra en inglés. Esta situación está cambiando; ya muchos sitios grandes, incluyendo el directorio Web de Yahoo, ofrecen sus servicios en muchos otros lenguajes. Pero el tamaño del contenido que no está en inglés es pequeño, comparado al tamaño de la Web.

Para crear páginas Web, necesita saber suficiente inglés para descubrir y usar el HTML y las herramientas de la Web. ¿Pero qué hay de su audiencia?

Primero, conozca cuantas personas de su público meta hablan un lenguaje específico y cuántos de ellos tienen acceso a la Web. Luego, considere el costo de traducir el contenido a cada idioma en el que está interesado. Compare ese costo con el tamaño de la audiencia posible.

Sea optimista, tener un contenido en la lengua natal hará que su sitio se distinga. En este punto del desarrollo Web, sería mejor tener la lista Web de las mejores películas en Farsi (el idioma predominante de Irán) que convertirla en solo otra lista más de películas que está en inglés.

Al menos, si tiene materiales impresos ya traducidos a otros idiomas, ponga esos materiales en la Web o deles publicidad en ella. En algunos idiomas y en algunas áreas de información, usar lenguas no inglesas en la Web ofrece el mismo tipo de oportunidades para todos, al igual que la Web ofrecía como unidad cuando inició su auge hace alrededor de diez años.

Afortunadamente, el espacio para un sitio Web pequeño a menudo es gratuito o barato, pero encontrar el espacio en el servidor y llevar sus archivos al servidor pueden ser una gran calamidad. Puede encontrar más al respecto en el Capítulo 12.

Los primeros tres problemas están relacionados con las inconsistencias de la Web y es posible que se tope con ellas como un usuario al visitar varias páginas Web. Ahora que usted es un editor principiante de la Web, la respuesta a todos estos problemas es la misma: ¡Mantenga las cosas sencillas! En este libro, usamos diseños de páginas Web y nos quedamos casi siempre con las funciones de HTML disponibles en todos los exploradores para que evite enfrentarse con estos problemas.

El problema de llevar su página Web al servidor es un poco diferente. Es el tipo de problemas que hace que los neófitos se queden congelados, pero que los experimentados pueden aclarar fácilmente. En la Parte I de este libro y en el Capítulo 12, le mostramos suficientes soluciones de servidor para satisfacer sus necesidades ¡y algunas soluciones hasta son gratis!

Lenguajes de descripción de páginas

HTML no es un *lenguaje de descripción* de páginas; es decir, una especificación de exactamente cómo deben verse el texto y las imágenes cuando se desplieguen o se impriman. Pero Adobe Acrobat es un lenguaje de descripción, igual que lo es Envoy de Novell, Inc. y MiniViewer, que es parte de Common Ground (de Hummingbird Communications, Ltd). Nota: a pesar de que es posible que haya escuchado en el supermercado: "Deme una libra de Java premium y media libra de ese pequeño Common Ground", Common Ground no es una versión barata de Java, (el lenguaje de programación que describimos más adelante en este capítulo). Adobe Acrobat es el único lenguaje de descripción de páginas que ha ganado aceptación masiva en la Web.

Así que si desea colocar en la Web una página formateada que mantenga su apariencia, sus fuentes y su diseño, use Acrobat. Se puede poner una copia en la Web y se verá exactamente como su versión impresa. El problema: los usuarios tienen que descargar un visor especial para poder visualizar su información, lo cual difícilmente harán, a menos que tengan algo que realmente, realmente, deseen ver (y espere unas cuantas llamadas de usuarios que solicitarán apoyo técnico y no saben qué hacer). El New York Times ha sido el primer gran "nombre" en adoptar a Acrobat y muchas otras organizaciones usan archivos de PDF internamente.

Para pasar por alto el problema de la visualización de los archivos, Acrobat está respaldado por un plug in para Netscape Navigator y para Microsoft Internet Explorer. Además, muchas computadoras se venden ya con el Acrobat Reader instalado. Para más información y para un vistazo a la edición en línea diaria del New York Times que usa Acrobat, refiérase a los siguientes URLs:

```
www.adobe.com/prodindex/acro
    batnytimesfax.com/sample/
    sample.pdf
```

Crear Navegación

La navegación es lo que ayuda a los usuarios a hacerse camino a través de un sitio Web. Si antes había creado una página Web y ahora está expandiéndose a un sitio de varias páginas Web, crear la navegación es un nuevo reto para usted. Pero usar navegación es fácil. Cada vez que visite un sitio Web importante, encontrará una navegación diseñada cuidadosamente. Por fortuna, para un sitio Web pequeño, la navegación consistente es fácil de crear.

Arreglar sus páginas

Arreglar sus páginas Web en un sitio Web es en muchos casos como crear un pequeño periódico. Usted divide sus páginas Web en varias secciones, talvez de tres a siete. Cada sección de su sitio Web es como una sección de un periódico. Puede incluir una o varias páginas que calcen dentro del tema de esa sección.

La página principal de su sitio es como la primera página de un periódico y, de algún modo, es como la tabla de contenido de una revista. La página principal captura la atención de la gente con uno o varios elementos de interés y también sirve como una guía al resto del sitio.

Tome sus páginas Web –y quizás desee imprimirlas para este ejercicio– y arréglelas en una sección; quizás desee combinarlas en una sola página (para eliminar la necesidad de navegación en esa sección) o reacomodarlas en tres páginas (para que en la sección haya más de una página a las cuales navegar).

El sitio Web original de Zanzara, una compañía relacionada con la Web, se puede encontrar en `www.zanzara.com/old`. Es un buen ejemplo de un sitio pequeño y simple con una navegación consistente. La mayoría de las secciones tienen una sola página. Algunas tienen una página principal relacionada con la sección que vincula a una o dos páginas adicionales que dan mayores detalles. La Figura 15-4 es un diseño que muestra la estructura del sitio.

Figura 15-4:
El sitio original de Zanzara tiene un diseño simple.

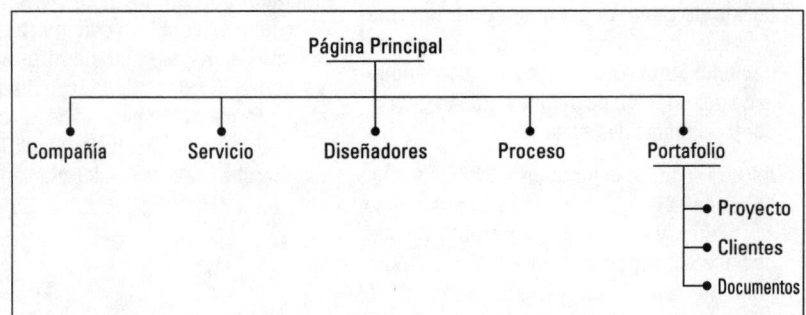

Obtener la dirección correcta

Un elemento de navegación muy importante es fácil de llevar a cabo: direcciones Web consistentes para sus páginas Web. Para un sitio Web pequeño, usted querrá tener un URL entendible, varias secciones importantes y luego una o varias páginas Web dentro de cada sección.

Digamos que su sitio Web está dentro del sitio Yahoo! GeoCities y está dedicado principalmente a los rotíferos: unas pequeñas criaturas compuestas de varios cientos de células. Ágilmente, usted habrá creado la ID de usuario de Yahoo "rotíferos" en GeoCities, de modo que la página principal de su sitio sea `www.geocities-.com/rotifers`.

Ahora usted creará un sitio Web de varias páginas. También decide rehacer su página principal para convertirla en una página principal de sitio y hacer que tenga cuatro secciones: Sobre los Rotíferos, Roti-Fotos, Recursos de la Web y Acerca de mí. De esta manera, usted habrá aislado la parte de las fotografías del resto, ya que las fotografías suelen ser de descarga lenta. Así, las personas podrán obtener la información básica acerca de los rotíferos y acerca de usted de las páginas de texto, sin tener que esperar mucho. Luego, se dirigirán a las páginas de fotos, pero cuando ya estén listos para tomarse su tiempo.

Más adelante, usted decide que la sección acerca de los rotíferos será una sola página de texto, Roti-Fotos serán varias páginas con una foto en cada una. Recursos de la Web constituirá una sola página de vínculos a la Web, y Acerca de mí serán dos páginas: una página cargada de texto con una pequeña foto suya y una copia de su currículum en otra página.

Tomadas estas decisiones, una lista de posibles selecciones para las direcciones Web de sus fotos podrían ser:

```
www.geocities.com/rotifers/index.htm
```

```
www.geocities.com/rotifers/aboutrotifers/index.htm
```

```
www.geocities.com/rotifers/photos/index.htm
```

```
www.geocities.com/rotifers/photos/photo1.htm
```

```
www.geocities.com/rotifers/photos/photo2.htm
```

```
www.geocities.com/rotifers/photos/photo3.htm
```

```
www.geocities.com/rotifers/photos/photo4.htm
```

```
www.geocities.com/rotifers/resources/index.htm
```

```
www.geocities.com/rotifers/aboutme/index.htm
```

```
www.geocities.com/rotifers/aboutme/resume.htm
```

Para que estos URL funcionen, necesitará poner los archivos en carpetas que calcen con la jerarquía que desee que aparezca en los URLs, así necesitará una carpeta principal que contenga todos los otros archivos y carpetas. Dentro de la carpeta principal, debe tener el archivo index.htm para la página principal del sitio, además de las fotos que se desplegarán en esa página Web, sin olvidar las carpetas de las otras páginas. Las carpetas de ese nivel serán aboutrotifers, photos, resources y aboutme. Cada carpeta contendrá el archivo index.htm de esa parte del sitio, además de los archivos de HTML de las páginas adicionales de la sección y las fotos necesitadas para cada sección de su sitio Web.

Si desea tener todos sus archivos en una sola carpeta, solo use nombres de archivo para alcanzar ese mismo efecto. Por ejemplo, abra el archivo de HTML que despliega la primera fotografía photos-photo1.htm y proceda igual con el resto.

Tener su sitio bien organizado, con URLs entendibles, hace que la vida sea más fácil para los usuarios. Muchos usuarios ven URLs para saber en que lugar del sitio están. Y los usuarios, frecuentemente, escriben o envían por correo electrónico URLs para abrir una página para la atención de los otros.

Muchos sitios Web grandes han abandonado la conveniencia (para los usuarios) de tener URLs fáciles de entender, en favor de la comodidad (para ellos) de usar una base de datos para almacenar todo el contenido de su sitio. Cada página Web nueva se despliega como un resultado de una llamada a una base de datos, con los parámetros de la base datos ubicados en el URL. Por ejemplo, este es un URL de un motor de búsqueda:

```
http://dir.saltavista.com/search?pg=dir&tp=Entertainment/ Music-
                     &crid=317855
```

Los usuarios estarían felices de tener algo como esto:

```
http://dir.saltavista.com/Entertainment/Music
```

Algunas compañías cubren las llamadas a la base de datos con un URL inteligible, como el mostrado de segundo, pero la mayoría no lo hace. Si usted logra proveer un conjunto sensible de URLs para sus páginas Web, irá de primero en la competencia.

Crear una barra de navegación

La navegación consistente es clave para un sitio Web de buena apariencia. Siga estos pasos para crear una navegación consistente:

1. **Digite un poco de texto, o cópielo y péguelo.**

   Es mucho más fácil experimentar con la ubicación de un gráfico si tiene ya listo el texto en su documento.

2. **Decida sobre las secciones de su sitio.**

   Decida sobre las principales secciones de su sitio, como se describe en la sección previa de este libro.

3. **Cree una serie de vínculos de navegación.**

   Los vínculos de navegación son un conjunto de palabras, vinculadas a las principales secciones de su sitio y, generalmente, están separados por el carácter de la barra horizontal (|) de su teclado (quizás no sepa sobre este carácter ahora, ¡pero sabrá después de la creación de los vínculos de navegación!). Un conjunto típico de vínculos de navegación es parecido a este:

   ```
   Home | About Rotifers | Roti-Photos | Web Resources | About Me
   ```

   Usted puede crear un conjunto de vínculos de navegación en Netscape Communicator o en otras herramientas de creación de páginas Web digitando el texto y luego asignándole un vínculo al nombre de cada sección, en HTML, use un código como el siguiente:

   ```
   <A HREF="index.htm">Home</A> |
           <AHREF="aboutroti.htm">About Rotifers</A> |
           <A HREF="photos.htm">Roti-Photos</A> |
           <A HREF="resources.htm">Web Resources</A> |
           <A HREF="aboutme.htm">About Me</A>
   ```

4. **Agregue el conjunto de vínculos de navegación al mismo punto (generalmente, centrado, en la parte inferior de la página) a cada página de su sitio Web.**

Si desea tener una barra gráfica de navegación, use un programa de gráficos para crear la imagen deseada. Luego use Netscape Composer u otro programa de creación de páginas Web para crear el mapa de imagen que lo acompañe. De manera alternativa, puede usar un grupo de gráficos pequeños en una tabla. Use la barra de navegación en la parte superior de cada página; mantenga los vínculos de la navegación en la parte inferior, de modo que los usuarios tengan una elección.

Probar la navegación

Siempre pruebe con mucho cuidado la navegación de su sitio. Pruebe cada vínculo de cada página al menos dos veces: una vez que cree el sitio en su computadora y, de nuevo, cuando publique el sitio en la Web.

Es muy común que los vínculos dejen de servir (es decir, que se "rompan") justo después de que publica su sitio en la Web, así que prepárese para revisar y solucionar los problemas rápidamente.

Darse a Conocer

Hacer que la gente llegue a su sitio puede ser muy fácil o muy difícil. Lo más importante que puede hacer para que las cosas parezcan difíciles, son sus propias expectativas. Si espera un gran número de visitantes (o, aun más difícil, un gran volumen de ventas en línea) sin trabajar mucho, está condenado a sentirse muy decepcionado. Pero si usted fija sus expectativas en un nivel razonable y usa diversas técnicas para que la gente vaya a su sitio, es muy probable que alcance a satisfacer sus expectativas.

Darle publicidad a su sitio

Después de que su sitio esté probado, dele publicidad. La cantidad y el tipo de publicidad que se necesita dependen de sus metas con él. Si usted está tratando de impresionar a la prensa y a los analistas, programe una presentación para la prensa. Si le piensa hacer publicidad a un sitio personal, quizás descubra que es suficiente decirles a los amigos y a los familiares. Si tratará de darles a los clientes otra forma de comunicarse con usted, ponga su URL en artículos de escritorio, tarjetas de empresas y en anuncios. Si intenta hacer ventas en la Web, coloque anuncios en otros sitios Web que atraigan a sus posibles clientes. Enfoque su estrategia de publicidad de acuerdo con sus metas.

Hay un viejo refrán que dice "Tienes que gastar dinero para hacer dinero". Este refrán es tan verdadero en la Web como en cualquier otro lugar. Es posible hacer muchísimas cosas con un sitio Web personal, de pasatiempo o grupal gastando muy poco dinero o del todo nada y solo empleando una cantidad moderada de tiempo. Pero no espere hacer dinero con su sitio Web a menos que desee gastar dinero (o enormes cantidades de dinero –recuerde que el tiempo es oro– creando su sitio, mercadeándolo y actualizándolo.

El juego del nombre

Una de las mejores maneras de que la gente recuerde su sitio es tener su propio nombre de dominio. Un nombre de dominio es la primera parte de una dirección de la Web, generalmente, no incluye www. al principio. Por ejemplo, yahoo.com y whitehouse.gov son nombres de dominio. Lo que la gente usa para ver su página es la dirección Web o el URL (Localizador Uniforme de Recursos) que es solo otra manera estandarizada o uniforme de encontrar recursos tales como servidores Web y archivos de la Internet.

www.smithtires.com es mucho más fácil de recordar (y más impresionante) que www.geocities.com/smithtires. En el primer caso, el nombre de dominio es smithtires.com; en el segundo, es geocities.com. Una persona podría de modo plausible ser el dueño del primer nombre de dominio; el segundo es propiedad de Yahoo!, uno de los sitios más ocupados de la Web.

Existen muchas maneras de obtener un nombre de dominio, pero la forma más popular es el sitio Web de Network Solutions, en www-.networksolutions.com. Network Solutions cobra alrededor de $60 ó $70 por la licencia de un nombre durante dos años. El sitio Web de Network Solutions facilita intentar diferentes nombres de dominio para ver cuáles están libres (también le ofrece la oportunidad de construir un sitio Web hospedado en Network Solutions por una tarifa razonable, pero no insignificante). También puede comprar un nombre de dominio, a veces por un precio mayor, de una compañía de hospedaje en la Web, como GeoCities o AOL.

Nosotros recomendamos que siga un pequeño proceso antes de decidir sobre su nombre de dominio. Levante una lista de los nombres de dominio deseados. Luego, revise el sitio Web de Network Solutions para ver cuáles están disponibles. Cuando un nombre de dominio no esté disponible, el sitio Web de Network Solutions sugerirá nombres similares que sí lo estén (y todo el proceso podría darle ideas nuevas). Escriba los mejores nombres. Luego, revíselos con sus amigos y colegas, para observar sus reacciones y sus ideas.

Realice este proceso un par de veces y tómese un día o dos para pensar firmemente en su último candidato antes de comprar en definitiva un nombre de dominio. Obtener un nombre es tan fácil que quizás compre dos o tres nombres antes de quedarse con el que realmente desea.

El primero y más importante lugar para hacer publicidad para su sitio es la Web misma. Su meta básica es poseer tantos vínculos como sea posible a su sitio Web en las listas de páginas Web y, especialmente, en los directorios o las páginas que son específicas para los intereses de los visitantes a sus sitios. Busque las páginas que tengan un propósito similar e intercambie vínculos desde su sitio al de ellos y desde el de ellos hasta el suyo.

La publicidad en la Web cambia todo el tiempo, así que el mejor lugar para buscar información es cualquier sitio que ofrezca información de publicidad y vínculos:

```
webmagnet.com/howtodoit.html
www.cyberwave.com/ppoint2.html
www.netbusiness.com
www.bcentral.com
```

Estos sitios le dan información sobre cómo hacer que sus páginas sean anunciadas en sitios populares como la página Yahoo! What's New (refiérase a la Figura 15-5 para un ejemplo). Puede buscar esta página en la dirección `www.yahoo.com/new`.

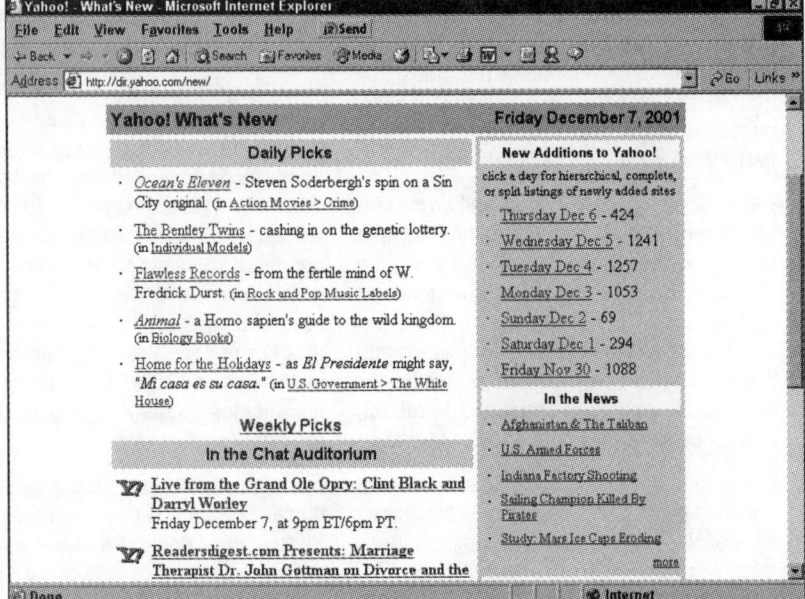

Figura 15-5:
Yahoo! para
las cosas
nuevas.

También es recomendable usar medios de publicidad que sean ajenos a la Web. Haga una presentación para la prensa (pero asegúrese de que su sitio ya esté realmente concluido y no lleno de señales que digan "En construcción". Muchas compañías incluyen orgullosamente los URLs de su sitio Web en tarjetas, artículos de escritorio, anuncios impresos y hasta anuncios de televisión. Usted ha invertido mucho en su sitio Web: ya llegó la hora de beneficiarse de sus esfuerzos.

A contar las bendiciones (y también a los usuarios)

Para las páginas Web en general y para las páginas Web de negocios en particular, saber cuántos usuarios visitan su sitio es importante. Para un sitio de un negocio es necesario establecer las metas de un número de usuarios que visitan el sitio y para el número que toma las acciones especificadas, como descargar software, visitar ciertas partes del sitio o comparar productos. Establezca las metas y las consecuencias que estas traerán. El sitio Bcentral de Microsoft, en `www.bcentral.com` incluye muchas herramientas útiles para medir el tráfico en la Web.

Entre las cosas que puede controlar están el número de correos electrónicos que recibe de los usuarios y el número de personas que se registran en su sitio (si usted ofrece esa opción). Pero la medida más aceptada es el número de *visitas a páginas*, es decir, el número de páginas que los usuarios han visitado en su sitio. Obtenga el inicio de sesión del servidor para su sitio (solicítelo a su proveedor del servicio de Internet) y absórbalo, o bien, obtenga cualquier reporte relacionado que esté disponible. Muchos proveedores de hospedaje en la Web le dan un informe mensual, o al menos le permiten acceder a los archivos de sesión de su sitio para que usted los examine y pueda realizar análisis.

Haga que la gente visite su sitio

El vínculo que hace falta en muchos sitios Web es "visitantes que regresan" –la gente que ha visitado su sitio Web antes y que luego regresa de nuevo. Tomando en cuenta lo ocupadas que están las personas, es difícil conseguir que incluyan las visitas a su sitio dentro de sus hábitos.

Una de las mejores formas de hacer que la gente vuelva a su sitio es a través del correo electrónico. Para un sitio personal, envíeles un correo electrónico a sus amigos y familiares cuando ponga algo nuevo en el sitio. Para un sitio de negocios, planee agregar algo nuevo al menos una vez al mes. Luego, comuníquese con la gente usando una lista de correos electrónicos para clientes o socios _una lista en la cual usted (como persona de negocios) emplee tiempo y dinero en mantener y expandir.

 Asegúrese de darles a los usuarios un lugar para ver el progreso de su sitio Web y para buscar sus planes para él. Algunos sitios tienen una página dedicada a cosas nuevas, en la que se describen adiciones recientes; una página así sería un buen lugar para describir sus planes de expansión. Evite dar fechas específicas a menos que esté muy seguro de lo que hará. Asegúrese de mantener el interés en lo que ya tiene y en lo que planea agregar, y trate de evitarse penas por lo que aún no ha agregado.

¿Y qué tal si paga para que le construyan su sitio Web?

Obtener ayuda al crear su sitio Web a menudo es una muy buena idea. Use este libro para aprender acerca de la publicación de páginas Web, de modo que se pueda comunicar eficientemente con un consulto, y así podrá hacer una parte del trabajo usted mismo. Luego, busque a alguien para que le ayude. Bigstep, en www.bigstep.com, es un servicio que le ayudará y le cobrará una tarifa muy pequeña. Para un enfoque más personalizado, páguele a un consultor. eLance, en www.elance.com, es un buen lugar para empezar a buscar.

Si usted trabaja en una gran organización, usted o su jefe pueden considerar pagar por la construcción total de su sitio Web. Esta es una mala idea. Aunque usar consultores para ayudarle a conocer el uso de la nueva tecnología es una buena idea, desarrollar una cantidad razonable de conocimiento es también una buena idea. Por ello, no es recomendable pagar por todo el proceso; tenga una mezcla de empleados y de contratados trabajando en el sitio Web de su compañía. Una buena manera para usted de tener la experiencia necesaria para ser un miembro útil de un equipo, es crear uno o dos sitios Web pequeños por su propia cuenta, como se describe en este libro.

Parte V
Los Diez Mejores

La 5a Ola   Por Rich Tennant

"SÍ, CREO QUE OLVIDÉ MENCIONAR ESTO PERO
AHORA TENEMOS UNA FUNCIÓN DE ADMINISTRACIÓN
DE LA WEB QUE NOS ALERTA CUANDO HAY UN
VÍNCULO ROTO EN EL SITIO WEB DEL ACUARIO".

En esta parte . . .

Nuestras listas de los diez mejores le dicen lo que debe hacer y lo que no al crear páginas Web, para que se vea como un profesional la primera vez que publique algo en la Web.

Capítulo 16

Diez ACIERTOS al Publicar en la Web

....

....

Alguno recuerda el juego infantil "Simón Dice"? Era bastante popular en mi juventud y siempre empezaba diciendo, "Simón dice que. . . .". Pues, si Simón fuera un autor de la Web, a continuación se indican diez cosas que definitivamente le pediría que haga.

Pensar acerca de su Audiencia Meta

¿Cúal es el público meta de su sitio Web? Pensar en su audiencia puede hacer que sus páginas sean más atractivas a sus visitantes. Antes de crear su sitio Web, escoja la apariencia, el sentido correcto y un estilo de presentación que sea apropiado para su público. Incluya vínculos que sus visitantes encuentren interesantes, no solo aquellos que le gusten a usted —salvo que ese sea el objetivo de su página, por supuesto. Además de utilizar buenos sitios como modelos (refiérase al próximo punto), investigue otros medios, como periódicos y revistas —los artículos y los anuncios— que tengan una audiencia similar a la suya, para hallar ejemplos buenos y malos.

Usar Buenos Sitios como Modelos

Existen muchos sitios muy buenos. Ignorarlos cuando diseña su propio sitio no es la mejor de las ideas. Vea diferentes páginas y descubra los diseños que funcionan (muchos sitios populares se han basado en diseños relativamente sencillos). Piense por qué luce bien cada diseño que le gusta. ¿Será el uso de los colores y el esquema de la página Web? ¿Será el hecho de que el sitio se carga rápidamente? ¿Será la buena organización del contenido? Anote lo que funciona y por qué, luego busque duplicar ese efecto en sus propias páginas Web. Idee convenciones para presentar la información de la forma en que los usuarios de la WWW se han acostumbrado, ideas ingeniosas de diseño y varios tipos de contenidos. Estará sorprendido de las ideas que obtiene del amplio repertorio de la sabiduría de la Web; es decir, la Web misma.

Obtener Permisos para los Contenidos

Puede fácilmente echar una mirada a la fuente de HTML de cualquier página Web, y en verdad esta es una excelente forma de descubrir nuevas técnicas de diseño. Pero del mismo modo, puede tomar prestado cualquier contenido que existe en la Web, hasta contenido de propiedad privada que pertenece a otros. Sin embargo, el hecho de que puede fácilmente tomar el contenido de otras personas no significa que está bien hecho o que sea legal. Además, no es necesario.

Existe una gran cantidad de contenido de dominio público, y obtener el permiso para utilizar uno privado no es muy difícil. Si la página Web no dice explícitamente que el contenido puede ser tomado prestado libremente, entonces asuma que tiene derechos de autor o que está de otro modo protegido —lo cual significa que debe pedir permiso antes de tomar cualquier parte de este prestado. Muchas personas estarán contentas de permitirle utilizar su información para dar a conocer sus páginas, siempre y cuando les proporcione la debida atribución y vínculos recíprocos. En el proceso, puede haber encontrado nuevos amigos o contactos de negocio, y de paso evitar cualquier problema legal en el camino (y en el caso de que se vea tentado a tomar prestado calladamente, recuerde que las menciones de prácticas no-éticas se dan a conocer rápidamente en esta increíble red global).

Utilizar Vínculos con Sitios Externos

Sin importar lo asombroso que sea su contenido, usted está desaprovechando la mejor opción de la Web si no incluye vínculos con sitios fuera del suyo. Cualquiera que sea su tema, puede encontrar sitios complementarios en la Web. Brindarles a sus visitantes vínculos con estos sitios es meramente cortesía. Si hace una investigación cuidadosa de sus sitios y los organiza bien, sus vínculos pueden ser un recurso de gran valor para otros. En su propia navegación de la Web, seguramente ha encontrado que una de las mejores experiencias en la Web es la suerte de hallar un vínculo extraordinario, el cual nunca pensó que existía. Proporcióneles a sus visitantes la misma experiencia. Apúntelos al mundo externo. Por esa razón, están en la Web y no en la Cueva.

Utilizar Gráficos y Multimedia

Una atracción primordial de la Web es que esta se diseñó para presentar información gráfica; sin embargo, todavía existen varios autores principiantes en la WWW que se sienten intimidados por los gráficos y buscan evitarlos. Incluya imágenes, iconos, barras y menúes gráficos en su página Web. Adelante, intente GIFs transparentes y entrelazados. La multimedia es un gran complemento también; uno o dos archivos de sonido, un video de QuickTime, hasta un sencillo GIF animado puede darle mucha vida a un sitio. Al fin y al cabo, los que utilizan cuidadosamente gráficos y multimedia son mucho más interesantes que aquellos que incluyen solo texto. Inténtelo (pero sea prudente; refiérase al Capítulo 17 para el NO correspondiente).

Pensar antes de Crear

Un número sorprendente de personas empieza simplemente a introducir texto y etiquetas de HTML sin tener claro hacia dónde va o lo que desea lograr. Ese enfoque está bien si sencillamente desea experimentar —es más, puede resultar muy divertido. Sin embargo, si desea causar una buena impresión en la Web, sentarse y reflexionar acerca de algunas cosas puede realmente beneficiarlo. Haga un esbozo en papel de sus ideas; luego descríbalas a otras personas y solicíteles su retroalimentación. Este trabajo de preparación le ayuda a considerar varias cosas en las que quizás no hubiera pensado anteriormente: el esquema de la página, diseño del gráfico, relación entre las páginas, audiencia meta, estructura del contenido, grupos de vínculos y otros asuntos que, cuando se integran debidamente, pueden hacer de su sitio una experiencia de navegación en la Web de primera clase.

Solicitar Retroalimentación

Estará sorprendido de lo que dice la gente acerca de sus páginas (¡Algunos de los comentarios hasta pueden ser halagadores!). Anote en la página su dirección de correo electrónico y solicite comentarios. Las personas que nunca han visualizado su sitio pueden tener una perspectiva nueva, fresca y brindarle retroalimentación acerca de elementos que quizás no consideró. Todos pueden beneficiarse de la información externa. Las críticas de su audiencia potencial no solo son útiles, sino también educativas. Puede aprender mucho acerca de lo que la gente espera y desea ver. Las críticas no pueden afectar en nada, salvo su orgullo, y casi siempre mejoran su sitio.

Probar sus Páginas

Probar sus páginas es fácil. Probablemente, no escribe un memorando sin revisarle la ortografía. De igual forma, no debería publicar sus páginas Web sin probarlas antes. Esto implica visualizar sus páginas en su propia máquina antes de probarlas en la Web —siga los vínculos, vea cómo calzan los gráficos y el texto, y así sucesivamente. Además, visualizar sus páginas en diferentes exploradores tampoco es tiempo perdido. Si no lo puede hacer, solicítele su ayuda a un amigo o incluso a un extraño. Por cierto, nuevamente, recuerde revisar la ortografía de sus páginas.

Anunciar su Sitio

No existe nada más frustrante que publicar un sitio y que nadie lo visite. Afortunadamente, anunciar su sitio no es difícil. Agregue su sitio a los índices populares, como por ejemplo, el excelente sitio Submit-It: `www.submit-it.com`.

También puede anunciarse en grupos noticiosos afines de Usenet, publicar un boletín de prensa, enviar correos electrónicos a sus amigos y contactos de negocios o gritarlo desde el techo de su casa. Crear un sitio no necesariamente implica que la gente lo verá. Tiene que darse a conocer.

Actualizar su Sitio

Un sitio estático es un sitio aburrido. Es cierto que funciona para algunos propósitos, pero en general, si desea que las personas lo visiten continuamente, debe actualizarlo. Los mejores sitios son aquellos que siempre brindan contenido nuevo e interesante. Incluya información que se actualiza frecuentemente, como "El pensamiento del día" o "Los vínculos a sitios novedosos". Infórmeles a sus usuarios la frecuencia con que pueden esperar las actualizaciones y asegúrese de llamar la atención del nuevo contenido. Un icono "Nuevo", al lado de un contenido agregado o actualizado, puede hacer milagros.

Capítulo 17

Diez ERRORES por Evitar al Publicar en la Web

En este capítulo

- No limite su público
- No abuse de la etiqueta en la Web
- No "tome prestado" contenido sin preguntar
- No abuse de gráficos y multimedia
- No olvide las etiquetas ALT y las versiones de texto para los menúes
- No olvide los elementos básicos
- No empiece por configurar su propio servidor de la Web
- No haga que su sitio sea difícil de navegar
- No olvide el "Mundo" en la World Wide Web
- No tema descubrir más

Aquellos que recuerden los juegos de "Simón dice", a quien mencionamos al inicio del Capítulo 16, probablemente también recordarán a Bozo el Payaso, otro personaje de la televisión (cuando escuche a alguien decir "¡Qué bozo!", están citando el recuerdo de nuestro amigo Bozo). Cuando alguien hacía algo mal, decíamos "Bozo no no". Del mismo modo, no haga ninguna de estas cosas.

No Limite a su Audiencia

Al diseñar sus páginas Web, tenga cuidado de no limitar inadvertidamente a su audiencia utilizando opciones poco convencionales que no pueden ser leídas por un gran número de personas, quienes utilizan exploradores de la Web diferentes. Trabaje con HTML básico a través de HTML Versión 3.2. Piense dos veces antes de utilizar marcos de HTML, programas de Java o programas de ActiveX —algunas personas no serán capaces de acceder a páginas Web con estas opciones. Notifíquele a la gente si utiliza opciones no estándares. Vale la pena incluir páginas alternativas, como versiones con solo texto de sus páginas Web. También agregar vínculos para adquirir el software que trabaja con sus páginas puede ser beneficioso –un vínculo al sitio de QuickTime si hospeda películas de QuickTime; o bien, un vínculo al sitio de RealAudio si incluye sonido en formato de RealAudio son un par de buenos ejemplos.

Muchas funciones de Microsoft FrontPage solo trabajan si las páginas creadas con este programa están hospedadas en servidores que les dan soporte a las extensiones de FrontPage. Otras funciones de FrontPage solo operan si el usuario está usando el explorador Internet Explorer de Microsoft. Pruebe sus páginas de muchas maneras diferentes si usa FrontPage para crearlas

No Abuse de la Etiqueta en la Web

Abusar de la *etiqueta de Internet* es fácil de hacer y puede llamar la atención negativamente. Si comete muchas ofensas serias, el servidor de su proveedor de servicio Web puede remover sus páginas. Hasta puede incurrir en problemas legales. Evite prácticas dudosas, como spamming: enviar correo electrónico no solicitado para publicar su sitio; flaming: ser fervientemente despreciativo con otras personas u otras páginas Web; o publicar material ofensivo sin algún tipo de rótulo de aviso. La etiqueta de la Web es un área amorfa y evolutiva de comportamiento en línea, así que quizás le interese suscribirse a un grupo de noticias enfocado a la Web, en el cual puede hacer preguntas antes de publicar material. También consulte este sitio para más información:

```
http://www.albion.com/netiquette/corerules.html
```

No "Tome Prestado" Contenido sin Consultar

Asegúrese de que el contenido que obtiene de la Web para usarlo en sus propias páginas esté rotulado como disponible para la reproducción libre, o sino, obtenga permiso para hacerlo. Muchas personas estarán deseosas de ayudarle si lo solicita amablemente y les da crédito por su trabajo. La mejor parte es que hace buenos contactos con otras personas interesantes. Asimismo, mantiene a la legislación de su lado.

No Abuse de Gráficos y Multimedia

El error más grande que cometen los autores principiantes de la Web -y algunos expertos— es utilizar demasiados gráficos en una página. Tenga presente que no todas las personas tienen un cable módem o conexión de DSL enlazados directamente a la computadora de su casa; la mayoría de las personas recibe sus páginas Web a través de un módem limitado de 56K o menor. Mantenga el tamaño de su página, incluyendo texto y gráficos, por debajo de 100K. A continuación, se describen formas para reducir el tamaño de su página sin sacrificar la flexibilidad del diseño:

- Convertir fotografías al formato JPEG.

- Usar iconos y banderas sencillas —imágenes sin muchos colores o texturas complejas— en formato GIF.

- Diseñar su sitio para limitar la cantidad de gráficos en cualquier página determinada, agregue otras páginas si necesita mostrar más de estos.

- Utilizar iconos miniaturas para tener acceso a imágenes más grandes.

Todas estas estrategias hacen que sus páginas sean más pequeñas y más rápidas de descargar para otros. Los navegadores de la Web le darán las gracias.

No Olvide las Etiquetas ALT y los Menúes Equivalentes a Texto

Otro error básico es no utilizar menúes equivalentes de texto —olvidando que algunas personas desactivan los gráficos cuando navegan en la Web. Se pregunta, ¿quiénes desactivarían los gráficos?

Muchos usuarios en sus casas desactivan los gráficos para acelerar las cosas y descargar únicamente aquello que realmente necesitan. Algunas personas pagan una tarifa por hora para su acceso a la Internet, especialmente en muchos lugares del mundo no occidental, y desactivan los gráficos para ahorrar dinero en su tiempo de conexión. Otras pueden estar visualizando su página Web a través de una computadora portátil o teléfono celular con capacidad de acceso a la Web, los cuales soportan gráficos. Y algunas personas no videntes utilizan la Web con software que traduce texto —pero no gráficos— en palabras habladas. Si su barra de navegación u otros ítemes semejantes a los menúes tienen forma gráfica, brinde además una versión de texto, como se muestra en el Capítulo 15. Siempre use la etiqueta ALT para producir equivalentes textuales de sus gráficos, como describimos en el Capítulo 9. Usar la etiqueta ALT es fácil y le facilita a todas estas personas acceder a su contenido.

No Olvide los Elementos Básicos

Su sitio puede ser lo mejor que le haya ocurrido desde la invención del pan dulce, pero no olvide incluir en este información para contactarlo, ¿de qué otra forma descubriría que escribió "burocracia" con un error de ortografía en todo el texto? Igualmente, no recibirá muchas órdenes de compra para su novedoso invento si coloca la información de pedido cinco niveles más abajo en una página Web llamada "Estadísticas de guano de murciélagos -1776". Más elementos básicos:

✔ Incluir su dirección de correo electrónico en su página Web.

✔ Incluir un aviso de derechos de autor.

✔ Si crea un sitio Web de más de cinco o siete páginas, agréguele un mapa de sitio.

✔ Incluir créditos donde corresponden.

✔ Resaltar la información importante.

✔ Estar listo para hacer actualizaciones, basado en la retroalimentación de los usuarios.

No Empiece Configurando su Propio Servidor de la Web

En el mercado, existen varios paquetes de servidores en la Web "fáciles de utilizar", e incluso la capacidad de estos se está incorporando en Macs y PCs. Pero aun con estos esfuerzos, comprar, configurar y mantener un servidor de la Web puede resultar ser la parte más costosa, complicada y frustrante de la publicación en la Web. Dichosamente, puede utilizar los servicios gratuitos descritos en este libro o servicios económicos pagados, para colocar su contenido en el servidor de la Web de otra persona mientras aprende nuevos trucos. Luego, conforme crece su conocimiento y experiencia, considere configurar su propio servidor de la Web.

No Haga que su Sitio Sea Difícil de Navegar

Con cierta frecuencia, los principiantes organizan sus páginas de manera que sus sitios terminan siendo difíciles de navegar. Si su sitio tiene más de dos niveles, debería pensar en la manera en la que navegarán sus visitantes en este. A nadie le gusta deambular de un vínculo a otro sin tener idea de dónde están las cosas o tener que seguir diez vínculos para hallar una parte de la información que busca. Mantenga sencilla la relación entre sus páginas. Establezca claramente los vínculos internos de su propio sitio y los que salen hacia otros lugares. Brinde un mapa del sitio o un menú común y haga que la navegación trabaje consistentemente a través del sitio.

No Olvide el "Mundo" en la World Wide Web

Recuerde que sus páginas Web están disponibles y accesibles a todo el mundo. Piense un poco acerca de la audiencia extranjera. ¿Vale la pena incluir contenido en un idioma extranjero? ¿Utiliza expresiones familiares que pueden no ser entendidas por los navegantes extranjeros? ¿Cómo se visualizan sus páginas para sus colegas extranjeros, quienes las ven a través de un vínculo transoceánico y lento en la red? ¿Su contenido humorístico o atrevido ofende a una persona de otro país o cultura?

Cuando publica en la Web, se convierte en un ciudadano global, y sus páginas Web juegan un papel en la escena mundial. Analice el significado de sus páginas de antemano.

No Tema Descubrir más

La publicación en la Web no es física nuclear. Esta implica informática, pero es relativamente fácil. No está intentando aterrizar un cohete —y todo apunta a que no hay ninguna vida humana que se esté arriesgando. Una vez que esté funcionando su sitio de la manera en que lo desee, utilizando los elementos básicos descritos en este libro, experimente. Intente cosas diversas. Solicite retroalimentación. Nunca tema descubrir cosas complejas y difíciles (¡Es complejo y difícil porque aun no lo entiende!).

Allá afuera hay cosas valiosas que pueden hacer que su experiencia de edición en la Web sea más excitante: JavaScript, multimedia, exploradores nuevos y herramientas de publicación, juegos basados en la Red e infraestructura de negocios en línea. Todas esas cosas nuevas son entendibles y útiles para las personas normales como usted. No se sienta intimidado. Puede usar todas esas cosas (si ha llegado tan lejos, ¡ya tiene lo que se necesita!)

Parte VI
Apéndices

La 5a Ola   Por Rich Tennant

"TAL VEZ LE AYUDE A NUESTRO SITIO WEB SI MOSTRAMOS NUESTROS PRODUCTOS EN ACCION".

En esta parte . . .

Esta parte incluye apéndices que constituyen un puente a una amplia variedad de recursos, entre los que se incluyen definiciones de términos de la Web, proveedores de servicios de la Internet y definiciones de las etiquetas de HTML.

Apéndice A

Palabras Web Dignas de Saberse

· ·

Este glosario define términos importantes utilizados en este libro. Para saber en dónde se emplea una palabra, consulte el índice.

acierto. Esto es en lo que espera que se convierta su sitio Web. También: una conexión, transferencia de archivo y desconexión exitosa entre un cliente de la Web y un servidor de la WWW. Acceder a una página sencilla de solo texto genera un acierto; acceder a una página sencilla con tres gráficos genera cuatro aciertos. Los aciertos pueden contarse muy fácilmente y son una medida bruta de la popularidad del sitio Web. Cuando visualiza un sitio que anuncia "un millón de aciertos a la semana", recuerde que el número de aciertos puede ser diez veces o más que el número de personas diferentes quienes lo visitaron. Refiérase también a *cliente Web* y *servidor de la Web*.

anclaje. El extremo de un vínculo entre dos archivos. Cuando visualiza una página Web, el texto subrayado y a color es un anclaje en un extremo de un enlace de hipertexto. Al hacer clic sobre el texto, se abre otra página Web, la cual representa el anclaje al otro extremo del vínculo.

atributo. En HTML, un atributo es un conjunto de caracteres, después del primero, dentro de una etiqueta de HTML. El atributo modifica el propósito de la etiqueta. Ejemplo: en la etiqueta <IMG SRC="budpic.jpg">, el atributo es SRC. Refiérase también a etiqueta.

autoría en la Web. Crear documentos para ser usados en la World Wide Web. La autoría en la Web incluye crear un documento de texto con etiquetas de HTML, a la vez que crear y obtener gráficos apropiados y, en muchos casos, archivos de multimedia.

banda ancha. Un término popular, relativamente nuevo, para cualquier tipo de acceso rápido a la Internet, sea este por cable módem, DSL u otra conexión bastante más rápida que la velocidad máxima de 56K de un módem.

cable módem. Una forma de acceso rápido a la Internet a través de una conexión de cable de TV. Si la compañía local de cable que brinda servicio a su casa ofrece esta opción, vale la pena probarla.

cliente Web. Una computadora que se conecta a la World Wide Web y descarga páginas Web y otros datos de esta.

correo electrónico (e-mail). Un mensaje enviado de una computadora a otra a través de un usuario de la Red. Actualmente, es el servicio más popular en la Internet. Utilizado como un sustantivo ("I just got an e-mail"/"Acabo de recibir un correo electrónico") y como un verbo ("E-mail me on that, will you?"/"Envíame un correo electrónico sobre eso, por favor"). También se utiliza en singular ("I just deleted an e-mail"/ "Acabo de borrar un correo electrónico") y en el plural ("I just deleted all my e-mail"/"Acabo de borrar todos mis correos electrónicos").

dirección absoluta. Una descripción de la ubicación de un archivo que empieza con el nombre de la máquina o con el del disco en el cual se halla el archivo. Refiérase también a *nombre de ruta* y *dirección relativa*.

dirección relativa. La ruta de un documento de base, como por ejemplo un documento de HTML a otro documento en la misma computadora, como sería otra página Web en el mismo sitio. Refiérase también a *nombre de ruta* y *dirección absoluta*.

DSL. Línea de Suscriptor Digital, una forma de acceso rápido a la Internet a través de una línea telefónica. Esta misma solo se encuentra en áreas limitadas, pero vale la pena si está disponible en su zona.

editor de texto. Un programa para ser visualizado que permite introducir y editar texto, pero no formatearlo. Los editores de texto guardan sus archivos sin información propietaria de formato, para que estos sean portátiles a través de diferentes programas de aplicación y diversos sistemas de computación. Algunos ejemplos son Notepad (Windows), BBEdit (Macintosh) y vi (UNIX).

estándar. Una forma acordada de hacer algo, como desarrollar un sistema de computación (por ejemplo, el estándar compatible de IBM) o intercambiar datos (por ejemplo, el estándar de ASCII). Existen varios estándares diferentes, desde aquellos creados por un solo fabricante para su propio uso (el estándar DOS), hasta aquellos creados por entes de estándares reconocidos internacionalmente, como ISO (la Organización Internacional de Estándares). En otras palabras, en computación, la definición de estándar no es muy estándar.

etiqueta. Un elemento de HTML que incluye información además del contenido actual del documento, como información de formato o un anclaje. Ejemplo: la etiqueta <B> empieza a poner la negrita en los caracteres que le siguen y aparece la etiqueta </B> cuando decide ponerle fin a esta. Así que para aplicarle la negrita a una palabra u oración, enciérrela entre las etiquetas <B> y </B>.

explorador de la Web. *Refiérase a explorador.*

explorador. Un programa utilizado para ver documentos en la World Wide Web. Mosaic fue el primer explorador popular y, Netscape Navigator y Microsoft Internet Explorer son los líderes actuales en el mercado.

firewall. Hardware, software o una combinación de los dos que protege a una red de accesos no autorizados y permite aquellos que sí lo están.

Formato de Intercambio de Gráficos (GIF). Se puede pronunciar en inglés "jiff" o "giff". Un formato para codificar imágenes, incluyendo arte generado por computadora o fotografías, para su transferencia entre máquinas. El formato GIF es el medio más popular para almacenar imágenes para su transferencia en la Internet y es soportado por todos los exploradores gráficos de la Web. Una imagen almacenada en el formato GIF frecuentemente se nombra como "un GIF". Consulte también GIF entrelazado y GIF transparente.

formulario. Una manera definida de HTML de especificar cuadros de texto y menúes desplegables, para permitirles a los usuarios de una página Web introducir datos. Los datos del formulario deben ser procesados en el servidor de la Web por un *script de CGI*.

freeware. Un software que se puede utilizar de forma gratuita, sin pago alguno, aunque frecuentemente con una licencia que incluye algunas restricciones en su uso. Refiérase también a *shareware*.

GIF animado. Un gráfico GIF que incluye varias imágenes, levemente diferentes, en secuencia. Los exploradores actualizados que soportan GIFs animados muestran los gráficos de uno en uno para crear una animación.

GIF entrelazado. Un gráfico GIF desplegado gradualmente, el cual se muestra cada cuarta línea, luego muestra la siguiente cuarta línea y así sucesivamente hasta que la imagen completa es desplegada. Este proceso muestra rápidamente una versión borrosa del gráfico que se aclara conforme pasa el tiempo y las líneas faltantes se rellenan. Los GIFs entrelazados les ahorran tiempo a los usuarios, permitiéndoles ver rápidamente la versión inicial y borrosa y, si lo desean, proceder antes de que la imagen se muestre completamente.

GIF transparente. Un archivo almacenado con el Formato de Intercambio de Gráficos y modificado para que el área alrededor de los objetos de interés sea de color "transparente". Esta capacidad hace que el marco rectangular, alrededor de los objetos, parezca desaparecer para que el gráfico dé la impresión de estar "flotando" sobre la página en la cual aparece.

Grupo Asociado de Expertos Fotográficos (JPEG). Un formato para almacenar imágenes comprimidas. Las imágenes de JPEG fueron una vez soportadas por aplicaciones de ayuda, pero ahora son directamente apoyadas por casi todos los exploradores. JPEG es el mejor formato para la mayoría de las fotografías.

grupo de noticias. Un intercambio continuo de mensajes electrónicos acerca de un tema específico, como mascotas, restaurantes o creaciones en la Web. Para acceder a los grupos de noticias, utilice software de lectores de noticias, los cuales puede encontrar en la Web o incluidos como una opción de los exploradores actuales.

hexadecimal. Una manera de conteo que utiliza 16 "dígitos", 0–9 más A–F, en lugar de los 10 dígitos que la numeración decimal utiliza generalmente. Los números hexadecimales se utilizan a menudo para describir valores almacenados dentro de una computadora.

En la numeración hexadecimal, 0–9 tiene sus valores normales, pero A representa 10, B representa 11, y así sucesivamente hasta la letra F, la cual representa 15. Los valores posicionales también son diferentes; cada posición sucesiva representa la próxima potencia de 16. Ejemplo: 2F en hexadecimal se traduce a 47 en decimal; el número 2 representa dos veces 16 y la F representa quince veces 1.

HTML 4.0. Actualmente, la versión más utilizada de Lenguaje de Marcado de Hipertexto. Todos los exploradores disponibles hoy día soportan esta versión de HTML, aunque los diversos exploradores pueden interpretar algunas etiquetas de manera diferente.

Interfaz Gráfica de Usuario (GUI). Un software que le permite interactuar con una computadora, utilizando un mouse y un teclado, para manipular imágenes y menúes en la pantalla de esta. Las interfaces de usuarios de Windows y Macintosh son dos ejemplos de GUIs.

Internet. El hardware y software que juntos soportan la interconexión de la mayoría de las redes de computadoras existentes y permite a una máquina, en cualquier lugar del mundo, comunicarse con otra que también esté conectada a la Internet. La Internet soporta una variedad de servicios, incluyendo la World Wide Web.

intranet. Una red interna utilizada para distribuir información dentro de una organización, pero no al público en general. Muchas intranets trabajan como la Internet y la World Wide Web, solo que en una escala más pequeña.

Java. Un lenguaje de programación que soporta la creación de programas distribuidos, llamados subprogramas, cuya función puede ser fácil y flexiblemente dividida entre una computadora cliente y el servidor al cual está conectada. Java brinda una forma para que la Web dé soporte al uso compartido de programas y datos.

lenguaje de descripción de página. Un formato definido para especificar la apariencia de un documento cuando es mostrado o impreso. PostScript de Adobe, utilizado por muchos programas y en muchas impresoras láser, es un lenguaje de descripción de página y no un lenguaje de marcado estructural como HTML o SGML.

Lenguaje de Marcado de Hipertexto (HTML). El lenguaje utilizado para "marcar" documentos de texto para que puedan ser formateados debidamente y vinculados con otros para su uso en la World Wide Web.

Lenguaje Generalizado de Marcado Estándar (SGML). Una especificación completa para describir el contenido y la estructura de los documentos, pero no su apariencia exacta cuando el HTML es un subconjunto de SGML.

lista con viñetas. Refiérase a *lista desordenada*.

lista de definición. Un tipo de lista de HTML en la que los términos ocupan una columna en la parte izquierda de la pantalla y las definiciones se pueden ver en una columna más ancha, a la derecha de esta.

lista desordenada. Un tipo de lista de HTML en la que cada elemento es mostrado al lado de un símbolo, como una viñeta.

lista numerada. Refiérase a *lista ordenada*.

lista ordenada. Un tipo de lista de HTML en la cual a cada término le es asignado un número, en secuencia, cuando esta es mostrada. El autor de la lista puede reacomodar los elementos como lo desea y los números se ajustan debidamente, porque estos son asignados solo cuando la lista aparece en la pantalla.

Localizador de Recursos Uniformes (URL). Una especificación para identificar cualquier archivo en la Internet. El URL está compuesto del nombre del protocolo al cual el archivo debe ser accedido, el nombre del servidor en el cual este se encuentra almacenado, y el nombre de ruta de este en el servidor. A continuación, se presenta una muestra de URL para un archivo HTML, llamado MyCruise, el cual es accedido utilizando el protocolo de la Web http, que está guardado en un servidor llamado www.bigweb.com en el subdirectorio Travel:

```
http://www.bigweb.com/Travel/MyCruise.html
```

manejo del sitio. Las capacidades de un paquete normal de creación en la Web que les ayuda a los autores a trabajar con características en un sitio Web completo, en lugar de trabajar en una sola página. Estas capacidades incluyen la posibilidad de manejar vínculos entre páginas Web, revisar la ortografía, buscar y reemplazar texto en todo el sitio y notificar cuándo los vínculos ya no son funcionales.

mapa de imagen con opción de clic. Un gráfico que incluye áreas llamadas "hot spots" (puntos calientes), que cuando se hace clic sobre estos lo llevan a diferentes páginas Web o ubicaciones dentro de una misma página. Muchos sitios Web grandes utilizan mapas de imagen con opción de clic en sus páginas de inicio, para incitar al usuario a adentrarse más en el sitio.

mapa de imagen. Refiérase a mapa de imagen con opción de clic.

miniatura. Una pequeña imagen gráfica que sirve como una vista preliminar para una más grande.

multimedia. Literalmente, indica "muchos medios" y, en este sentido, una página Web con gráficos se considera multimedia. Sin embargo, generalmente se entiende por multimedia a más de dos tipos de medios, o sea, medios basados en el tiempo, como animación, sonido o video y medios basados en espacio; es decir, 3-D y realidad virtual. En la Web, la multimedia también se utiliza para representar cualquier extensión de esta, más allá de los elementos básicos de texto, hipervínculos, gráficos GIF y gráficos JPEG.

nombre de dominio. Un nombre de dominio representa un sitio Web para el mundo externo. En los Estados Unidos, el nombre de dominio puede terminar en .com (para negocios), .edu (para instituciones educacionales), .org (para organizaciones sin fines de lucro) o el prestigioso .net (para organizaciones que son parte de una estructura de la Web). Otros países pueden utilizar sufijos diferentes. Además, un código de país como .uk, para el Reino Unido, puede agregarse para representar a una nación o región. La porción antes del sufijo, tal como stanford en stanford.edu, es el nombre del grupo que pone a disposición el sitio Web o algo que atrae a las personas al sitio. Los nombres de dominio pueden empezar con www si se desea, pero no es necesario.

nombre de ruta. Una descripción de la ubicación de un archivo. Los nombres de ruta pueden ser especificados por direccionamiento absoluto o relativo.

operador de sistema (sysop). Persona responsable de una parte de las operaciones de un sistema de computación, incluyendo servicios en línea. Las responsabilidades de un "sysop" pueden variar desde lo técnico, como respaldar el disco duro de una computadora, hasta lo que no es técnico, como monitorear el uso de contenido inapropiado o irrelevante de un grupo de noticias y removerlo, si es necesario.

Página principal. Una página Web que se desea sea vista directamente por los usuarios. Si un sitio Web tiene muchas páginas, la página principal a menudo sirve como una guía para todas las páginas.

página Web. Un documento de texto con etiquetas de HTML para especificar formatos y vínculos de este documento con otros, con gráficos o multimedia.

plug-in de QuickTime. Un plug-in para Netscape Navigator y Microsoft Internet Explorer, que soporta la interacción del usuario con el contenido de QuickTime y QuickTime VR insertado en una página Web. Refiérase también a QuickTime y QuickTime VR.

plug-in. Un programa pequeño que funciona con un explorador de la Web, para permitir que los archivos de multimedia se muestren en una página Web o que de otro modo extienda las capacidades del explorador.

procesador de palabras. Un programa para crear y editar archivos de texto con formatos. Los archivos creados por un procesador de palabras incluyen códigos de formato y no pueden utilizarse en la Web, a no ser que sean guardados específicamente en el formato de "solo texto" o "texto normal", sin los códigos de propiedad que los procesadores de palabras insertan en el archivo para indicar el formato.

Protocolo de Control de Transmisión/Protocolo de Internet (TCP/IP). Un protocolo de comunicaciones desarrollado por medio de un contrato del Departamento de Defensa de los Estados Unidos, en los años 70, para enlazar diferentes sistemas y diversas redes. TCP/IP es el protocolo en el cual se basa la Internet.

Protocolo de Internet (IP). La especificación de red que sirve de base a la Internet. La característica más importante del IP es su soporte para encaminar los paquetes —pequeñas porciones de información que conforman una comunicación— a través de conexiones múltiples a un destino final.

Protocolo de Transferencia de Archivo (FTP). Un servicio de la Internet para la transferencia de archivos entre diferentes máquinas, incluyendo aquellas que ejecutan sistemas operativos diferentes.

Protocolo de Transferencia de Hipertexto (HTTP). El formato acordado para intercambiar mensajes entre los servidores de la World Wide Web y entre servidores de la Web y clientes.

protocolo. Un formato para intercambiar datos.

Proveedor de Servicio a la Internet (ISP). Un Proveedor de Servicio a la Internet ofrece conexiones a la Internet y soporte para servicios de esta, como la World Wide Web.

QuickTime VR. Un estándar de plataformas múltiples para realidad virtual basado en imágenes. Refiérase también a QuickTime y plug-in de QuickTime.

QuickTime. Un estándar de plataformas múltiples de Apple Computer, Inc., para multimedia. Refiérase también a multimedia, plug-in de QuickTime y QuickTime VR.

Red Digital de Servicios Integrados (ISDN). Un tipo especial de línea telefónica disponible para muchos negocios y hogares. ISDN soporta transmisiones de datos más rápidas que las de líneas telefónicas estándares.

reflexión. Acción de mantener una copia de la información en servidores adicionales, para que esta esté disponible en servidores adicionales, de modo que esté disponible más rápidamente para un mayor número simultáneo de usuarios.

script Common Gateway Interface (script CGI). Tipo de programa muy usado para transferir información de un formulario de HTML a una aplicación. Los script CGI se ejecutan en el servidor que hospeda la página Web con el formulario. Refiérase también a *formulario*.

servicio en línea. También conocido como servicio en línea "tradicional" o "propietario" para diferenciarse de la Internet, que es conocida como un servicio "abierto" en línea. Los servicios en línea tradicionales, como America Online, CompuServe y Microsoft Network, empacan acceso y contenido en un solo producto de marca. La Internet y la Web están desgastando los límites entre los servicios en línea, permitiendo una funcionalidad de servicio cruzado, como el correo electrónico, entre suscriptores de diferentes servicios en línea. Los proveedores de servicio en línea están erosionando aun más estos límites, y ofrecen acceso a la Internet, acceso a la Web y soporte a la creación en la Web.

servidor de la Web. Una computadora que se conecta a la World Wide Web y mantiene documentos de texto, gráficos y archivos de multimedia, con etiquetas de HTML, para ser descargados por clientes Web.

shareware. Software que se puede utilizar de forma gratuita por un período limitado, después del cual el usuario es solicitado (aunque no forzado) a pagar un costo para su uso continuo. Refiérase a freeware.

Si ningún nombre de archivo es dado al final de la ruta, un archivo predeterminado, típicamente index.html para servidores de la Web, es devuelto.

sintaxis. Una sintaxis es la organización de elementos en un lenguaje o protocolo.

sitio Web. Una o más páginas Web vinculadas y accedidas a través de una página de inicio. El URL de la página de inicio está disponible a los usuarios en la Web y, frecuentemente, por otros medios de publicidad y mercadeo.

software empacado y reducido. Un software de este tipo es vendido como un producto empacado, en el cual el usuario paga un costo antes de poseer el software. Refiérase también a *freeware* y *shareware*.

vínculo. Una conexión entre dos documentos en la Web, usualmente especificado por un anclaje en un documento de HTML.

World Wide Web (también conocido coma la Web o W3). Un servicio de la Internet que brinda archivos vinculados por el Protocolo de Transferencia de Hipertexto. La especificación Web permite que texto formateado y gráficos sean vistos directamente por un explorador de la WWW y que, otros tipos de archivos, sean abiertos de forma separada por aplicaciones de ayuda en la configuración del explorador de la WWW. La Web es el servicio de la Internet más popular, en parte porque también puede utilizarse para acceder a otros servicios de Internet, como grupos de noticias y FTP.

Apéndice B

Proveedores de Servicio de la Internet

● ●

*U*no de los mejores recursos para proveedores de servicio de la Internet es la misma Web en la dirección

```
www.ispworld.com
```

Puede conectarse a ISPWorld para obtener un directorio de los proveedores de servicio de la Internet (ISPs) locales en cualquier parte de los Estados Unidos o Canadá. Los proveedores locales a veces ofrecen el mejor acceso, pero, por supuesto, el nivel de servicio que obtiene varía de un proveedor a otro. ISPWorld también ofrece una lista de proveedores nacionales de servicio; haga clic en el vínculo de "Find an ISP" para verla.

Otra fuente útil para proveedores de acceso a la Internet es Yahoo!; refiérase a:

```
www.yahoo.com>Business_and_Economy>Business_to_Business>
Communications_and_Networking>Internet_and_World_Wide_Web>
Network_Service_Providers>Internet_Service_Providers_(ISPs)
```

Digitar ese largo URL vale la pena; Yahoo! le brinda vínculos a ISPs regionales, nacionales e internacionales, así como con otros directorios de ISP en línea.

Para su entretenimiento cuando decide navegar —en el sentido tradicional y análogo de la palabra "explorar"— a continuación se presenta una lista breve de los proveedores de servicio de la Web más populares a nivel nacional. Esta lista se refiere a los Estados Unidos; si vive o viaja a otro lugar, verifique las fuentes en línea o consulte los proveedores indicados en este apéndice para ver cuál de estos puede satisfacer sus necesidades.

America Online

Tyson's Corner, VA

800-827-6364

```
www.aol.com
```

AT&T WorldNet
Basking Ridge, NJ

800-967-5363

www.att.net

CompuServe
(owned by America Online)
Columbus, OH

800-848-8990

www.compuserve.com

Earthlink
Atlanta, GA

800-890-6356

www.earthlink.com

The Microsoft Network
Redmond, WA

800-635-7019

www.msn.com

Prodigy
White Plains, NY

800-776-3449

myhome.prodigy.net

WorldCom
Clinton, MS

800-967-5326

www.worldcom.com

Apéndice C

Una Guía Rápida de las Etiquetas de HTML

* *

*U*no de los mejores recursos en la Web es *The Bare Bones Guide to HTML*. En el momento de escribir este libro, presentaba una lista de prácticamente todas las etiquetas en la versión más amplia y soportada de HTML, Versión 4.0, más las extensiones de Netscape. Salvo que indique lo contrario, las etiquetas de HTML son compatibles con otras versiones de HTML más actualizadas. Este sitio fue desarrollado por Kevin Werbach, un graduado de la Universidad de Harvard en Derecho y antiguo abogado FCC en Washington, quien continúa manteniendo el sitio y ha invertido mucho tiempo y esfuerzo en asuntos relacionados con la Web. En la página de inicio de Kevin, puede descubrir mucha información acerca de crear en la Web, recursos y ejemplos sobre el tema; la siguiente es la dirección www.werbach.com.

The Bare Bones Guide presenta una lista de etiquetas de las diferentes versiones de HTML, con anotaciones que describen la versión de HTML que brinda soporte a una etiqueta determinada. Pensamos que dividir las etiquetas de HTML en tablas separadas por la versión que las soporta, le sería de ayuda.

En la versión de *The Bare Bones Guide* en este libro, incluimos únicamente las etiquetas de HTML hasta la Versión 4.0. Para los marcos solamente, utilizamos las etiquetas de HTML 4.0; refiérase a la Tabla C-26 al final de este capítulo. Hicimos eso debido a que estas etiquetas son las más comúnmente utilizadas por la amplia gama de páginas Web y exploradores de la WWW. La versión en línea de *The Bare Bones Guide to HTML* presenta una lista de las etiquetas hasta la versión actual de HTML estándar al momento en que accede al sitio.

La guía original de *The Bare Bones Guide to HTML*, de la cual adaptamos esta versión, es tomada del copyright (©1995-2000) de Kevin Werbach. Puede reproducir el original de este, siempre y cuando incluya esta afirmación:

22 idiomas mundiales en *The Bare Bones Guide*

En línea, encontrará versiones de *The Bare Bones Guide* en inglés en texto normal, texto formateado y versiones en tabla, así como traducciones en 21 idiomas adicionales: alemán, chino, coreano, danés, esloveno, español, estoniano, finlandés, francés, hebreo, holandés, indonés, islandés, italiano, japonés, noruego, portugués, rumano, ruso, sueco y turco.

Nota: *The Bare Bones Guide to HTML* no es una afiliada de Bare Bones Software, creadores del editor de texto BBEdit para Macintosh (`www.barebones.com`).

Versiones de HTML

Las etiquetas en esta tabla son parte de HTML 4.0 estándar y están soportadas por todos los exploradores actuales. Así que si no le interesa mucho la historia antigua —en términos de la Web, eso es cualquier cosa que ocurrió hace más de un año— y no se ve afectado por algunos usuarios testarudos de sus páginas Web quienes todavía pueden tener exploradores antiguos, puede pasar por alto esta sección e ir directamente a las tablas. Sin embargo, si realmente desea conocer los detalles, continúe leyendo.

Las versiones de HTML que describimos en este apéndice son:

✔ **HTML 2.0:** Todos los exploradores disponibles en la actualidad soportan esta versión básica de HTML. Sin embargo, algunas etiquetas se interpretan de forma diferente por diversos exploradores. Por ejemplo, un encabezado, marcado por una etiqueta $\langle H1 \rangle$, puede visualizarse de forma muy diferente en varios exploradores.

✔ **Netscape Navigator 1.0, 1.1:** Estas versiones muy tempranas de Netscape Navigator impulsaron la primera ola de crecimiento de la Web. Estos fueron los primeros exploradores en brindar soporte para texto centrado, gráficos flotantes y texto y fondos a color, utilizando "extensiones" de HTML 2.0. Otros exploradores y HTML 3.2 han adoptado muchas opciones y nuevas etiquetas introducidas por Netscape en Netscape Navigator 1.0 y 1.1.

✔ **HTML 3.2:** Esta es una versión ampliamente soportada del HTML estándar. Muchas de las ideas originalmente incluidas en la propuesta de HTML 3.0, como tablas y alineación de párrafos, fueron soportadas primero por Netscape Navigator 1.0 y 1.1.

✔ **Netscape Navigator 2.0:** Esta vieja versión de Netscape Navigator introdujo algunas opciones pequeñas, además de una principal: marcos, los cuales son áreas específicas dentro de la ventana de un explorador que incluye diferentes contenidos y pueden actualizarse de forma separada.

✔ **HTML 4.0 and later browser versions:** HTML 4.0 es la última versión estandarizada de HTML. Incluye algunas opciones que fueron introducidas por Microsoft y Netscape en sus propios exploradores. Sin embargo, HTML 4.0 incluye otras opciones complejas que no están consistentemente implementadas en las versiones actuales de algunos exploradores.

Con el tiempo, los exploradores son actualizados y mejorados para soportar una amplia gama de etiquetas. Sin embargo, algunos usuarios aun tienen versiones antiguas de su explorador. Así que no suponga que solo porque una versión nueva de un explorador soporta etiquetas específicas, todos los usuarios de ese mismo explorador lo actualizarán y tendrán la posibilidad de ver aquellas etiquetas debidamente.

¿Cómo Utilizar este Apéndice?

Para utilizar este apéndice cuando crea sus propias páginas, empiece con la primera tabla, una lista básica de HTML 2.0– y HTML 3.2–, etiquetas conformes que operan con casi cualquier explorador. Si utiliza solo las etiquetas en esta lista, sus páginas serán las más reconocidas. Luego puede animar sus páginas cuidadosamente utilizando etiquetas de diferentes conjuntos de extensiones de HTML en las tablas siguientes. También puede utilizar esta lista para crear versiones independientes de sus páginas: una versión para todos los exploradores y otra para aquellos que soportan las extensiones específicas que usó.

Este apéndice incluye etiquetas de HTML que no discutimos en el texto de este libro. Para saber más acerca de una etiqueta específica, experimente con esta en su texto en la Web y con su explorador. Si requiere más información de la que puede obtener cuando experimenta, adquiera un libro más avanzado sobre HTML, HTML 4 para Dummies, 3ra Edición, por Ed Tittel y Natanya Pitts (IDG Books Worldwide, Inc.).

Leer las Tablas

Dentro de las tablas podrá ver algunas etiquetas que no son precedidas por un guión, seguido de otras con un guión antepuesto, como

Nombre de Etiqueta	Etiqueta	Notas
Preformateado	`<PRE></PRE>`	Muestra espaciado del texto
- Ancho	`<PRE WIDTH=?></PRE>`	Ancho en caracteres

Las etiquetas con descripciones que empiezan por un guión, son realmente opciones dentro de otras etiquetas. Estas opciones modifican el efecto de la etiqueta dentro de la cual aparecen. Siempre verá la opción en la lista con la etiqueta a la cual modifica, para que pueda visualizar la forma de utilizarla en su propio texto con etiquetas de HTML.

El uso del símbolo de guión para indicar etiquetas opcionales y otros símbolos en las tablas se describe en la Tabla C-1.

Nota: Para alinear las columnas correctamente, algunas etiquetas están divididas. En el punto donde se dividen estas, marcamos una flecha direccional hacia abajo a la izquierda (_) para indicar la división.

Tabla C-1	Símbolos Utilizados en las Tablas
Símbolo	*Significado*
URL	El URL de un archivo externo (o solo el nombre de archivo si está en el mismo directorio)
?	Un número arbitrario (por ejemplo, <H?> representa <H1>, <H2>, <H3> y así sucesivamente)
%	Porcentaje arbitrario (por ejemplo, <HR WIDTH=%> representa <HR WIDTH=50%> y así sucesivamente)
***	Texto arbitrario (por ejemplo, ALT="***" representa llenar con texto)
$$$$$$	Número hexadecimal arbitrario* (por ejemplo, BGCOLOR="#$$$$$$" representa BGCOLOR="#00FF1C" y así sucesivamente)
|	Alternativas (por ejemplo, ALIGN=LEFT|RIGHT|CENTER representa seleccionar uno de estos)
- Option	Una opción dentro de una etiqueta

*Para una explicación de la numeración hexadecimal, refiérase al Apéndice A.

HTML 2.0 y 3.2: Etiquetas Conformes

Las siguientes etiquetas están en la especificación de HTML 2.0 ó 3.2 y deberían funcionar para todos los exploradores.

Tabla C-2	**Generalmente Todos los Documentos de HTML Deben Tener estas Etiquetas**	
Nombre de Etiqueta	*Etiqueta*	*Notas*
Tipo de Documento	`<HTML></HTML>`	Inicio y final de archivo
Título	`<TITLE></TITLE>`	Dentro del encabezado
Encabezado	`<HEAD></HEAD>`	Información, descriptiva, como el título
Texto	`<BODY></BODY>`	Cuerpo de la página

Tabla C-3	**Definición Estructural: Apariencia Controlada por Preferencias del Explorador**	
Nombre de Etiqueta	*Etiqueta*	*Notas*
Encabezado	`<H?></H?>`	La especificación de HTML 2.0 define seis niveles
Cita en Bloque	`<BLOCKQUOTE>↵ </BLOCKQUOTE>`	Usualmente con sangría
Énfasis	`<EM></EM>`	Usualmente, mostrado en cursiva
Énfasis Fuerte	`<STRONG></STRONG>`	Usualmente, mostrado en negrita
Cita	`<CITE></CITE>`	Usualmente, en cursiva
Código	`<CODE></CODE>`	Para listas de código de fuente
Salida de Muestreo	`<SAMP></SAMP>`	
Teclado de Entrada	`<KBD></KBD>`	
Variable	`<VAR></VAR>`	
Dirección del Autor	`<ADDRESS></ADDRESS>`	

Tabla C-4	**Formato de Presentación: El Autor Especifica la Apariencia del Texto**	
Nombre de Etiqueta	*Etiqueta*	*Notas*
Negrita	`<B></B>`	
Cursiva	`<I></I>`	
Mecanografía	`<TT></TT>`	Muestra una fuente de ancho
Preformateado	`<PRE></PRE>`	Muestra espaciado de texto como tal
- Ancho	`<PRE WIDTH=?>↵ /PRE>`	Ancho en caracteres

Tabla C-5	**Vínculos y Gráficos**	
Nombre de Etiqueta	*Etiqueta*	*Notas*
Vínculo	`<A HREF="URL"></A>`	
Vínculo con un objeto	`<A HREF="URL#***"></A>`	Si está en otro documento
	`<A HREF="#***"></A>`	Si está en el documento
Definir Objeto	`<A NAME="***"></A>`	
Mostrar Imagen	`<IMG SRC="URL">`	
- Alineación	`<IMG SRC="URL" ALIGN↵ =TOP|BOTTOM|↵ MIDDLE|RIGHT| LEFT>`	HTML 3.2 solamente
- Alternar	`<IMG SRC="URL" ALT="***">`	
- Imagemap	`<IMG SRC="URL" ISMAP>`	Requiere un script

Tabla C-6	**Divisores (continúa)**	
Nombre de Etiqueta	*Etiqueta*	*Notas*
Párrafo	`<P>`	Refiérase a la Tabla C-14 para más información

Nombre de Etiqueta	Etiqueta	Etiqueta
Salto de Línea	\<BR\>	Un solo retorno
Regla Horizontal	\<HR\>	HTML 3.2 solamente

Tabla C-7	Listas: Pueden Ser Anidadas	
Nombre de Etiqueta	**Etiqueta**	**Notas**
Lista sin Ordenar	\<UL\>\<LI\>\</UL\>	\<LI\> antes de cada elemento de una lista
Lista Ordenada	\<OL\>\<LI\>\</OL\>	\<LI\> antes de cada elemento de una lista
Lista de Definición	\<DL\>\<DT\>\<DD\>\</DL\>	\<DT\> = término, \<DD\> = definición

Tabla C-8	Caracteres Especiales: Todos Deben estar en Minúscula	
Nombre de Etiqueta	**Etiqueta**	**Notas**
Carácter Especial	&#?;	¿Dónde está? es el código ISO 8859-1 para el carácter
<	&lt;	
>	&gt;	
&	&amp;	
"	&quot;	
TM registrada	&reg;	
Copyright (Derechos de copia)	&copy;	

Vea una lista completa de caracteres especiales en www.bbsinc.com/symbol.html.

Tabla C-9	Generalmente se Requiere de un Script CGI en su Servidor	
Nombre de Etiqueta	**Etiqueta**	**Notas**
Definir formulario	\<FORM ACTION=↵ "URL" METHOD=GET↵ POST\>\</FORM\>	

Nombre de Etiqueta	Etiqueta	Notas
Campo de Introducción	<INPUT TYPE="TEXTI↵ PASSWORDICHECKBOXI↵ RADIOIIMAGEIHIDDENI↵ SUBMITIRESET">	
- Nombre de Campo	<INPUT NAME="***">	
- Valor de Campo	<INPUT VALUE="***">	
- ¿Revisado?	<INPUT CHECKED>	Casillas de verifiación y botones de opción
- Tamaño de campo	<INPUT SIZE=?>	En caracteres
- Largo Max	<INPUT MAXLENGTH=?>	En caracteres
Lista de Selección	<SELECT></SELECT>	
- Nombre de Lista	<SELECT NAME="***">↵ </SELECT>	
- # de Opciones	<SELECT SIZE=?>↵ </SELECT>	
- Selección Múltiple	<SELECT MULTIPLE>	Puede elegir más de una
Opción	<OPTION>	Elementos que pueden seleccionarse
- Opción Predeterminada	<OPTION SELECTED>	
Tamaño de Cuadro de Entrada	<TEXTAREA ROWS=? COLS=?>↵ </TEXTAREA>	
- Nombre de cuadro	<TEXTAREA NAME="***">ccc↵ </TEXTAREA>	

Tabla C-10	**Misceláneos**	
Nombre de Etiqueta	Etiqueta	Notas
Comentario	<!-- *** -->	No es mostrado por el explorador
Prólogo	<!DOCTYPE HTML↵ PUBLIC "↵ //IETF//DTD HTML ↵ 2.0//EN">	

Nombre de Etiqueta	Etiqueta	Notas
URL de este archivo	<BASE HREF="URL">	Debe estar en el encabezado
Relaciones	<LINK REV="***"↵ REL= "***"↵ HREF="URL">	En encabezado
Información meta	<META>	Debe estar en el encabezado

Otras Etiquetas muy Utilizadas

Estas etiquetas funcionan con casi todos los exploradores actualmente en uso. Para una lista de las más usadas que esté actualizada, refiérase a *The Bare Bones Guide to HTML* en el URL indicado al principio de este capítulo.

Tabla C-11	Definición Estructural: Apariencia Controlada por las Preferencias del Explorador	
Nombre de Etiqueta	**Etiqueta**	**Notas**
- Alinear Encabezado	<H? ALIGN=LEFT|↵ CENTER| RIGHT></H?>	Opción de HTML 3.2 dentro de HTML 2.0–(la etiqueta de encabezado)
División	<DIV></DIV>	HTML 3.2
- División de Alineación	<DIV ALIGN=LEFT|↵ RIGHT| CENTER|↵ JUSTIFY></DIV>	HTML 3.2
Tamaño de Fuente Grande	<BIG></BIG>	HTML 3.2
Tamaño de Fuente Pequeño	<SMALL></SMALL>	HTML 3.2

Tabla C-12	Formato de Presentación: El Autor Especifica la Apariencia del Texto	
Nombre de Etiqueta	**Etiqueta**	**Notas**
Subíndice		HTML 2.0
Superíndice		HTML 2.0

Nombre de Etiqueta	Etiqueta	Notas
Centrar	\<CENTER>\</CENTER>	Netscape 1.0. ampliamente implementado, para texto e imágenes

Tabla C-13 — Vínculos y Gráficos

Nombre de Etiqueta	Etiqueta	Notas
Dimensiones	\<IMG SRC="URL" WIDTH= "?" HEIGHT="?">	HTML 3.2. Ancho de imagen y alto en pixeles

Tabla C-14 — Divisores

Nombre de Etiqueta	Etiqueta	Notas
Párrafo	\<P>\</P>	HTML 3.2. Etiqueta de párrafo, \<P>, redefinido como una etiqueta contenedor, \</P>es opcional
- Alinear Texto	\<P ALIGN=LEFTI CENTERIRIGHTI JUSTIFY>\</P>	HTML 3.2
- Sin saltos de Línea	\<P NOWRAP>\</P>	Solo Internet Explorer

Tabla C-15 — Fondos y Colores

Nombre de Etiqueta	Etiqueta	Notas
Fondo en mosaico	\<BODY BACKGROUND= "URL">	HTML 3.2
Color de Fondo	\<BODY BGCOLOR= "#$$$$$$">	HTML 3.2. Orden de color, rojo/verde/azul
Color de Texto	\<BODY TEXT= "#$$$$$$">	HTML 3.2. Orden de color rojo/verde/azul
Color de Vínculo	\<BODY LINK= "#$$$$$$">	HTML 3.2. Orden de color rojo/verde/azul
Vínculo Activo	\<BODY ALINK= "#$$$$$$">	HTML 3.2. Orden de color rojo/verde/azul

Nombre de Etiqueta	Etiqueta	Notas
Vínculo visitado	<BODY VLINK=↵ "#$$$$$$">	HTML 3.2. Orden de color rojo/verde/azul

Puede encontrar más información en `www.werbach.com/web/wwwhelp.html`.

Tabla C-16		Tablas
Nombre de Etiqueta	**Etiqueta**	**Notas**
Definir Tabla	<TABLE></TABLE>	HTML 3.2
- Borde de Tabla	<TABLE BORDER>↵ </TABLE>	HTML 3.2. Activado o desactivado
- Borde de Tabla	<TABLE BORDER=?> </TABLE>↵	HTML 3.2. Puede establecer el ancho de borde en pixeles
- Espaciado de Celda	<TABLE CELLSPACING=?>	HTML 3.2
- Relleno de Celda	<TABLE CELLPADDING=?>	HTML 3.2
- Ancho Deseado	<TABLE WIDTH=?>	HTML 3.2. En pixeles
- Porcentaje de Ancho	<TABLE WIDTH=%>	HTML 3.2 Porcentaje de página
Fila de Tabla	<TR></TR>	HTML 3.2
- Alineación	<TR ALIGN=LEFT|RIGHT|↵ CENTER|JUSTIFY VALIGN =↵ TOP|MIDDLE|BOTTOM>	HTML 3.2
Celda de Tabla	<TD></TD>	HTML 3.2. Debe aparecer dentro de filas de tabla
- Alineación	<TD ALIGN=LEFT|RIGHT| ↵ CENTER VALIGN= TOP|MIDDLE|↵ BOTTOM>	HTML 3.2
- Sin Saltos de Línea	<TD NOWRAP>	HTML 3.2
- Rango de Columnas	<TD COLSPAN=?>	HTML 3.2
- Rango de Filas	<TD ROWSPAN=?>	HTML 3.2
- Ancho Deseado	<TD WIDTH=?>	HTML 3.2. En pixeles

Nombre de Etiqueta	*Etiqueta*	*Notas*
- Porcentaje de Ancho	<TD WIDTH=%>	HTML 3.2 Porcentaje de tabla
- Alto Deseado	<TD HEIGHT=?>	HTML 3.2. En pixeles
- Porcentaje Alto	<TD HEIGHT=%>	HTML 3.2 Porcentaje de página
Encabezado de Tabla	<TH></TH>	HTML 3.2. Mismo que datos, pero centrado y en negrita
- Alineación	<TH ALIGN=LEFTIRIGHTI↵ CENTERIJUSTIFYICHAR.↵ VALIGN=TOPIMIDDLEIBOTTOM>	HTML 3.2
- Sin Salto de Línea	<TH NOWRAP>	HTML 3.2
- Rango de Columnas	<TH COLSPAN=?>	HTML 3.2
- Rango de Filas	<TH ROWSPAN=?>	HTML 3.2
- Ancho Deseado	<TH WIDTH=?>	HTML 3.2. En pixeles
- Porcentaje de Ancho	<TH WIDTH=%>	HTML 3.2. Porcentaje de tabla
- Alto Deseado	<TH HEIGHT=?>	HTML 3.2. En pixeles
- Porcentaje de Alto	<TH HEIGHT=%>	HTML 3.2. Porcentaje de página
Leyenda de Tabla	<CAPTION></CAPTION>	HTML 3.2
- Alineación	<CAPTION ALIGN=TOPI↵ BOTTOM>	HTML 3.2. Arriba/ abajo de tabla

Tabla C-17	Misceláneos	
Nombre de Etiqueta	*Etiqueta*	*Notas*
Script	<SCRIPT></SCRIPT>	
Ubicación	<SCRIPT SRC="URL"></SCRIPT>	
Tipo	<SCRIPT TYPE="***"></SCRIPT>	
Idioma	<SCRIPT LANGUAGE="***"></SCRIPT>	
Java Applet	<APPLET>	HTML 3.2

Nombre de Etiqueta	Etiqueta	Notas
- Nombre de Applet	<APPLET NAME="***">	HTML 3.2
- Texto Alterno	<APPLET ALT="***">	HTML 3.2
- Ubicación de Código de Applet	<APPLET CODE="URL">	HTML 3.2
- Directorio de Base	<APPLET CODEBASE="URL">	HTML 3.2
- Alto de Ventana de Applet	<APPLET HEIGHT=?>	HTML 3.2. En pixeles
- Ancho	<APPLET WIDTH=?>	HTML 3.2. En pixeles
- Desplazamiento Horizontal	<APPLET HSPACE=?>	HTML 3.2. En pixeles
- Desplazamiento Vertical	<APPLET VSPACE=?>	HTML 3.2. En pixeles
- Alineación	<APPLETALIGN=[left|right↵ |top|middle|bottom]>	HTML 3.2
Parámetro de Applet	<PARAM>	HTML 3.2
Nombre de Parámetro/Valor	<PARAM NAME="apple-tname",↵ VALUE="para-meter value"> 3.2	HTML
3.2 Prólogo	<!DOCTYPE HTML PUBLIC"-↵ //W3C//DTD HTML3.2 FINAL//EN">	HTML 3.2

Etiquetas Usadas con Menor Frecuencia

Algunas etiquetas exclusivamente de Netscape Navigator fueron lentas en ser adoptadas por otros exploradores. Sin embargo, la mayoría de estas puede utilizar-se con exploradores actualizados. Las etiquetas específicas de HTML 4.0 solamen-te son soportadas por exploradores recientes.

Tabla C-18	Definición Estructural: Apariencia Controlada por Preferencias del Explorador	
Nombre de Etiqueta	Etiqueta	Notas
Contenido Definido	<SPAN></SPAN>	HTML 4.0

Nombre de Etiqueta	Etiqueta	Notas
Cita	<Q></Q>	HTML 4.0. Citas cortas
- Cita	<Q CITE="URL"></Q>	HTML 4.0
Insertar	<INS></INS>	HTML 4.0. Muestra adiciones en una nueva versión
- Hora de Cambio	<INS DATETIME="::"></INS>	HTML 4.0
- Comentarios	<INS CITE="URL"></INS>	HTML 4.0
Borrar	<DEL></DEL>	HTML 4.0. Muestra eliminaciones en una nueva versión
- Hora de Cambio	<DEL DATETIME="::"></DEL>	HTML 4.0
- Comentarios	<DEL CITE="URL"></DEL>	HTML 4.0
Acrónimo	<ACRONYM></ACRONYM>	HTML 4.0
Abreviación	<ABBR></ABBR>	HTML 4.0

Tabla C-19	Formato de Presentación: El Autor Especifica la Apariencia del Texto	
Nombre de Etiqueta	Etiqueta	Notas
Parpadeo	<BLINK></BLINK>	Navigator 1.0. Etiqueta más burlada
Tamaño de fuente	<FONT SIZE=?></FONT>	HTML 3.2. Varía de 1-7
Cambiar tamaño fuente	<FONT SIZE=+I-?></FONT>	HTML 3.2
Tamaño de fuente base	<BASEFONT SIZE=?>	HTML 3.2. de 1-7; el predeterminado 3
Color de fuente	<FONT COLOR="#$$$$$$"></FONT>	HTML 3.2
Subrayado	<U></U>	HTML 2.0
Tachado	<S></S>	HTML 2.0
Seleccionar fuente	<FONT FACE="***"></FONT>	HTML 4.0

Tabla C-20	Vínculos, Gráficos y Sonidos	
Nombre de Etiqueta	*Etiqueta*	*Notas*
- Ventana Objeto	<A HREF="URL"TARGET=↵ "***"></A>	HTML 4.0
Acción en Clic	<A HREF="URL"ONCLICK=↵ "***"></A>	HTML 4.0
Acción del Mouse	<A HREF="URL"ONMOUSE OVER="***"></A>	HTML 4.0
Acción del Mouse	<A HREF="URL"↵ ONMOUSEOUT="***"></A>	HTML 4.0
- Alineación	<IMG SRC="URL"ALIGN= LEFTI↵ RIGHTITEXT TOPIABSMIDDLEI↵ BASELINEI ABSBOTTOM>	Navigator 1.0. Opción dentro de la etiqueta. Mostrar imagen de HTML 2.0
- Mapa de Imagen	<IMG SRC="URL"USE MAP="URL">	Opción de HTML 3.2 de la etiqueta Mostrar imagen de HTML 2.0
- Mapa	<MAP NAME="***"></MAP>	HTML 3.2. Describe el mapa. Opción dentro de etiqueta Mostrar imagen de HTML 2.0
- Sección	<AREA SHAPE="RECT" COORDS="↵ #,#,#,"HREF= "URL"INOHREF>	HTML 3.2. Opción con HTML 2.0- de acuerdo con la eti- queta mostrar imagen
- Borde	<IMG SRC="URL"BORDER=?>	HTML 3.2
Espacio circundante	<IMG SRC="URL"HSPACE= ?↵ VSPACE=?>	HTML 3.2. En pixeles
Proxy baja resolución	<IMG SRC="URL"LOWSRC= "URL">	
Cliente N1.1	<META HTTP-EQUIV= "Refresh"↵ CONTENT= "?; URL=URL">	HTML 2.0
Objeto Insertado	<EMBED SRC="URL">	Navigator 2.0 insertar objeto en la página

Nombre de Etiqueta	Etiqueta	Notas
- Tamaño de Objeto	`<EMBED SRC="URL"↩` `WIDTH ="?"HEIGHT="?">`	Navigator 2.0, Internet Explorer
Objeto	`<OBJECT></OBJECT>`	Navigator 4.0
Parámetros	`<PARAM>`	Navigator 4.0

Tabla C-21		Divisores
Nombre de Etiqueta	**Etiqueta**	**Notas**
- Ajuste de Texto	`<BR CLEAR=LEFT|RIGHT|ALL>`	HTML 3.2. Opción dentro de la etiqueta Salto de Línea de HTML 2.0
- Alineación	`<HR ALIGN=LEFT|RIGHT|CENTER>`	HTML 3.2. Opción dentro de la etiqueta Regla Horizontal de HTML 2.0
- Grosor	`<HR SIZE=?>`	HTML 3.2. En pixeles. Opción dentro de la etiqueta Regla Horizontal de HTML 2.0
- Ancho	`<HR WIDTH=?%>`	HTML 3.2. En pixeles. Opción dentro de la etiqueta Regla Horizontal de HTML 2.0
- Porcentaje de Ancho	`<HR WIDTH=?%>`	HTML 3.2. Como un porcentaje del ancho de la página. Opción dentro de la etiqueta Regla Horizontal de HTML 2.0
- Línea Sólida	`<HR NOSHADE>`	HTML 3.2. Sin la opción de 3D. Opción dentro de la etiqueta Regla Horizontal de HTML 2.0
Sin Salto	`<NOBR></NOBR>`	Navigator 1.0. Impide salto línea
Salto de palabra	`<WBR>`	Dónde poner salto de línea

Tabla C-22	Pueden Ser Anidadas	
Nombre de Etiqueta	**Etiqueta**	**Nota**
- Tipo de Viñeta	<UL TYPE=DISC⏎	HTML 3.2. Para toda la lista. Opción dentro de la etiqueta Lista Desordenada de HTML 2.0
	<LI TYPE=DISC⏎	HTML 3.2. Este y elementos sucesivos en la lista. Opción dentro de la etiqueta Lista Desordenada de HTML 2.0
- Tipo Numeración	<OL TYPE=AIaIIIiI1>	HTML 3.2. Este y elementos sucesivos en la lista. Opción dentro de la etiqueta Lista Ordenada de HTML 2.0
	<LI TYPE=AIaIIIiI1>	HTML 3.2. Este y elementos sucesivos en la lista. Opción dentro de la etiqueta Lista Ordenada de HTML 2.0
- Número Inicio	<OL START=?>	HTML 3.2
- Conteo	<OL VALUE=?>	HTML 3.2. Para toda la lista. Opción dentro de la etiqueta Lista Ordenada de HTML 2.0

Tabla C-23	Fondos y Colores	
Nombre de Etiqueta	**Etiqueta**	**Notas**
N1.1 Vínculo Activo	<BODY ALINK="#$$$$$$">	HTML 3.2

Puede encontrar más información en:
werbach.com/web/wwwhelp.html#color.

Tabla C-24	Formularios: Generalmente Requieren de un Script CGI en su Servidor	
Nombre de Etiqueta	*Etiqueta*	*Notas*
- Subir Archivo	<FORM ENCTYPE=" multi part/← form-data"></FORM>	HTML 4.0
- Ajuste de Texto	<TEXTAREA WRAP= OFF|VIRTUAL|← PHYSICAL> </TEXTAREA>	HTML 2.0
Botón	<BUTTON></BUTTON>	HTML 4.0
- Nombre de Botón	<BUTTON NAME="****"> </BUTTON>	HTML 4.0
- Tipo de Botón	<BUTTON TYPE="SUB MIT|RESET|← BUTTON"> </BUTTON>	HTML 4.0
- Valor Predeterminado	<BUTTON VALUE="****"> </BUTTON>	HTML 4.0
Etiqueta	<LABEL></LABEL>	HTML 4.0
- Elemento Etiquetado	<LABEL FOR="****"></LABEL>	HTML 4.0
Grupo de Opciones	<OPTGROUP LABEL="****"> </OPTGROUP>	HTML 4.0
Elementos de Grupo	<FIELDSET></FIELDSET>	HTML 4.0
Leyenda	<LEGEND></LEGEND>	HTML 4.0. Leyenda para conjuntos de campos
- Alineación	<LEGEND ALIGN="TOP|← BOTTOM|LEFT|RIGHT"></LEGEND>	HTML 4.0

Tabla C-25	Tablas	
Nombre de Etiqueta	*Etiqueta*	*Notas*
- Alineación de Tabla	<TABLE ALIGN=LEFT| RIGHT|← CENTER>	HTML 4.0
- Color de Tabla	<TABLE BGCOLOR="$$$$$$"> </TABLE>	HTML 4.0

Nombre de Etiqueta	Etiqueta	Notas
- Marco de Tabla	\<TABLE FRAME=VOIDIABOVEI BELOWI⬅HSIDESILHSIRHSIV SIDESIBOXI⬅ BORDER\>\</TABLE\>	HTML 4.0
- Reglas de Tabla	\<TABLE RULES=NONEI GROUPSIROWSI⬅ COLSIALL\> \</TABLE\>	HTML 4.0
- Ancho Deseado	\<TD WIDTH=?\>	HTML 4.0. En pixeles
- Color de Celda	\<TD BGCOLOR="#$$$$$$"\>	HTML 4.0
- Ancho Deseado	\<TH WIDTH=?\>	HTML 4.0. En pixeles
- Color de Celda	\<TH BGCOLOR="#$$$$$$"\>	HTML 4.0
Cuerpo de Tabla	\<TBODY\>	HTML 4.0
Pie de Página de Tabla	\<TFOOT\>\</TFOOT\>	HTML 4.0. Debe estar antes de \<THEAD\>
Encabezado de Tabla	\<THEAD\>\</THEAD\>	HTML 4.0
Columna	\<COL\>\</COL\>	HTML 4.0. Agrupa atributos de columna
- Columnas Divididas	\<COL SPAN=?\>\</COL\>	HTML 4.0
- Ancho de Columna	\<COL WIDTH=?\>\</COL\>	HTML 4.0
- Porcentaje de Ancho	\<COL WIDTH="%"\>\</COL\>	HTML 4.0
Columnas Agrupadas	\<COLGROUP\>\</COLGROUP\>	HTML 4.0. Agrupa estructura de columna
- Columnas Divididas	\<COLGROUP SPAN=?\>\</COLGROUP\>	HTML 4.0
- Ancho de Grupo	\<COLGROUP WIDTH=?\>\</COL GROUP\>	HTML 4.0
- Porcentaje de Ancho	\<COLGROUP WIDTH="%"\>\</COLGROUP\>	HTML 4.0

Tabla C-26	Marcos: Definir y Manipular Regiones Específicas de la Pantalla	
Nombre de Etiqueta	*Etiqueta*	*Notas*
Documento de Marco	<FRAMESET></FRAMESET>	HTML 4.0. En lugar de <BODY>
- Alto de Filas	<FRAMESET ROWS=#,#,#,>◄┘ </FRAMESET>	HTML 4.0. Pixeles o porcentaje
- Alto de Filas	<FRAMESET ROWS=*> </FRAMESET>	HTML 4.0. * = tamaño relativo
- Ancho de columnas	<FRAMESET COLS=#,#,#,>◄┘ </FRAMESET>	HTML 4.0. Pixeles o porcentaje
- Anchos de columnas	<FRAMESET COLS=*> </FRAMESET>	HTML 4.0. * = tamaño relativo
- Bordes	<FRAMESET FRAMEBORDER= "yeslno"◄┘ </FRAMESET>	HTML 4.0
- Ancho de Bordes	<FRAMESET BORDER=? </FRAMESET>	HTML 4.0
-Color de Bordes	<FRAMESET BORDERCOLOR ="******"◄┘ </FRAMESET>	HTML 4.0
Definir Marco	<FRAME>	HTML 4.0. Contenidos de un marco individual
- Mostrar Documento	<FRAME SRC="URL">	HTML 4.0
- Nombre de Marco	<FRAME NAME="***"l_blank◄┘ l_selfl_parentl_top>	HTML 4.0
- Ancho de Margen	<FRAME MARGINWIDTH=?>	HTML 4.0. Margenes izquierdo y derecho
- Alto de Margen	<FRAME MARGINHEIGHT=?>	HTML 4.0. Margenes superiores e inferiores

Nombre de Etiqueta	Etiqueta	Notas
- Barra de desplazamiento?	`<FRAME SCROLLING= "YES INOI◄ AUTO">`	HTML 4.0
- Sin Ajuste	`<FRAME NORESIZE>`	HTML 4.0
Bordes	`<FRAME FRAMEBORDER= "yeslno">`	HTML 4.0
Color de Borde	`<FRAME BORDERCOLOR ="#$$$$$$">`	HTML 4.0
Marco en Línea	`<IFRAME></IFRAME>`	HTML 4.0. Toma los mismos atributos que un FRAME
Dimensiones	`<IFRAME WIDTH=? HEIGH ="%"> ◄</IFRAME>`	HTML 4.0
Dimensiones	`<IFRAME WIDTH="%" HEIGHT ="%">◄ </IFRAME>`	HTML 4.0
Contenido sin marcos	`<NOFRAMES></NOFRAMES>`	HTML 4.0 Para exploradores sin marcos

Nota: Las etiquetas de marcos introducidas antes de HTML 4.0 no son soportadas por todos los exploradores.

Tabla C-27	Misceláneos	
Nombre de Etiqueta	**Etiqueta**	**Notas**
- Solicitar	`<ISINDEX PROMPT="***">`	HTML 2.0. Texto para solicitar entrada
Nombre de Base de Ventana	`<BASE TARGET="***">`	HTML 2.0. Debe estar en encabezado
Otro Contenido	`<NOSCRIPT></NOSCRIPT>`	HTML 4.0. Si los scripts no estan soportados
Nombre de Base de Ventana	`<BASE TARGET="***">`	HTML 4.0. Debe estar en encabezado
Bidireccional	`<BDO DIR=LTRIRTL></BDO>`	HTML 4.0. Para ciertos conjuntos de carac teres

Índice

● ●